S.F.
V.

ISAIAH BERLIN

DAS KRUMME HOLZ DER HUMANITÄT

Kapitel der Ideengeschichte

Herausgegeben von
Henry Hardy

Aus dem Englischen von
Reinhard Kaiser

S. FISCHER

2. Auflage: 4.–5. Tausend
Die englische Ausgabe mit dem Titel ›The Crooked Timber of Humanity. Chapters in the History of Ideas‹ erschien 1990 bei John Murray (Publishers) Ltd., London.

Umschlaggestaltung: Buchholz/Hinsch/Walch
Satz: LibroSatz, Kriftel
Druck und Bindung: Clausen und Bosse, Leck
Printed in Germany
ISBN 3-10-005205-6

»[A]us so krummem Holze, als woraus der Mensch gemacht ist, kann nichts ganz Gerades gezimmert werden.«

Immanuel Kant,
»Idee zu einer allgemeinen Geschichte
in weltbürgerlicher Absicht« (1784),
Kants gesammelte Schriften, Berlin 1910ff., Bd. 8, S. 23.

INHALT

VORWORT DES HERAUSGEBERS

Tatsächlich ist dies der fünfte von vier Bänden, wenngleich er mit anderem Impressum und deshalb auch in eigener Gestalt erscheint. Vor ungefähr zehn Jahren habe ich in einer vierbändigen Ausgabe unter dem übergreifenden Titel *Selected Writings*[1] die meisten der von Isaiah Berlin bis dahin veröffentlichten Essays zusammengetragen, die nicht in einer Aufsatzsammlung zugänglich waren. Seine zahlreichen Schriften waren weit verstreut, oft an schwer zugänglichen Stellen erschienen, die meisten waren vergriffen, und nur ein halbes Dutzend Essays war vorher schon einmal gesammelt und neu herausgegeben worden.[2] Diese vier Bände, zusammen mit dem Verzeichnis seiner Veröffentlichungen, das in einem von ihnen (*Against the Current*) enthalten ist, machten einen großen Teil seines Werkes sehr viel leichter zugänglich als vorher.

Der hier vorgelegte neue Band – er ist wie *Against the Current* der Ideengeschichte gewidmet – enthält einen frühen Essay, der nie zuvor publiziert worden ist, drei Essays, die in den letzten zehn Jahren geschrieben wurden, und vier Essays, die in *Against*

[1] *Russian Thinkers*, London, New York 1978; dt. *Russische Denker*, Frankfurt 1981; *Concepts and Categories: Philosophical Essays*, London 1978, New York 1979; *Against the Current: Essays in the History of Ideas*, London 1979, New York 1980; dt. *Wider das Geläufige. Aufsätze zur Ideengeschichte*, Frankfurt 1982; und *Personal Impressions*, London 1980, New York 1981.

[2] *Four Essays on Liberty*, London, New York 1969; *Vico and Herder: Two Studies in the History of Ideas*, London, New York 1976. Andere Sammlungen waren nur in anderen Sprachen erschienen.

the Current aus verschiedenen, in der Vorrede zu jenem Band erläuterten Gründen nicht aufgenommen wurden: drei dieser vier stehen jetzt für die Wiederveröffentlichung in einer Sammlung erfreulicherweise zur Verfügung; der vierte, »Der gekrümmte Zweig«, wurde damals nur deshalb ausgeschlossen, weil er eine zu große Ähnlichkeit mit einem anderen Essay über das gleiche Thema (Nationalismus) aufwies. Er enthält gleichwohl vieles, was unverwechselbar ist, und hat seinen Platz in dieser anderen Umgebung gewiß verdient.

Der Aufsatz über Joseph de Maistre, der hier zum erstenmal veröffentlicht wird, war 1960 als überarbeitungsbedürftig beiseite gelegt worden. Er war jedoch schon so weit gediehen und enthielt so viel Wertvolles, daß es richtig schien, ihn hier aufzunehmen. Der Verfasser hat zwar einige neue Abschnitte hinzugefügt und andere umformuliert, aber der Text ist nicht systematisch überarbeitet worden, um später entstandene Arbeiten über de Maistre umfassend zu berücksichtigen. Seine zentralen Thesen werden hiervon nicht berührt.

Hier folgen die genauen Angaben über die Erstveröffentlichung der in diesem Band nachgedruckten Aufsätze: »On the Pursuit of the Ideal«, von dem eine gekürzte Fassung am 15. Februar 1988 in Turin (anläßlich der Verleihung des ersten Senator Giovanni Agnelli International Prize »für die Dimension der Ethik in den fortgeschrittenen Gesellschaften« an den Verfasser) vorgetragen wurde, erschien (in englischer und italienischer Sprache) in einem Privatdruck der Agnelli-Stiftung und außerdem in der *New York Review of Books*, 17. März 1988; »The Decline of Utopian Ideas in the West« wurde 1978 in Tokio von der Japan Foundation veröffentlicht und nachgedruckt in: J. M. Porter und Richard Vernon (Hrsg.), *Unity, Plurality and Politics: Essays in Honour of F. M. Barnard*, London, Sydney: Croom Helm 1986; »Giambattista Vico and Cultural History« war ein Beitrag zu dem Band von Leigh S. Cauman u. a. (Hrsg.), *How Many Questions? Essays in Honor of Sidney Morgenbesser*, Indianapolis: Hackett 1983; »Alleged Relativism in Eighteenth-Century European Thought« erschien zuerst im *British Journal for Eighteenth-Century Studies* 3 (1980) und wurde dann in überarbeiteter Fassung noch einmal abgedruckt in: L. Pompa und W. H. Dray (Hrsg.), *Substance and Form in History: A Collection of Essays in Philosophy of History*, Edinburgh: University of Edinburgh Press 1981; »European Unity and its Vicissitudes«, am 21. November 1959 auf dem dritten Kongreß der Fondation Européenne de la Culture in Wien vorgetragen, wurde im selben Jahr in Amsterdam von dieser Stiftung veröffentlicht; »The Apotheosis of the Romantic Will: The Revolt against the Myth of an Ideal World« erschien in italienischer Sprache in *Lettere italiane* 27 (1975), in englischer Sprache zuerst in der englischen Ausgabe des vorliegenden Buches; »The Bent Twig: On the Rise of Nationalism« erschien in *Foreign Affairs* 51 (1972).

Weil gleiche oder ähnliche Themen und Motive in verschiedenen Zusammenhängen auftauchen, ergeben sich in den Erörterungen einiger dieser Essays, wie schon in den *Selected Writings*, unvermeidlich gewisse Überschneidungen. Jeder Aufsatz ist als ein selbständiger Text geschrieben worden, der sich weder auf frühere Kapitel stützt noch auf spätere verweist. Von notwendigen Korrekturen abgesehen, erscheinen die bereits früher publizierten Aufsätze hier in ihrer ursprünglichen Form, ohne daß Quellenverweise hinzugefügt worden wären (der Aufsatz über den Relativismus bildet eine Ausnahme, er wurde schon für die erste Veröffentlichung mit Nachweisen versehen, und bei ihm sind einige fehlende Quellenangaben nachgetragen worden).

Der Titel der englischen Ausgabe dieses Buches *The Crooked Timber of Humanity* geht auf die von Isaiah Berlin bevorzugte Übersetzung eines von ihm hochgeschätzten Kant-Zitats zurück: »Out of the crooked timber of humanity no straight thing was ever made.« Er hat diese Übersetzung immer R. G. Collingwood zugeschrieben, aber wie sich herausstellt, hat er Collingwoods Übersetzung nicht unverändert übernommen. Das Zitat taucht in Collingwoods veröffentlichten Schriften nicht auf, aber unter seinen unveröffentlichten Papieren gibt es eine Vorlesung zur Geschichte der Philosophie aus dem Jahre 1929, in der folgende Fassung erscheint: »Out of the crossgrained timber of human nature nothing quite straight can be made.«[3] Es ist wahrscheinlich, daß Isaiah Berlin diese Vorlesung gehört hat, daß ihn diese Passage beeindruckte und daß sie in seinem Gedächtnis dann weiter gereift ist.

Auch diesmal wurde mir die großzügige Hilfe einer ganzen Anzahl von Gelehrten zuteil. Roger Hausheer, ohne dessen Fürsprache der Aufsatz über de Maistre nicht aufgenommen worden wäre, hat mir auch in verschiedenen anderen Punkten, die hier nicht im einzelnen aufgeführt werden können, wertvolle Hilfe geleistet. Leofranc Holford-Strevens konnte mir mehrere schwierige Fragen direkt beantworten, für deren Klärung ich viele Stunden hätte aufwenden müssen und von denen ich einige gewiß gar nicht hätte lösen können. Richard Lebrun ließ mich großzügig und mit bewundernswerter Tatkraft an seinem gewaltigen Spezialwissen über de Maistre teilhaben. Frederick Barnard half mir sehr bei Herder und Locke. Für die Lösung bestimmter Einzelprobleme bin ich John Batchelor, Clifford Geertz, David Klinck, Jean O'Grady, John M. Robson und Cedric Watts zu Dank verpflichtet. Meine Frau Anne hat bei der Korrektur der Druckfahnen geholfen. Pat Utechin, die Sekretärin des Verfassers, hat mir wie schon früher ihre unentbehrliche Hilfe und ihren Beistand zukommen lassen.

Mai 1990 Henry Hardy

[3] Es sei hinzugefügt, daß Collingwood tatsächlich ursprünglich (es ist im Manuskript noch lesbar) »crooked« geschrieben, dann aber durchgestrichen und durch »cross-grained« ersetzt hat. Möglicherweise hat er diese Korrektur erst ausgeführt, nachdem er die Vorlesung gehalten hatte; oder er hat das gleiche Zitat in veränderter Fassung in einer anderen Vorlesung verwendet, die sich nicht erhalten hat. Die Wahrheit läßt sich wohl nicht mehr mit Sicherheit ermitteln. Ich danke W. J. van der Dussen, der mich auf die richtige Stelle in Collingwoods Manuskripten hingewiesen hat, und Collingwoods Tochter Teresa Smith, die seinen literarischen Nachlaß verwaltet, für die Erlaubnis, diesen Satz zu zitieren. Collingwoods Manuskripte werden in der Bodleian Library, Oxford, aufbewahrt: die fragliche Vorlesung mit der Überschrift »II (T.T. 1929)« befindet sich in Box 12 (Signatur Ms. Collingwood 12), und das Zitat steht auf dem dritten Blatt.

DAS STREBEN NACH DEM IDEAL

I.

Es gibt meiner Ansicht nach zwei Faktoren, die mehr als alle anderen die Geschichte in diesem Jahrhundert geprägt haben. Zum einen die Entwicklung der Naturwissenschaften und der Technik, gewiß die bedeutendste Erfolgsgeschichte unserer Zeit – und ihr hat man aus allen erdenklichen Blickwinkeln große und immer noch wachsende Aufmerksamkeit geschenkt. Zum anderen die großen ideologischen Stürme, die das Dasein beinahe der gesamten Menschheit verändert haben: die Russische Revolution und was auf sie folgte – totalitäre Tyranneien von rechts und von links, Ausbrüche von Nationalismus, Rassismus und manchenorts auch von religiöser Intoleranz, die interessanterweise selbst von den scharfsichtigsten Gesellschaftstheoretikern des 19. Jahrhunderts niemals vorausgesagt worden sind.

Wenn unsere Nachfahren in zwei- oder dreihundert Jahren (falls die Menschheit bis dahin überlebt hat) auf unsere Zeit zurückblicken, dann werden ihnen vermutlich diese beiden Phänomene als die hervorstechenden Merkmale unseres Jahrhunderts erscheinen, die mehr als andere der Erklärung und der Analyse bedürfen. Aber man muß berücksichtigen, daß der Ausgangspunkt dieser großen Bewegungen Ideen in den Köpfen von Menschen waren: Ideen darüber, wie die Beziehungen zwischen den Menschen beschaffen waren und beschaffen sind, wie sie sein könnten und sein sollten. Und man muß ebenfalls berücksichtigen, wie diese Ideen immer wieder unter Berufung auf irgendein Ziel umgewandelt wurden, dem in den Vorstellungen der politischen Führer höchste Bedeutung zukam, vor allem in den Vorstellungen jener Propheten, hinter denen eine Armee stand. Solche Ideen bilden den Grundstoff der Ethik. Ethisches Denken besteht in der systematischen Untersuchung der Beziehungen zwischen den Menschen, in der Untersuchung der Auffassungen, Interessen und Ideale, aus denen sich die Arten und Weisen des Umgangs der Menschen miteinander ergeben, und der Wertsysteme, auf denen solche Lebensziele beruhen. Die Anschauungen, wie die Menschen ihr Leben leben sollen, wie sie sein und was sie tun sollen, sind der Gegenstand eines ethischen Fragens; und wenn man solche Fragen im Hinblick auf Gruppen und Nationen oder gar im Hinblick auf die ganze Menschheit stellt, spricht man von politischer Philosophie, die nichts anderes ist als die Anwendung der Ethik auf die Gesellschaft.

Wenn wir die oft gewalttätige Welt, in der wir leben, verstehen wollen (und sofern wir sie nicht zu verstehen versuchen, dürfen wir auch nicht erwarten, rational in ihr wirken und auf sie einwirken zu können), dann sollten wir unsere Aufmerksamkeit nicht allein auf die großen, anonymen, natürlichen oder vom Menschen erzeugten Kräfte richten, die uns beeinflussen. Ziele und Motive, die menschliches Handeln lenken, müssen im Lichte all dessen, was wir wissen und begreifen, untersucht werden; ihre Wurzeln und ihr Wachstum, ihr Wesen und vor allem ihre Gültigkeit müssen mit jedem uns zu Gebote stehenden intellektuellen Hilfsmittel kritisch geprüft werden. Angesichts dieser dringlichen Notwendigkeit wird die Ethik, ganz abgesehen von dem Wert, der der Ermittlung von Wahrheit über die Beziehungen zwischen den Menschen an sich schon zukommt, zu einem Gegenstand von allergrößter Wichtigkeit. Nur Barbaren sind nicht neugierig und wollen nicht wissen, woher sie kommen, wo sie stehen und wie sie dorthin gelangt sind, wohin ihr Weg zu führen scheint, ob sie diese Richtung einschlagen wollen, und wenn ja, warum, und wenn nicht, warum nicht.

Der Beschäftigung mit den vielfältigen Ideen und Anschauungen, in denen solche Werte und Zielvorstellungen Gestalt annehmen, habe ich vierzig Jahre meines langen Lebens gewidmet und dabei versucht, in diesen Belangen immer mehr Klarheit zu gewinnen. Ich möchte hier erläutern, wie dieses Thema eine so große Faszination für mich gewonnen hat und wie ich im Laufe meiner Überlegungen an einen Punkt gelangt bin, der eine grundsätzliche Wende in meinem Denken zur Folge hatte. Ganz ohne autobiographische Bemerkungen wird es dabei nicht abgehen – dafür bitte ich um Entschuldigung, aber ich weiß nicht, wie ich den Sachverhalt anders darstellen könnte.

II.

In jungen Jahren, viel zu früh, las ich *Krieg und Frieden* von Tolstoi. Seine eigentliche Wirkung tat dieser Roman bei mir jedoch erst später, zusammen mit den Werken anderer russischer Autoren aus der Zeit um die Mitte des 19. Jahrhunderts, unter ihnen sowohl Romanschriftsteller als auch Gesellschaftstheoretiker. Diese Autoren haben meine Anschauungen stark geprägt. Mir schien und mir scheint noch heute, das oberste Ziel dieser Schriftsteller sei nicht die realistische Darstellung des Lebens von Individuen oder gesellschaftlichen Gruppen oder Klassen und der Beziehungen zwischen ihnen gewesen, nicht die psychologische oder gesellschaftliche Analyse um ihrer selbst willen – obwohl natürlich die Besten unter ihnen genau dies auf eine unvergleichliche Weise leisteten. Ihre Verfahrensweise schien mir im wesentlichen eine moralische zu sein: sie beschäftigten sich vor allem mit dem, was für die Ungerechtigkeit verantwortlich war, für die Unterdrückung, die Falschheit in den Beziehungen der Menschen, für ihre Gefangenschaft zwischen Mauern aus Stein oder zwischen den Mauern des Konformismus – der widerspruchslosen Unterwerfung unter ein von Menschen geschaffenes Joch; sie beschäftigten sich mit dem, was verantwortlich war für die moralische Verblendung, den Egoismus, die Grausamkeit, die Demütigung, die Unterwürfigkeit, die Armut, die Hilflosigkeit, die erbitterte Entrüstung, die Verzweiflung bei so vielen Menschen. Kurz, es ging ihnen um das Wesen dieser Erfahrungen und um deren Wurzeln in den Bedingungen des menschlichen Daseins, vor allem in den Lebensbedingungen Rußlands, im weiteren Sinne aber in den Lebensbedingungen aller Menschen. Und umgekehrt wollten sie herausfinden, wie das Gegenteil von alledem zustande kommen könnte, ein Dasein, das von Wahrheit, Liebe, Aufrichtigkeit, Gerechtigkeit und Sicherheit bestimmt und von persönlichen Beziehungen geprägt wäre, die auf der Möglichkeit von menschlicher Würde, von Anstand, Selbständigkeit, Freiheit und geistiger Erfüllung beruhten.

Einige, zum Beispiel Tolstoi, fanden diese Gegenwelt in den Anschauungen des einfachen, von der Zivilisation nicht verdorbenen Volkes; wie Rousseau hegte auch Tolstoi die Vorstellung, die moralische Welt der Bauern sei der Welt der Kinder nicht unähnlich, sie sei nicht durch die Konventionen und Institutionen der Zivilisation entstellt, die aus der Verderbtheit der Menschen erwachsen sind – aus Habgier, Egoismus und geistiger Verblendung; die Welt könne gerettet werden – die Menschen brauchten nur die Wahrheit zu erkennen, die vor ihren Füßen liegt; sie brauchten nur die Augen zu öffnen und würden sie in den christlichen Evangelien, in der Bergpredigt finden. Andere unter diesen Russen bauten auf den wissenschaftlichen Rationalismus oder die soziale und politische Revolution auf der Grundlage einer wahren Theorie des historischen Wandels. Wieder andere suchten in den Lehren der orthodoxen Theologie nach Antworten oder in der freiheitlichen Demokratie des Westens oder in einer Rückkehr zu den alten Werten des Slawentums, die durch die Reformen Peters des Großen und seiner Nachfolger in den Hintergrund gedrängt worden waren.

Gemeinsam war all diesen Anschauungen die Zuversicht, daß es für die zentralen Probleme Lösungen gebe, daß man sie ausfindig machen und mit genügend uneigennütziger Anstrengung auf Erden auch verwirklichen könne. Sie alle teilten die Überzeugung, daß es zum Wesen des Menschen gehöre, darüber entscheiden zu können, wie er leben wolle: Gesellschaften konnten im Lichte wahrer Ideale umgewandelt werden, sofern man nur mit genügend Eifer und Hingabe an diese Ideale glaubte. Wenn sie sich, wie Tolstoi, hin und wieder darauf besannen, daß der Mensch nicht wirklich frei war, sondern durch außerhalb seiner Macht stehende Faktoren determiniert wurde, dann hielten sie sich, wie es Tolstoi tat, an den Gedanken, daß die Freiheit vielleicht eine Illusion war, aber eine, ohne die man nicht leben und nicht denken konnte. Nichts von alledem gehörte zu meinem Unterrichtsstoff, der vielmehr aus griechischen und lateinischen Autoren bestand, aber es prägte sich mir ein.

Als Student in Oxford begann ich, die Werke der großen Philosophen zu lesen, und stellte fest, daß die wichtigsten von ihnen, vor allem jene, die sich mit Fragen der Ethik und der Politik beschäftigten, ähnliche Überzeugungen hegten. Wenn wir, so meinte Sokrates, in unserer Erkenntnis der äußeren Welt durch rationale Methoden Gewißheit erlangen können (und war nicht Anaxagoras zu der Wahrheit gelangt, daß der Mond um ein Vielfaches größer sei als der Peloponnes, obwohl er am Himmel so klein aussieht?), dann müßten die gleichen Methoden zu einer ebensolchen Gewißheit in Angelegenheiten des menschlichen Verhaltens führen – in der Frage, wie die Menschen leben und wie sie sein sollen. Dahin könne man durch rationale Argumentation gelangen. Plato vertrat die Ansicht, einer Elite von Weisen, die zu dieser Gewißheit gelangt seien, solle die Macht verliehen werden, andere, intellektuell weniger gut gerüstete Menschen nach jenen Grundsätzen zu regieren, die sich zwingend aus den richtigen Lösungen der individuellen und gesellschaftlichen Probleme ergeben. Die Stoiker waren der Auffassung, jeder Mensch, der sich dazu entschließe, ein vernunftgemäßes Leben zu führen, sei imstande, diese Lösungen selbst zu entdecken. Juden, Christen und Muslime (über den Buddhismus wußte ich zu wenig) waren überzeugt, Gott habe die wahren Antworten auf jene

Fragen seinen auserwählten Propheten und Heiligen offenbart, und sie akzeptierten die Deutung dieser offenbarten Wahrheiten durch qualifizierte Lehrer ebenso wie die Traditionen, zu denen sie gehörten.

Die Rationalisten des 17. Jahrhunderts waren der Ansicht, die Antworten könnten durch eine spezifische Art von metaphysischer Einsicht, durch eine bestimmte Anwendung des Lichts der Vernunft ausfindig gemacht werden, mit dem alle Menschen ausgestattet waren. Die Empiristen des 18. Jahrhunderts waren davon beeindruckt, welche riesigen neuen Wissensgebiete die Naturwissenschaften auf der Grundlage mathematischer Verfahren erschlossen und wieviel Irrtum, Aberglauben und dogmatischen Unsinn sie damit zugleich abgeschafft hatten, und fragten sich, ähnlich wie Sokrates, warum nicht die gleichen Methoden auch angewendet werden sollten, um ebenso unumstößliche Gesetze auf dem Gebiet des menschlichen Daseins und Handelns zu formulieren. Mit den neuen, von der Naturwissenschaft entdeckten Methoden könnte Ordnung auch in die Sphäre der Gesellschaft gebracht werden – Gleichförmigkeiten könnten beobachtet, Hypothesen formuliert und experimentell überprüft werden; auf ihrer Grundlage ließen sich Gesetze aufstellen, und dann würde man erkennen, wie sich Gesetze für spezifische Erfahrungsbereiche aus umfassenderen Gesetzen ergaben, und wie sich diese Gesetze ihrerseits aus noch umfassenderen Gesetzen ergaben, und so weiter, bis ein großes, durch unzerbrechliche logische Bindeglieder zusammengehaltenes, harmonisches System, das sich in präzisen, nämlich mathematischen Termini beschreiben ließe, errichtet werden könnte.

Die rationale Umgestaltung der Gesellschaft würde der geistigen und intellektuellen Verwirrung ebenso ein Ende bereiten wie der Vorherrschaft von Vorurteil und Aberglaube, dem blinden Glauben an ungeprüfte Dogmen, der Dummheit und Grausamkeit von Tyranneien, die geistige Finsternis entstehen und gedeihen ließen. Man brauchte nichts weiter zu tun, als die wesentlichen Bedürfnisse der Menschen zu bestimmen und die Mittel ausfindig zu machen, mit deren Hilfe sie sich befriedigen ließen. Hierdurch würde jene glückliche, freie, gerechte, tugendhafte, harmonische Welt geschaffen, die Condorcet 1794 in seiner Gefängniszelle mit bewegenden Worten prophezeite. Diese Anschauung bildete die Grundlage allen Fortschrittsdenkens im 19. Jahrhundert und in vieler Hinsicht auch den Kern jenes kritischen Empirismus, den ich mir als Student in Oxford zu eigen machte.

III.

Irgendwann wurde mir klar, daß all diesen Anschauungen eine platonische Idealvorstellung gemeinsam war, die dreierlei besagte: erstens: daß es, wie in den Wissenschaften, auf alle echten Fragen eine und nur eine wahre Antwort geben muß, während alle anderen Antworten notwendigerweise Irrtümer sind; zweitens: daß es einen zuverlässigen Weg zur Entdeckung dieser Wahrheiten geben muß; drittens: daß die wahren Antworten, wenn man sie gefunden hat, notwendigerweise miteinander vereinbar sein und ein geschlossenes Ganzes bilden müssen, denn eine Wahrheit kann mit einer anderen niemals unvereinbar sein – dies wissen wir *a priori*. Diese Art von Universalwissenschaft war die Lösung des großen kosmischen Puzzles. Im Falle der Moral konnte man nun – ausgehend vom richtigen Verständnis der Gesetze, die das Universum regierten – eine Vorstellung davon entwickeln, wie das vollkommene Leben beschaffen sein mußte.

Gewiß, vielleicht würden wir diesen Zustand vollkommener Erkenntnis nie erreichen – vielleicht reichten unsere Verstandeskräfte nicht aus, vielleicht waren wir zu schwach, zu verderbt, zu sündig, um dorthin zu gelangen. Vielleicht waren die intellektuellen und die äußeren Hindernisse zu zahlreich. Außerdem gingen die Ansichten darüber, welcher Weg der richtige sei und welchen man einschlagen müsse, wie gesagt, weit auseinander – manche fanden ihn in den Kirchen, andere in den Laboratorien; einige setzten auf die Intuition, andere auf das Experiment und wieder andere auf mystische Visionen oder auf das mathematische Kalkül. Aber auch wenn wir selbst zu diesen wahren Antworten oder zu dem System, das sie letztlich alle miteinander verknüpfte, vielleicht nicht gelangen konnten, mußte es diese Antworten doch geben – anderenfalls waren die Fragen keine wirklichen Fragen. Irgend jemand mußte die Antworten kennen: vielleicht kannte Adam im Paradies sie; vielleicht würden wir sie erst am Ende aller Zeiten erfahren; wenn die Menschen sie nicht kannten, dann vielleicht die Engel, und wenn nicht die Engel, dann kannte Gott sie. Diese zeitlosen Wahrheiten mußten im Prinzip erkennbar sein.

Einige Denker des 19. Jahrhunderts – Hegel und Marx – hielten die Sache für nicht ganz so einfach. Für sie gab es keine zeitlosen Wahrheiten. Es gab eine historische Entwicklung, einen kontinuierlichen Wandel; das Gesichtsfeld der Menschen veränderte sich mit jeder neuen Sprosse, die sie auf der evolutionären Leiter erreichten; die Geschichte war ein Drama mit vielen Akten; sie wurde von Konflikten zwischen Kräften in den Sphären der Ideen und der Wirklichkeit vorangetrieben, die man manchmal als dialektische bezeichnete und die die Gestalt von Kriegen, Revolutionen, gewalttätigen Erhebungen ganzer Völker, Klassen, Kulturen und politischer oder gesellschaftlicher Bewegungen annahmen. Aber nach unvermeidlichen Rückschlägen, Mißerfolgen, Rückfällen in die Barbarei würde Condorcets Traum schließlich in Erfüllung gehen. Das Drama würde einen glücklichen Ausgang nehmen – die menschliche Vernunft hatte auch früher schon Siege errungen, sie ließ sich nicht für immer eindämmen. Die Menschen würden nicht länger Opfer der Natur oder ihrer eigenen, weitgehend irrationalen Gesellschaften sein: die Vernunft würde triumphieren; endlich würde die universelle harmonische Kooperation, die wahre Geschichte, beginnen.

Denn wenn es nicht so wäre – hätten die Ideen von Fortschritt und Geschichte dann überhaupt einen Sinn? Gab es nicht eine, wenn auch gewundene Bewegung von der Unwissenheit zur Erkenntnis, vom mythischen Denken, von kindlichen Phantasien zur unverstellten Wahrnehmung der Wirklichkeit, zur Erkenntnis wahrer Ziele, wahrer Werte und auch von Tatsachenwahrheiten? Konnte es sein, daß die Geschichte nichts weiter war als eine ziellose Abfolge von Ereignissen, verursacht durch eine Kombination verschiedener materieller Faktoren, das Spiel des Zufalls, ein Märchen voller Lärm und Wut, das nichts bedeutet? Das war undenkbar. Der Tag würde kommen, an dem die Menschen ihr Dasein in die eigenen Hände nahmen, an dem sie aufhörten, Egoisten zu sein oder der Spielball blinder Kräfte, die sie nicht verstanden. Es war zumindest nicht unmöglich, sich vorzustellen, wie ein solches irdisches Paradies aussehen könnte; und wenn es vorstellbar war, dann konnten wir auch versuchen, es zu erreichen. Diese Idee bildet das Zentrum des ethischen Denkens der Griechen ebenso wie der christlichen Visionäre des Mittelalters, sie verbindet die Renaissance mit dem Fortschrittsdenken des letzten Jahrhunderts; und viele Menschen glauben heute noch an sie.

IV.

Bei meiner Lektüre stieß ich natürlich auch irgendwann auf die Hauptwerke Machiavellis. Sie hinterließen bei mir einen tiefen, dauerhaften Eindruck und brachten meine früheren Überzeugungen ins Wanken. Entscheidend wurden dabei für mich nicht die offenkundigsten Lehren, die Machiavellis Schriften enthalten: wie man politische Macht gewinnt und bewahrt, welcher Kräfte und welcher Listen Herrscher sich bedienen müssen, um ihre Gesellschaften zu erneuern oder sich und ihre Staaten vor inneren oder äußeren Feinden zu schützen, oder welche Eigenschaften einerseits die Herrscher, andererseits die Bürger besitzen müssen, wenn ihre Staaten gedeihen sollen – ich entnahm ihnen etwas anderes. Machiavelli war kein Historist: er hielt es für möglich, die römische Republik oder das Rom zu Beginn des Prinzipats in gewisser Weise zu erneuern. Seiner Ansicht nach waren hierzu eine regierende Klasse beherzter, findiger, intelligenter, begabter Männer vonnöten, die es verstanden, Chancen zu erkennen und zu nutzen, und Bürger, die gebührend gewappnet, die patriotisch gesonnen und stolz auf ihren Staat waren, die in ihrer Haltung männliche, heidnisch-antike Tugenden verkörperten. Auf diese Weise war Rom zur Macht gelangt, auf diese Weise hatte es die Welt erobert, und der Mangel an solcher Weisheit, solcher Lebenskraft, solchem Mut im Unglück, der Verlust der Eigenschaften von Löwen und von Füchsen hatte schließlich zu seinem Untergang geführt. Dekadente Staaten wurden von tapferen Eindringlingen erobert, die sich diese Tugenden bewahrt hatten.

Machiavelli stellt ihnen nun aber die christlichen Tugenden an die Seite – Demut, Leidensbereitschaft, Abkehr vom irdischen Dasein, Hoffnung auf Erlösung in einem Leben nach dem Tod – und erklärt, wenn ein Staat vom Typus Roms errichtet werden solle, den er selbst offenkundig bevorzugt, dann seien ihm diese Eigenschaften nicht förderlich: wer nach den Grundsätzen der christlichen Moral lebt, werde dem rücksichtslosen Machtstreben derer unterliegen, die allein imstande wären, die Republik, wie Machiavelli sie sich wünscht, zu erneuern und zu lenken. Er verurteilt die christlichen Tugenden nicht. Er weist nur darauf hin, daß die beiden Moralsysteme nicht miteinander vereinbar sind, und er sieht nirgendwo ein übergreifendes Kriterium, mit dessen Hilfe wir entscheiden könnten, wie nun das richtige Leben der Menschen beschaffen sein soll. Die Verbindung der *virtù* mit den christlichen Wertvorstellungen ist für ihn unmöglich. Er stellt uns einfach vor die Wahl – und weiß sehr genau, was er selbst bevorzugt.

Hierdurch wurde mir einigermaßen schockhaft klar, daß nicht alle obersten Werte, an die sich die Menschen heute halten und in der Vergangenheit gehalten haben, unbedingt miteinander vereinbar sein müssen. So geriet meine frühere, auf der Idee der *philosophia perennis* gründende Annahme ins Wanken, daß es zwischen wahren Zielen, zwischen den wahren Antworten auf die zentralen Fragen des Daseins, keinen Konflikt geben könne.

Dann stieß ich auf Giambattista Vicos Schrift *La scienza nuova*. Kaum jemand in Oxford hatte damals von Vico gehört, aber es gab einen Philosophen, Robin Collingwood, der das

Buch von Croce über Vico übersetzt hatte, und er drängte mich, es zu lesen. So wurden mir die Augen für etwas Neues geöffnet. Vico schien sich vor allem für die Abfolge menschlicher Kulturen zu interessieren – nach seiner Auffassung verfügte jede Gesellschaft über eine eigene Vision von der Wirklichkeit, von der Welt, in der sie lebte, von sich selbst und von den Beziehungen, in denen sie zu ihrer eigenen Vergangenheit, zur Natur und zu dem stand, wonach sie strebte. Diese Vision der Gesellschaft wird durch alles vermittelt, was ihre Angehörigen tun, was sie denken oder empfinden – sie kommt zum Ausdruck und verkörpert sich in den Wortarten und Sprachformen, die sie verwenden, in den Bildern, den Metaphern, den Kultformen, den Institutionen, die sie hervorbringen und die das Bild dieser Menschen von der Wirklichkeit und von ihrem Platz in ihr greifbar werden lassen, das ihrem Leben die Richtung gibt. Diese Visionen sind von einem gesellschaftlichen Ganzen zum nächsten unterschiedlich – jede Gesellschaft besitzt ihre eigenen Gaben, ihre eigenen Werte, ihre eigenen Arten von schöpferischer Tätigkeit, die nicht miteinander kommensurabel sind: jede von ihnen muß aus sich selbst heraus verstanden werden – verstanden, nicht unbedingt bewertet.

Die Griechen zur Zeit Homers, soweit sie der herrschenden Klasse angehörten, waren, Vico zufolge, grausam, barbarisch, niederträchtig, hart und mitleidlos gegen Schwächere; aber sie schufen die *Ilias* und die *Odyssee*, die wir in unserer aufgeklärteren Zeit nicht hervorbringen könnten. Ihre großen schöpferischen Meisterwerke gehören ganz ihnen, und sobald sich die Vision von der Welt gewandelt hat, verschwindet auch die Möglichkeit dieser Art von schöpferischer Betätigung. Wir wiederum haben unsere Wissenschaften, unsere Denker, unsere Dichter, aber es gibt keine Leiter, die von den Alten hinauf zu den Modernen führt. Wenn es sich aber so verhält, dann muß es absurd sein, zu behaupten, Racine sei ein besserer Dichter als Sophokles, oder in Bach stecke schon der ganze Beethoven, oder die Impressionisten bildeten jenen Höhepunkt, den schon die Florentiner Maler anstrebten, ohne ihn je zu erreichen. Die Wertvorstellungen all dieser Kulturen unterscheiden sich voneinander und sind nicht unbedingt miteinander vereinbar. Voltaire vertrat die Ansicht, auf einem Meer von Dunkelheit seien die Wertvorstellungen und Ideale der aufgeklärten Ausnahmeepochen – die des klassischen Athen, des Florenz der Renaissance und die Frankreichs im *grand siècle* und in seiner eigenen Zeit – fast identisch, aber er hat sich geirrt.[1] Und auch Machiavellis Rom hat es nicht wirklich gegeben. In Vicos Sicht gibt es eine Vielfalt von Zivilisationen (von sich wiederholenden Zivilisationszyklen, aber darauf kommt es hier nicht an), und jede von ihnen besitzt ihre besondere Prägung. Machiavelli hatte die Idee von zwei miteinander nicht vereinbaren Anschauungen entwickelt; hier nun handelte es sich um Gesellschaften, deren Kulturen durch Werte, nicht nur durch Mittel zu bestimmten Zwecken, sondern durch letzte Zweckbestimmungen geformt waren, durch Ziele an sich, die voneinander unterschieden waren, nicht in jeder Hinsicht – denn es waren ja lauter menschliche Gesellschaften –, aber doch so stark, daß sie sich nicht in irgendeiner letzten Synthese miteinander versöhnen oder verbinden ließen.

Hierauf wandte ich mich einem deutschen Denker des 18. Jahrhunderts zu, Johann Gottfried Herder. Vico hatte an eine Abfolge verschiedener Zivilisationen gedacht, Herder ging noch weiter. Er verglich die Nationalkulturen vieler Länder und Epochen miteinander und gelangte zu der Auffassung, daß jede Gesellschaft ihren eigenen Schwerpunkt besaß, der sich von dem der anderen Gesellschaften unterschied. Wenn wir, wie es sein Wunsch war, die nordischen Epen oder die Poesie der Bibel verstehen wollen, dürfen wir nicht die ästhetischen Maßstäbe der Pariser Literaturkritik des 18. Jahrhun-

[1] Voltaires Ansicht, die Aufklärung weise überall, wo sie erreicht werde, im wesentlichen die gleichen Züge auf, führt unweigerlich zu der Schlußfolgerung, daß Byron mit Konfuzius als Tischnachbar vorzüglich ausgekommen wäre, daß sich Sophokles im Florenz des Quattrocento ebenso wohl gefühlt hätte wie Seneca im Salon der Madame du Deffand oder am Hof Friedrichs des Großen.

derts anlegen. Die Lebensweise der Menschen, die Art und Weise, wie sie denken, empfinden und miteinander sprechen, die Kleider, die sie tragen, die Lieder, die sie singen, die Götter, die sie verehren, die Speisen, die sie essen, die Anschauungen, Sitten und Gewohnheiten, die ihnen eigen sind – dies alles macht aus ihnen Gemeinschaften, deren jede ihren eigenen »Lebensstil« besitzt. Solche Gemeinschaften mögen sich in vieler Hinsicht gleichen, aber Griechen unterscheiden sich von deutschen Lutheranern, und Chinesen sind anders als diese beiden Gruppen; zwischen dem, was sie erstreben, was sie fürchten und was sie verehren, gibt es kaum Ähnlichkeiten.

Man hat diese Ansicht als kulturellen oder moralischen Relativismus bezeichnet – und mein Freund, der große Gelehrte Arnaldo Momigliano, den ich immer sehr bewundert habe, glaubte genau dies sowohl bei Vico als auch bei Herder erkennen zu können. Er irrte. Es handelt sich hier nicht um Relativismus. Angehörige einer bestimmten Kultur können aufgrund ihrer Vorstellungskraft die Werte, die Ideale, die Lebensformen einer anderen Kultur oder einer anderen Gesellschaft, auch wenn sie ihnen zeitlich oder räumlich fernsteht, verstehen (Vico spricht von *entrare*). Es mag sein, daß ihnen diese Werte unannehmbar erscheinen, aber wenn sie genug Aufgeschlossenheit an den Tag legen, können sie begreifen, wie man ein voll entwickelter, zu kommunikativem Austausch fähiger Mensch sein und sich dabei von Wertvorstellungen lenken lassen kann, die sich von den eigenen sehr stark unterscheiden, die man aber gleichwohl als Wertvorstellung wahrnimmt, als Lebensziele, in deren Verwirklichung Menschen zur Erfüllung gelangen können.

»Ich nehme lieber Kaffee. Du nimmst lieber Champagner. Unsere ›Geschmäcker‹ sind verschieden. Mehr läßt sich darüber nicht sagen.« Das ist Relativismus. Aber Herders und Vicos Sicht ist eine andere: ich möchte sie als Pluralismus bezeichnen – eine Auffassung, der zufolge es viele verschiedene Ziele gibt, nach denen die Menschen streben und dabei doch ganz und gar rationale Menschen bleiben können, die fähig sind, einander zu verstehen, Mitleid füreinander aufzubringen und voneinander Einsichten zu gewinnen, so wie wir aus den Schriften Platons oder aus den Romanen des mittelalterlichen Japan Einsichten gewinnen – aus Welten und Anschauungen, die von unseren eigenen weit entfernt sind. Gewiß, wenn es keine Wertvorstellungen gäbe, die wir mit diesen fernen Gestalten teilten, so wäre jede Zivilisation wie unter einer undurchdringlichen Glocke eingeschlossen, und jegliches Verstehen wäre unmöglich; darauf läuft Spenglers Typologie hinaus. Austausch zwischen Kulturen in Zeit und Raum ist nur möglich, weil den Menschen das, was sie zu Menschen macht, gemeinsam ist und als Brücke zwischen ihnen wirkt. Aber unsere Wertvorstellungen gehören uns und die der anderen gehören den anderen. Niemand hindert uns, die Wertvorstellungen anderer Kulturen zu kritisieren oder zu verurteilen, aber wir dürfen nicht so tun, als würden wir sie nicht verstehen; wir dürfen sie nicht einfach als etwas Subjektives ansehen, als die Erzeugnisse von Geschöpfen, die unter anderen Bedingungen als wir mit anderen Vorlieben als wir leben und die uns nichts zu sagen haben.

Es gibt eine Sphäre objektiver Wertvorstellungen. Damit meine ich jene Ziele, die die Menschen um ihrer selbst willen verfolgen und in bezug auf die alle anderen Dinge Mittel sind. Ich bin nicht blind für das, was die Griechen als wertvoll ansahen – ihre Wertvorstellungen sind vielleicht nicht die meinen, aber ich kann begreifen, was es bedeuten würde, im Lichte dieser Wertvorstellungen zu leben, ich kann sie bewundern und respektieren, und ich kann mir sogar vorstellen, wie es wäre, wenn ich mich an sie halten würde, obwohl ich dies nicht tue – obwohl ich dies nicht will und obwohl ich es, selbst wenn ich wollte, vielleicht gar nicht könnte. Lebensformen unterscheiden sich voneinander. Ziele, moralische Grundsätze gibt es viele. Aber nicht unendlich viele: sie müssen innerhalb des menschlichen Horizonts liegen. Wenn dies nicht der Fall ist, liegen sie jenseits der menschlichen Sphäre. Wenn ich auf Menschen stoßen würde, die Bäume verehren – nicht weil sie Fruchtbarkeitssymbole darstellen oder weil sie göttlich und mit einem geheimnisvollen Leben oder eigenen Kräften ausgestattet sind oder weil dieser Hain der Göttin Athene geweiht ist, sondern nur weil die Bäume aus Holz sind, und wenn sie mir auf die Frage, warum sie Holz anbeten, zur Antwort gäben: »Weil es Holz ist«, dann wüßte ich nicht, was sie meinen. Wenn sie Menschen sind, dann aber doch keine Wesen, mit denen ich kommunizieren könnte – es erhebt sich da eine wirkliche, für mich unüberwindliche Barriere. Ich kann ihre Wertvorstellung nicht einmal als subjektiv bezeichnen, wenn und sofern ich mir nicht ausmalen kann, wie es wäre, ein solches Leben zu führen.

Klar ist, daß unterschiedliche Werte aufeinanderprallen können – deshalb sind Zivilisationen unvereinbar. Die Wertvorstellungen verschiedener Kulturen können unvereinbar sein, aber auch die Wertvorstellungen verschiedener Gruppen innerhalb einer Kultur oder die Wertvorstellungen meiner Leser und meine eigenen. Mein Leser mag überzeugt sein, daß es immer und unter allen Umständen richtig ist, die Wahrheit zu sagen; ich bin es nicht, weil ich meine, daß dies bisweilen allzu schmerzlich und allzu destruktiv sein kann. Wir können über unsere Ansichten diskutieren, wir können versuchen, eine gemeinsame Grundlage zu gewinnen, aber zuletzt ist das, wonach Sie streben, vielleicht nicht mit den Zielen in Einklang zu bringen, denen ich mein Leben gewidmet habe. Wertvorstellungen können auch im Einzelnen selbst miteinander in Widerstreit geraten; aber daraus folgt nicht, daß einige von ihnen richtig und andere falsch sind. Gerechtigkeit, strenge Gerechtigkeit, ist für manche Leute ein absoluter Wert, aber sie läßt sich, wie in konkreten Situationen deutlich wird, mit bestimmten anderen Werten nicht in Einklang bringen, die für diese Leute vielleicht nicht weniger fundamental sind – etwa mit Barmherzigkeit und Mitleid.

Freiheit und Gleichheit gehören zu den obersten Zielen, nach denen die Menschen seit Jahrhunderten streben; aber die völlige Freiheit der Wölfe ist der Tod der Lämmer, die völlige Freiheit der Mächtigen und der Begabten ist nicht vereinbar mit dem Recht der Schwachen und weniger Begabten auf ein würdiges Dasein. Ein Künstler mag, um ein Meisterwerk zu schaffen, ein Leben führen, das seine Familie ins Elend und in die Verwahrlosung treibt, ohne daß es ihn bekümmert. Wir können ihn verurteilen und sagen, das Meisterwerk müsse den Bedürfnissen der anderen Menschen geopfert werden; wir können uns auch auf seine Seite stellen – aber in beiden Haltungen kommen Werte zur Geltung, die für manche Menschen fundamental sind, Werte, die uns allen einsichtig sind, sofern wir für andere Menschen ein Mindestmaß an Mitgefühl oder Phantasie oder Verständnis aufzubringen vermögen. Gleichheit kann die Beschränkung der Freiheit derjenigen, die herrschen wollen, notwendig machen; ohne ein bestimmtes Maß an Freiheit gibt es keine Entscheidungsfreiheit und insofern keine Möglichkeit, in dem Sinne Mensch zu sein, wie wir diesen Ausdruck verstehen; aber möglicherweise muß diese Freiheit auch beschnitten werden, um den schwächeren Angehörigen der Gesellschaft zu helfen, um die Hungrigen zu speisen, die Nackten zu kleiden, den Obdachlosen Zuflucht zu gewähren, um Raum für die Freiheit anderer zu schaffen, um Bedingungen zu schaffen, in denen Gerechtigkeit und Fairneß zur Geltung kommen können.

Antigone steht vor einem Dilemma, für das Sophokles nur eine einzige Lösung andeutet. Sartre deutet die entgegengesetzte Lösung an, während Hegel die »Aufhebung« auf höherer Ebene vorschlägt – ein schwacher Trost für jene, die von Dilemmata dieser Art heimgesucht werden. Spontaneität, eine wunderbare Eigenschaft, ist nicht in Einklang zu bringen mit der Fähigkeit, organisiert zu planen, das Was, das Wieviel und das Wo zu kalkulieren – aber von dieser Fähigkeit kann das Wohl der Gesellschaft zuweilen in hohem Maße abhängig sein. Wir alle kennen solche quälenden Zwiespalte aus der jüngsten Vergangenheit. Soll man sich um jeden Preis einer blutrünstigen Tyrannei widersetzen, auch wenn man dabei das Leben der eigenen Eltern, der eigenen Kinder aufs Spiel setzt? Soll man Kinder foltern, um ihnen Informationen über gefährliche Verräter oder Verbrecher zu entlocken?

Solche Wertkollisionen ergeben sich aus dem Wesen der Werte und aus dem Wesen der Menschen. Wenn man uns versichert, solche Widersprüche würden in einer vollkommenen Welt gelöst werden, in der sich alle guten Dinge prinzipiell in Einklang bringen lassen, dann müssen wir denen, die so etwas behaupten, entgegnen, daß sie mit den Namen, die für uns die widerstreitenden Werte bezeichnen, offenbar andere Bedeutungen verbinden als wir. Wir müssen ihnen entgegnen, daß eine Welt, in der die uns unvereinbar erscheinenden Werte nicht miteinander in Widerstreit geraten, unser Vorstellungsvermögen übersteigt; daß die Grundsätze, die in jener anderen Welt in Einklang gebracht werden, nicht jene Grundsätze sind, die wir aus unserem täglichen Leben kennen; wenn sie verändert werden, dann in Konzepte, von denen wir hier auf Erden nichts wissen. Aber wir leben nun einmal auf Erden, und hier müssen wir uns unsere Überzeugungen bilden und handeln.

Die Idee des vollkommenen Ganzen, der endgültigen Lösung, in der alle guten Dinge nebeneinander bestehen, scheint mir nicht nur unerreichbar – das wäre eine Binsenweisheit –, sondern auch in sich nicht schlüssig; ich weiß nicht, was mit einer solchen Harmonie gemeint ist. Manches von dem, was gut und richtig ist, kann neben anderem Guten und Richtigen nicht bestehen. Das ergibt sich schon, wenn man die Begriffe näher betrachtet. Wir sind dazu verurteilt, Entscheidungen zu treffen, und jede Entscheidung kann einen unwiederbringlichen Verlust nach sich ziehen. Glücklich diejenigen, die unter der Herrschaft einer Disziplin leben, die sie widerspruchslos akzeptieren; glücklich diejenigen, die freiwillig den Anordnungen ihrer geistlichen oder weltlichen Führer folgen und deren Wort als unumstößliches Gesetz hinnehmen; oder jene, die auf eigenen Wegen zu klaren, unerschütterlichen, über jeden Zweifel erhabenen Überzeugungen gelangt sind, die ihnen sagen, was sie tun und wie sie sein sollen. Ich kann nur sagen, daß jene, die sich auf dem Bett eines solchen bequemen Dogmatismus ausruhen, die Opfer ihrer eigenen Kurzsichtigkeit sind, daß sie Scheuklappen tragen, die dem Wohlbefinden förderlich sein mögen, nicht aber dem Verständnis dafür, was es heißt, ein Mensch zu sein.

V.

Soviel zu dem theoretischen und, wie mir scheint, schlagenden Einwand gegen die Vorstellung, der vollkommene Staat sei das angemessene Ziel unseres Strebens. Es kommt aber noch ein anderer, eher praktisch sozialpsychologischer Einwand hinzu, ein Einwand, der vielleicht auch jene zu überzeugen vermag, deren schlichte Anschauungen einer philosophischen Argumentation unzugänglich sind. Es trifft zu, daß manche Probleme gelöst, manche Krankheiten sowohl im Leben des Einzelnen als auch im Leben der Gesellschaft geheilt werden können. Wir können Menschen vor Hunger oder Elend oder Ungerechtigkeit bewahren, wir können Menschen aus der Sklaverei und Gefangenschaft retten, wir können Gutes tun – alle Menschen besitzen ein elementares Gespür für Gut und Böse, gleichgültig, welcher Kultur sie angehören; aber wenn man eine Gesellschaft näher betrachtet, dann zeigt sich, daß jede Lösung eine neue Situation schafft, die ihrerseits neue Bedürfnisse und neue Probleme und neue Anforderungen hervorbringt. Die Kinder haben erreicht, wonach sich ihre Eltern und Großeltern sehnten – mehr Freiheit, mehr materiellen Wohlstand, eine gerechtere Gesellschaft; aber die alten Übel sind vergessen, und die Kinder stehen nun vor neuen Problemen, die durch eben jene Lösungen hervorgerufen wurden, die man für die alten gefunden hatte, und wenn diese ihrerseits gelöst sind, wird wiederum eine neue Situation mit neuen Erfordernissen entstanden sein – und so geht es auf eine nicht vorhersagbare Weise immer weiter.

Wir können im Hinblick auf die unbekannten Folgen der Folgen von Folgen keine Gesetze erlassen. Die Marxisten sagen uns, wenn der Kampf einmal gewonnen sei und die wirkliche Geschichte begonnen habe, dann würden die neu auftretenden Probleme selbst ihre Lösungen hervorbringen, und diese Lösungen würden von den vereinten Kräften der harmonischen, klassenlosen Gesellschaft friedlich verwirklicht werden. Ich sehe hier einen metaphysischen Optimismus am Werke, zu dem nach aller historischen Erfahrung kein Anlaß besteht. In einer Gesellschaft, in der die gleichen Ziele von allen akzeptiert sind, können sich Probleme nur noch im Hinblick auf die Mittel ergeben, und diese sind allesamt durch technische Methoden lösbar. Aber in einer solchen Gesellschaft hat das Innere des Menschen, seine moralische, seine geistige, seine ästhetische Phantasie keine Stimme mehr. Soll man hierfür Menschen vernichten und ganze Gesellschaften versklaven? Utopien haben ihren Wert – nichts anderes weitet die Horizonte menschlicher Möglichkeiten so wunderbar wie sie –, aber als Handlungsanweisungen können sie eine buchstäblich tödliche Kraft entfalten. Herkalit hatte recht, nichts kann je zum Stillstand kommen.

Daraus ziehe ich den Schluß, daß schon die bloße Idee einer »Endlösung« nicht nur unpraktikabel, sondern, wenn ich recht habe und bestimmte Werte notgedrungen miteinander kollidieren müssen, auch in sich nicht schlüssig ist. Auch wenn wir von der grauenvollen Bedeutung einmal absehen, die dieses Wort in den Tagen Hitlers angenommen hat, erweist sich die Vorstellung, eine »Endlösung« sei möglich, als eine Illusion, und eine äußerst gefährliche obendrein. Denn wenn man an die Möglichkeit einer solchen Lösung wirklich glaubt, dann ist gewiß kein Preis zu hoch, um sie zu erreichen: Welcher Preis sollte zu hoch sein, wenn man die Menschheit zuletzt gerecht und glücklich, schöpferisch und harmonisch machen könnte? Um dieses Omelette zu bereiten, darf man gewiß Eier in unbegrenzter Zahl zerschlagen – davon waren Lenin, Trotzki, Mao und, soweit ich weiß, auch Pol Pot überzeugt. Da ich den einzig wahren Weg zur endgültigen Lösung aller gesellschaftlichen Probleme kenne, weiß ich auch, in welche Richtung ich die Karawane der Menschheit treiben muß; und da ihr nicht wißt, was ich weiß, darf euch nicht die geringste Entscheidungsfreiheit zugestanden werden, wenn das Ziel erreicht werden soll. Ihr behauptet, eine bestimmte Politik werde euch glücklicher oder freier machen oder freier atmen lassen; aber ich weiß, daß ihr euch irrt; ich weiß, was ihr braucht, was alle Menschen brauchen; und wenn sich aus Unwissenheit oder Böswilligkeit Widerstand erhebt, dann muß er gebrochen werden, und möglicherweise müssen Hunderttausende untergehen, damit Millionen für alle Zeiten glücklich werden können. Was bleibt uns, die wir über das Wissen verfügen, anderes übrig, als uns bereit zu erklären, sie alle zu opfern?

Einige bewaffnete Propheten versuchen, die Menschheit zu retten, andere wollen nur ihre eigene Rasse wegen deren überlegener Merkmale retten, aber wie ihr Motiv auch beschaffen sein mag: die Millionen, die in Kriegen oder Revolutionen hingemetzelt werden – in Gaskammern, im Gulag, im Genozid, im Zuge all der Ungeheuerlichkeiten, an die man sich später im Zusammenhang mit unserem Jahrhundert erinnern wird –, sind der Preis, den die Menschen für das Glück der künftigen Generationen zahlen müssen. Wenn es euch mit dem Wunsch, die Menschheit zu retten, Ernst ist, dann müßt ihr hartherzig werden und dürft nicht an die Kosten denken.

Die Antwort hierauf hat der russische Radikale Alexander Herzen vor mehr als hundert Jahren gegeben. In seinem Essay *Vom anderen Ufer*, der eigentlich ein Nachruf auf die Revolutionen von 1848 ist, erklärte er, zu seiner Zeit habe sich eine neue Form von Menschenopfer herausgebildet – die Opferung lebendiger Menschen auf den Altären abstrakter Begriffe, auf den Altären von Nation, Kirche, Partei, Klasse, Fortschritt, den Kräften der Geschichte. Auf all diese Begriffe hat man sich zu seiner Zeit und in unserer Zeit berufen: wenn diese Abstraktionen das Abschlachten lebendiger Menschen verlangen, dann muß ihnen Genüge getan werden. Dies sind seine Worte:

»Wenn der Fortschritt Ziel ist, für wen arbeiten wir dann? Wer ist der Moloch, der sich, wenn die Arbeitssklaven ihm nahen, zurückzieht und den erschöpften und dem Untergang geweihten Massen, die ihr *›morituri te salutant‹* rufen, zum Trost nur die höhnische Antwort erteilt, daß nach ihrem Tode auf Erden alles schön sein werde. Wollen Sie wirklich die heute lebenden Menschen zur traurigen Rolle von . . . elenden Galeerensklaven verurteilen, die bis zu den Knien im Schlamm die Barke rudern . . . auf deren Flagge die schlichten Worte ›Fortschritt in der Zukunft‹ stehen? . . . Ein Ziel, das unendlich weit entfernt ist, ist kein Ziel, sondern nur . . . eine

> Täuschung. Ein Ziel muß näher liegen, wenigstens eines Arbeiters Lohn oder Freude an der getanen Arbeit sein.«

Gewiß und wirklich sind für uns nur das Opfer, das Sterben und die Toten. Aber das Ideal, um dessentwillen sie sterben, bleibt unverwirklicht. Die Eier werden zerbrochen, und die Gewohnheit, sie zu zerbrechen, nimmt überhand, aber das Omelette bleibt unsichtbar. Opfer für ein naheliegendes Ziel und Zwang, wenn die Not der Menschen verzweifelt ist und solche Maßnahmen wirklich erfordert, können gerechtfertigt sein. Aber ein Holocaust um eines fernen Ziels willen ist ein grausamer Hohn auf alles, was den Menschen jetzt und zu allen Zeiten teuer ist und war.

VI.

Wenn der uralte Glaube an die Möglichkeit der Verwirklichung einer endgültigen Harmonie eine Täuschung ist und die Annahmen jener Denker, auf die ich mich berufen habe – die Annahmen Machiavellis, Vicos, Herders, Herzens – gültig sind, wenn wir einräumen, daß Werte, die das Gute und Wahre verkörpern, aufeinanderprallen können, daß manche von ihnen nicht nebeneinander bestehen können, andere hingegen doch – kurz, daß man im Prinzip und in der Praxis nicht alles haben kann –, und wenn die Kreativität der Menschen auf einer Vielfalt von einander ausschließenden Entscheidungen beruht, dann stellt sich die Frage, die auch Tschernyschewski und Lenin schon gestellt haben: »Was tun?« Wie sollen wir zwischen verschiedenen Möglichkeiten wählen? Was und wieviel müssen wir wofür opfern? Hierauf gibt es, wie mir scheint, keine klare Antwort. Aber auch wenn die Kollisionen unvermeidlich sind, lassen sie sich doch abmildern. Ansprüche können ausgeglichen, Kompromisse gefunden werden: in konkreten Situationen besitzt nicht jede Forderung das gleiche Gewicht – soviel Freiheit und soviel Gleichheit; soviel Raum für die scharfe moralische Verurteilung und soviel für das Verständnis einer bestimmten Situation; soviel Raum für die unnachgiebige Kraft des Gesetzes und soviel für das Vorrecht der Barmherzigkeit, die Hungrigen zu speisen, die Nackten zu kleiden, die Kranken zu heilen, den Obdachlosen Zuflucht zu gewähren. Prioritäten, die nie endgültig und absolut sind, müssen gesetzt werden.

Extremes Leiden zu vermeiden, ist die erste Bürgerpflicht. Revolutionen, Kriege, Attentate, extreme Maßnahmen können in ausweglosen Situationen erforderlich sein. Aber die Geschichte lehrt uns, daß sie selten das zur Folge haben, was man von ihnen erwartete; es gibt keine Garantie dafür und ist zuweilen nicht einmal wahrscheinlich, daß solche Handlungen eine Verbesserung zur Folge haben. Wir können das Risiko solcher einschneidenden Aktionen im privaten Leben und in der Politik auf uns nehmen, aber wir müssen immer bedenken und dürfen nie vergessen, daß wir uns möglicherweise irren, daß Gewißheit in der Frage der Wirkung solcher Maßnahmen unweigerlich vermeidbare Leiden von Unschuldigen zur Folge hat. Deshalb müssen wir uns aufs Vermitteln, auf Kompromisse einlassen – Regeln, Werte, Prinzipien müssen von Situation zu Situation in wechselndem Grade gegeneinander nachgiebig sein. Utilitaristische Lösungen sind manchmal falsch, aber häufiger, so möchte ich vermuten, heilsam. Das Beste, was man erreichen kann, ist in aller Regel die Aufrechterhaltung eines prekären Gleichgewichts, das ausweglose Situationen, in denen unerträgliche Entscheidungen zu treffen wären, vielleicht gar nicht erst entstehen läßt – hierin besteht die erste Forderung an eine verträgliche Gesellschaft; hiernach können wir immer streben, auch wenn unser Erkenntnishorizont begrenzt und unser Verständnis für Individuen und Gesellschaften durchaus unvollkommen ist. Eine gewisse Bescheidenheit in diesen Dingen ist wohl angebracht.

Diese Antwort mag matt und flau anmuten, sie hat nichts von dem an sich, wofür idealistische junge Menschen, wenn es denn sein müßte, kämpfen und leiden wollten, um eine neue, bessere Gesellschaft zu erreichen. Und natürlich dürfen wir die Unvereinbarkeit unterschiedlicher Wertvorstellungen auch nicht übertreiben – es gibt über lange Zeiträume zwischen Menschen aus unterschiedlichen Gesellschaften viel Übereinstimmung in der Frage, was richtig und falsch, was gut und böse sei. Natürlich können und dürfen Traditionen, Anschauungen, Einstellungen voneinander abweichen; allgemeine Prinzipien können dem, wonach die Menschen verlangen, in vieler Hinsicht zuwiderlaufen. Hier kommt es fast nur auf die konkrete Situation an. Es gibt keinen Ausweg: wir müssen uns entscheiden; das moralische Risiko bleibt uns manchmal nicht erspart. Verlangen können wir dabei nur, daß kein maßgeblicher Faktor unberücksichtigt bleibt, daß die Zwecke, nach deren Verwirklichung wir streben, als Bestandteile einer umfassenden Lebensform gesehen werden, die durch Entscheidungen günstig beeinflußt oder beschädigt werden kann.

Aber zuletzt geht es nicht um ein rein subjektives Urteilen: die Lösung wird durch die Lebensformen der Gesellschaft diktiert, der man angehört – einer Gesellschaft unter anderen Gesellschaften, mit Wertvorstellungen, die, ob sie nun miteinander im Konflikt liegen oder nicht, in geschichtlicher Zeit von der Mehrzahl der Menschen geteilt wurden. Wenn es auch keine universellen Werte gibt, so doch ein Minimum an Gemeinsamkeit, ohne das Gesellschaften kaum überleben könnten. Kaum jemand würde heutzutage die Sklaverei, rituelle Morde, die Gaskammern der Nazis oder die Folterung von Menschen zum Vergnügen oder aus Gründen des Profits oder auch aus politischen Gründen befürworten – kaum jemand würde es für eine Pflicht der Kinder halten, die eigenen Eltern zu denunzieren, wie die Französische und die Russische Revolution es von ihnen verlangten, und kaum jemand würde gedankenloses Töten billigen. Es gibt keine Rechtfertigung, in diesen Fragen Kompromisse zu schließen. Auf der anderen Seite scheint mir die Suche nach dem Vollkommenen immer die Gefahr des Blutvergießens in sich zu bergen, und es wird nicht besser, wenn sich die aufrichtigsten Idealisten, die Menschen reinsten Herzens, auf diese Suche begeben. Es hat nie einen strengeren Moralisten als Immanuel Kant gegeben, aber selbst er erklärte in einem Augenblick der Erleuchtung: »Aus so krummem Holze, als woraus der Mensch gemacht ist, kann nichts ganz Gerades gezimmert werden.« Die Menschen in die glatten Uniformen dogmatischer Schemata zu zwängen, mündet fast immer in Unmenschlichkeit. Wir können nur tun, was wir können: aber das müssen wir tun, auch wenn es uns schwerfällt.

Selbstverständlich kommt es immer wieder zu gesellschaftlichen oder politischen Kollisionen; das ist schon deshalb unvermeidlich, weil positive Wertvorstellungen miteinander in Widerstreit geraten können. Die Kollisionen können meiner Überzeugung nach aber eingedämmt werden, indem man ein prekäres Gleichgewicht anstrebt und bewahrt, das ständig in Gefahr ist und ständig neu hergestellt werden muß – das allein, ich wiederhole es, ist die Voraussetzung einer verträglichen Gesellschaft und eines moralisch annehmbaren Verhaltens. Anderenfalls würden wir sehr wahrscheinlich in die Irre geraten. Vielleicht werden Sie sagen: als Lösung ein bißchen langweilig! Nicht der Stoff, aus dem begeisterte Führer ihre Aufrufe zu heldenhaftem Handeln zimmern! Aber wenn der hier vorgetragenen Ansicht wenigstens ein Gran Wahrheit zukommt, so genügt das vielleicht. Ein großer amerikanischer Philosoph unserer Zeit hat einmal gesagt: »Es gibt *a priori* keinen Grund für die Annahme, daß die Wahrheit, wenn man sie einmal entdeckt hat, notwendigerweise interessant ist.« Vielleicht genügt es, daß es die Wahrheit ist oder auch nur eine Annäherung an sie; deshalb habe ich nicht das Gefühl, ich müßte mich für meine Darlegungen entschuldigen. Die Wahrheit, so schrieb Tolstoi in dem Roman, den ich eingangs erwähnte, ist die schönste Sache der Welt. Ich weiß nicht, ob es sich auf dem Gebiet der Ethik so verhält, aber es scheint mir so nah an dem, was die meisten von uns glauben möchten, daß man es nicht leichtfertig außer acht lassen sollte.

DER VERFALL DES UTOPISCHEN DENKENS

Die Idee der vollkommenen Gesellschaft ist ein sehr alter Traum. Entweder wurde er durch Mißstände in der Gegenwart ausgelöst, die die Menschen veranlaßten, sich vorzustellen, wie ihre Welt ohne diese Mißstände aussähe – wie ein idealer Staat beschaffen wäre, in dem es kein Elend und keine Habgier, weder Gefahr noch Armut, noch Furcht, weder menschenunwürdige Arbeit noch Unsicherheit gäbe –, oder er erwuchs aus dem Wunsch, durch Utopien, durch in satirischer Absicht konstruierte Fiktionen die tatsächliche Welt zu kritisieren und jene zu beschämen, die in den bestehenden Systemen herrschten oder solche Herrscher allzu demütig ertrugen; und zuweilen sind Utopien auch gesellschaftliche Phantasien – Übungen der poetischen Einbildungskraft.

In den abendländischen Utopien begegnen uns gewisse Elemente immer wieder: die Gesellschaft lebt in reiner Harmonie, alle ihre Angehörigen leben im Frieden, lieben einander und sind unbehelligt von physischer Gefahr, von Mangel irgendwelcher Art, von Unsicherheit, von entwürdigender Arbeit, Neid und Enttäuschung, sie müssen weder Ungerechtigkeit noch Gewalttätigkeit erleiden, leben in einem stets gleichbleibenden Licht, in gemäßigtem Klima, inmitten einer unendlich fruchtbaren, großzügigen Natur. Das wichtigste Merkmal der meisten, vielleicht aller Utopien ist ihr statischer Charakter. In ihnen ändert sich nichts, denn sie haben die Vollendung erreicht: es besteht kein Bedürfnis nach Neuerung und Wandel;

niemand kann wünschen, einen Zustand zu verändern, in dem alle natürlichen Wünsche des Menschen erfüllt sind.

All dies gründet auf der Annahme, daß die Menschen eine feste, unwandelbare Natur und bestimmte universelle, allen gemeinsame Ziele besitzen. Wenn diese Ziele einmal verwirklicht sind, hat die menschliche Natur ihre Erfüllung gefunden. Schon diese Idee der universellen Erfüllung setzt voraus, daß die Menschen nach Zielen streben, die für alle jederzeit und überall im wesentlichen die gleichen sind. Denn wäre das nicht so, dann wäre Utopia nicht Utopia, dann würde die vollkommene Gesellschaft eben nicht jeden ganz zufriedenstellen.

Die meisten Utopien sind in einer weit zurückliegenden Vergangenheit angesiedelt: es war einmal ein Goldenes Zeitalter. So erzählt Homer von den glücklichen Phäaken oder den unschuldigen Äthiopiern, unter denen sich Zeus so gern aufhält, und besingt die Inseln der Seligen. Hesiod spricht vom Goldenen Zeitalter, dem von Mal zu Mal schlimmere Zeitalter folgten, bis herab auf die schreckliche Zeit, in der er selbst lebte. Platon sagt im *Symposion*, früher – in einer fernen, glücklichen Zeit – seien die Menschen kugelförmig gewesen und dann in Hälften zerbrochen, und seither suche jede Halbkugel ihr Gegenstück, um wieder in sich gerundet und vollständig zu werden. Er spricht auch von dem glücklichen Leben von Atlantis, das infolge einer Naturkatastrophe für immer untergegangen ist. Vergil spricht von der *Saturnia regna*, dem Königreich des Saturn, in dem alle Dinge gut gewesen seien. Das Alte Testament spricht von einem irdischen Paradies, in dem Adam und Eva von Gott erschaffen wurden und ein glückliches, heiteres Leben ohne Schuld führten – ein Leben, das für immer hätte fortbestehen können, wenn es nicht durch den Ungehorsam des Menschen gegenüber seinem Schöpfer ein jammervolles Ende genommen hätte. Wenn der Dichter Alfred Tennyson im letzten Jahrhundert von einem Reich spricht: »Wo nicht Hagel fällt noch Regen oder Schnee, Wo nie ein Sturmwind braust«, so spiegelt sich darin eine lange, ungebrochene Tradition, die bis zu dem homerischen Traum vom ewigen Licht über einer windlosen Welt zurückreicht.

Diese Dichter siedelten das Goldene Zeitalter in einer Vergangenheit an, die nie mehr zurückkehren kann. Für andere Denker steht das Goldene Zeitalter noch bevor. Der Prophet Jesaja sagt uns, in der »letzten Zeit« werden die Menschen »ihre Schwerter zu Pflugscharen und ihre Spieße zu Sicheln machen. Denn es wird kein Volk wider das andere das Schwert erheben, und sie werden hinfort nicht mehr lernen, Krieg zu führen ... Da werden die Wölfe bei den Lämmern wohnen und die Panther bei den Böcken lagern ... Die Wüste und Einöde wird frohlocken, und die Steppe wird jubeln und wird blühen wie die Lilien ... und Schmerz und Seufzen wird entfliehen.« In ähnlicher Weise spricht Paulus von einer Welt, in der es weder Juden noch Christen, weder Männer noch Frauen, weder Leibeigene noch Freie gibt. Alle Menschen werden gleich und im Angesicht Gottes vollkommen sein.

Gemeinsam ist all diesen Welten, gleichgültig, ob sie als Paradies auf Erden aufgefaßt oder in ein Jenseits verlagert werden, eine statische Vollkommenheit, in der die menschliche Natur endlich vollständig verwirklicht ist, in der alles unwandelbar und in Ewigkeit stillsteht.

Dieses Ideal kann gesellschaftlich und politisch sowohl hierarchische als auch demokratische Formen annehmen. In Platons Staat besteht eine strenge, in sich geschlossene Hierarchie von drei Klassen, ausgehend von dem Prinzip, daß es drei Typen von menschlichen Wesen gibt, deren jeder vollständig verwirklicht werden kann und die sich zu einem harmonischen Ganzen fügen. Der Stoiker Zenon von Kitios entwirft das Bild einer anarchistischen Gesellschaft, in der alle rationalen Wesen friedlich, glücklich und in vollkommener Gleichheit leben und auf Institutionen nicht angewiesen sind. Wenn die Menschen rational sind, benötigen sie keine Herrschaft; rationale Wesen brauchen weder einen Staat noch Geld, weder Gerichtshöfe noch irgendwelche anderen fest organisierten Institutionen. In der vollkommenen Gesellschaft tragen Männer und Frauen die gleichen Kleider und »nähren sich von einer Weide, die allen gehört«. Sofern sie rational sind, werden auch alle ihre Wünsche notwendigerweise rational sein und lassen sich also auf harmonische Weise erfüllen. Zenon war der erste utopische Anarchist, der Begründer einer langen Tradition, die in unserer Zeit eine plötzliche, zuweilen gewaltsame Blüte erlebte.

Die griechische Welt brachte eine ganze Anzahl von Utopien hervor, nachdem der Stadtstaat die ersten Symptome des Niedergangs zeigte. Neben den satirischen Utopien des Aristophanes steht der Plan des Theopomp für einen vollkommenen Staat. Euhemeros hat eine Utopie entworfen, in der glückliche Menschen auf Inseln im Indischen Ozean leben, wo es keine wilden Tiere, keinen Winter, keinen Frühling, sondern nur einen immerwährenden sanften, warmen Sommer gibt, wo die Früchte den Menschen von den Bäumen in den Mund wachsen und niemand zu arbeiten braucht. Diese Menschen führen ein Dasein in nicht endender Seligkeit, auf Inseln, die durch das Meer vom verworfenen, chaotischen Festland getrennt sind, wo die Menschen töricht, ungerecht und unglücklich sind.

Vielleicht gab es hier und da auch Versuche, dergleichen in die Praxis umzusetzen. Zenons Schüler Blossius von Cumae, ein römischer Stoiker, predigte, wie es scheint, einen sozialen Egalitarismus, der möglicherweise auf Iambulus zurückgeht, einen frühen Vertreter kommunistischer Ideen. Man beschuldigte ihn, kommunistische Revolten gegen Rom angezettelt zu haben, und er wurde von einem Ausschuß des Senats verhört, genauer gesagt, »in die Mangel genommen« – ähnlich wie es bei den Untersuchungen von McCarthy und seinem Ausschuß in den Vereinigten Staaten der Fall war. Blossius, Aristonicus, Gajus Gracchus wurden angeklagt – die Episode endete mit der Ermordung der Gracchen. Diese politischen Konsequenzen sind für meine Fragestellung jedoch nur nebensächlich. Während des Mittelalters kam es zu einem auffälligen Niedergang des utopischen Denkens, vielleicht weil nach christlichem Glauben der Mensch Vollkommenheit nicht aus eigener Kraft erlangen kann; allein die göttliche Gnade kann ihn erretten – und Erlösung wird ihm nicht zuteil, solange er als ein in Sünde geborenes Wesen noch auf Erden weilt. Kein Mensch kann in diesem Jammertal eine dauerhafte Wohnstatt errichten: denn hienieden sind wir alle nur Pilger und suchen Zugang zu einem Reich, das nicht von dieser Welt ist.

Ein Motiv, das uns im gesamten utopischen Denken, im christlichen ebenso wie im heidnisch-antiken, immer wieder begegnet, ist die Vorstellung, daß es irgendwann vor langer Zeit einen Zustand der Vollkommenheit gegeben habe und daß es danach zu einer gewaltigen Katastrophe gekommen sei: in der Bibel ist es die Sünde des Ungehorsams – der verhängnisvolle Verzehr der verbotenen Frucht; oder die Sintflut; oder es treten bösartige Riesen auf, die die Welt in Unordnung stürzen; oder die Menschen erbauen in ihrem Hochmut den Turm zu Babel und werden dafür bestraft. Auch in der griechischen Mythologie wird der Zustand der Vollkommenheit durch eine Katastrophe zerstört, etwa in den Erzählungen von Prometheus, von Deukalion und Pyrrha oder von der Büchse der Pandora – die ursprüngliche Einheit wird gesprengt, und für den Rest ihrer Geschichte versucht die Menschheit, die Bruchstücke wieder zusammenzufügen und die heitere Ruhe zurückzugewinnen, um die Vollkommenheit wiederherzustellen. Dummheit, Bosheit oder Schwäche der Menschen können die Vollendung verhindern, oder die Götter lassen sie nicht zu; aber immer wieder, vor allem im Denken der Gnostiker und in den Visionen der Mystiker, wird das menschliche Leben als qualvolles Bemühen gesehen, die zerbrochenen Teile des vollkommenen Ganzen, mit dem das Universum begann und zu dem es möglicherweise zurückkehren wird, wieder zusammenzusetzen. Diesem Gedanken begegnet man im europäischen Denken seit seinen Anfängen; er liegt allen frühen Utopien zugrunde und hat die metaphysischen, ethischen und politischen Ideen des Abendlandes tief beeinflußt. In diesem Sinne ist das Utopische – die Idee der zerbrochenen Einheit und ihrer Wiederherstellung – ein zentraler Strang des abendländischen Denkens. Aus diesem Grund ist es vielleicht nicht unnütz, wenn wir den Versuch machen, einige der wichtigsten Annahmen, die dieser Idee zugrunde liegen, herauszuarbeiten.

Ich möchte diese Annahmen in drei Thesen fassen, als eine Art dreibeinigen Schemel, auf den sich, wie mir scheint, die zentrale Tradition des politischen Denkens im Abendland stützt. Ich fürchte, ich werde dabei allzusehr vereinfachen, aber eine Skizze ist kein Buch, und starke Vereinfachung, so kann ich nur hoffen, bedeutet nicht immer Verfälschung, ist oft sogar nützlich, um den Problemen ihre Kontur zu geben. Die erste These lautet: Auf alle echten Fragen kann es nur eine richtige Antwort geben, während alle anderen Antworten unrichtig sind. Wenn es keine richtige Antwort gibt, dann kann die Frage keine echte Frage sein. Jede echte Frage muß, zumindest im Prinzip, beantwortbar sein, und wenn dies so ist, kann nur eine einzige Antwort zutreffen. Auf keine Frage, vorausgesetzt, sie ist klar formuliert, kann es zwei voneinander abweichende Antworten geben, die beide zutreffen. Die Gründe, auf denen die richtigen Antworten beruhen, müssen wahr sein; alle anderen Antworten müssen Falschheit verkörpern oder auf Falschheit beruhen, die viele Gesichter haben kann. So lautet die erste Grundannahme.

Die zweite Annahme besagt, daß es eine Methode zur Aufdeckung dieser richtigen Antworten gibt. Ob irgendein Mensch sie kennt oder überhaupt kennen kann, ist eine andere Frage; aber sie muß, zumindest im Prinzip, erkennbar sein, vorausgesetzt, man verwendet das richtige Verfahren, um sie zu ermitteln.

Die dritte und in diesem Zusammenhang vielleicht wichtigste Annahme besagt, daß alle richtigen Antworten zumindest miteinander vereinbar sein müssen. Dies ergibt sich aus einer einfachen, logischen Wahrheit: es kann nicht sein, daß eine Wahrheit mit einer anderen Wahrheit unvereinbar ist; alle richtigen Antworten verkörpern Wahrheiten oder beruhen auf ihnen; deshalb können die richtigen Antworten niemals in Konflikt miteinander geraten, gleichgültig, ob sie sich auf Fragen nach der Beschaffenheit der Welt oder auf Fragen nach dem, was die Menschen tun oder wie sie sein sollen, beziehen – gleichgültig also, ob sie sich auf Tatsachen oder auf Wertvorstellungen berufen (und für Denker, die sich diese dritte Annahme zu eigen machen, sind Wertfragen in gewissem Sinne Tatsachenfragen). Im besten Falle folgen diese Wahrheiten innerhalb eines systematischen, geschlossenen Ganzen logisch auseinander; zumindest aber sind sie miteinander verträglich, d. h. sie bilden ein harmonisches Ganzes, dergestalt, daß sich, wenn man alle richtigen Antworten auf alle entscheidenden Fragen des menschlichen Daseins ausfindig gemacht und zusammengesetzt hat, eine Art Übersicht über die Summe des Wissens ergibt, das nötig ist, um ein vollkommenes oder vielmehr *das* vollkommene Leben zu führen.

Es kann sein, daß sterbliche Menschen ein solches Wissen nicht erlangen können. Hierfür kann es viele Gründe geben. Einige christliche Denker würden einwenden, die Erbsünde mache die Menschen zu solcher Erkenntnis unfähig. Oder wir hätten vielleicht früher im Licht solcher Wahrheiten gelebt, im Garten Eden, vor dem Zeitalter der Sündhaftigkeit, doch dann sei uns dieses Licht abhanden gekommen, weil wir von der Frucht am Baum der Erkenntnis gekostet hätten, und zur Strafe dafür müsse unser Wissen während unseres Erdenlebens unvollständig bleiben. Vielleicht werden wir eines Tages auch alles wissen, sei es vor oder nach unserem leiblichen Tod. Vielleicht werden die Menschen auch nie zur Erkenntnis gelangen: vielleicht ist ihr Verstand so schwach, vielleicht sind die Hindernisse, die die eigensinnige Natur ihnen in den Weg legt, so groß, daß solche Erkenntnis nicht möglich ist. Vielleicht können nur die Engel erkennen, vielleicht nur Gott; und wenn es keinen Gott gibt, dann muß man diese Überzeugung dadurch ausdrücken, daß man erklärt, solche Erkenntnis sei *im Prinzip* erlangbar, auch wenn sie nie jemand erlangt hat und wahrscheinlich nie erlangen wird. Denn im Prinzip muß die Antwort erkennbar sein; verhielte es sich anders, wären die Fragen nicht echt; wer von einer Frage sagt, sie sei prinzipiell nicht zu beantworten, der hat nicht verstanden, um was für eine Art von Frage es sich überhaupt handelt – denn das Wesen einer Frage verstehen heißt wissen, was für eine Art von Antwort in bezug auf sie richtig sein könnte, gleichgültig, ob wir wissen, daß sie wirklich richtig ist oder nicht; der Spielraum möglicher Antworten muß sich jedenfalls umreißen lassen; und eine der Antworten innerhalb dieses Spielraums muß die richtige sein.

Anderenfalls würde das rationale Denken für rationalistische Denker dieses Typus in unauflösliche Rätsel münden. Wenn dies aber aufgrund des Wesens der Vernunft ausgeschlossen ist, dann muß daraus folgen, daß die Gesamtheit (oder vielleicht die unendliche Menge) aller richtigen Lösungen auf alle möglichen Probleme das vollkommene Wissen darstellt.

Ich möchte diese Argumentation noch weitertreiben. Es wird behauptet, ohne eine Vorstellung von Vollkommenheit könnten wir auch nicht verstehen, was Unvollkommenheit bedeutet. Wenn wir zum Beispiel über unser Dasein auf Erden klagen, indem wir auf Streit, Elend, Grausamkeit, Bosheit hinweisen – auf »das Unglück, die Torheiten und die Verbrechen der Menschheit« –, kurz, wenn wir erklären, der Zustand, in dem wir leben, sei nicht vollkommen, so gelingt uns dies nur aus dem Vergleich mit einer vollkommenen Welt; indem wir die Kluft zwischen den beiden messen, können wir bestimmen, inwiefern unsere Welt unzulänglich ist. Aber was fehlt ihr? Die Vorstellung von dem, was ihr fehlt, ist die Vorstellung von einem Zustand der Vollkommenheit. Diese Auffassung liegt, soweit ich sehe, dem utopischen Denken, ja, zahlreichen Bewegungen des abendländischen Denkens überhaupt zugrunde, von Pythagoras und Platon bis heute.

An diesem Punkt kann man nun die Frage stellen, wo man, wenn dies alles sich so verhält, die Lösungen suchen soll: Wer sind die Autoritäten, die uns für Theorie und Praxis den rechten Weg zeigen? In dieser Hinsicht hat es im Abendland (wie man sich denken kann) wenig Übereinstimmung gegeben. Einige haben gesagt, die wahren Antworten fänden sich in heiligen Texten, oder sie würden uns von erleuchteten Propheten oder von Priestern mitgeteilt, den autorisierten Interpreten dieser Texte. Andere bestreiten die Gültigkeit von Offenbarung, Gebot oder Tradition und erklären, nur die genaue Naturerkenntnis erbringe wahre Antworten – mit Hilfe von kontrollierter Beobachtung und Experiment, durch die Anwendung logischer und mathematischer Verfahren. Die Natur sei kein Tempel, sondern ein Laboratorium, und Hypothesen müßten sich durch Methoden testen lassen, die jedes rationale

Wesen sich zu eigen machen, anwenden, mitteilen und prüfen könne; die Wissenschaft, so erklären sie, beantwortet vielleicht nicht alle Fragen, die wir stellen möchten, aber was sie nicht beantwortet, das werde auch durch andere Methoden nicht ergänzt: sie sei das einzige verläßliche Instrument, das wir besitzen und je besitzen werden. Wieder andere sagen uns, nur Experten könnten Erkenntnis erlangen: Menschen mit mystischem Seherblick oder metaphysischer Einsicht und spekulativer Kraft oder mit wissenschaftlichem Talent; oder Menschen, die mit einer natürlichen Klugheit begabt seien – Weise, Menschen mit überragendem Intellekt. Aber andere bestreiten dies und meinen, die wichtigsten Wahrheiten seien allen Menschen zugänglich: jeder, der in sein Herz, in seine Seele blicke, könne sich selbst und die ihn umgebende Natur begreifen und erkennen, wie er leben und was er tun soll, sofern er nicht durch den verderblichen Einfluß anderer geblendet ist – durch Menschen, deren Wesen von schlechten Institutionen verdorben worden ist. So hätte Rousseau gesprochen: Nach Wahrheit soll man nicht in den Gedanken und im Handeln der verderbten Bewohner überfeinerter Städte suchen, sondern in dem reinen Herzen eines einfachen Bauern oder eines unschuldigen Kindes – auch bei Tolstoi klingt diese Auffassung an, die noch heute ihre Anhänger hat, den Arbeiten Freuds und seiner Schüler zum Trotz.

Es gibt kaum eine Ansicht darüber, wo die Quellen wahrer Erkenntnis liegen, die innerhalb der hellenischen und jüdisch-christlichen Tradition nicht irgendwann einmal leidenschaftlich verfochten und dogmatisch behauptet worden wäre. Wegen der Unterschiede zwischen ihnen ist es zu heftigen Auseinandersetzungen und blutigen Kriegen gekommen – kein Wunder, glaubte man doch, das Heil der Menschen hänge von der richtigen Antwort auf diese Fragen ab, von der Lösung der quälendsten und wichtigsten Probleme des menschlichen Lebens. Mir geht es hier darum, daß alle, die sich an diesen Auseinandersetzungen beteiligten, stets von der Annahme ausgingen, diese Fragen könnten beantwortet werden. Fast universell war die Ansicht verbreitet, diese Antworten bildeten gleichsam einen verborgenen Schatz, und das Problem bestehe darin, den Weg dorthin zu finden. Oder, um ein anderes Gleichnis zu verwenden: Die Menschheit sitzt vor den verstreuten Teilen eines Puzzles. Wenn es gelingt, die einzelnen Teile zusammenzufügen, wird daraus ein vollkommenes Ganzes, das das Ziel der Suche nach Wahrheit, Tugend und Glück darstellt. Diese Annahme, so scheint mir, ist in weiten Sphären des abendländischen Denkens verbreitet.

Ganz sicher lag diese Überzeugung den Utopien zugrunde, die während der Renaissance im 15. Jahrhundert in reicher Fülle entstanden, als es zu einer Wiederentdeckung der griechischen und lateinischen Klassiker kam, in denen man Wahrheiten vermutete, die während der langen Nacht des Mittelalters vergessen oder vom mönchischen Aberglauben der christlichen Ära unterdrückt und entstellt worden waren. Die »Neue Gelehrsamkeit« gründete auf der Überzeugung, daß Erkenntnis und nur Erkenntnis – der befreite menschliche Geist – uns erretten könne. Diese Überzeugung beruhte ihrerseits auf der fundamentalsten aller rationalistischen Thesen: daß Tugend und Erkenntnis eins seien – einer These, die schon Sokrates geäußert hatte und die dann von Platon und seinem bedeutendsten Schüler Aristoteles sowie den wichtigsten sokratischen Schulen des antiken Griechenland weiterentwickelt worden war. Für Platon besaß das Modell von Erkenntnis geometrischen Charakter, für Aristoteles biologischen; für viele Denker der Renaissance mag es neuplatonisch und mystisch oder intuitiv oder mathematisch oder organisch oder mechanisch gewesen sein, aber niemand zweifelte daran, daß einzig die Erkenntnis geistige, moralische und politische Rettung bot. Man nahm offenbar an, daß, wenn den Menschen eine bestimmte Natur gemeinsam sei, diese Natur ein Ziel haben müsse. Die Natur des Menschen kann sich nur dann vollständig verwirklichen, wenn er weiß, was er wirklich will. Wenn der Mensch zu entdecken vermag, wie die Welt beschaffen ist, in welcher Beziehung er zu ihr steht und was er selbst ist – gleichgültig, wie er dies herausfindet, gleichgültig, mit welcher Methode und auf welchem empfohlenen oder überlieferten Weg zur Erkenntnis –, dann erkennt er zugleich, was ihm selbst zur Erfüllung verhilft, was ihn, um es anders zu formulieren, glücklich, gerecht, tugendhaft und weise macht. Wer weiß, was den Menschen aus Irrtum und Illusion befreit, wer wahrhaft versteht, wonach er als geistiges und körperliches Wesen streben soll, und sich dennoch weigert, entsprechend zu handeln, der ist nicht bei sich – der ist irrational und womöglich von Verrücktheit nicht weit entfernt. Wissen, wie man die eigenen Ziele erreichen kann, und nicht den Versuch machen, dies auch zu tun, ist letztlich ein Anzeichen dafür, daß man die eigenen Ziele nicht verstanden hat. Verstehen heißt handeln: mit ihrem Glauben an die Einheit von Theorie und Praxis nahmen diese frühen Denker in einem gewissen Sinne Karl Marx vorweg.

In der zentralen Tradition des abendländischen Denkens bedeutet Erkenntnis nicht bloß deskriptives Wissen von der Beschaffenheit des Universums. Sie umfaßt vielmehr als festen, keineswegs gesonderten Bestandteil auch das Wissen von Wertvorstellungen – was für ein Leben man führen und was man tun soll, welche Lebensformen die besten und würdigsten sind und warum. Nach dieser Lehre – daß Tugend und Erkenntnis eins sind – begehen die Menschen nur deshalb Verbrechen, weil sie sich im Irrtum befinden: sie haben nicht verstanden, was ihnen wirklich von Nutzen ist. Wenn sie wirklich wüßten, was ihnen nützt, dann würden sie solche zerstörerischen Handlungen unterlassen – Handlungen, die in die Zerstörung des Handelnden selbst münden müssen, indem sie seine wahren Ziele zunichte machen, indem sie die angemessene Entwicklung seiner Fähigkeiten und Kräfte blockieren. Verbrechen, Laster, Unvollkommenheit, Elend – sie alle erwachsen aus Unwissenheit, aus geistiger Trägheit oder geistiger Verwirrung. Diese Unwissenheit kann von boshaften Menschen geschürt werden, die anderen Sand in die Augen streuen wollen, um Macht über sie zu gewinnen, und die am Ende oft genug zu Opfern ihrer eigenen Propaganda werden.

»Tugend und Erkenntnis sind eins« – dies bedeutet, daß derjenige, der erkannt hat, was gut für den Menschen ist, sofern er ein rationales Wesen ist, gar nicht anders kann, als in einer Weise zu leben, die auf eine Erfüllung aller Wünsche, Hoffnungen, Gebete und Bestrebungen zielt: das eben ist gemeint, wenn man von Hoffnungen spricht. Zwischen Wirklichkeit und Schein zu unterscheiden, zwischen dem, was dem Menschen wirklich Erfüllung bringt, und dem, was diese Erfüllung nur scheinbar verspricht – darin besteht die Erkenntnis, und sie allein wird ihn retten. Es ist diese grundlegende platonische Annahme, die, zuweilen auch in christlicher Gestalt, die großen Utopien der Renaissance mit Leben erfüllt, die wunderbare Phantasie des Thomas Morus, Bacons Nova Atlantis, Campanellas Sonnenstadt und das Dutzend christlicher Utopien des 17. Jahrhunderts, von denen die Fénelons nur die bekannteste ist. Der absolute Glaube an die Möglichkeit rationaler Lösungen und der Reichtum an utopischen Entwürfen sind zwei Merkmale, die auch andere ähnliche Phasen innerhalb der kulturellen Entwicklung kennzeichnen – man begegnet ihnen im antiken Athen und im Italien der Renaissance ebenso wie im Frankreich des 18. Jahrhunderts und in den beiden folgenden Jahrhunderten, in der unmittelbaren Gegenwart nicht weniger als in der jüngeren oder ferneren Vergangenheit. Selbst die Berichte der frühen Weltreisenden, von denen man meist annimmt, sie hätten den Menschen die Augen für die Vielfalt der menschlichen Natur geöffnet und auf diese Weise die Überzeugung erschüttert, alle Menschen hätten die gleichen Bedürfnisse und infolgedessen gebe es für alle ihre Leiden ein einziges, endgültiges Heilmittel, scheinen oft geradezu die entgegengesetzte Wirkung gehabt zu haben. Die Entdeckung von Menschen im Zustand der Wildheit in den Wäldern Amerikas zum Beispiel wurde als Beweis für eine allgemeine Natur des Menschen, für den sogenannten Naturmenschen mit seinen natürlichen Bedürfnissen angeführt, wie man ihn überall antreffen würde, wenn die Menschen nicht durch die Zivilisation, durch künstliche, von Menschen geschaffene Institutionen und durch die Irrtümer oder die Bosheit von Priestern, Königen und anderen Machthungrigen verdorben worden wären, die die leichtgläubigen Massen auf ungeheuerliche Weise betrogen haben, um sie desto besser beherrschen und ausbeuten zu können. Die Vorstellung vom edlen Wilden gehörte zum Mythos der ungetrübten Reinheit einer menschlichen Natur, die unschuldig, im Frieden mit ihrer Umgebung und sich selbst lebte und erst durch die Berührung mit den Lastern der verderbten Kultur der abendländischen Großstädte zerstört wurde. Die Vorstellung, daß der Mensch irgendwo, sei es in einer wirklichen oder in einer imaginären Gesellschaft, in einem Naturzustand lebt, zu dem alle Menschen zurückkehren sollten, bildet den Kern aller primitivistischen Theorien; man begegnet ihr unter dieser oder jener Gestalt in allen anarchistischen und populistischen Programmen der letzten hundert Jahre, und auch den Marxismus sowie die vielfältigen Jugendbewegungen mit ihren radikalen oder revolutionären Zielen hat sie stark geprägt.

All diesen Anschauungen und Bewegungen ist, wie gesagt, die Vorstellung gemeinsam, daß es universelle, für alle Menschen überall und jederzeit gültige Wahrheiten gibt und daß diese Wahrheiten in universellen Regeln zum Ausdruck kommen, dem Naturrecht der Stoiker, der mittelalterlichen Kirche und der Renaissance-Juristen, und daß nur der Verstoß gegen dieses Recht zu Laster, Elend und Chaos führe. Es trifft zu, daß diese Idee zuweilen in Zweifel gezogen wurde, zum Beispiel von gewissen Sophisten und Skeptikern im antiken Griechenland ebenso wie von Protagoras und Hippias, von Karneades, Pyrrho und Sextus Empiricus, in späterer Zeit auch von Montaigne und den Pyrrhonisten des 17. Jahrhunderts und vor allem von Montesquieu, der die Auffassung vertrat, daß den Menschen in unterschiedlichen Umgebungen und Klimaten mit unterschiedlichen Traditionen und Sitten auch unterschiedliche Lebensweisen gemäß seien. Aber man muß sich genau ansehen, woran hier gezweifelt wird. Es trifft zu, daß ein von Aristoteles zitierter Sophist erklärte: »Feuer brennt hier und in Persien, aber was man für gerecht hält, das verändert sich vor unseren Augen«; und daß Montesquieu die Ansicht vertrat, in kaltem Klima solle man warme Kleidung und in heißem dünne Gewänder tragen, und die persischen Sitten seien den Bewohnern von Paris nicht gemäß. Aber dieses Plädoyer zugunsten der Vielfalt mündet in die These, daß unter verschiedenen Umständen verschiedene Mittel besonders wirksam seien, um ähnliche Ziele zu verwirklichen. Dies gilt selbst für einen notorischen Skeptiker wie David Hume. Keiner dieser Zweifler will bestreiten, daß die entscheidenden Ziele des Menschen universell und gleichförmig sind, auch wenn sie nicht unbedingt *a priori* feststehen: alle Menschen streben nach Speise und Trank, nach Obdach und Sicherheit; alle Menschen wollen sich fortpflanzen; alle Menchen suchen geselligen Umgang, Gerechtigkeit, ein gewisses Maß an Freiheit, Mittel zum Selbstausdruck und dergleichen. Die Mittel, mit denen diese Ziele zu erreichen sind, mögen sich von Land zu Land, von einem Zeitalter zum anderen unterscheiden, aber die Ziele selbst, gleichgültig, ob sie grundsätzlich als veränderbar aufgefaßt werden oder nicht, bleiben unverändert; das zeigt sich deutlich an dem hohen Grad von Familienähnlichkeit, den die Gesellschaftsutopien in alter und neuer Zeit aufweisen.

Es trifft zu, daß Machiavelli diesen Annahmen einen kräftigen Schlag versetzte, indem er bezweifelte, daß es möglich sei, eine christliche Lebensanschauung, die Werte wie Selbstaufopferung und Demut umfaßt, mit der Fähigkeit in Einklang zu bringen, eine mächtige, ruhmreiche Republik zu errichten und aufrechtzuerhalten, wozu auf seiten der Herrscher ebenso wie der Bürger nicht Selbstaufopferung und Demut vonnöten seien, sondern heidnische Tugenden wie Mut, Lebenskraft, Selbstbehauptung und bei den Herrschern die Fähigkeit, unbarmherzig, skrupellos, grausam zu handeln, wo die Erfordernisse des Staates dies gebieten. Machiavelli hat die Folgen für die Theorie, die sich aus diesem Konflikt zwischen unterschiedlichen Idealen ergeben, nicht weiter entfaltet – er war kein Philosoph –, aber das, was er zu sagen hatte, hat einigen seiner Leser viereinhalb Jahrhunderte lang großes Unbehagen bereitet. Dennoch blieb das Problem, das er damit aufgeworfen hatte, weitgehend unbeachtet. Man bezeichnete seine Werke als unmoralisch, die Kirche verurteilte sie, und auch jene Moralisten und Denker, die die zentrale Tendenz des abendländischen Denkens auf diesem Sektor verkörpern, haben sie nicht wirklich ernstgenommen.

Einen gewissen Einfluß hatte Machiavelli, wie mir scheint, aber doch: auf Hobbes, auf Rousseau, auf Fichte und Hegel, und ganz gewiß auf Friedrich den Großen von Preußen, der sich die Mühe machte, eine förmliche Widerlegung von Machiavellis Ansichten zu verfassen; am deutlichsten auf Nietzsche und dessen Nachfolger. Dennoch blieb die beunruhigendste Annahme Machiavellis unbeachtet, die Annahme, daß sich bestimmte Tugenden und bestimmte Ideale nicht miteinander vereinbaren lassen – eine Vorstellung, die im Widerspruch zu der These steht, alle wahren Antworten auf ernsthafte Fragen müßten miteinander vereinbar sein. Niemand schien erpicht, sich auf den Gedanken einzulassen, daß die christlichen und die antiken Antworten auf moralische und politische Fragen unter den Prämissen, von denen sie ausgehen, möglicherweise gleichermaßen richtig waren; daß diese Prämissen nicht nachweislich falsch, sondern nur unvereinbar waren; und daß es keinen übergreifenden Maßstab, kein übergreifendes Kriterium gab, um zwischen diesen gegensätzlichen Moralitäten zu entscheiden oder sie miteinander zu versöhnen. Denen, die sich für Christen hielten und doch dem Kaiser geben wollten, was des Kaisers war, bereitete dies einiges Unbehagen. Eine scharfe Trennung zwischen dem öffentlichen Leben und dem Privatleben oder zwischen Politik und Moral funktioniert nie besonders gut. Es gibt zu viele Gebiete, auf die aus beiden Sphären Ansprüche erhoben werden. Daraus ergeben sich quälende Probleme, und die Menschen waren, wie häufig in solchen Fällen, nicht sehr begierig darauf, sich ihnen zu stellen.

Auch aus einem anderen Blickwinkel wurden jene Annahmen in Zweifel gezogen. Es sind, um dies noch einmal zu sagen, die Annahmen des Naturrechts: daß die Natur des Menschen statisch und unwandelbar sei, daß ihre Ziele überzeitlich und unwandelbar seien und für alle Menschen universell, überall und jederzeit gelten und daß sie von denen, die über das geeignete Wissen verfügen, erkannt und vielleicht sogar erreicht werden können.

Als im Zuge und teilweise auch infolge der Reformation des 16. Jahrhunderts die neuen Nationalstaaten im Westen und Norden Europas entstanden, begannen einige der Anwälte, die mit der Formulierung und Verteidigung der Ansprüche und der Gesetze dieser Königreiche beschäftigt waren – zumeist handelte es sich um Reformer, die sich gegen die römische Kirche oder in einigen Fällen auch gegen die Zentralisierungsbestrebungen des Königs von Frankreich wandten –, zu argumentieren, das römische Recht mit seinem Anspruch auf universelle Autorität habe für sie keine Bedeutung: sie seien keine Römer; sie seien Franken, Kelten, Nordmänner; sie hätten ihre eigenen fränkischen, batavischen, skandinavischen Traditionen; sie lebten im Languedoc und pflegten seit unvordenklichen Zeiten die Sitten und Gebräuche dieses Landes, was sollte ihnen Rom bedeuten? In Frankreich waren sie die Nachfahren der fränkischen Eroberer; ihre Ahnen hatten die gallischen Römer besiegt; von ihnen hatten sie ihr fränkisches, ihr burgundisches, ihr helvetisches Recht geerbt, und nur dieses wollten sie anerkennen; was das römische Recht zu sagen hatte, betraf sie nicht. Mochten die Italiener Rom gehorchen. Aber warum sollten Franken, Germanen, Abkömmlinge der Wikingerpiraten die Vorherrschaft eines universellen, fremden Rechtskodex akzeptieren? Andere Nationen, andere Wurzeln, andere Gesetze, andere Menschen, andere Gemeinschaften, andere Ideale. Jede Nation hatte ihre eigene Lebensweise – mit welchem Recht wollte eine von ihnen den anderen Vorschriften machen? Und am allerwenigsten der Papst, dessen Ansprüche auf geistige Vorherrschaft die Reformer bestritten. Damit wurde der Bann einer einheitlichen Welt, eines universellen Rechts und folglich eines universellen, für alle Menschen überall und jederzeit gültigen Ziels gebrochen. Die vollkommene Gesellschaft, die die fränkischen Krieger oder auch ihre Nachfahren zu ihrem Ideal erhoben, mochte ganz anders beschaffen sein als die utopische Vision eines Italieners in alter oder neuer Zeit, und gewiß gänzlich anders als die eines Inders, eines Schweden oder eines Türken. Von nun an trat das vielgefürchtete Gespenst des Relativismus in Erscheinung, und mit ihm begann, zumindest in der gesellschaftlichen und politischen Sphäre, die Überzeugung abzubröckeln, daß es universell gültige Ziele überhaupt geben könne. Begleitet wurde diese Entwicklung schon bald von dem Gedanken, daß in der Vorstellung von einer allumfassenden Welt, die für menschliche Gemeinschaften von ganz unterschiedlicher Herkunft, mit unterschiedlichen Traditionen, mit unterschiedlichem Charakter und Gepräge, mit unterschiedlichen Begriffen, Kategorien und Anschauungen gleichermaßen annehmbar sei, möglicherweise nicht nur ein historischer oder politischer, sondern auch ein logischer Irrtum stecke.

Doch wiederum wurden die theoretischen Konsequenzen dieser Überlegungen nicht ausdrücklich formuliert, vielleicht wegen des ungeheuren Triumphs der Naturwissenschaften in dieser Zeit. Infolge der revolutionären Entdeckungen von Galilei und Newton und der Arbeiten anderer genialer Mathematiker, Physiker und Biologen betrachtete man die äußere Welt als einen einzigen Kosmos, dergestalt, daß sich, um nur das bekannteste Beispiel zu nennen, mit Hilfe vergleichsweise weniger Gesetze die Bewegung und die Lage jedes Materieteilchens genau bestimmen ließ. Zum erstenmal wurde es möglich, eine chaotische Masse von Beobachtungsdaten in einem einzigen, kohärenten, vollständig geordneten System zusammenzufassen. Warum sollten sich nicht die gleichen Methoden mit ebensolchem Erfolg auf die Angelegenheiten der Menschen, auf Moral und Politik und die Gestaltung der Gesellschaft anwenden lassen? Warum sollte man annehmen, die Menschen gehörten irgendeiner Ordnung außerhalb des Systems der Natur an? Was für materielle Objekte, für Tiere, Pflanzen und Mineralien galt, was in Zoologie, Botanik, Chemie, Physik und Astronomie galt – lauter neuen Wissenschaften, die im Begriff waren zusammenzuwachsen, die von Hypothesen über beobachtbare Tatsachen und Ereignisse zu überprüfbaren wissenschaftlichen Schlußfolgerungen gelangten und zusammen ein kohärentes, wissenschaftliches System bildeten –, warum sollte das nicht auch auf die Probleme der Menschen anwendbar sein? Warum sollte man nicht eine Wissenschaft oder eine Reihe von Wissenschaften vom Menschen schaffen und mit ihrer Hilfe Lösungen hervorbringen, die ebenso klar und gewiß waren wie die, zu denen man in den Wissenschaften von der äußeren Welt gelangte?

Dies war ein neuartiger, ein revolutionärer und höchst einleuchtender Vorschlag, den die Denker der Aufklärung vor allem in Frankreich begeistert aufnahmen. Es war gewiß vernünftig anzunehmen, daß der Mensch eine erforschbare Natur besitzt, die sich genauso beobachten, analysieren und testen ließ, wie dies auch bei anderen Organismen und Lebensformen möglich war. Das Programm schien klar: Man mußte wissenschaftlich ermitteln, woraus der Mensch bestand und was für sein Wachstum und sein Wohlergehen vonnöten war. Wenn man herausgefunden hatte, was er ist und was er braucht, würde man fragen, wo man dieses letztere finden konnte; sodann würde man darangehen, mittels geeigneter Erfindungen und Entdeckungen die Bedürfnisse des Menschen zu erfüllen, und würde auf diese Weise einen wenn nicht vollkommenen, so doch weitaus glücklicheren und vernunftgemäßeren Zustand erreichen, als er gegenwärtig bestand. Warum denn herrschte dieser Zustand nicht schon längst? Weil Dummheit, Vorurteil, Aberglaube, Unwissenheit und Leidenschaften, die die Vernunft verdunkeln, weil Habgier, Angst, Herrschsucht und die Barbarei, die Grausamkeit, die Intoleranz und der Fanatismus, die aus ihnen erwachsen, die beklagenswerten Bedingungen hervorgebracht hatten, unter denen Menschen schon seit allzu langer Zeit zu leben gezwungen waren. Indem der Mensch es – absichtlich oder weil er nicht anders konnte – unterlassen hatte, die Welt und das, was sie enthält, zu beobachten, blieb ihm das für die Verbesserung seines Daseins notwendige Wissen vorenthalten. Nur die naturwissenschaftliche Erkenntnis kann uns retten. So lautet die fundamentale Doktrin der französischen Aufklärung, einer bedeutsamen, befreienden Bewegung, die zu ihrer Zeit viel Grausamkeit, Aberglaube, Ungerechtigkeit und Obskurantismus aus der Welt schaffte.

Aber schon bald führte diese Woge des Rationalismus zu

einer unvermeidlichen Reaktion. Mir scheint, es ist eine historische Tatsache, daß es, wenn der Rationalismus eine bestimmte Kraft gewonnen hat, sehr oft zu einer Art von emotionalem Widerstand kommt, zu einem »Rückschlag«, der aus dem erwächst, was der Mensch an Irrationalem in sich hat. So war es im 4. und im 3. Jahrhundert v. Chr. in Griechenland, als die sokratischen Schulen ihre großartigen rationalistischen Systeme entwickelten: selten, so versichern uns die Historiker griechischer Kulte, gelangten die Mysterienreligionen, der Okkultismus, der Irrationalismus und die verschiedenen Spielarten des Mystizismus zu solcher Blüte wie in jener Zeit. In ähnlicher Weise folgte auf das mächtige, strenge System des römischen Rechts, das eine der großen Leistungen der Zivilisation darstellt, und zugleich auf das großartige rechtlich-religiöse Gerüst des alten Judentums ein leidenschaftlicher, emotionaler Widerstand, der im Aufstieg und Triumph des Christentums kulminierte. Und im Spätmittelalter lösten die großen logischen Konstruktionen der Scholastiker ähnliche Reaktionen aus. Nicht unähnlich verliefen die Ereignisse während der Reformation. Und schließlich kam es auch vor zweihundert Jahren nach dem Siegeszug des wissenschaftlichen Geistes in Westeuropa zu einer starken Gegenbewegung.

Diese Reaktion ging vor allem von Deutschland aus. Man muß hier kurz auf die damalige gesellschaftliche und geistige Situation Deutschlands eingehen. Im 17. Jahrhundert und auch schon vor den Verwüstungen durch den Dreißigjährigen Krieg fühlten sich die deutschsprachigen Länder aus Gründen, die zu erörtern mir die Kompetenz fehlt, ihren Nachbarn jenseits des Rheins kulturell unterlegen. Während des ganzen 17. Jahrhunderts schienen die Franzosen in jedem Lebensbereich sowohl geistig als auch materiell zu dominieren. Ihre militärische Stärke, der gesellschaftliche und ökonomische Aufbau ihres Landes, ihre Denker, Wissenschaftler und Philosophen, ihre Maler und Komponisten, ihre Dichter, Dramatiker und Architekten, die Höhe, bis zu der die Franzosen es in der Lebenskunst überhaupt gebracht hatten – all dies verschaffte ihnen in Europa eine Vorrangstellung. Da war es fast verzeihlich, wenn sie damals und später ihre eigene Kultur als die Zivilisation schlechthin betrachteten.

Während der französische Einfluß im 17. Jahrhundert eine beispiellose Kraft erreichte, kam es doch auch in anderen westlichen Ländern zu einer bemerkenswerten Blüte der Kultur: das gilt ganz offenkundig für England in spät-elisabethanischer Zeit und unter den Stuarts; in diesen Zeitraum fällt das Goldene Zeitalter Spaniens und die große künstlerische und wissenschaftliche Renaissance in den Niederlanden. Auch Italien brachte Künstler und vor allem Wissenschaftler von außerordentlichem Rang hervor, wenngleich vielleicht nicht auf dem Niveau, das dieses Land im Quattrocento erreicht hatte. Selbst Schweden hoch im Norden geriet in Bewegung.

Die Völker des deutschen Sprachraums indessen konnten sich ähnlicher Leistungen nicht rühmen. Wenn man danach fragt, was diese Länder während des 17. Jahrhunderts zur europäischen Zivilisation beisteuerten, ist nur wenig zu nennen: abgesehen von der Architektur und dem vereinzelten Genie eines Kepler, bekundete sich wirkliches Talent nur in der Theologie; Dichter, Gelehrte und Denker erhoben sich nur selten über das Mittelmaß; Leibniz scheint im eigenen Land kaum Vorläufer gehabt zu haben. Man kann dies, wie mir scheint, zumindest teilweise mit dem ökonomischen Niedergang und der politischen Zersplitterung Deutschlands erklären; aber ich möchte an dieser Stelle nur auf die Tatsachen als solche hinweisen. Obwohl das Erziehungs- und Bildungswesen in Deutschland ein ziemlich hohes Niveau behielt, blieben Lebensart, Kunst und Denken provinziell. Die Haltung der fortgeschrittenen Nationen des Westens gegenüber den deutschen Ländern, vor allem die der Franzosen, war, wie es scheint, von einer herablassenden Gleichgültigkeit geprägt. Bald unternahmen die gedemütigten Deutschen schwache Versuche, ihre französischen Vorbilder nachzunahmen, und dann folgte, wie es oft geschieht, eine kulturelle Gegenbewegung. Das gekränkte Nationalbewußtsein suchte sich, auf eine zuweilen aggressive Art und Weise, zu behaupten.

Eine solche Reaktion ist bei rückständigen Nationen, die

von den fortgeschritteneren Gesellschaften mit allzu arroganter Verachtung und allzuviel Überheblichkeit angesehen werden, nicht ungewöhnlich. Zu Beginn des 18. Jahrhunderts setzten einige der führenden Geister in den frommen, ganz nach innen gekehrten deutschen Fürstentümern zum Gegenangriff an. Er bestand zunächst darin, den diesseitig-irdischen Erfolg der Franzosen verächtlich zu machen. Was sich die Franzosen und ihre Nachahmer anderswo zugute hielten, war nur leeres Gepränge. In Wahrheit kam es einzig und allein auf das Innenleben, das Leben des Geistes an, das sich mit der Beziehung zwischen Mensch und Mensch, mit der Beziehung des Menschen zu sich selbst und zu Gott beschäftigte; die hohlen, materialistisch gesonnenen Besserwisser in Frankreich ahnten nichts von den wirklichen Werten – von dem, was die wirkliche Daseinsgrundlage des Menschen ausmachte. Sollten sie sich doch mit ihren Künsten, ihren Wissenschaften, mit ihren *salons*, ihrem Reichtum und ihrer *gloire* brüsten. Das alles war letztlich Schlacke – vergängliche Güter fehlbarer Menschen. Die *philosophes* waren blinde Führer von Blinden, ohne jeden Begriff von dem, worauf es allein ankam, den dunklen, quälenden, unendlich lohnenden Abstieg in die Tiefen der sündhaften, aber unsterblichen Seele des Menschen, in die man sich wie in ein göttliches Wesen versenken konnte. Dies war das Feld, auf das sich der fromme, nach innen gekehrte Blick der deutschen Seele richtete.

Dieses deutsche Selbstbild, gestützt von einer Art nationalistischem Groll, gewann nach und nach an Intensität. Der Philosoph, Dichter, Kritiker und Pfarrer Johann Gottfried Herder war vielleicht der erste Prophet, der diese Haltung klar zum Ausdruck brachte und dieses kulturelle Selbstbewußtsein zu einem allgemeinen Prinzip erhob. Als Literaturhistoriker und Essayist vertrat er die Auffassung, Wertvorstellungen seien nicht universal; jede Gesellschaft, jedes Volk, sogar jedes Zeitalter und jede Zivilisation besitze eigene, unverwechselbare Ideale und Maßstäbe, eine eigene Art, zu leben, zu denken und zu handeln. Es gibt keine unwandelbaren, universellen, ewig gültigen Regeln oder Urteilsmaßstäbe, mit deren Hilfe sich unterschiedlichen Kulturen und Nationen auf einer einzigen, allgemeingültigen Skala ein bestimmter Rang zuweisen ließe, dergestalt, daß die Franzosen – wenn Voltaire denn recht hätte – den obersten Platz auf der Leiter der menschlichen Errungenschaften einnähmen, während die Deutschen tief unter ihnen, in den zwielichtigen Regionen des religiösen Obskurantismus, der provinziellen Enge und der Beschränktheit bäuerlicher Existenz rangierten. Jede Gesellschaft, jedes Zeitalter verfügt über einen eigenen kulturellen Horizont. Jede Nation besitzt eigene Traditionen, einen eigenen Charakter, ein eigenes Gesicht. Jede Nation besitzt ihren eigenen moralischen Schwerpunkt, der sich von dem jeder anderen unterscheidet: dort und nur dort liegt ihr Glück – in der Entfaltung der ihr eigentümlichen nationalen Bedürfnisse, ihres unverwechselbaren Charakters.

Es gibt keinen zwingenden Grund, fremde Vorbilder nachzuahmen oder auf irgendeine ferne Vergangenheit zurückzugreifen. Jede Zeit, jede Gesellschaft unterscheidet sich in ihren Zielen, in ihren Lebensgewohnheiten, in ihren Wertvorstellungen von jeder anderen. Die Vorstellung, menschliche Geschichte sei ein einziger, universeller Kampf um mehr Licht, dessen spätere Stadien und Gestaltungen den früheren notwendigerweise überlegen seien und in dem das Urtümliche dem Verfeinerten notwendigerweise unterlegen sei, beruht auf einem gewaltigen Irrtum. Homer ist kein primitiver Ariost und Shakespeare kein rudimentärer Racine (diese Beispiele stammen nicht von Herder). Eine Kultur nach den Maßstäben einer anderen zu beurteilen, zeugt von einem Versagen der Vorstellungskraft und einem Mangel an Verständnis. Jede Kultur besitzt ihre Merkmale, die man an und für sich begreifen muß. Um eine Kultur zu verstehen, muß man die gleiche Fähigkeit zu sympathetischer Einsicht aufbringen, mit deren Hilfe man auch andere Menschen versteht und ohne die es weder Liebe noch Freundschaft, noch wirkliche Beziehungen zwischen den Menschen geben kann. Die Haltung, die ein Einzelner gegenüber einem anderen einnimmt, geht aus oder sollte doch ausgehen von der Wahrnehmung dessen, was der andere an sich, als unverwechselbare Person ist, nicht von dem, was er mit allen Menschen gemeinsam hat; nur die Naturwissenschaften abstrahieren vom Besonderen und verallgemeinern. Menschliche Beziehungen gründen auf der Anerkennung der Individualität, die sich vielleicht niemals erschöpfend beschreiben, geschweige denn analysieren läßt; genauso verhält es sich, wenn man menschliche Gemeinschaften, Kulturen, Epochen zu verstehen versucht, wenn man versucht zu begreifen, was sie sind, wonach sie streben, was sie empfinden, erleiden, erschaffen, wie sie sich ausdrücken, wie sie sich selbst sehen, wie sie denken und handeln.

Menschen tun sich zu Gruppen zusammen, weil ihnen bewußt ist, daß sie etwas gemeinsam haben – Herkunft, Sprache, den Boden, auf dem sie leben, kollektive Erfahrungen; diese Bindungen sind unverwechselbar, sie sind schwer greifbar, aber sie haben etwas Endgültiges. Kulturelle Grenzen sind für die Menschen natürlich, sie ergeben sich aus dem Wechselspiel von innerem Wesen, Umwelt und geschichtlicher Erfahrung. Die griechische Kultur ist unverwechselbar und unerschöpflich griechisch; Indien, Persien, Frankreich sind das, was sie sind, und nichts anderes. Unsere Kultur ist das, was uns eigen ist; Kulturen sind inkommensurabel; jede ist so, wie sie ist, jede ist unendlich wertvoll, so wie die Seelen im Angesicht Gottes. Eine von ihnen zugunsten einer anderen zu vernichten, eine Gesellschaft zu unterjochen, eine Kultur zu zerstören, wie die großen Eroberer es getan haben, ist ein ungeheures Verbrechen gegen das Recht, so zu sein, wie man ist, und ein Leben zu führen, das den eigenen Idealen und Wertvorstellungen entspricht. Wenn man einen Deutschen ins Exil treibt und nach Amerika verpflanzt, wird er unglücklich sein; er wird leiden, weil die Menschen glücklich und unbeschwert nur unter denen leben können, die sie verstehen. Einsam sein bedeutet, unter Menschen leben, die nicht verstehen, was man meint. Verbannung, Einsamkeit herrscht dort, wo man unter Menschen ist, deren Worte und Gesten, deren Handschrift ganz anders sind als die eigenen, deren Verhalten, deren instinktive Reaktionen, deren Empfindungen, Gedanken, Freuden und Leiden von den eigenen allzu weit entfernt sind, deren Bildung und Aussehen, deren Leben und Sein in Färbung und Eigenart nicht die eigenen sind. Es gibt vieles, was allen Menschen gemeinsam ist, aber nicht darauf kommt es an. Das, was die Menschen nicht mit allen anderen gemeinsam haben, individualisiert sie, macht sie zu dem, was sie sind, und ermöglicht Kommunikation. Unterschiede, Besonderheiten, Nuancen, individueller Charakter sind das, worauf es ankommt.

Dies ist eine neuartige Doktrin. Herder bestimmte kulturelle Unterschiede, kulturelle Eigenart und die Idee der geschichtlichen Entwicklung selbst ganz anders als Voltaire. Zu Deutschen werden die Deutschen in seiner Sicht dadurch, daß die Art und Weise, wie sie essen oder trinken, wie sie Recht sprechen, wie sie dichten, wie sie Gott verehren, wie sie mit ihrem Besitz umgehen, wie sie aufstehen und sich setzen, wie sie ihre Nahrung beschaffen, wie sie ihr Kleidung tragen, wie sie singen, im Krieg kämpfen und ihr politisches Leben organisieren, einen bestimmten gemeinsamen Charakter besitzt, etwas Besonderes, eine Struktur, die ganz allein deutsch ist und in der sich all dies von den entsprechenden Aktivitäten der Chinesen oder der Portugiesen unterscheidet. Kein Volk, keine Kultur ist für Herder irgendeiner anderen überlegen, jedes Volk und jede Kultur ist bloß anders als die anderen; da sie verschieden sind, streben sie nach unterschiedlichen Zielen; darin besteht ihr spezifischer Charakter und darin liegt ihr Wert. Wertvorstellungen, Charaktereigenschaften sind nicht kommensurabel: eine Rangfolge, die einen einzigen, einheitlichen Maßstab voraussetzt, zeugt in Herders Augen von Blindheit für das, was den Menschen zum Menschen macht. Ein Deutscher kann nicht dadurch glücklich werden, daß man sich bemüht, einen zweitklassigen Franzosen aus ihm zu machen. Isländer werden nicht glücklich, wenn sie in Dänemark leben, und Europäer nicht, wenn sie nach Amerika auswandern. Die Menschen können ihre ganze Kraft und Stärke nur entfalten, indem sie ihr Leben dort fortführen, wo sie selbst und ihre Vorfahren geboren wurden; wenn sie ihre Sprache sprechen und ein Leben im Rahmen der Sitten und Gebräuche ihrer Gesellschaft und ihrer Kultur führen. Der Mensch schafft sich nicht selbst: die Menschen werden in den Strom der Überlieferung hineingeboren, vor allem in den der Sprache, die ihr Denken und Fühlen formt, die sie nicht abschütteln oder verändern können und die ihre Seele prägt. Die Eigenschaften, die allen Menschen gemeinsam sind, reichen nicht aus, um das Wesen eines Einzelnen oder eines Volkes auszufüllen, das zumindest ebensosehr von Eigenschaften des Landes, der Zeit und der Kultur bestimmt wird, denen die Menschen in unverwechselbarer Weise angehören; diese Eigenschaften zu ignorieren oder auszulöschen bedeutet, die Menschen an Seele und Leib gleichermaßen zu zerstören. »Bin nicht zu denken hier! [sondern] zu sein! zu fühlen! zu leben! mich zu freun!« Für Herder besitzt jede Handlung, jede Lebensäußerung eine Besonderheit, die sich von der jeder anderen unterscheidet. Die natürliche Einheit ist aus seiner Sicht das, was er als »Volk« bezeichnet, dessen Grundvoraussetzungen die Verankerung im Boden und die Sprache sind, nicht Rasse, Hautfarbe oder Religion. Das hat Herder – schließlich war er ein protestantischer Pfarrer – sein Leben lang den deutschsprachigen Volksstämmen gepredigt.

Aber wenn es sich so verhält, wenn die Doktrin der französischen Aufklärung – und die für das abendländische Denken grundlegende Annahme, von der ich gesprochen habe: daß alle wahrhaften Werte unwandelbar, zeitlos und universell seien – einer so drastischen Revision bedarf, dann muß an der Idee der vollkommenen Gesellschaft selbst irgend etwas falsch sein. Den Hauptgrund hierfür findet man nicht unter jenen Einwänden, die schon immer gegen utopische Ideen erhoben wurden – daß eine solche Gesellschaft nicht erreicht werden könne, weil die Menschen nicht weise, nicht geschickt, nicht tugendhaft genug seien, weil sie das erforderliche Maß an Erkenntnis oder an Entschlossenheit nicht erlangen könnten oder weil ihnen, da sie mit der Erbsünde behaftet seien, die Vollkommenheit im Diesseits überhaupt verwehrt sei –, der eigentliche Grund liegt anderswo. Die Idee einer einzigen, vollkommenen Gesellschaft für die ganze Menschheit muß deshalb in sich widersprüchlich sein, weil die Walhalla der

Deutschen notwendigerweise anders beschaffen ist als die Vorstellung der Franzosen von ihrem künftigen Leben, weil das Paradies der Muslime nicht das Paradies der Juden oder der Christen ist, weil eine Gesellschaft, in der ein Franzose zu harmonischer Erfüllung gelangt, für einen Deutschen vielleicht beklemmend wäre. Wenn wir aber so viele Arten von Vollkommenheit zulassen, wie es Typen von Kultur gibt, jede mit ihrer eigenen Konstellation von Tugenden oder Idealen, dann ist die Vorstellung, es könne eine einzige, vollkommene Gesellschaft geben, in sich logisch unschlüssig. Hier liegt, wie mir scheint, der Ausgangspunkt für den modernen Angriff auf die Idee der Utopie, auf die Utopie als solche.

Die deutsche Romantik, die dem Einfluß des Philosophen Fichte viel verdankte, gab dieser neuen, wahrhaft revolutionären »Weltanschauung« einen kräftigen Anstoß. Für den jungen Friedrich Schlegel, für Tieck oder Novalis sind Werte, ob ethischer, politischer oder ästhetischer Art, nicht objektiv gegeben, sie sind keine Fixsterne an einem überzeitlichen, unwandelbaren platonischen Firmament, die der Mensch nur entdecken kann, indem er die richtigen Methoden anwendet – metaphysische Einsicht, wissenschaftliche Erforschung, philosophische Erörterung oder göttliche Offenbarung. Werte werden vom schöpferischen Ich selbst hervorgebracht. Der Mensch ist ein Geschöpf, das nicht nur mit Vernunft, sondern auch mit einem Willen ausgestattet ist. Der Wille ist das schöpferische Vermögen des Menschen. Das neue Modell der Natur des Menschen ergibt sich aus der Analogie zu einer neuartigen Auffassung des künstlerischen Schaffens, das nun nicht mehr durch objektive, aus der idealisierten, universellen Natur (»la bella natura«) abgeleitete Regeln oder durch die ewigen Wahrheiten des Klassizismus oder durch ein natürliches Gesetz oder einen göttlichen Gesetzgeber gebunden ist. Das wird deutlich, wenn man die klassischen Lehren – auch die von späten, neoklassischen, platonisch inspirierten Theoretikern wie Joshua Reynolds oder Jean-Philippe Rameau – mit denen ihrer romantischen Gegner vergleicht. In seinen berühmten Vorträgen über den »großen Stil« erklärte Reynolds, wenn man einen

König male, müsse man sich von der Idee des Königtums leiten lassen. David, der König der Israeliten, mag im Leben von geringer Statur und mit körperlichen Mängeln behaftet gewesen sein. Aber so solle man ihn nicht malen, da er ein König gewesen sei. Man müsse ihn vielmehr als eine königliche Gestalt malen, und Königlichkeit sei ein zeitloses, unwandelbares Attribut, das dem Wahrnehmungsvermögen aller Menschen gleichermaßen zugänglich ist; als eine Art platonischer »Idee« außerhalb der Reichweite des empirischen Blicks verändere sich dieses Attribut im Laufe der Zeit oder mit dem Wandel der Anschauungen nicht, und die Aufgabe des Malers oder Bildhauers bestehe darin, den Schleier des äußeren Scheins zu durchdringen, das reine Königtum in seiner Substanz zu erfassen und auf der Leinwand, in Marmor oder Holz oder irgendeinem anderen Medium, für das sich der Künstler entschieden hat, zu vermitteln. Ähnlich war auch Rameau überzeugt, die Aufgabe des Komponisten bestehe darin, mit Hilfe von Klängen eine Harmonie – die ewigen mathematischen Proportionen, die in der Natur der Dinge, im großen Kosmos verkörpert sind – hervortreten zu lassen. Diese Harmonie ist nicht dem Ohr des Sterblichen verhaftet, sie verleiht vielmehr dem Gefüge der musikalischen Klänge jene Ordnung und Schönheit, die der inspirierte Künstler erzeugt – oder vielmehr wiedergibt, »nachahmt« –, so gut er kann.

Anders diejenigen, die von der neuen romantischen Doktrin beeinflußt waren. Der Maler schafft; er kopiert nicht. Er ahmt nicht nach; er befolgt keine Regeln, er schafft Regeln. Werte werden nicht ausfindig gemacht, sie werden hervorgebracht; nicht entdeckt, sondern durch einen imaginativen oder kreativen Willensakt geschaffen, so wie politische Strategien, Pläne, Lebensformen geschaffen werden. Von wessen Vorstellungskraft, von wessen Willen? Fichte spricht vom Ich, und zumeist identifiziert er dieses Ich mit einem transzendenten, unendlichen Weltgeist, wobei das Individuum bloß ein räumlich-zeitlicher, sterblicher Ausdruck dieses Weltgeistes ist – eine endliche Mitte, die ihre Wirklichkeit aus dem Geist gewinnt, mit dem es vollkommene Einheit zu erreichen bestrebt ist. Andere identifizierten dieses Ich mit einem anderen überpersönlichen Geist, einer anderen überpersönlichen Kraft – mit der Nation, dem wahren Selbst, zu dem sich das Individuum wie ein Teil zum Ganzen verhält; oder auch mit dem Volk (Rousseau neigte hierzu) oder mit dem Staat (wie es Hegel tat); oder man identifizierte es mit einer Kultur oder dem »Zeitgeist« (eine Auffassung, über die sich Goethe im *Faust* lustig macht) oder mit einer Gesellschaftsklasse, die den Fortschrittsverlauf der Geschichte verkörpert (wie bei Marx), oder mit irgendeiner anderen ebenso schwer greifbaren Bewegung, Kraft oder Gruppe. Diese geheimnisvolle Quelle soll die Wertvorstellungen hervorbringen und umformen, denen ich folgen soll, und in dem Maße, wie ich ein Werkzeug Gottes oder der Geschichte oder des Fortschritts oder der Nation bin, erkenne ich sie als meine eigenen an. An diesem Punkt tut sich eine tiefe Kluft zu der gesamten älteren Tradition auf, für die das Wahre und das Schöne, das Edle und das Gemeine, das Richtige und das Falsche, die Pflicht, die Sünde und das Gute unwandelbare, ideelle Werte waren, die, wie ihr jeweiliges Gegenteil, für alle Menschen ein für allemal geschaffen und gleichermaßen gültig waren; bei der alten Formel *quod semper, quod ubique, quod ab omnibus* bestand das einzige Problem darin, wie man das Gute und Böse erkennen sollte und wie man, wenn man es erkannt hatte, jenes tun und dieses unterlassen konnte.

Wenn aber diese Werte nicht ewig und ungeschaffen, sondern von meiner Kultur, meiner Nation oder meiner Klasse hervorgebracht worden sind, dann unterscheiden sie sich von den Werten, die deine Kultur, deine Nation, deine Klasse hervorgebracht hat; dann sind sie nicht universell und können einander widerstreiten. Wenn die Werte der Deutschen sich von den Werten der Portugiesen unterscheiden, wenn die Werte der alten Griechen andere sind als die der modernen Franzosen, dann hat man es mit einer Relativität zu tun, die tiefer reicht als alles, was die Sophisten oder Montesquieu oder Hume in diesem Punkt formuliert haben, und die das einheitliche moralische und intellektuelle Universum zerstört. Aristoteles, so hat Herder erklärt, ist »einer von ihnen« – Leibniz gehört »uns«. Leibniz hat uns Deutschen etwas zu sagen, Sokrates oder Aristoteles nicht. Aristoteles war ein bedeutender Denker, aber wir können nicht zu ihm zurückkehren: seine Welt ist nicht die unsere. In ähnlicher Weise wurde ein Dreiviertel Jahrhundert später formuliert: Wenn meine wahren Wertvorstellungen Ausdruck meiner Klasse – der Bourgeoisie – und nicht ihrer Klasse – des Proletariats – sind, dann kann es nicht zutreffen, daß alle Werte, alle wahren Antworten auf die maßgeblichen Fragen, miteinander vereinbar sind, denn meine Werte werden unweigerlich mit deinen in Widerstreit geraten, weil die Werte meiner Klasse nicht die Werte deiner Klasse sind. So wie die Werte der alten Römer nicht die der modernen Italiener sind, so unterscheidet sich das moralische Universum der mittelalterlichen Christenheit von dem der liberalen Demokraten und vor allem die Welt der Arbeiter von derjenigen der Unternehmer. Der Begriff eines für die ganze Menschheit geltenden gemeinsamen Guten, eines Allgemeinwohls, beruht auf einem entscheidenden Irrtum.

Das Bild von einer himmlischen, kristallinen Sphäre, die von der Welt des Wandels und der äußeren Erscheinungen unberührt bleibt, in der mathematische Wahrheiten und moralische oder ästhetische Werte eine vollkommene, von unzerstörbaren logischen Bindegliedern garantierte Harmonie bilden, hat man heutzutage aufgegeben oder zumindest beiseite geschoben. Dies macht die eigentliche Wirkung der Romantik aus, die ihren extremen Ausdruck in der Selbstbehauptung des schöpferischen Individuums findet, das sich als Erzeuger seines eigenen Universums sieht; wir betreten hier die Welt der Rebellen gegen die Konvention, der freien Künstler, der satanischen Gesetzlosen, der byronesken Außenseiter, der »bleichen, fiebernden Generation«, die von den deutschen und den französischen Romantikern des frühen 19. Jahrhunderts gefeiert wurde, die Sphäre der stürmischen, prometheischen Helden, die die Gesetze ihrer Gesellschaft ablehnen, die gegen jeden Widerstand und um jeden Preis zur Selbstverwirklichung und zum ungebundenen Selbstausdruck entschlossen sind.

Es war dies vielleicht eine übertriebene, zuweilen hysterische Spielart von romantischer Ich-Bezogenheit. Aber der Kern dieser Bewegung, die Wurzeln, aus denen sie erwuchs, sind mit dem Verebben der ersten Welle der Romantik nicht verschwunden, sie wurden vielmehr zur Ursache eines ständigen Unbehagens und sogar einer Angst im europäischen Bewußtsein, die bis heute anhält. Es ist klar, daß die Vorstellung von einer harmonischen Lösung aller Menschheitsprobleme und also auch das Konzept der Utopie sich nicht mit einer Weltdeutung verträgt, die in der menschlichen Geschichte einen beständigen Kampf zwischen immer wieder neuen, unablässig in Widerstreit miteinander geratenden individuellen oder kollektiven Willenskräften erblickt. Anstrengungen, diese gefährliche Springflut einzudämmen, wurden unternommen. Hegel und nach ihm Marx versuchten, für die Geschichte ein rationales Schema zurückzugewinnen. Für beide gibt es einen Gang der Geschichte – den Aufstieg der Menschheit aus der Barbarei zu rationaler Organisation. Beide räumen ein, daß die Geschichte eine Geschichte von Kämpfen und Zusammenstößen ist, aber zuletzt werden die Konflikte gelöst. Sie lassen sich auf die spezifische Dialektik der Selbstentfaltung des Weltgeistes oder auf den technischen Fortschritt zurückführen, der Arbeitsteilung und Klassenkampf hervorbringt; aber diese »Widersprüche« sind Faktoren, die ihrerseits für den Fortgang unentbehrlich sind, der schließlich in einem harmonischen Ganzen kulminieren wird, in der endgültigen Auflösung aller Unterschiede in einer Einheit – gleichgültig, ob man dies nun als unendliches Fortschreiten in die Richtung eines transzendenten Ziels sieht, wie Hegel, oder in die Richtung einer rationalen Gesellschaft, wie Marx. Für diese Denker ist die Geschichte ein Drama, in dem gewalttätige Kontrahenten agieren. Es kommt darin zu furchtbaren Verwerfungen, Kämpfen, Zerstörung, erschütterndem Leiden – aber die Geschichte nimmt ein glückliches Ende, sie muß glücklich ausgehen. Für utopische Denker dieser Tradition besteht dieser glückliche Ausgang in einer zeitlosen Heiterkeit, im Glanz einer statischen, konfliktfreien Gesellschaft, nachdem der Staat abgestorben und alle festgefügte Autorität verschwunden ist –

in einer friedlichen Anarchie, in der die Menschen rational, kooperativ, tugendhaft, glücklich und frei sind. Diese Konzeption versucht das Beste aus beiden Welten miteinander zu verbinden: sie will unausweichliche Konflikte zulassen und zugleich glauben, daß solche Konflikte zwar unvermeidlich, aber nur ein Übergangsstadium auf dem Weg zur Vollendung der Menschheit sind.

Dennoch gibt es Zweifel, und sie halten sich, seit die Irrationalisten diese Vorstellung in Frage gestellt haben. Darin besteht das irritierende Erbe der Romantik; es hat sich im modernen Bewußtsein festgesetzt – trotz aller Bemühungen, es daraus zu vertreiben, ihm aus dem Weg zu gehen oder es als ein Symptom des Pessimismus der bürgerlichen Klasse zu entkräften, der das Bewußtsein ihres unausweichlichen Untergangs ein diffuses Unbehagen bereitet. Seither ist die »philosophia perennis« mit ihrer unwandelbaren, auf der Wahrnehmung einer ewigen Ordnung hinter dem Chaos der Erscheinungen gründenden objektiven Wahrheit gegenüber den Angriffen von Relativisten, Pluralisten, Irrationalisten, Pragmatisten, Subjektivisten und gewissen Vertretern des Empirismus in die Defensive geraten; und mit ihrem Niedergang verliert auch die Vorstellung einer vollkommenen Gesellschaft, die sich aus dieser umfassenden, einheitlichen Sicht ergibt, ihre Überzeugungskraft. Von nun an wird denen, die an die Möglichkeit gesellschaftlicher Vollkommenheit glauben, von ihren Gegnern der Vorwurf gemacht, sie versuchten, der widerstrebenden Menschheit eine künstliche Ordnung aufzudrängen, sie versuchten, Menschen, wie Ziegelsteine, in eine vorgeplante Ordnung zu pressen, in ein Prokrustesbett zu zwängen, lebendige Menschen um eines fanatisch verfochtenen Schematismus willen zu verstümmeln. Daher die Proteste und die Anti-Utopien von Aldous Huxley, von Orwell, von Samjatin (im Rußland der frühen zwanziger Jahre dieses Jahrhunderts), die das Schreckbild einer reibungslos funktionierenden Gesellschaft malen, in der die Unterschiede soweit wie möglich abgeschliffen oder zumindest verringert sind und in der die Vielgestaltigkeit menschlicher Temperamente, Vorlieben und

Ideale – kurz, der Fluß des Lebens – gewaltsam zur Uniformität verkürzt und in eine gesellschaftliche und politische Zwangsjacke gesteckt wird, die die Menschen im Namen einer monistischen Theorie, eines Traumes von vollkommener, statischer Ordnung verletzt, verstümmelt und zuletzt zermalmt. Dies ist der eigentliche Kern des Protests gegen den uniformierenden Despotimus, den Tocqueville und J. S. Mill auf dem Vormarsch zu sehen glaubten.

Unsere Zeit hat den Konflikt zwischen zwei unversöhnlichen Anschauungen erlebt: auf der einen Seite stehen jene, die überzeugt sind, daß es zeitlose, für alle Menschen bindende Werte gibt und daß die Menschen diese Werte bisher nur deshalb noch nicht erkannt und verwirklicht haben, weil ihnen in moralischer, intellektueller oder materieller Hinsicht das Vermögen fehlt, dieses Ziel zu erreichen. Es kann auch sein, daß uns dieses Wissen aufgrund der Gesetze der Geschichte selbst vorenthalten ist: einer Deutung dieser Gesetze zufolge hat der Klassenkampf unsere Beziehungen zueinander so sehr verzerrt, daß die Menschen für die Wahrheit blind geworden sind, und verhindert auf diese Weise eine vernünftige Gestaltung des menschlichen Daseins. Aber es gab doch immerhin so viel Fortschritt, daß einige wenige in die Lage versetzt worden sind, die Wahrheit zu erkennen; und wenn die Zeit sich erfüllt, wird die universale Lösung allen deutlich vor Augen stehen; dann endet die Vorgeschichte, und es beginnt die eigentliche Geschichte der Menschheit. So behaupten es die Marxisten und vielleicht auch andere sozialistische und optimistische Propheten. Nicht einverstanden hiermit sind jene, die erklären, daß die Temperamente, die Begabungen, Anschauungen, Wünsche der Menschen sich auf immer voneinander unterscheiden, daß Einförmigkeit tödlich ist; daß die Menschen ein erfülltes Leben nur in Gesellschaften mit einer offenen Struktur führen können, in denen Vielfalt nicht bloß geduldet, sondern gebilligt und gefördert wird; daß es zu einer reichen Entfaltung der Kräfte des Menschen nur in Gesellschaften kommen kann, in denen es ein breites Spektrum von Meinungen gibt – die Freiheit zu »Lebensexperimenten«, wie J. S. Mill sie nannte –, in denen Gedanken- und Ausdrucksfreiheit herrscht, in Gesellschaften, die Reibungen und sogar Konflikte zulassen, auch wenn sie Regeln zu ihrer Kontrolle und zur Verhinderung von Zerstörung und Gewalt aufstellen; daß die Unterwerfung unter eine einzige Ideologie, und sei sie noch so vernünftig und phantasievoll, die Menschen ihrer Freiheit und Vitalität beraubt. Vielleicht hat Goethe dies gemeint, als er nach der Lektüre von Holbachs *Système de la nature* (einem der berühmtesten Werke des französischen Materialismus im 18. Jahrhundert, das eine Art von rationalistischer Utopie entwarf) erklärte, er könne nicht begreifen, wie sich jemand ein solch graues, kimmerisches, leichenhaftes Projekt ohne Farbe, Lebendigkeit, Kunst und Humanität zu eigen machen könne. Den Verfechtern eines solchen romantisch gefärbten Individualismus kommt es nicht auf die grundlegenden Gemeinsamkeiten, sondern auf die Unterschiede an, nicht auf das Eine, sondern auf die Vielen; für sie ist das Streben nach Einheit – die Erneuerung der Menschheit durch Wiedergewinnung einer verlorenen Unschuld und Harmonie, die Rückkehr aus einem zerfallenen Dasein in ein allumfassendes Ganzes – ein kindischer, gefährlicher Wahn: wer alle Verschiedenartigkeit und alle Konflikte um der Einförmigkeit willen tilgt, der, so meinen sie, tilgt das Leben selbst.

Diese Doktrinen lassen sich nicht miteinander verknüpfen. Sie stehen seit alters her in einem Gegensatz zueinander; in ihrem modernen Gewand beherrschen beide die Menschheit, und beide stoßen auf Widerstand: industrielle Organisation kontra Menschenrechte, bürokratische Regelungen kontra individuelle Eigenständigkeit; weise Regierung kontra Selbstverwaltung; Sicherheit kontra Freiheit. Zuweilen verkehrt sich eine Forderung in ihr Gegenteil: die Forderung nach partizipatorischer Demokratie verwandelt sich in die Unterdrückung von Minderheiten, Maßnahmen zur Herstellung von sozialer Gleichheit zerstören die Selbstbestimmung und erstikken das individuelle Genie. Neben diesen Kollisionen von Wertvorstellungen hält sich ein uralter Traum: es gibt eine letzte Lösung für alle Übel, unter denen die Menschen leiden, es muß sie geben, man kann sie ausfindig machen, und man kann sie erlangen; durch Revolution oder mit friedlichen Mitteln kommt sie eines Tages bestimmt; und alle Menschen oder zumindest die überwiegende Mehrheit von ihnen werden dann tugendhaft und glücklich, klug, gut und frei sein; wenn ein solcher Zustand erreicht werden kann und wenn er, sobald man ihn erreicht hat, für immer andauern wird – welcher vernünftige Mensch könnte sich dann noch in die Wüste des Leidens und des Elends zurückwünschen? Wenn es möglich ist, diesen Zustand zu erreichen, sollte man dann nicht jeden Preis, jedes Maß an Unterdrückung, Grausamkeit, Repression, Zwang in Kauf nehmen, um auf diese Weise und nur auf diese Weise die endgültige Erlösung aller Menschen zu gewinnen? Diese Überzeugung läßt einen weiten Raum dafür, anderen Menschen Leid zuzufügen, sofern dies nur aus reinen, uneigennützigen Motiven geschieht. Wenn man diese Doktrin aber für eine Illusion hält, und sei es nur, weil manche letzten Werte sich nicht miteinander vereinbaren lassen und weil die Vorstellung von einer Welt, in der sie miteinander versöhnt wären, an sich schon theoretisch (und nicht nur praktisch) unmöglich ist, dann ist es vielleicht das beste, wenn man versucht, ein notwendigerweise instabiles Gleichgewicht zwischen den verschiedenen Bestrebungen verschiedener Gruppen herzustellen – wenn man zumindest zu verhindern versucht, daß sie einander ausrotten, und soweit wie möglich auch, daß sie einander weh tun – und soviel Mitgefühl und Verständnis zwischen ihnen zu wecken und zu fördern, wie nur möglich, wenngleich dies nie vollständig gelingen wird. Allerdings ist dies auf den ersten Blick kein sonderlich begeisterndes Programm: ein liberales Plädoyer, das Mechanismen empfiehlt, mit denen die Menschen daran gehindert werden sollen, einander zuviel Leid zuzufügen, mit denen jeder Gruppe genug Raum gewährt werden soll, die ihrer Eigenart entsprechenden, unverwechselbaren, besonderen Ziele zu verwirklichen, ohne dabei allzusehr mit den anderen Zielen anderer Gruppen in Konflikt zu geraten – ein solches Plädoyer ist kein leidenschaftlicher Aufruf zum Kampf, der die Menschen zu Opfern, Märtyrertum und Heldentaten anspornt. Aber wenn man sich darauf einlassen würde, könnte dies die gegenseitige Vernichtung vielleicht verhindern und letztlich zur Bewahrung der Welt beitragen. Immanuel Kant, der jeglichem Irrationalismus abhold war, hat einmal bemerkt: »Aus so krummem Holze, als woraus der Mensch gemacht ist, kann nichts ganz Gerades gezimmert werden.« Und aus diesem Grund kann es in den Angelegenheiten der Menschen keine vollkommene Lösung geben – aus praktischen, aber auch aus prinzipiellen Gründen nicht –, und jeder Versuch, solche Lösungen zu verwirklichen, mündet mit hoher Wahrscheinlichkeit in Leiden, Enttäuschung und Scheitern.

GIAMBATTISTA VICO UND DIE KULTURGESCHICHTE

I.

Das Studium der eigenen Vergangenheit ist für die Menschen seit langem eine der wichtigsten Beschäftigungen. Dafür gibt es und gab es viele Motive, und Nietzsche hat einige von ihnen in einem berühmten Essay erörtert: Stolz, der Wunsch, die Errungenschaften von Stamm, Nation, Kirche, Rasse, Klasse, Partei zu verherrlichen; der Wunsch, innerhalb einer bestimmten Gesellschaft die Bande der Solidarität zu stärken – »Wir alle sind Söhne des Kadmus«; die Treue zu den geheiligten Traditionen des Stammes – einzig und allein unseren Vorfahren ist die Offenbarung der wahren Ziele des Lebens zuteil geworden, was gut und was böse, was richtig und was falsch ist, wie man sein Leben führen soll und worauf es im Leben ankommt; und, verbunden damit, ein kollektives Wertgefühl, das Bedürfnis, die Gesellschaft, die wir sind und waren, in ihrer Eigenart zu verstehen und anderen verständlich zu machen, zu begreifen, wie die Beziehungen beschaffen sind, in denen sich der Geist des Kollektivs, dem wir angehören, zum Ausdruck gebracht hat und ohne die er nicht wirksam werden kann.

Es gibt die ethische Begründung: Die Geschichte liefert uns authentische Beispiele – und Vorbilder – von Tugend und Laster, die veranschaulichen, was man tun und was man unterlassen soll – eine Galerie mit den Portraits von Helden und Schurken, von Weisen und Narren, von Erfolgreichen und Gescheiterten; die Geschichte wird hier in erster Linie als Schule der Moral gesehen, wie es zum Beispiel Leibniz formulierte, oder als Schule der experimentellen Politik, wie es Joseph de Maistre (und vielleicht Machiavelli) sah.

Dann gibt es jene, die in der Geschichte nach einem Muster, einer Struktur, einem schrittweise sich verwirklichenden kosmischen Plan suchen, nach dem Wirken des göttlichen Urhebers, der uns und alles, was ist, geschaffen hat, um einen universalen Zweck zu erfüllen, einen Zweck, der uns verborgen bleibt, vielleicht, weil wir zu schwach oder zu sündhaft oder zu dumm sind, der aber gleichwohl wirklich und unveränderlich ist und dessen Umrisse, wiewohl unvollkommen, von denen, die Augen haben, zu sehen, erkannt werden können. Aus dieser Sicht wird die Geschichte zuweilen als kosmisches Drama aufgefaßt, das einigen Doktrinen zufolge in einer letzten Lösung jenseits der Grenzen von Geschichte und Zeit gipfeln muß, in einer vollständigen geistigen Transfiguration, die der menschliche Geist in seiner Beschränktheit nicht vollständig begreifen kann. Anderen zufolge ist die Geschichte ein zyklischer Prozeß, der auf einen Höhepunkt menschlicher Leistung führt und dann in Niedergang und Verfall übergeht, um danach von neuem zu beginnen. Man nimmt an, daß allein solche Strukturen oder Muster dem historischen Prozeß einen Sinn geben können – denn was wäre er sonst? Ein bloßes Spiel zufälliger Verbindungen und Auflösungen, eine mechanische Abfolge von Ursachen und Wirkungen?

Dann sind da auch jene, die an die Möglichkeit einer soziologischen Wissenschaft glauben, der die historischen Tatsachen als Material dienen und die es uns ermöglicht, sobald wir die Gesetze des sozialen Wandels entdeckt haben, die Zukunft vorauszusagen und umgekehrt ebenso sichere Aussagen über die Vergangenheit zu machen – hier wird die Geschichte als eine systematische Sammlung von Beobachtungen verstanden, die sich zu einer entfalteten wissenschaftlichen Soziologie so verhalten wie die Himmelsbeobachtungen Tycho Brahes zu den von Kepler und Galilei entdeckten Naturgesetzen, die ein neues, starkes Werkzeug darstellen, das den Rückgriff auf die bloße Anhäufung solcher Daten überflüssig macht, es sei denn zu dem einen Zweck, bestimmte Hypothesen zu verifizieren. Darin bestand die Hoffnung von Positivisten wie Comte und Buckle im 19. Jahrhundert, die überzeugt waren, es sei sowohl möglich als auch notwendig, eine Naturwissenschaft der Geschichte zu begründen, die mit Methoden arbeiten sollte, die wenn schon nicht den Methoden der Physik, so doch denen der biologischen Wissenschaften im wesentlichen ähnlich waren.

Dann gibt es jene, die durch nichts anderes als Neugier zum Studium der Geschichte veranlaßt werden, die nach Wissen um seiner selbst willen streben, die erfahren wollen, was in der Vergangenheit geschehen ist, wann und warum, ohne daraus allgemeine Schlüsse zu ziehen oder Gesetze zu formulieren.

Und *last not least* gibt es den Ehrgeiz derer, die wissen wollen, wie wir, die gegenwärtige Generation, zu dem wurden, was wir sind, wer unsere Vorfahren waren, was sie getan haben, worin die Folgen ihres Handelns bestanden, wie das Wechselspiel zwischen ihren verschiedenen Betätigungen beschaffen war, wie ihre Hoffnungen, ihre Ängste und ihre Ziele aussahen und mit welchen Naturkräften sie dabei zu ringen hatten; denn es scheint offensichtlich, daß nur Barbaren nicht neugierig sind zu erfahren, wie und woraus ihre Lebensformen und ihre Zivilisation entstanden sind, wie sie ihren Platz innerhalb der Weltordnung aufgrund der Erfahrungen ihrer Ahnen erlangt haben und wie es um die Identität dieser Ahnen bestellt ist, denn nur so können ihre Nachfolger ein Bewußtsein von ihrer Identität gewinnen.

Dieses letzte Motiv für das Studium der Geschichte entspringt dem Wunsch nach Selbsterkenntnis – der bei älteren Autoren unausgesprochen zwar vorhanden ist, der aber erst im 18. Jahrhundert an die Oberfläche trat, und zwar vor allem bei jenen Denkern im Westen, die sich der zentralen, zu jener Zeit für die Mehrheit der Intellektuellen in Europa prägenden Doktrin der französischen Aufklärung widersetzten. Den Kern dieser Doktrin bildete die Überzeugung, es sei nun endlich eine universell gültige Methode für die Lösung der fundamentalen Probleme gefunden, die die Menschen zu allen Zeiten beschäftigt hatten – wie man in den verschiedenen Erkenntnisbereichen bestimmen kann, was wahr und was falsch sei, und vor allem, wie man bestimmen kann, welches Leben die Menschen führen sollen, wenn sie jene Ziele erreichen wollen, nach denen die Menschen seit jeher gestrebt hatten – Leben, Freiheit, Gerechtigkeit, Glück, Tugend, die Entfaltung aller menschlichen Fähigkeiten auf eine möglichst harmonische und schöpferische Weise. Diese Methode bestand in der Anwendung jener rationalen (d. h. wissenschaftlichen) Regeln, die im Jahrhundert zuvor in der Mathematik und den Naturwissenschaften so großartige Ergebnisse gezeitigt hatten, auf die moralischen, gesellschaftlichen, politischen und ökonomischen Probleme einer Menschheit, die seit langem durch Unwissen und Irrtümer, durch Aberglauben und Vorurteile verwirrt wurde, weil Priester und Fürsten, herrschende Klassen, Bürokraten und ehrgeizige Abenteurer mit Vorbedacht Lügen ausstreuten, um die Menschen ihrem Willen gefügig zu halten.

Voltaire, der bedeutendste Publizist der Aufklärung, propagierte zwar die Ausweitung der historischen Forschung auf das gesellschaftliche und ökonomische Handeln der Menschen und dessen Wirkungen, war aber doch der Ansicht, der historischen Untersuchung seien einzig die Gipfelpunkte der menschlichen Entwicklung mit ihren Errungenschaften würdig, nicht jedoch ihre Tiefpunkte. Wo diese Gipfel lagen, darüber hegte er keinen Zweifel: in Athen um die Zeit des Perikles, in Rom während der Spätzeit der Republik und zu Beginn des Prinzipats, in Florenz während der Renaissance und in Frankreich unter der Herrschaft Ludwigs XIV. Dies waren die Glanzzeiten der Menschheit, in denen das Leben der Staaten und der Individuen von den wahren Zielen bestimmt wurde, denen alle einsichtigen Menschen zu allen Zeiten in der Kunst, im Denken, in der Moral und in den Umgangsformen zustrebten. Diese Ziele waren zeitlos und universal, sie waren allen vernünftigen Menschen – denen, die Augen hatten, zu sehen – bekannt, und sie blieben unberührt von Veränderungen oder historischen Entwicklungen jedweder Art. So wie die Probleme der Naturwissenschaften ein für allemal gelöst werden konnten, so ließen sich, zumindest im Prinzip, auch für die Probleme der Menschen klare, endgültige Lösungen ausfindig machen, die ebensowenig wie die Theoreme der Geometrie, die Gesetze der Physik und der Astronomie vom Wandel der Meinungen und der menschlichen Lebensformen betroffen waren.

Selbst Montesquieu vertrat einerseits zwar die Meinung, aufgrund des Einflusses sowohl von physischen Faktoren als auch der durch sie bedingten menschlichen Institutionen sei die Ausbildung einer Vielfalt von Sitten und Anschauungen unvermeidlich, andererseits war er aber überzeugt, die fundamentalen Ziele der Menschheit seien zu allen Zeiten und überall identisch, auch wenn sie in unterschiedlichen Klimaten und Gesellschaften besondere Formen annahmen, die so sehr voneinander abwichen, daß man eine einheitliche Gesetzgebung für alle menschlichen Gesellschaften nicht entwerfen könne. Der Begriff des Fortschritts, wie die *philosophes* des 18. Jahrhunderts ihn verstanden und propagierten, gleichgültig, ob sie dies als Optimisten taten, wie Condorcet und Helvétius, oder ob sie von Zweifeln erfüllt waren, wie Voltaire und Rousseau, umfaßte die Vorstellung, daß das Licht der Wahrheit, das *lumen naturale*, überall und jederzeit das gleiche ist, wenngleich die Menschen oft zu schlecht oder zu dumm oder zu schwach waren, es zu entdecken, oder, wenn ihnen dies gelungen war, unfähig, im Glanz dieses Lichts zu leben.

Die dunklen Perioden der Geschichte waren nach Voltaires Ansicht der Aufmerksamkeit verständiger Menschen nicht würdig. Es ist nicht Zweck der Historie, eitle Neugier zu befriedigen, sie soll vielmehr lehrreiche Wahrheiten vermitteln, und dies kann nur geschehen, indem man die Siege der Vernunft und der Vorstellungskraft studiert, nicht ihre Niederlagen. »Wenn ihr uns nicht mehr zu sagen habt«, so erklärte Voltaire, »als daß an den Ufern des Oxus oder des Ixartes ein Barbar der Nachfolger des anderen wurde, worin besteht dann euer Nutzen für das Publikum?« Wer wolle denn wissen, daß »Quancum dem Kincum folgte, und Kincum dem Quancum«? Wer wolle etwas über Schalmaneser oder Mardokempad erfahren? Historiker sollen ihre Leser nicht mit religiösen Absurditäten, mit den Rasereien von Schwachsinnigen und Wilden oder den Einfällen von Schurken behelligen, es sei denn, um die Menschheit vor den Schrecken der Barbarei und der Tyrannei zu warnen. Diese durchaus unhistorische Auffassung von der Natur des Menschen und von der Gesellschaft ist im 18. Jahrhundert weit verbreitet und rührt zum Teil aus dem phänomenalen Erfolg der exakten Naturwissenschaften im 17. Jahrhundert, der etwa Descartes dazu brachte anzunehmen, das Studium der Geschichte sei verständiger, an der Beförderung objektiver Erkenntnis interessierter Menschen unwürdig, da man in derart trüben Wassern auf solche Erkenntnis kaum hoffen dürfe. Die Annahme, daß es nur eine ungeteilte, für alle Menschen jederzeit und überall gleiche Wahrheit gebe, die man in den Verkündigungen heiliger Bücher finden oder in überlieferten Volksweisheiten, in der Autorität der Kirche oder in demokratischen Mehrheitsbeschlüssen, in den Beobachtungen und Experimenten qualifizierter Fachleute oder in den Anschauungen einfacher, von der Zivilisation nicht beschädigter Menschen entdecken könne – diese Annahme ist in der einen oder anderen Form ein zentrales Moment des auf Platon und seine Schüler zurückgehenden abendländischen Denkens.

Hin und wieder wurde sie allerdings auch in Frage gestellt. Nicht nur von den Skeptikern im alten Griechenland und in Rom – auch die Revolte gegen die päpstliche Autorität im 16. Jahrhundert veranlaßte einige Reformer (und unter ihnen vor allem die protestantischen Juristen) zu der Behauptung, die Unterschiede zwischen den kulturellen Traditionen seien ebenso wichtig wie ihre Gemeinsamkeiten, wenn nicht sogar wichtiger. Juristen wie Hotman in Frankreich, wie Coke und Matthew Hale in England, die die universelle Autorität Roms ablehnten, ebneten der Auffassung den Weg, daß sich ähnlich wie die Sitten, die Lebensformen und Anschauungen auch die Gesetze und Regeln voneinander unterschieden, nach denen verschiedene Gesellschaften lebten, und daß hierin fundamentale Differenzen in ihrer Entwicklung zu gesonderten und zuweilen ganz und gar unähnlichen gesellschaftlichen Gebilden zum Ausdruck kamen. So förderten diese Anwälte die Idee der kulturellen Vielfalt.

Die Vorstellung, die sich mit dem Begriff Kultur verbindet – die Vorstellung, daß zwischen den verschiedenen Aktivitäten der Angehörigen einer bestimmten Gruppe ein Zusammenhang besteht, daß es Verbindungen zwischen dem Rechtssystem, der Religion, der Kunst, der Wissenschaft, vor allem der Sprache, aber auch den Mythen und Legenden und den rituellen Formen gibt, die aus diesen verschiedenen Sphären einen identifizierbaren Lebensstil machen, der sich in seinen Idealen und Wertvorstellungen von anderen Lebensformen unterscheidet –, diese Vorstellung ist in bewußter, ausdrücklicher Gestalt noch nicht sehr alt. Viel hat sie dem zunehmenden Interesse an der klassischen Welt Griechenlands und Roms in der Zeit der italienischen Renaissance zu verdanken, als die offenkundigen Unterschiede zwischen ihren eigenen Gesellschaften und denen der Antike die Gelehrten und diejenigen, die unter ihrem Einfluß standen, darauf aufmerksam machten, daß es möglicherweise mehr als eine wahre menschliche Zivilisation geben könne. Paradoxerweise verblaßte nach und nach die Idee der Wiederherstellung, der Wunsch, den Glanz Griechenlands und Roms nach der Finsternis des Mittelalters mit neuer Kraft zu erfüllen und das Leben nach jenen ewig gültigen Prinzipien neu zu gestalten, von denen sich die klassische Zivilisation angeblich hatte lenken lassen – verblaßte in dem Maße, wie das Wissen von der Vergangenheit wuchs, und machte der entgegengesetzten Wahrnehmung Platz, daß es in Anschauungen und im Verhalten – in Regeln und Vorschriften – unversöhnliche Unterschiede zwischen antiken und modernen Gesellschaften gab.

Eine Reihe von französischen Historikern des 16. Jahrhunderts, Männer wie Vignier, La Popelinière, Le Caron und Bodin, behaupteten, das Studium der Altertümer – der Sitten, der Mythen, der religiösen Riten, der Sprachen ebenso wie der Inschriften, Münzen, Kunstwerke und natürlich der literarischen Denkmäler – liefere die Zeugnisse, mit deren Hilfe sich ganze Kulturen rekonstruieren ließen. Dennoch blieb die Ansicht, die Hochkulturen seien nur verschiedene Zweige desselben großen Baumes der Aufklärung – der menschliche Fortschritt sei im wesentlichen eine einzige Bewegung nach vorwärts, die zwar durch Phasen des Rückschritts und Verfalls unterbrochen, aber nie abgebrochen, sondern immer wieder erneuert werde und so dem endgültigen Sieg der Vernunft immer näher komme –, für das abendländische Denken bestimmend. Historiker und Juristen, vor allem die Protestanten unter ihnen, die die nahezu unüberbrückbaren Unterschiede zwischen dem Alten und dem Neuen, zwischen Römern und Franken hervorhoben, stellten diese Annahme zwar weiterhin in Frage. Man fing an, das Ferne und das Fremde mit Ernst und Einfühlungsvermögen zu studieren. Man nahm die Unterschiede zwischen Orient und Okzident oder zwischen Europa und Amerika wahr, aber daraus resultierten kaum wirkliche historische Darstellungen oder Analysen dieser fremden, andersartigen Gesellschaften, die die Gelehrten und Reisenden ja gerade deshalb faszinierten, weil sie ihrer eigenen so unähnlich waren.

Einen wichtigen Schritt in diese Richtung taten die frühen Gegner der literarischen Mandarine im Paris des 18. Jahrhunderts, indem sie all jene kritisierten, die wie selbstverständlich davon ausgingen, daß die Vergangenheit danach beurteilt werden müsse, wie nah sie in ihrer Theorie und Praxis dem Geschmackskanon ihrer eigenen aufgeklärten Zeit gekommen sei. So stoßen wir bereits in den ersten Jahren des Jahrhunderts auf britische und Schweizer Gelehrte, die sich daranmachten, Legenden, Sagen, frühe Dichtungen historisch, als Medium des Selbstausdrucks bestimmter Völker, zu erforschen. Nach ihrer Meinung verdanken die Dichtungen Homers oder das *Nibelungenlied* oder die nordischen Sagen ihre Kraft und ihre Schönheit den Eigentümlichkeiten der Gesellschaften, aus denen sie zu ihrer Zeit und an ihrem Ort hervorgegangen sind. Der Inhaber des Regius-Lehrstuhls für Hebräisch in Oxford, Bischof Lowth, bezeichnete das Alte Testament als das Volksepos der Bewohner des alten Judäa, das nicht nach Maßstäben gemessen werden dürfe, die sich aus der Beschäftigung mit Sophokles oder Vergil, mit Racine oder Boileau herleiteten.

Der bekannteste Verfechter dieses Ansatzes war der deutsche Dichter und Gelehrte Johann Gottfried Herder, der immer wieder die Einzigartigkeit, vor allem die Inkommensurabilität der verschiedenen Volkskulturen und die Unterschiede zwischen den Maßstäben, mit denen sie verstanden und beurteilt werden können, hervorhob. Sein Leben lang faszinierte ihn die Vielfalt der Entwicklungswege, die die Zivilisationen in Vergangenheit und Gegenwart, in Europa und Asien einschlugen, eine Vielfalt, für die das neue orientalistische Interesse an den Sprachen Indiens und Persiens eine Vielzahl konkreter Zeugnisse lieferte. Dies wiederum inspirierte in Deutschland die sogenannte »historische Rechtsschule«, die sich gegen das Beharren auf einer zeitlosen Rationalität, gegen die Behauptung universaler Gültigkeit richtete, ob im römischen Recht oder im *Code Napoléon* oder in den Prinzipien, die die Ideologen der Französischen Revolution und ihre Verbündeten in anderen Ländern verkündet hatten. Zuweilen nahm die Opposition gegen die Verbindlichkeit eines einzigen, unwandelbaren Naturrechts, ob es nun von der römischen Kirche oder den französischen Aufklärern formuliert worden war, äußerst reaktionäre Züge an und neigte zur Rechtfertigung der verschiedensten Formen von Unterdrückung und Willkürherrschaft, von Ungleichheit und Ungerechtigkeit. Die Kehrseite der Medaille war indessen die Aufmerksamkeit, die nun auf die Vielfalt menschlicher Institutionen gelenkt wurde, auf die tiefen Anschauungs- und Erfahrungsunterschiede, durch die diese Institutionen geprägt und voneinander getrennt waren, und vor allem darauf, daß es unmöglich war, sie auf eine einzige Struktur zurückzuführen oder auch nur als systematische Abweichungen von einer solchen Struktur zu deuten.

Man muß in diesem Zusammenhang darauf hinweisen, daß es in der Ideengeschichte wenige Beispiele für derart dramatische Anschauungsänderungen gibt, wie sie die Entstehung jener neuen Überzeugung mit sich brachte, die das Besondere und Einzigartige, die Vielfalt als solche, nicht bloß als unvermeidlich, sondern als wertvoll und wichtig ansah; und jener damit verbundenen Ansicht, daß der Einförmigkeit etwas Repressives und höchst Unattraktives innewohnt, daß die Vielfalt ein Anzeichen von Vitalität ist, ihr Gegenteil aber auf trübselige, tote Monotonie hinausläuft. Tatsächlich ist diese Vorstellung, diese Empfindung, die uns heute so selbstverständlich anmutet, nicht mit einer Weltauffassung vereinbar, der zufolge die Wahrheit überall ein und dieselbe ist, während der Irrtum in vielerlei Gestalt in Erscheinung tritt; der zufolge sich der ideale Staat durch eine totale Harmonie auszeichnet, während unversöhnliche Anschauungs- oder Meinungsunterschiede ein Anzeichen von Unvollkommenheit sind – Symptome einer Inkohärenz infolge von Irrtum oder Unwissen, von Schwäche oder Bosheit. Diese Verehrung von Einheit und Einheitlichkeit bildet die Grundlage des Platonismus und eines großen Teils des späteren Denkens sowohl in der jüdischen wie in der christlichen Welt und nicht weniger in der Renaissance und der Aufklärung, die vom triumphalen Fortschritt der Naturwissenschaften stark beeinflußt wurde. Selbst Leibniz, der an die »Fülle« glaubte, daran, daß der größtmöglichen »Artenvielfalt« ein Wert innewohne, nahm an, daß diese Arten miteinander vereinbar sein müßten; sogar Perikles, der die strenge Disziplin des militarisierten Sparta im Vergleich zu der gelockerteren Struktur des Lebens in Athen abfällig beurteilte, wollte dennoch einen harmonischen Stadtstaat, zu dessen Erhaltung und Kräftigung alle Bürger ihre ganze Kraft aufwenden sollten. Aristoteles räumte ein, gewisse Anschauungs- und Charakterunterschiede seien unvermeidlich, aber er erblickte darin keinen Vorzug, sondern nur ein Element der unwandelbaren Natur des Menschen. Und was Herder, den größten Verfechter der Vielfalt im 18. Jahrhundert, betrifft, der fest davon überzeugt war, daß jede Kultur ihren eigenen, unersetzlichen Beitrag zum Fortschritt des Menschengeschlechts zu liefern habe, so vertrat auch er die Auffassung, daß es zwischen diesen unterschiedlichen Beiträgen keine Konflikte zu geben brauche – und auch nicht geben solle – und daß ihre Funktion darin bestehe, die universale Harmonie zwischen Völkern und Institutionen zu bereichern, um derentwillen die Menschen von Gott oder von der Natur geschaffen worden seien. Keine Doktrin, in deren Mittelpunkt eine monistische Auffassung vom Wahren, Guten und Schönen steht, oder eine Teleologie, der zufolge sich alles Existierende zu einer letztlich harmonischen Lösung verschworen hat – zu einer endgültigen Ordnung, in der alle scheinbaren Verwirrungen und Unvollkommenheiten des Lebens aufgelöst sind –, keine Doktrin dieser Art kann Vielfalt als einen unabhängigen, um seiner selbst willen erstrebten Wert zulassen, denn Vielfalt bringt die Möglichkeit von Wertkonflikten mit sich, einer nicht überwindbaren Unvereinbarkeit zwischen den Idealen oder gar zwischen den unmittelbaren Zielen gleichermaßen entwickelter, gleichermaßen tugendhafter Menschen.

Dieser Kult der Vielfalt nun bildet den Kern der Romantik, sowohl im Bereich der Kunst als auch in dem der Philosophie. Er führte, wie mir scheint, zu einem Schwinden oder Schmelzen der Idee der objektiven Wahrheit, zumindest in der Sphäre der Normen. Auch wenn es sich in den Naturwissenschaften vielleicht anders verhielt, kam es im Bereich von Ethik, Politik und Ästhetik jetzt auf die Aufrichtigkeit und Ernsthaftigkeit an, mit der bestimmte innere Ziele verfolgt wurden; und dies galt für Individuen ebenso wie für Gruppen – für Staaten, Völker, Bewegungen. Am deutlichsten zeigt sich das in der romantischen Ästhetik, die die Vorstellung zeitloser Modelle, die platonische Vision einer idealen Schönheit, die der Künstler, wenn auch unvollkommen, auf der Leinwand oder in Tönen zu vermitteln bestrebt ist, verwirft und an ihre Stelle den leidenschaftlichen Glauben an die geistige Freiheit, an die individuelle Kreativität setzt. Der Maler, der Dichter, der Komponist halten der Natur keinen Spiegel vor, sondern sie erfinden; sie ahmen nicht nach (wie die Lehre von der Mimesis es nahelegte), sondern sie schaffen, und zwar nicht nur die Mittel, sondern auch die Ziele, nach denen sie streben; diese Ziele sind der Selbstausdruck der eigenartigen und einzigartigen inneren Vision des Künstlers, und diese Vision aufgrund der Forderungen irgendeiner »äußeren« Stimme – Kirche, Staat, öffentliche Meinung, Familie, Freunde, Geschmacksrichter – beiseite zu setzen wäre Verrat an dem, was die

Existenz derer, die in diesem Sinne schöpferisch sind, einzig rechtfertigt.

Dieser Voluntarismus und Subjektivismus, dessen leidenschaftlichster Verkünder der eigentliche Vater der Romantik, Johann Gottlieb Fichte, war, mündete allerdings zuletzt in wilder Anarchie und Irrationalität, in byronesker Selbstberauschung, im Kult des düsteren, zwielichtig faszinierenden Außenseiters, des Feindes der etablierten Gesellschaft, des satanischen Helden – Kain, Manfred, der Giaur, Melmoth –, für dessen stolze Unabhängigkeit kein Preis an Menschenglück und Menschenleben zu hoch ist. Im Falle ganzer Nationen leistete die Ablehnung der Idee universell gültiger Werte zuweilen einem Nationalismus und aggressiven Chauvinismus sowie der Verherrlichung einer kompromißlosen Selbstbehauptung bestimmter Individuen oder ganzer Kollektive Vorschub. In extremen Fällen nahm sie verbrecherische und extrem pathologische Formen an und gipfelte in der Preisgabe der Vernunft und jeglichen Realitätssinnes, oft mit verheerenden moralischen und politischen Folgen.

Aber in ihrer Frühzeit bezeichnete eben diese Bewegung den Beginn einer deutlichen Erweiterung des historischen Verstehens. Die Entwicklung der menschlichen Zivilisation wurde nun nicht mehr als eine einzige lineare, zeitweise ansteigende, zeitweise absinkende Bewegung gefaßt und auch nicht als dialektische Bewegung, in deren Verlauf die Gegensätze sich immer wieder in einer höheren Synthese lösten. Es wuchs vielmehr die Einsicht, daß es viele und vielfältige Kulturen gibt und daß jede von ihnen Wertmaßstäbe verkörpert, die sich von denen anderer Kulturen unterscheiden und zuweilen mit ihnen unvereinbar sind, die aber dennoch verstanden, das heißt, von Beobachtern mit hinreichend klarer historischer Einsicht und Einfühlung als eine Lebensweise erkannt werden können, in der menschliche Wesen existieren und dabei doch im umfassenden Sinne Menschen bleiben können. Der wichtigste und allgemein anerkannte Verfechter dieser Anschauung war Herder; aber derjenige, der ihr als erster Substanz verliehen hat, war möglicherweise Walter Scott. Seine besten historischen

Romane stellten zum erstenmal Individuen, Klassen und sogar ganze Gesellschaften plastisch dar, als vollständig verwirklichte Charaktere, nicht als Bühnenfiguren, nicht als zweidimensionale, verallgemeinerte Typen, wie sie uns bei Livius oder Tacitus und auch noch bei Gibbon und Hume begegnen. Scotts Charaktere sind in der Regel Männer und Frauen, in deren Anschauungen, Empfindungen und Motive sich der Leser hineinfinden kann; Scott ist der erste Schriftsteller, der erreichte, was Herder predigte: eine Vorstellung von einer Welt zu vermitteln, die der Leser als genauso vollständig entfaltet wahrnimmt wie seine eigene, als genauso wirklich und dennoch gründlich anders, aber nicht so weit entfernt, daß er sie nicht verstehen könnte, so wie wir auch jene unter unseren Zeitgenossen verstehen, deren Charakter und deren Existenz sich von unseren eigenen stark unterscheiden. Der Einfluß von Scott auf die Geschichtsschreibung ist noch nicht ausreichend untersucht worden. Die Vergangenheit gleichsam von innen mit den Augen derer zu sehen, die sie durchlebten, und nicht bloß als Abfolge distanzierter Fakten, Geschehnisse und Gestalten, die von außen als Material einer narrativen oder statistischen Darstellung beschrieben werden – diese Art eines mitunter nur mühsam zu erreichenden Verstehens beruht auf einer Fähigkeit, die Historiker, denen es um die Wahrheit zu tun war, in den Jahrhunderten vor der Neuzeit kaum voraussetzen konnten.

Herder war vielleicht derjenige, der das Wesen dieser Art von phantasievoller Einsicht als erster erkannt hat. Aber ein anderer hat ihre Möglichkeit als erster konkret dargestellt und Beispiele dafür geliefert, wie eine solche Methode angewendet werden konnte – der italienische Denker Giambattista Vico im 18. Jahrhundert. Vicos Hauptwerk wurde zunächst nur von einer Handvoll Italiener und jenen wenigen Franzosen gelesen, denen die Italiener Jahre später davon berichteten, bis zu Beginn des vorigen Jahrhunderts Jules Michelet auf Vico aufmerksam wurde, Feuer fing und seine Leistungen in ganz Europa rühmte.

II.

Vico ist der eigentliche Vater des modernen Kulturbegriffs und jener Auffassung, die man als kulturellen Pluralismus bezeichnen könnte. Ihr zufolge besitzt jede authentische Kultur eine eigene unverwechselbare Sehweise und eigene Wertmaßstäbe, die im Laufe der Entwicklung von anderen Sehweisen und anderen Werten überlagert, aber nie vollständig verdeckt werden, so daß ältere Wertsysteme für die nachfolgenden Generationen nie gänzlich unerkennbar werden. Im Unterschied zu Relativisten wie Spengler oder Westermarck nahm Vico nicht an, daß die Menschen innerhalb ihrer Epoche oder ihrer Kultur wie in einem fensterlosen Kasten isoliert und eingeschlossen seien und deshalb andere Gesellschaften oder Epochen, deren Werte sich von den ihren stark unterscheiden und ihnen vielleicht sonderbar oder abstoßend erscheinen, nicht verstehen könnten. Er war davon überzeugt, daß das, was Menschen geschaffen haben, von anderen Menschen verstanden werden kann. Es mag zwar äußerst mühsam sein, die Bedeutung fremder Verhaltensweisen oder einer fremden Sprache zu entziffern. Aber wenn das Wort »menschlich« irgend etwas bedeutet, dann muß, Vico zufolge, zwischen den Wesen, auf die es zutrifft, so viel Gemeinsamkeit bestehen, daß es, wenn man genügend Phantasie aufbietet, möglich ist, zu begreifen, wie die Welt für jene räumlich oder zeitlich entfernten Geschöpfe ausgesehen haben muß, die diese Riten ausführten, diese Wörter benutzten, diese Kunstwerke als Formen von Selbstausdruck schufen, in dem Bestreben, die eigene Welt zu verstehen und zu deuten.

In wesentlichen Zügen gleicht Vicos Methode derjenigen, die die meisten modernen Sozialanthropologen anwenden, wenn sie versuchen, das Verhalten und die Bildwelt sogenannter Urvölker (oder dessen, was von ihnen übrig geblieben ist) zu erfassen, deren Mythen, Erzählungen, Metaphern, Gleichnisse und Allegorien sie nicht als Unsinn und Geistesverwirrungen unvernünftiger, kindlicher Barbaren verwerfen (wie es das 18. Jahrhundert gern tat): sie suchen vielmehr nach einem

Schlüssel, um in die Welt dieser Menschen einzudringen, mit ihren Augen zu sehen, wobei sie sich daran erinnern, daß Menschen (wie es ein neuerer Philosoph formuliert hat) stets zugleich Subjekt und Objekt sind. Sie betrachten die Angehörigen dieser Urvölker also nicht als Geschöpfe, die man zwar beschreiben kann, deren Motive aber unergründlich bleiben – wie es bei Pflanzen oder Tieren der Fall ist, deren Verhalten nur mit den Gesetzen der Physik oder der Biologie erklärt werden kann –, sondern als uns verwandte Wesen, als Bewohner einer Welt, in der bestimmte Verhaltensformen und bestimmte Wörter als einsehbare Reaktionen auf die natürlichen Bedingungen gedeutet werden können, unter denen sie leben und die sie zu verstehen bemüht sind. In gewissem Sinne ist die außerordentliche Vielfalt sehr unterschiedlicher Sprachen – manchmal auch in benachbarten Gesellschaften (zum Beispiel im Kaukasus oder auf den Pazifik-Inseln) – an sich schon ein Indiz, man könnte auch sagen: ein Modell für die nicht auflösbare Vielfalt der Formen menschlichen Selbstausdrucks, dergestalt, daß selbst bei verwandten Sprachen eine vollständige Übersetzung von der einen in die andere prinzipiell unmöglich ist; die Kluft – die von Unterschieden in Wahrnehmungs- und Handlungsweisen zeugt – ist zuweilen tatsächlich sehr breit.

Insofern unterscheidet sich dieser Ansatz nicht allzusehr von dem, was wir immer tun, wenn wir andere Menschen, ihre Worte, ihre Blicke und Gesten, die uns ihre Absichten und Bestrebungen vermitteln, zu begreifen versuchen. Auf rein wissenschaftliche Entzifferungsmethoden greifen wir nur dann zurück, wenn die Kommunikation zusammenbricht; wir formulieren Hypothesen und suchen sie zu verifizieren, wenn wir die Echtheit von Dokumenten oder das Entstehungsdatum von Altertümern klären wollen, wenn wir die Materialien, aus denen sie hergestellt sind, oder die Verläßlichkeit ihres Zeugnisses, die Herkunft von Informationen und dergleichen zu analysieren trachten. Bei alledem stützen wir uns auf gewöhnliche wissenschaftliche Methoden und nicht auf jenes inspirierte Mutmaßen, das notwendigerweise bis zu einem gewissen

Grade ins Spiel kommt, wenn wir uns zu klären anschicken, was es bedeutet haben muß, in einer bestimmten Situation, zu einer bestimmten Zeit zu leben und in ihr mit den Naturgewalten oder anderen Menschen zurechtzukommen, oder wenn wir begreifen wollen, wie die Dinge denen erschienen sein müssen, die an die Wirksamkeit von Hexerei, von Zaubersprüchen, von Opfern glaubten, um die Götter mild zu stimmen oder die Natur dem menschlichen Willen gefügiger zu machen.

Weil unsere Ahnen Menschen waren, so nimmt Vico an, wußten sie, wie wir, was Lieben und Hassen, Hoffen und Fürchten, Wollen, Beten, Kämpfen, Verrat üben, Unterdrükken, Unterdrücktwerden, Revoltieren bedeutet. Am besten kannte sich Vico im römischen Recht und in der römischen Geschichte aus; infolgedessen stammen viele seiner Beispiele aus der Geschichte und der Rechtsgeschichte des frühen Rom. Seine Etymologien sind oft phantastisch, doch die Art und Weise, wie er die ökonomischen Umstände darstellt, die innerhalb des Klassenkampfes, der seiner Ansicht nach fortwährend zwischen Plebejern und Patriziern ausgefochten wurde, zu diesem oder jenem Typus von Gesetzgebung führten, markiert einen großen Fortschritt gegenüber früheren Theorien. Die historischen Details mögen falsch, sogar absurd sein, das Wissen lückenhaft, die kritischen Methoden unzureichend, aber der Ansatz ist kühn, originell und fruchtbar. Vico sagt uns nie, was er meint, wenn er vom »Eindringen« oder »Hinabsteigen« in den Geist von Menschen der Frühzeit spricht, aber aus dem, was er in der *Scienza nuova* tut, wird deutlich, daß er imaginative Einsicht fordert, ein Gabe, die er *fantasia* nennt. Deutsche Denker sprachen später von *Verstehen* und stellten es in einen Gegensatz zu *Wissen*, zu jener Art von Erkenntnis, mit der wir es in den Naturwissenschaften zu tun haben, wo es nicht um Einfühlung geht, da wir uns in die Hoffnungen und Ängste von Bienen oder Bibern nicht hineinversetzen können. Vicos *fantasia* ist für seine Konzeption von historischer Erkenntnis unentbehrlich; was sich aus dieser *fantasia* ergibt, gleicht nicht dem Wissen, daß Caesar tot ist oder daß Rom nicht an einem Tag erbaut wurde oder daß dreizehn eine Primzahl ist oder daß die Woche aus sieben Tagen besteht; es gleicht auch nicht jenem Wissen, das wir benötigen, wenn wir Fahrrad fahren, eine statistische Untersuchung durchführen oder eine Schlacht gewinnen wollen. Aus dem Wissen der *fantasia* ergibt sich eher, daß wir uns vorstellen können, was es heißt, arm zu sein, einer bestimmten Nation anzugehören, Revolutionär zu sein, zu einer Religion bekehrt zu werden, sich zu verlieben, von namenlosem Schrecken befallen oder von einem Kunstwerk entzückt zu werden. Ich nenne diese Beispiele nur zur Veranschaulichung, denn Vico interessiert sich nicht für die Erfahrungen von Individuen, sondern nur für die ganzer Gesellschaften. Dieses kollektive Selbstbewußtsein – die Gedanken, Vorstellungen, Empfindungen, Wünsche, Bestrebungen der Menschen in der Auseinandersetzung mit der physischen Natur in einer bestimmten Phase der gesellschaftlichen Entwicklung, wie sie in Institutionen, Monumenten, Symbolen, Formen des Schreibens und Sprechens zum Ausdruck kommt, die ihrerseits aus dem Bemühen hervorgegangen sind, sich das eigene Dasein vor Augen zu stellen und zu erklären – wollte er analysieren, und er glaubte einen neuen, von anderen noch nicht betretenen Weg dorthin gefunden zu haben. Daß er durch »Entschlüsselung« von Mythen, Zeremonien, Gesetzen, künstlerischen Darstellungen eine Tür zum Verständnis der Kulturgeschichte geöffnet hatte, hielt er für seine entscheidende Leistung. Kein Wunder, daß Marx in einem bekannten Brief an Lassalle erklärte, Vico habe in seinen Äußerungen über die gesellschaftliche Entwicklung zuweilen geniale Eingebungen gehabt.

Niemand hat mehr Anspruch als Vico darauf, der Vater der historischen Anthropologie genannt zu werden. Jules Michelet, der sich seinen Schüler nannte, hatte recht: Vico war tatsächlich der vergessene Vorläufer der historischen Rechtsschule in Deutschland, er war der erste und in mancher Hinsicht der bedeutendste Gegner der unhistorischen Lehren des Naturrechts, der zeitlosen Autorität, der etwa von Spinoza vertretenen Annahme, jede Wahrheit könne von jedermann zu jeder Zeit aufgedeckt werden und es sei nur ein unglücklicher Zufall, wenn die Menschen so lange in Dunkelheit umhergeirrt seien, weil sie ihren Verstand nicht richtig gebraucht haben oder nicht richtig gebrauchen konnten. Die Idee der historischen Entwicklung in diesem umfassenden Sinne, als einer Abfolge von Kulturen, deren jede im Laufe des ständigen Kampfes der Menschen mit den Kräften der Natur aus einer früheren Kultur hervorgegangen ist, wobei dieser Kampf auf einer bestimmten Stufe der gesellschaftlichen Entwicklung wiederum den Kampf zwischen ökonomischen Klassen hervorbringt, die ihrerseits durch den Prozeß der Produktion geformt werden, ist ein bedeutender Schritt in der Geschichte der menschlichen Selbsterkenntnis. Diese Konzeption vom Wesen des historischen Wandels war (auch wenn man in den Gedanken über gesellschaftliche Zusammenhänge von Hesiod bis zu James Harrington gewisse Andeutungen findet) nie zuvor so breit ausgeführt worden.

Vicos Kritiker aus neuerer Zeit haben darauf hingewiesen, daß seine Lehre, der Mensch könne nur verstehen, was er gemacht habe, für die Erkenntnis und Analyse von Kulturen unzureichend sei – gibt es nicht auch unbewußte Antriebe, irrationale Faktoren, deren wir uns selbst rückblickend nicht versichern können? Haben Handlungen nicht oft unbeabsichtigte Konsequenzen, unvorhergesehene, zufällige Resultate, die die Handelnden nicht »gemacht« haben? Ist die Vorsehung – Vicos Version von Hegels »List der Vernunft« –, die sich unserer Fehler bedient, um Lebensformen hervorzubringen, die der Menschheit von Nutzen sind (eine ähnliche Idee entwickelte auch Vicos Zeitgenosse Bernard Mandeville), nicht etwas, das die Menschen nicht »verstehen« können, da diese Vorsehung Vico zufolge dem Willen Gottes entspringt, einem Geist, in dessen Wirken wir nicht eingeweiht sind? Ist es außerdem nicht unvermeidlich, daß wir einige unserer Begriffe und Kategorien einschleppen, wenn wir uns daranmachen, die Vergangenheit zu verstehen? Hat uns der bedeutende klassische Philologe Ulrich von Wilamowitz-Moellendorff (in Anspielung auf die Szene bei Homer, in der Odysseus den Geist des

Achilles aus der Unterwelt heraufruft) nicht gesagt, die Toten könnten nicht sprechen, ehe sie nicht Blut getrunken hätten? Aber da wir ihnen *unser* Blut anbieten, sprechen sie auch mit unserer Stimme zu uns und in unseren Worten, nicht in ihren; und wenn dies so ist, bleibt dann nicht auch unser Anspruch, sie und ihre Welten zu verstehen, bis zu einem gewissen Grade illusorisch?

All diese Überlegungen sind zweifellos gültig und stehen der Vorstellung im Wege, daß die Geschichte, da sie von Menschen gemacht wird, folglich auch, zumindest im Prinzip, ganz verstanden werden kann, indem man sich in das Denken der Vorfahren »hineinversetzt«. Obwohl die menschliche Geschichte mehr ist als eine Darstellung der Hoffnungen und Ideen der Menschen und der Handlungen, in denen diese Hoffnungen und Ideen zum Ausdruck kommen, und auch nicht bloß eine Darstellung menschlicher Erfahrungs- oder Bewußtseinsstufen (wie es Hegel und später Collingwood offenbar angenommen haben), und obwohl Marx recht hat, wenn er sagt, daß die Menschen ihre Geschichte selbst machen (aber nicht aus dem Nichts, sondern unter Bedingungen, die sich aus der Natur und aus älteren Institutionen ergeben und zu Situationen führen können, die den Zielen der Handelnden nicht unbedingt entsprechen) – obwohl also Vicos Ansprüche heute überzogen wirken, bleibt allen Einschränkungen zum Trotz etwas Wichtiges erhalten. Jeder erkennt heute den fundamentalen Unterschied zwischen jenen Historikern, die Portraits von ganzen Gesellschaften oder gesellschaftlichen Gruppen malen, die so plastisch und dreidimensional wirken, daß wir, ob zu Recht oder zu Unrecht, glauben, wir wüßten, wie ein Leben unter solchen Bedingungen gewesen wäre, und den Altertumsforschern, den Chronisten, den Historikern, die zum Zweck umfassender Verallgemeinerungen Fakten und Statistiken anhäufen, den gelehrten Kompilatoren und Theoretikern, nach deren Meinung der Gebrauch der Phantasie den Schrecknissen der Mutmaßung, des Subjektivismus, des Journalismus oder Schlimmerem Tür und Tor öffnet.

Diese höchst wichtige Unterscheidung ergibt sich aus der

Einstellung zu jener Fähigkeit, die Vico *fantasia* nannte und ohne die nach seiner Meinung die Vergangenheit nicht erschlossen werden kann. Die entscheidende Rolle, die er der Phantasie beimißt, darf uns nicht blind machen – und hat auch ihn nicht blind gemacht – für die Notwendigkeit der Verifizierung; er räumt ein, daß kritische Methoden zur Überprüfung der Zeugnisse unentbehrlich sind. Doch ohne *fantasia* bleibt die Vergangenheit tot; um sie lebendig werden zu lassen, müssen wir, zumindest in der Vorstellung, die Stimmen von Menschen hören, müssen (auf der Basis der Zeugnisse, die wir uns beschaffen können) Vermutungen darüber anstellen, wie ihr Erleben, ihre Ausdrucksformen, ihre Werte, ihre Anschauungen, Ziele und Lebensstile beschaffen waren; andernfalls können wir nicht begreifen, woher wir kommen und wie wir zu dem wurden, was wir sind – nicht nur physisch und biologisch und im engeren Sinne politisch und institutionell, sondern auch gesellschaftlich, psychologisch und moralisch; andernfalls gibt es kein wirkliches Selbst-Verstehen. Groß nennen wir nur solche Historiker, die über den kompetenten Umgang mit den faktischen Zeugnissen hinaus, wie sie ihnen durch Anwendung der besten kritischen Methoden zugänglich werden, auch jene imaginative Einsicht besitzen, die den begabten Romancier auszeichnet. Klio – darauf hat der englische Historiker G. M. Trevelyan schon vor langer Zeit aufmerksam gemacht – ist schließlich eine Muse.

III.

Eine der interessantesten Folgeerscheinungen von Vicos Methode zur Rekonstruktion der Vergangenheit ist der oben schon erwähnte kulturelle Pluralismus – es entsteht ein Panorama vielfältiger Kulturen, unterschiedlicher und zuweilen unvereinbarer Lebensformen, Ideale und Wertmaßstäbe. Hieraus wiederum ergibt sich, daß die uralte Idee der vollkommenen Gesellschaft, in der Wahrheit, Gerechtigkeit, Freiheit, Glück und Tugend in ihren jeweils vollkommenen Formen verschmelzen, nicht nur utopisch ist (was kaum jemand bestreiten würde), sondern in sich inkohärent; denn wenn sich einige dieser Werte als unvereinbar erweisen, dann können sie – auch rein theoretisch – nicht miteinander verschmelzen. Jede Kultur drückt sich in Werken der Kunst und des Denkens aus, in Lebens- und Handlungsweisen, von denen jede ihren eigentümlichen Charakter besitzt; diese Charaktere lassen sich nicht miteinander verbinden, und sie bilden auch nicht unbedingt Stufen innerhalb einer umfassenden Fortschrittsbewegung hin auf ein einziges, universales Ziel.

Die Idee, daß es unterschiedliche Lebensauffassungen und entsprechend unterschiedliche Werte gibt, die sich nicht in eine einzige allgemeine harmonische Struktur fügen lassen, wird vor allem in jenem Teil von Vicos *Scienza nuova* anschaulich, der sich mit Homer beschäftigt. Seine Ansichten stehen in deutlichem Kontrast zu den herrschenden ästhetischen Doktrinen seiner Zeit, die trotz einiger Abweichungen in die Richtung des Relativismus daran festhalten, daß die Maßstäbe für Vortrefflichkeit objektiv, universal und zeitlos sind – *quod semper, quod ubique, quod ab omnibus*. So waren, um ein bekanntes Beispiel zu nennen, einige der Meinung, die Alten seien bessere Dichter als die Neuen gewesen, während andere vom Gegenteil überzeugt waren – um diese Frage wurde in Vicos Jugendzeit der berühmte Konflikt zwischen den Alten und den Modernen ausgetragen. Wichtig ist jedoch, daß sich die Gegner in diesem Streit zur Verteidigung ihrer Positionen auf dieselben Werte beriefen, von denen beide Seiten meinten, sie seien in Ewigkeit auf alle Zeitalter und alle Kunstformen anwendbar.

Anders Vico. Er erklärt uns, daß »im Kindesalter der Welt die Menschen von Natur erhabene Dichter waren«. Denn bei »primitiven« Menschen ist die Phantasie stark, die Denkfähigkeit hingegen schwach ausgebildet. Homer, so meinte Vico, lebte in der Endzeit der Zivilisation, die er mit einem Genie schilderte, dem kein späterer Autor nahe-, geschweige denn gleichkam. Die Menschen Homers sind »roh, bäurisch, wild, stolz, eigensinnig«. Achilles ist grausam, gewalttätig, rachsüchtig und nur mit seinen eigenen Empfindungen beschäftigt, und doch wird er als Krieger ohne Fehl und Tadel, als Idealheld der homerischen Welt dargestellt. Die Werte dieser Welt sind verschwunden; Vico lebt in einem humaneren Zeitalter. Aber dies, so erklärt er, bedeutet nicht, daß die Kunst dieser späteren Zeit derjenigen des erhabensten aller Dichter überlegen sein müsse. Homer empfand offensichtlich Bewunderung für die Wertvorstellungen dieser schrecklichen Männer; seine Verherrlichung dieser wilden, hinterhältigen Krieger inmitten eines grausamen Gemetzels und seine Darstellung der olympischen Götter, die Platon bestürzte und Aristoteles dazu veranlaßte, Homer zu »berichtigen«, hätten von den kultivierten Dichtern der Renaissance oder aus Vicos eigener Zeit nicht verfaßt werden können.

Vico macht deutlich, daß dieser Verlust ein unwiederbringlicher ist. Er verweist auch auf die römischen Schriftsteller, die Männer wie Brutus, Mucius Scaevola, Manlius, die Decier unserer Bewunderung empfehlen – Männer, die die armen, im Elend lebenden Angehörigen der römischen *plebs* ruiniert, beraubt und ausgepreßt haben. Vico erinnert uns daran, daß in früherer Zeit König Agis von Sparta, als er versuchte, den Unterdrückten zu helfen, wegen Verrats hingerichtet wurde. Für jene hartherzigen, grausamen Männer indessen und auf ihre Anregung hin wurden unübertroffene Meisterwerke geschrieben, denen wir nichts Vergleichbares an die Seite stellen können. Vielleicht sind wir diesen Barbaren (Vico ist hiervon überzeugt) in bezug auf rationales Denken, Wissen und Humanität überlegen, aber aus eben diesem Grund besitzen wir auch nicht die wunderbare, elementare Vorstellungskraft oder die Sprache der großartigen Epen und Sagen, die nur eine gewalttätige, urwüchsige Kultur hervorbringen kann. Für Vico gibt es keinen wirklichen Fortschritt in der Kunst; das Genie eines Zeitalters läßt sich mit dem eines anderen Zeitalters nicht vergleichen. Er hätte die Frage, ob Sophokles nicht ein besserer Dichter sei als Vergil oder Vergil ein besserer als Racine, für müßig gehalten. Jede Kultur schafft Meisterwerke, die ihr und nur ihr angehören, und wenn sie verschwunden ist, dann kann man ihre Triumphe bewundern und ihre Schwächen beklagen: aber sie ist nicht mehr, und nichts kann sie uns wiedergeben. Wenn dies so ist, dann folgt daraus, daß die Vorstellung von einer vollkommenen Gesellschaft, in der sich alle Vorzüge aller Kulturen zu einem harmonischen Ganzen verbinden, keinen Sinn ergibt. Eine bestimmte Tugend kann sich durchaus als unvereinbar mit einer anderen erweisen. Das Unvereinbare bleibt unvereinbar. Die Tugenden der Helden Homers sind nicht die Tugenden, auf die sich Platon und Aristoteles beriefen, als sie die Ethik der homerischen Dichtungen angriffen, und ebensowenig gleichen die Tugenden Athens im 5. vorchristlichen Jahrhundert denen von Florenz während der Renaissance oder denen am Hof von Versailles, obschon Voltaire hierüber ganz anders dachte. Beim Übergang von einer Zivilisationsphase in eine andere gibt es Verluste und Gewinne, und worin der Gewinn auch immer bestehen mag – was verloren ist, ist jedenfalls für immer verloren und wird uns nicht in irgendeinem irdischen Paradies zurückgegeben.

Es gehört einige Kühnheit und Originalität dazu, in einer so selbstzufriedenen Gesellschaft wie der, in die Vico hineingeboren wurde, in einer Gesellschaft, die glaubte, sie sei über die Brutalität, die Stumpfheit und Unwissenheit früherer Zeiten weit hinaus, die Behauptung aufzustellen, eine Dichtung von unerreichbarer Erhabenheit habe nur von einem grausamen, wilden, auf spätere Generationen moralisch abstoßend wirkenden Zeitalter hervorgebracht werden können. Mit seiner These leugnet Vico nämlich die schiere Möglichkeit einer Harmonie alles Vorzüglichen in einer idealen Welt. Hieraus folgt, daß die Bewertung der Errungenschaften eines bestimmten Zeitalters nach einem einzigen, absoluten Maßstab – dem der Kritiker und Theoretiker einer späteren Epoche – nicht nur unhistorisch und anachronistisch ist, sondern auf einem Irrtum beruht, auf der Annahme, es gebe zeitlose Maßstäbe – die idealen Werte einer idealen Welt –, während in Wirklichkeit einige der am meisten bewunderten Werke in einer Kultur wurzeln, die wir in einigen ihrer Aspekte womöglich verurteilen müssen, auch wenn wir gleichzeitig behaupten, wir könnten verstehen, warum Menschen, die unter solchen Bedingungen lebten, so und nicht anders empfunden, so und nicht anders gedacht und gehandelt haben.

Die Idee einer vollkommenen Gesellschaft, in der alles, wonach die Menschen je gestrebt haben, vollständige Erfüllung findet, erscheint vor diesem Hintergrund zumindest aus einer irdischen Perspektive unschlüssig: für Homer und Dante gibt es keine gemeinsame Basis; für Dante und Galilei ebensowenig. Heutzutage ist das eine Binsenweisheit. Aber aus den anti-utopischen Aspekten des Abschnitts über Homer in der *Scienza nuova*, die zu Lebzeiten ihres Verfassers weitgehend übersehen wurden, ergeben sich auch Lehren für unsere Zeit. Die unvergleichlichen Leistungen der Aufklärung im Kampf gegen Obskurantismus, Unterdrückung, Ungerechtigkeit und Irrationalität sind unbestritten. Aber es könnte sein, daß alle großen Befreiungsbewegungen, wenn sie den Widerstand tiefverwurzelter Dogmen und Gebräuche brechen wollen, übertreiben und sich blind machen müssen für die Vorzüge dessen, was sie attackieren. Die These, daß der Mensch für sich zugleich Subjekt und Objekt sei, läßt sich mit den Anschauungen der *philosophes* von Paris nicht leicht in Einklang bringen, für die die Menschheit in erster Linie ein Objekt wissenschaftlicher Forschung war. Die dieser Einstellung zugrundeliegende Annahme, daß die menschliche Natur zu allen Zeiten und überall im wesentlichen die gleiche sei und ewigen, der Kontrolle des Menschen sich entziehenden Gesetzen gehorche, wagte damals nur eine Handvoll kühner Denker in Frage zu stellen. Aber wer sie im Namen der Wissenschaft akzeptiert, der verkennt und unterschätzt die Rolle des Menschen als Schöpfer und Zerstörer von Werten und ganzen Lebensformen, die Rolle des Menschen als Subjekt, als Geschöpf mit einer Seele, wie es anderen Bewohnern des Universums versagt ist. Die berühmtesten Utopien der Neuzeit, die von Thomas Morus, von Mably, Saint-Simon, Fourier, Owen und ihren Nachfolgern, lieferten ein ziemlich statisches Bild von den Grundeigenschaften der Menschen und eine ebenso statische Beschreibung einer erreichbaren vollkommenen Gesellschaft. Damit verkannten sie, daß die Menschen Wesen sind, die sich selbst verändern können, die innerhalb der von Natur und Geschichte gezogenen Grenzen frei wählen können zwischen konkurrierenden, gegenläufigen Zielen.

Die Vorstellung, der Mensch sei ein Handelnder, ein zielgerichtetes Wesen, das von seinen eigenen bewußten Zielvorstellungen ebenso bewegt wird wie von den Gesetzen der Kausalität und das zu unvorhersehbaren Höhenflügen des Gedankens und der Phantasie fähig ist, die Vorstellung, daß er seine Kultur in dem Streben nach Selbsterkenntnis und nach Beherrschung seiner Umwelt geschaffen hat, angesichts materieller und psychischer Kräfte, die er sich zunutze machen, denen er aber nicht ausweichen kann – diese Vorstellung bildet den Kern aller wahrhaft historischen Studien. Um ihrer Aufgabe gerecht zu werden, benötigen Historiker die Fähigkeit zur imaginativen Einsicht, ohne die die Knochen der Vergangenheit spröde und steif bleiben. Diese Fähigkeit einzusetzen, war und ist ein riskantes Unterfangen.

DER ANGEBLICHE RELATIVISMUS DES EUROPÄISCHEN DENKENS IM 18. JAHRHUNDERT

Allgemein gilt es als ausgemacht, daß die zentrale Idee der französischen *philosophes* (bei allen sonstigen, oft einschneidenden Unterschieden zwischen ihnen) besagt, Mensch und Natur seien (wie es der bedeutende amerikanische Anthropologe Clifford Geertz formuliert hat) »aus einem Guß«: es gibt eine Natur des Menschen, die »so unwandelbar ist . . . wie Newtons Universum«.[1] Die Gesetze, die sie beherrschen, mögen von anderer Art sein, aber es gibt sie. Sitten, Moden, Geschmacksvorlieben mögen sich voneinander unterscheiden, aber gleiche Leidenschaften, die die Menschen überall und zu allen Zeiten bewegen, bewirken gleiches Verhalten. Nur »das Beständige, das Allgemeine, das Universale« ist wirklich, und nur dieses ist deshalb auch »wahrhaft menschlich«.[2] Nur das ist wahr, was ein rationaler Beobachter zu jeder Zeit an jedem Ort grundsätzlich erkennen kann. Rationale Methoden – Hypothese, Beobachtung, Verallgemeinerung, Deduktion, experimentelle Bestätigung, wo sie möglich ist – können gesellschaftliche und individuelle Probleme lösen, so wie sie mit triumphalem Erfolg die Probleme der Physik und der Astronomie gelöst haben und in zunehmendem Maße auch die der Chemie, der Biologie und der Ökonomie lösen; die Philosophie, also Ethik, Politik, Ästhetik, Logik und Erkenntnistheorie, kann und soll

[1] Clifford Geertz, *The Interpretation of Cultures*, New York 1973, London 1975, S. 34.

[2] Ebd., S. 35.

in eine allgemeine Wissenschaft vom Menschen verwandelt werden – in die Naturwissenschaft der Anthropologie. Wenn man die wahre Natur des Menschen einmal erkannt hat, wird Klarheit über die wirklichen Bedürfnisse des Menschen bestehen; dann gilt es nur noch, herauszufinden, wie diese Bedürfnisse befriedigt werden können, und dieses Wissen in die Tat umzusetzen. Die meisten menschlichen Leiden – Hunger, Krankheit, Unsicherheit, Armut, Elend, Ungerechtigkeit, Unterdrückung – sind auf Unwissenheit, Trägheit und Irrtum zurückzuführen, die bewußt oder unbewußt von denen geschürt werden, deren Interessen mit der Herrschaft der Finsternis gedient ist; aber der Triumph des wissenschaftlichen Geistes wird die Mächte des Vorurteils, des Aberglaubens, der Torheit und Grausamkeit hinwegfegen, die durch den Hokuspokus der Theologen und Juristen allzu lange verschleiert worden sind.

Einige *philosophes* waren zwar pessimistisch, was die Aussichten der universalen Aufklärung anging, zumindest für die absehbare Zukunft; aber keiner von ihnen bestritt, daß sie im Prinzip, wenn auch vielleicht nicht in der Praxis, erreichbar sei. Sie wußten natürlich, daß es immer einige gegeben hatte, die die zentrale These selbst mit Skepsis betrachteten, nämlich daß es grundsätzlich möglich sei, solche endgültigen Lösungen ausfindig zu machen: Relativisten wie die von Platon so heftig angegriffenen griechischen Sophisten oder jene, die mit Aristoteles darin übereinstimmten, daß das »Feuer hier und in Persien brennt, aber was die Menschen denken, verändert sich vor unseren Augen«.[3] Von Aenesidemus, Karneades und Sextus Empiricus bis zu ihren modernen Schülern – Montaigne und seinen Nachfolgern – gab es immer wieder Skeptiker, die behaupteten, daß sich im Gewirr der Anschauungen und Handlungsweisen der Menschen (das schon Herodot beschrieben hatte und das zu Voltaires Zeiten durch eine wachsende Zahl von Reiseberichten und historischen Untersuchungen noch erheblich vergrößert wurde) keine universellen Regeln

[3] Aristoteles, *Nikomachische Ethik*, 1134^{b} 26.

entdecken ließen. Es gab christliche Denker, wie Bossuet und Pascal, die meinten, der Mensch im Stand der Sünde besitze gar nicht die Mittel, die vollständige Wahrheit zu erkennen, über die nur Gott verfüge. Die Mehrheit der französischen *philosophes* wandte sich gegen diese Anschauung: für sie war das christliche Menschenbild nachweislich falsch. Die Zweifel Montaignes oder Charrons oder La Mothe Le Vayers waren vor dem Hintergrund des wirren, vorwissenschaftlichen Zeitalters, in dem sie gelebt hatten, verständlich; doch jetzt konnten diese Zweifel ebenso zerstreut werden, wie die der alten Naturphilosophen zerstreut worden waren – durch die Anwendung der Newtonschen Methoden.

Auch zeitgenössische Zweifler wie Montesquieu oder Hume stellten keine Gefahr dar; Montesquieu zweifelt nicht an der Universalität letzter menschlicher Wertvorstellungen, die, anders als vorübergehende Geschmacksvorlieben und Konventionen, auf der ewigen Vernunft oder der Natur gründen[4]; alle Menschen streben von Natur aus nach Sicherheit, Gerechtigkeit, sozialer Stabilität und Glück; einzig die dabei gebrauchten Mittel unterscheiden sich voneinander, entsprechend den natürlichen und gesellschaftlichen Lebensbedingun-

[4] In seinem *Spicilège* (554) schreibt Montesquieu, bevor er die Handlung eines chinesischen Theaterstücks, des ersten, auf das er je gestoßen war, wiedergibt: »Elle m'a paru contre nos mœurs, mais non pas contre la raison«; auch in seinen *Pensées* (122) unterscheidet er *mœurs*, die in starkem Maße variieren können, von *la nature*, die unwandelbar ist; dem gemäß erklärt er (in *pensée* 817), die modernen Komödien gingen in die Irre, wenn sie versuchten, die menschlichen Leidenschaften lächerlich zu machen (die natürlich sind und niemals lächerlich sein können), statt der menschlichen Sitten, die durchaus unsinnig sein können. Die Grenzen des Relativismus sind hier klar gezogen; der Zusammenhang ist ein ästhetischer, aber Beispiele zeigen, daß dieses Prinzip für alle Erfahrungsbereiche gilt. Ich danke Professor Charles Jacques Beyer, der mich auf diese Passagen aufmerksam gemacht hat: siehe seinen Aufsatz »Montesquieu et le relativisme esthétique«, *Studies on Voltaire and the Eighteenth Century* 24 (1963), S. 171–182. In den *Œuvres complètes de Montesquieu*, hrsg. v. A. Masson, 3 Bde., Paris 1950–1955, findet man diese Stellen in Bd. 2, S. 846, 42 und 239.

gen und den Institutionen, Gewohnheiten, Vorlieben und Konventionen, die sich aus diesen ergeben. Im Hinblick auf die zentralen Zielvorstellungen der Menschen in den Bereichen von Moral und Politik und sogar im Bereich der Ästhetik ist Montesquieu nicht weniger objektivistisch als Helvétius: er sondiert nur gründlicher, analysiert mehr und predigt weniger.

Hume wiederum verwarf die Idee der Naturnotwendigkeit und zerstörte auf diese Weise tatsächlich den metaphysischen Mörtel, der bis dahin die objektive Welt als ein System logisch verknüpfter Beziehungen zwischen Fakten und Ereignissen zusammengehalten hatte; doch auch er versuchte nicht, die herkömmliche Struktur dieser Beziehungen zu zerbrechen, sondern übertrug sie lediglich in den Modus der Empirie, verwandelte die Notwendigkeit *a priori* in eine *de facto*-Wahrscheinlichkeit. Ein Mann, der in einem berühmten Abschnitt erklärte, »die menschliche Natur bleibt sich immer gleich ... Ehrgeiz, Habgier, Eigenliebe, Eitelkeit, Freundschaft, Großzügigkeit, Bürgersinn«, oder an anderer Stelle: wenn uns ein Reisender von Menschen berichtete, »die ganz anders« – nämlich viel freundlicher – »sind als alle, die wir je kennengelernt haben, dann würden wir das Falsche daran sofort erkennen und ihn mit ebensolcher Sicherheit als Lügner entlarven, wie wenn er seine Erzählung mit Geschichten von Zentauren und Drachen, Wundern und Ungeheuern bevölkert hätte«[5] – ein solcher Denker stellte keine ernsthafte Bedrohung für das Programm der *philosophes* dar, obwohl Carl Becker mit übertriebener Dramatik behauptet, Hume habe das Neue Jerusalem des 18. Jahrhunderts untergraben.[6]

[5] David Hume, *An Enquiry concerning Human Understanding*, Abschn. 8, Teil 1: S. 83f. in: D. H., *Enquiries*, hrsg. v. L. A. Selby-Bigge, 3. Aufl., bearb. v. P. H. Nidditch, Oxford 1975. Vgl. hierzu auch Lester G. Crokker, *An Age of Crisis: Man and World in Eighteenth Century French Thought*, Baltimore 1959, S. 186 f.

[6] Carl L. Becker, *The Heavenly City of the Eighteenth-Century Philosophers*, New Haven 1932; dt. *Der Gottesstaat der Philosophen des 18. Jahrhunderts*, Würzburg 1946.

Auch Diderots Spekulationen darüber, worin sich die Welt der Blinden und Tauben von der der Gesunden unterscheidet, waren kein Ausdruck von Relativismus; denn Unterschiede des Klimas, der Gesetzgebung, der Erziehung, des Körperbaus gaben nur unterschiedliche Wege zu den gleichen Zielen vor, die Natur und Vernunft allen Menschen überall gesteckt hatten. Locke war trotz seiner berühmten langen Aufzählung von Gesellschaften, die Vatermord, Tötung von Kindern, Kannibalismus und andere ungeheuerliche Praktiken nicht mißbilligten, der Ansicht, daß »Tugenden und Laster . . . im großen und ganzen überall die gleichen« sind, insofern sie »absolut notwendig sind, um die Gesellschaft zusammenzuhalten«, eine These, die auf einen ausgeprägten Utilitarismus hinausläuft.[7] Unter den Autoren des 18. Jahrhunderts äußerten vielleicht nur Sade und Deschamps wirklich relativistische Ansichten sowohl von den Zwecken wie von den Mitteln, aber sie waren wenig beachtete Randfiguren. Racine sagt: »Der Geschmack von Paris entspricht dem von Athen. Meine Zuschauer wurden durch die gleichen Dinge gerührt, die zu einer anderen Zeit den gebildetsten Schichten Griechenlands Tränen in die Augen trieben«[8], und ganz ähnlich klingt es bei Voltaire und Dr. Johnson.[9] Wenn die kulturellen Unterschiede abgestreift werden, dann bleibt – zumindest bis zum Auftreten von Burke – Rousseaus Naturmensch übrig. In jedem zivilisierten Menschen steckt Diderots unwandelbarer Naturmensch; die beiden sind in einen Bürgerkrieg verwickelt, der immer und überall die Voraussetzung der Kultur bildet.

Diese Position, vielleicht die am tiefsten verwurzelte Annahme des westlichen Denkens, wurde von zwei Begründern

[7] *An Essay concerning Human Understanding*, Buch 1, Kap. 3 (»No Innate Practical Principles«), Abschn. 9, 10; Buch 2, Kap. 28 (»Of Other Relations«), Abschn. 11.

[8] Jean Racine, Vorrede zu *Iphigénie*, Bd. 1, S. 671 in: Racine *Œuvres complètes*, hrsg. v. Raymond Picard, 2 Bde. [Paris] 1969, 1966 – zit. n. Geertz, a.a.O. (oben, Anm. 1), S. 35.

[9] Geertz, ebd.

des Historismus[10] angegriffen, von Vico und Herder. Wie wir wissen, bestritten diese Denker, daß es möglich sei, die letzte Wahrheit in den verschiedenen Bereichen des Denkens durch Anwendung naturwissenschaftlicher Gesetze zu ermitteln. Vico und Herder werden deshalb zuweilen als Relativisten bezeichnet. In diesem Zusammenhang muß man aber eines ganz deutlich sehen. Es gibt zumindest zwei Arten von Relativismus, einen Relativismus der Tatsachenurteile und einen Relativismus der Werturteile. In seiner stärksten Form leugnet der erstere die Möglichkeit objektiver Tatsachenerkenntnis überhaupt, da alle Überzeugungen durch die Stellung des Theoretikers oder seiner gesellschaftlichen Gruppe oder Klasse innerhalb des sozialen Systems und somit durch seine bewußten oder unbewußten Interessen bedingt sind. In seiner schwächeren Form (zum Beispiel bei Karl Mannheim) nimmt dieser Relativismus die Naturwissenschaften von dieser Zwangslage aus oder benennt eine privilegierte Gruppe (bei Mannheim sind es die Angehörigen der Intelligenz), die auf eine halbwegs rätselhafte Weise von diesen verzerrenden Faktoren nicht betroffen ist.

Ob sich die erste, stärkere Form letztlich in Selbstwidersprüche verwickelt (wie ich vermute), ist eine schwierige philosophische Frage, die an dieser Stelle nicht erörtert werden kann. Hier geht es mir nur um den zweiten Typus von Relativismus, den Relativismus der Werte oder Anschauungen. Soweit ich sehe, hat noch niemand behauptet, Vico oder Herder hätten einem Relativismus in bezug auf die Erkenntnis von Tatsachen gehuldigt. Ihre Kritik an dem unhistorischen Ansatz, den sie bei den französischen *lumières* zu erkennen glaubten, gilt der Deutung und Bewertung bestimmter Einstellungen und Kulturen der Vergangenheit. Ich frage mich, wieviel »Wissenssoziologie« im heutigen Sinne wir vor Marx und den Junghegelianern finden. Vico war der Ansicht, jede Phase des

[10] Ich verwende diesen Ausdruck nicht im Sinne Karl Poppers, sondern in der gewöhnlichen Bedeutung, die er bei Meinecke, Troeltsch und Croce hat.

historischen Kulturenzyklus (den ihm zufolge jedes Volk und jede Nation durchlaufen mußte) verkörpere ihre eigenen, autonomen Werte, ihre eigene Weltauffassung und vor allem ihre eigene Auffassung von den Beziehungen der Menschen zueinander und zu den Naturkräften, und er meinte, nur im Lichte dieser Auffassung könnte die Kultur der Menschen, d. h. die Bedeutung, die sie selbst dem beimaßen, was sie taten und was ihnen widerfuhr, von uns, ihren Nachfahren, verstanden werden. Er behauptete, in jeder Phase dieses Prozesses würden die Menschen Ausdrucksformen und Deutungen für ihre Erfahrungen entwickeln – ihre Erfahrung bestehe im Grunde aus nichts anderem als diesen Ausdrucksformen und Deutungen, die die Gestalt von Wörtern, Bildern, Mythen, Ritualen, Institutionen, künstlerischen Schöpfungen, Kulten annehmen. Einzig die Untersuchung dieser Formen könne uns vermitteln, wie die Vergangenheit der Menschen beschaffen gewesen sei; sie allein befähige die Nachwelt, diese Vergangenheit nicht nur zu dokumentieren, wozu schon die bloße Beschreibung von Verhaltensregelmäßigkeiten genüge, sondern sie auch zu verstehen, das heißt, zu begreifen, was diese Menschen im Sinn hatten. Nur so könne es uns über die Beschreibung ihrer Gesten hinaus gelingen, die dahinter stehenden Absichten zu ergründen und zu verstehen, was ihre Worte, Bewegungen, Gesten für sie bedeuteten; nur so könnten wir es vermeiden, im Hinblick auf unsere Vorfahren völlig im ungewissen zu bleiben. Wollen wir verstehen, was sie sahen, was sie empfanden und dachten, dann dürfen wir uns nicht damit begnügen, beobachtbares menschliches Verhalten aufzuzeichnen und Kausalerklärungen dafür zu finden – so wie Zoologen das tierische Verhalten darstellen, von deren Methode etwa Condorcet meinte, sie sei im wesentlichen auch auf menschliche Gesellschaften übertragbar. Für Vico ist jede dieser Kulturen oder Entwicklungsstufen nicht bloß Glied in einer Kausalkette oder innerhalb einer kontingenten Abfolge, sondern eine Phase in einem Plan der Vorsehung, der von einem göttlichen Zweck bestimmt wird. Jede Phase ist in bezug auf die anderen inkommensurabel, jede steht in ihrem eigenen Licht und kann nur in ihren eigenen Kategorien erfaßt werden, wenngleich diese Kategorien einen einzigen intelligiblen Prozeß bilden, der für uns nicht ganz oder vielleicht nicht einmal zum größten Teil einsehbar ist. Wenn man eine Zivilisation an Hand von Maßstäben, die einer anderen Zivilisation angehören, deutet oder, schlimmer noch, bewertet, dann verfehlt man ihre Eigenart, dann kommt das ins Spiel, was man heute als Kulturimperialismus attackiert, und die daraus hervorgehende Darstellung wird bestenfalls eine systematisch irreführende, schlimmstenfalls eine fast zusammenhanglose Geschichte sein, eine willkürliche Aneinanderreihung von Ereignissen, ähnlich den unterhaltsamen Parodien Voltaires auf das finstere Mittelalter.

Weder Vico noch Herder sind Empiristen im Sinne Humes: die menschliche Geschichte ist für sie nicht bloß eine Sammlung von faktischen Regelmäßigkeiten; ihre Struktur dient – in jedem einzelnen Abschnitt – Gottes Absichten; die unterschiedlichen Eigenarten jeder Kultur werden von dieser Struktur – einer Art von zeitlich begrenztem Naturgesetz – bestimmt. Daher die beständigen Warnungen beider Männer vor kulturellem Egozentrismus und Anachronismus, daher auch ihr Appell (ob berechtigt oder nicht), es gelte eine spezifische imaginative Fähigkeit zu entfalten, die es den Historikern erlaubt, wenn auch unter Schwierigkeiten, in Anschauungen einzudringen, von denen sie, indem sie sie verstehen (indem sie sich in sie »hineinversetzen«), zugleich erkennen, daß sie anders beschaffen sind als unsere eigenen. Diese Lehre, ob man sie nun, wie es Vico tut, auf die vergangenen Phasen eines sich wiederholenden Kreislaufs anwendet oder, wie Herder, auf die Unterschiede zwischen Nationalkulturen, ist jedenfalls unvereinbar mit dem, was in den oben zitierten Zeilen von Racine zum Ausdruck kommt, oder mit der Ansicht Voltaires, die zentralen Wertvorstellungen zivilisierter Menschen seien überall und jederzeit mehr oder minder identisch; noch weniger ist sie mit der Position jener Enzyklopädisten vereinbar, die an einen linearen Fortschritt glaubten, an eine einheitliche Aufwärtsbewegung aus der Dunkelheit ans Licht, in deren Verlauf sich die Menschheit aus Unwissenheit, roher Wildheit, Aberglauben und Wahn erhebt und unter Stolpern, nach vielen Umwegen und Rückschritten schließlich auf den Gipfel der idealen Herrschaft von Wissen, Tugend, Weisheit und Glück gelangt.

Ich komme nun zum entscheidenden Punkt. Weil Herder und Vico der Auffassung waren, daß unterschiedliche (räumlich oder zeitlich voneinander entfernte) Gesellschaften in ihrem kulturellen Gepräge autonom und ihre jeweiligen Wertsysteme inkommensurabel seien, hat man ihren Widerstand gegen die zentralen Thesen der französischen Aufklärung als eine Form von Relativismus bezeichnet. Diese *idée reçue* scheint mir ein heute weitverbreiteter Irrtum zu sein, so wie man ja auch Hume und Montesquieu das Etikett des Relativismus angeheftet hat – ein Irrtum übrigens, der mir, wie ich zugeben muß, früher selbst unterlaufen ist. Ein großer Gelehrter hat die Frage gestellt, ob ich mir über die Auswirkungen des historischen Relativismus bei Vico und Herder ganz im klaren sei, der, von ihnen selbst unbemerkt, die historischen Anschauungen dieser christlichen Denker bestimmt und Probleme aufgeworfen habe, die bis heute aktuell geblieben seien.[11] Wenn wir annehmen, Vico und Herder seien tatsächlich Relativisten gewesen – also nicht bloß Historisten, die der Meinung sind, menschliches Denken und Handeln lasse sich nur innerhalb seines historischen Zusammenhangs ganz begreifen, sondern Verfechter einer Ideologielehre, der zufolge die Ideen und Einstellungen von Individuen oder Gruppen durch verschiedene Faktoren unausweichlich determiniert werden, etwa durch ihre Stellung innerhalb ihrer in ständigem strukturellen Wandel begriffenen Gesellschaft oder durch die Produktionsverhältnisse oder durch genetische, durch psychologische oder andere Ursachen oder Ursachenverbindungen –, dann wäre der Einwand, den mein Kritiker erhob, berechtigt. Heute glaube ich allerdings,

[11] Arnoldo Momigliano, »On the Pioneer Trail«, *New York Review of Books*, 11. November 1976, S. 33–38.

daß es sich hier um eine Fehlinterpretation Vicos und Herders handelt, der ich früher unvorsichtigerweise selbst Vorschub geleistet habe. Zweifel an der Möglichkeit von objektiver Vergangenheitserkenntnis, Zweifel im Hinblick auf perspektivische Verzerrungen des historischen Blicks, bedingt durch zeitweilige, kulturell determinierte Einstellungen und Werte, wie sie Mommsen gegen Ende seines Lebens und Wilamowitz auf der Höhe seines Schaffens geplagt haben sollen, Probleme, die vor allem von deutschen Denkern – Max Weber, Troeltsch, Rickert, Simmel – mit großer Unruhe erörtert wurden und zu den radikalen Schlußfolgerungen von Karl Mannheim und seiner Schule führten – scheinen mir erst im 19. Jahrhundert entstanden zu sein. Wenn Voltaire sagt, die Geschichtsschreibung bestehe aus nichts anderem als ein paar Streichen, die man den Toten spielt, dann kann man wohl schwerlich behaupten, diese zynische Bemerkung stehe im Widerspruch zu seinem grundsätzlichen moralischen und kulturellen Objektivismus. Der wirkliche Relativismus entwickelte sich später und aus anderen Quellen: aus dem Irrationalismus der deutschen Romantik, aus der Metaphysik Schopenhauers und Nietzsches, aus verschiedenen Tendenzen der Sozialanthropologie, aus den Lehren von William Graham Sumner und Edward Westermarck, vor allem aus dem Einfluß von Denkern, die selbst nicht unbedingt Relativisten waren, Marx zum Beispiel, oder Freud, deren Analysen von Schein oder Illusion und Wirklichkeit auf dem Glauben an die Objektivität ihrer eigenen Disziplinen beruhten, während sie sich über die theoretischen Auswirkungen ihrer Überlegungen vielleicht nicht ganz im klaren waren.[12]

Möglicherweise irre ich mich und bin gerne bereit, mich korrigieren zu lassen, aber ich weiß keinen einflußreichen Denker des 18. Jahrhunderts zu nennen, der in einem größeren

[12] Dies ist kein philosophischer Essay und deshalb nicht der Ort, um etwa der Frage nachzugehen, ob der Relativismus, wenn man ihn in seinen Konsequenzen zu Ende denkt, sich selbst widerlegt oder ob er, auch wenn er zutrifft, ohne Selbstwiderspruch überhaupt formuliert werden kann.

systematischen Zusammenhang relativistische Anschauungen formuliert hätte. Zwar erklärten einige der führenden französischen *philosophes*, die Leidenschaften und das »Interesse« könnten unsere Wertvorstellungen und Anschauungen prägen; aber sie waren auch davon überzeugt, daß der kritische Verstand diese Prägungen auflösen und die Hindernisse auf dem Weg zur objektiven Erkenntnis von Tatsachen und Werten beiseite räumen könne. So wurde Lessing, der überzeugt war, daß sich die Wertvorstellungen im Zuge der Entwicklung der Menschheit wandeln, ebensowenig von relativistischen Zweifeln gequält wie die führenden Historiker der ersten Hälfte des 19. Jahrhunderts – Ranke, Macaulay, Carlyle, Guizot, Michelet (der von sich selbst sagte, er sei ein Schüler Vicos), Taine, Fustel de Coulanges und sogar die frühen, von Herder beeinflußten Nationalisten. Relativismus läßt sich, soweit ich sehe, selbst nicht in den Angriffen von reaktionären Denkern wie Hamann, Justus Möser, Burke, de Maistre auf die Aufklärung ausmachen. Der Relativismus in seiner modernen Gestalt ergibt sich vor allem aus der Auffassung, die Anschauungen der Menschen würden unweigerlich durch Kräfte determiniert, deren Wirken für sie oft unbemerkt bleibt – die irrationale kosmische Kraft bei Schopenhauer, die klassenbedingte Moral bei Marx, die unbewußten Triebe bei Freud; das von den Sozialanthropologen eröffnete Panorama einer Vielfalt miteinander unvereinbarer Sitten und Überzeugungen, die durch Verhältnisse bedingt werden, welche sich der menschlichen Kontrolle weitgehend entziehen.

Doch zurück zu dem angeblichen Relativismus von Vico und Herder. Was ich sagen möchte, kann ich vielleicht am besten mit einem Beispiel aus dem Zusammenhang ihrer ästhetischen Anschauungen verdeutlichen. Wenn Vico vom Glanz der homerischen Dichtungen spricht und Gründe dafür nennt, daß sie nur in einer Gesellschaft geschaffen werden konnten, die von einer gewalttätigen, ehrgeizigen, grausamen, habsüchtigen Elite von »Heroen« beherrscht wurde, dergestalt, daß solche Epen in unseren »aufgeklärten« Zeiten nicht entstehen könnten; wenn Herder uns sagt, um die Bibel zu verstehen, müßten wir versuchen, in die Welt jüdischer Hirtennomaden einzudringen, oder daß Männer, die als Seeleute mit den Wassern des Skagerrak gekämpft haben, die strenge Schönheit der alten skandinavischen Sagen und Lieder besser verstehen können; wenn beide Denker erklären, sofern uns dies nicht gelinge, könnten wir auch nicht verstehen, wovon jene früheren Menschen geistig und materiell gelebt haben, dann sagen sie uns nicht, daß die ganz anders gearteten Wertvorstellungen dieser Gesellschaften die Objektivität unserer eigenen Werte zweifelhaft erscheinen lassen oder daß sie ihrerseits von unseren Werten unterminiert werden, da die Existenz einander widerstreitender Wertvorstellungen oder unvereinbarer Anschauungen bedeuten müsse, daß nur eine von ihnen gültig sein könne, alle übrigen aber falsch sein müssen, oder, alternativ dazu, daß keine dieser Wertvorstellungen oder Anschauungen zu jener Art von Urteilen gehört, die man für gültig oder ungültig halten kann. Sie laden uns vielmehr ein, Gesellschaften zu betrachten, die anders sind als unsere eigene, deren letzte Werte wir aber wahrnehmen können als vollkommen verständliche Lebensziele von Menschen, die sich von uns zwar unterscheiden, die aber Menschen sind, *semblables*, in deren Lebensumstände wir uns, wenn wir uns Mühe geben, hineinfinden, »hineinversetzen« können, um Vicos Ausdruck zu benutzen. Wir sind aufgefordert zu erkennen, daß das Leben eine Pluralität von Werten hervorbringt, die gleichermaßen echt, gleichermaßen endgültig und vor allem gleichermaßen objektiv sind; die sich deshalb nicht in einer zeitlosen Hierarchie anordnen oder an Hand eines einzigen absoluten Kriteriums beurteilen lassen. Es gibt eine endliche Vielfalt von Werten und Einstellungen, von denen sich die verschiedenen Gesellschaften diese oder jene zu eigen gemacht haben – Werte und Einstellungen, die die Angehörigen anderer Gesellschaften (im Lichte ihrer eigenen Wertsysteme) bewundern oder auch verurteilen mögen, die sie aber stets, wenn sie über genügend Vorstellungskraft verfügen und sich Mühe geben, verstehen können, und verstehen bedeutet hier erkennen, wie und warum Menschen, die in einer bestimmten Situation sind, sich solche Lebensziele zu eigen machen können. Im Haus der Geschichte gibt es viele Wohnungen: diese Ansicht mag unchristlich sein, aber diese beiden frommen Denker des 18. Jahrhunderts haben sie vertreten.

Man bezeichnet diese Lehre als Pluralismus. Es gibt viele objektive Ziele, viele letzte Werte, darunter auch solche, die nicht miteinander übereinstimmen – Ziele und Werte, die von verschiedenen Gesellschaften zu unterschiedlichen Zeiten angestrebt werden, von verschiedenen Gruppen innerhalb derselben Gesellschaft, von ganzen Klassen oder Kirchen oder Rassen oder von Individuen, wobei jede dieser Gruppen mit den widerstreitenden Ansprüchen von Zielen konfrontiert werden kann, die sich nicht miteinander verbinden lassen, die jedoch gleichermaßen endgültig und objektiv sind. Unvereinbar mögen diese Ziele zwar sein; aber ihre Vielfalt kann nicht unbegrenzt sein, denn so vielfältig und wandlungsfähig die menschliche Natur auch ist, sie muß einen gewissen Gattungscharakter aufweisen, wenn sie als menschlich bezeichnet werden soll. Dies gilt erst recht für die Unterschiede zwischen ganzen Kulturen. Es gibt eine Grenze, jenseits derer wir nicht verstehen können, was ein bestimmtes Geschöpf im Sinne hat; welchen Regeln es in seinem Verhalten folgt; was seine Gesten bedeuten. In solchen Situationen, wenn die Möglichkeit der Kommunikation zusammenbricht, sprechen wir von Geistesstörung, von unvollständigem Menschsein. Aber innerhalb der Grenzen des Menschseins ist die Verschiedenheit der Ziele zwar begrenzt, zugleich aber sehr groß. Daraus, daß die Werte einer Kultur mit denen einer anderen nicht übereinstimmen oder daß sie innerhalb einer Kultur oder einer Gruppe oder in einem Individuum miteinander in Konflikt geraten können, erwächst kein Werterelativismus, sondern nur die Idee einer Pluralität von nicht hierarchisch strukturierten Werten, woraus sich natürlich die Möglichkeit ergibt, daß es immer wieder zu unausweichlichen Wertkonflikten und zu Unvereinbarkeiten zwischen den Anschauungen verschiedener Zivilisationen oder verschiedener Formen derselben Zivilisation kommt.

Relativismus ist etwas anderes: In meinen Augen bezeichnet dieser Begriff eine Lehre, der zufolge das Urteil eines Menschen oder einer Gruppe, da es einer Geschmacksvorliebe, einer emotional geprägten Haltung oder Anschauung entspringt oder eine solche zum Ausdruck bringt, nur das ist, was es ist, ohne jede Beziehung zu einem objektiven Korrelat, aus der sich seine Wahrheit oder Falschheit bestimmen würde. Ich mag die Berge, du nicht; ich beschäftige mich gern mit Geschichte, du hältst sie für Unfug: es kommt nur auf den Blickwinkel an. Daraus folgt, daß es buchstäblich sinnlos ist, im Zusammenhang mit derlei Mutmaßungen von Wahrheit und Falschheit zu sprechen. Aber die Werte einer Kultur oder einer bestimmten Phase einer Kultur sind (für Vico, Herder und ihre Schüler) nicht bloß psychologische, sondern objektive Tatsachen, wiewohl solche Werte innerhalb einer Kultur und erst recht von einer Kultur zur anderen nicht unbedingt kommensurabel sind. Ich möchte diese Ansicht hier an einem Beispiel veranschaulichen. In einem Buch mit dem Titel *The Demon of Progress in the Arts*[13] hat der englische Literaturkritiker Wyndham Lewis darauf hingewiesen, daß es absurd sei, einen künstlerischen Stil als Fortschritt gegenüber einem anderen zu bezeichnen, wie es viele getan haben und heute noch tun. Sein Haupteinwand lautet, daß es absurd sei, Künstler in eine lineare Rangfolge zu bringen – also etwa zu meinen, Dante sei ein höher entwickelter Homer oder Shakespeare ein minderer Addison (wie Voltaire glaubte) oder Phidias ein rudimentärer Rodin. Sind die Malereien von Lascaux den Gemälden Poussins überlegen oder unterlegen? Ist Mozart ein unentwickelter Vorläufer der *musique concrète*? Der Kampf zwischen den Alten und den Modernen gründete in der Voraussetzung, daß solche Fragen zu beantworten seien; vielleicht war Montesquieu noch dieser Ansicht. Vico und Herder jedoch teilten sie nicht. In ihren Augen gibt es viele Werte; einige der faszinierendsten kommen im Verlaufe von Reisen ans Licht, von Reisen in der Zeit oder im Raum; einige von

[13] London 1954.

ihnen können prinzipiell nicht miteinander in Einklang gebracht werden. Dies führt zu der von diesen beiden Denkern allerdings nicht ausdrücklich formulierten Schlußfolgerung, daß das alte, von vielen Kulturen, namentlich auch von der Aufklärung verfochtene Ideal der vollkommenen Gesellschaft, in der alle wahren Zielsetzungen des Menschen miteinander versöhnt werden, theoretisch brüchig ist. Aber darin steckt kein Relativismus. Der Relativismus geht in all seinen Versionen davon aus, daß es keine objektiven Werte gibt; manche seiner Spielarten behaupten, die Anschauungen der Menschen würden durch Kräfte der Natur und der Kultur so stark bestimmt, daß sie nicht zu erkennen vermögen, daß die Werte anderer Gesellschaften oder Epochen genauso erstrebenswert sind wie ihre eigenen – wenn nicht für sie selbst, so doch für andere. In seinen extremsten, die tiefen Unterschiede zwischen den Kulturen besonders hervorhebenden Versionen nimmt der Kulturrelativismus an, daß eine Kultur kaum imstande ist zu verstehen, woraus sich das Leben anderer Zivilisationen speist – er nimmt an, daß man nur ihr Verhalten, nicht aber das Ziel dieses Verhaltens oder seine Bedeutung beschreiben könne, ähnlich wie die frühen Anthropologen das Verhalten der Menschen in »wilden« Gesellschaften beschrieben haben. Wenn dies zuträfe (wie es offenbar Spengler und gelegentlich auch Dilthey behaupten), würde schon die bloße Idee einer Zivilisationsgeschichte unlösbare Probleme aufwerfen.

Den Kern des modernen historischen Relativismus in seiner bekanntesten Form bildet die Auffassung, die Menschen seien durch Tradition oder Kultur, durch ihre Klassen- oder Generationszugehörigkeit so ausschließlich an feste Haltungen oder Wertmaßstäbe gebunden, daß ihnen andere Anschauungen und Ideale als fremdartig und zuweilen unverständlich erscheinen; wenn nun die Existenz solcher anderen Anschauungen anerkannt wird, führt dies unweigerlich zu Skepsis gegenüber objektiven Maßstäben, da es sinnlos wird, zu fragen, welcher von ihnen der richtige sei. Dies nun ist ganz und gar nicht Vicos Position und, von einer oder zwei anderslautenden Bemerkungen abgesehen[14], auch nicht die von Herder. Für christliche Denker, und seien sie noch so unorthodox, wäre dies, vorsichtig formuliert, auch eine sehr sonderbare Doktrin: Paradoxa sind in der Ideengeschichte nicht unbekannt; aber solche Merkwürdigkeiten ergeben sich in diesem Falle gar nicht. Beide Denker empfehlen die historische Phantasie als ein Mittel, mit dem wir uns in die Mentalität ferner Gesellschaften »hineinversetzen« oder »einfühlen« können; auf diese Weise verstehen wir diese Gesellschaften, das heißt, wir begreifen (oder glauben, zu begreifen, denn sicher können wir nie sein, auch wenn Herder und Vico diesen Anschein zuweilen erwekken), was die Handlungen ihrer Angehörigen, ihre Laute, die Zeichen, die sie auf Stein oder Papyrus zurücklassen, ihre Körperbewegungen bedeuten, das heißt, wofür sie als Zeichen stehen, welche Rolle sie in ihren Weltauffassungen spielen, wie sie das, was vor sich geht, deuten; wir sind (um noch einmal Clifford Geertz zu zitieren) aufgefordert, uns »mit dem imaginativen Universum vertraut zu machen, in dem ihre Handlungen Zeichen sind«.[15] Darin, so sagt er, besteht das Ziel der Sozialanthropologie, und ganz gewiß entspricht dies Vicos und Herders Auffassung vom historischen Verstehen der Vergangenheit. Wenn unsere Suche erfolgreich ist, dann werden wir erkennen, daß die Werte jener fernen Völker so beschaffen sind, daß auch Menschen wie wir – Geschöpfe, die imstande sind, intellektuelle und moralische Unterscheidungen bewußt zu treffen – mit ihnen leben könnten. Diese Werte möge uns zusagen oder abstoßen, aber eine Kultur der Vergangenheit

[14] Etwa wenn er sagt: »Gut hat auch hier die gute Mutter [Natur] gesorgt ... Sie legte Anlagen von Mannichfaltigkeit ins Herz, nun einen Theil der Mannichfaltigkeit im Kreise um uns, uns zu Händen: nun mäßigte sie den Menschlichen Blick, daß nach einer kleinen Zeit der Gewohnheit ihm dieser Kreis, Horizont wurde – nicht drüber zu blicken: kaum drüber zu ahnden!« J. G. Herder, *Sämmtliche Werke*, hrsg. v. Bernhard Suphan, 33 Bde., Berlin 1877–1913, Bd. 5, S. 509f. Vgl. auch F. M. Barnard, *J. G. Herder on Social and Political Culture*, Cambridge 1969, S. 186.

[15] A.a.O., S. 13.

verstehen bedeutet verstehen, wie Menschen gleich uns in einer bestimmten natürlichen oder von Menschen geformten Umgebung diese Werte in ihrem Handeln verkörpern konnten und warum; es bedeutet, aufgrund ausreichender historischer Nachforschung und mit phantasiegeleiteter Sympathie erkennen, wie menschliches (das heißt: verstehbares) Leben gelebt werden konnte, indem man sich an diese Werte hielt.

Der Pluralismus in diesem Sinne ist sogar älter als der neue Historismus des 18. Jahrhunderts. Er zeigt sich schon in den anti-katholischen Polemiken der Juristen unter den Reformatoren des 16. Jahrhunderts. Männer wie der Kanzler Pasquier, wie Dumoulin oder Hotman argumentierten, das alte römische Recht und die römischen Sitten seien für das alte und neue Rom maßgeblich, nicht aber für die Nachfahren der Franken und Gallier; sie beharrten auf der objektiven Gültigkeit unterschiedlicher Wertsysteme für unterschiedliche Gesellschaften und Lebensverhältnisse und waren davon überzeugt, daß sich die Angemessenheit oder Eignung eines bestimmten Gesetzbuches für eine bestimmte Gesellschaft und Lebensform mit Hilfe universell gültiger, das heißt, nicht-relativistischer faktischer oder logischer Erwägungen demonstrieren lasse. Das ist Herders (und Maos) Garten mit den hundert Blumen. Wenn Herder sagt: »jede Nation« (und an anderer Stelle: »jedes Lebensalter«) »hat ihren Mittelpunkt der Glückseligkeit in sich, wie jede Kugel ihren Schwerpunkt«[16], dann erkennt er ein einheitliches Prinzip der Schwerkraft an; die Anthropologie, die Herder entwickeln will, würde uns befähigen, zu bestimmen, was das Glück eines bestimmten gesellschaftlichen Ganzen oder bestimmter Individuen ausmachen würde; die »allgemeinfortgehende Verbeßerung der Welt« ist ein »Roman«. Kein »wahrer Schüler der Geschichte und des Menschlichen Herzens« glaubt daran. Jede Entwicklungsstufe hat ihren eigenen Wert: »Der Jüngling ist nicht glücklicher als das unschuldige, zufriedene Kind: noch der ruhige Greis unglücklicher, als der heftigstrebende Mann.« Es gibt eine Abfolge, ein Wachs-

[16] A.a.O., Bd. 5, S. 509. »Lebensalter«, S. 512.

tum, ein Angewiesensein der verschiedenen Phasen, der verschiedenen Gruppen von Menschen aufeinander – aber es gibt keinen Fortschritt zu irgendeinem Optimum.[17] Für Herder sind vielmehr die verschiedenen Gipfel, die die Menschen aufgrund unterschiedlicher Bedürfnisse und Lebensverhältnisse erreicht haben, gleichermaßen objektiv und erkennbar. Mit Relativismus hat das nichts zu tun.

Es gibt viele Arten von Glück (von Schönheit und Güte und viele Vision vom guten Leben), und manchmal sind sie inkommensurabel, aber alle stehen in einer Beziehung zu wirklichen Bedürfnissen und Bestrebungen normaler Menschenwesen; jede dieser Arten paßt zu ihren Lebensverhältnissen, zu ihrem Land, zu ihrem Volk; dieses »Paß-Verhältnis« ist in allen Fällen das gleiche; und die Angehörigen einer Kultur können das Denken der Angehörigen einer anderen verstehen, können sich in dieses Denken hineinversetzen und einfühlen.[18] Wenn sich Herder gegen Voltaires dogmatische Annahme ausspricht, nur die Wertvorstellungen zivilisierter Gesellschaften seien wahr, also die seiner eigenen Kultur und einiger ausgewählter Kulturen der Vergangenheit – Athen, Rom, Florenz, Paris –, dann setzt er seine ganze kreative Begabung ein, um die Ziele und Anschauungen vieler Kulturen in Ost und West lebendig werden zu lassen, und stellt sie denen der Aufklärung gegenüber: nicht als rohe Fakten, nicht um der Vielfalt als solcher willen, nicht um das alte *sic volo, sic jubeo* zu demonstrieren, sondern weil es sich um Lebensformen handelt, die gewöhnliche Menschen sich durchaus zu eigen machen könnten, auch wenn sie sich noch sehr von unseren eigenen unterscheiden, Lebensformen, die uns, da wir (in den Augen von Vico und Herder) über die Fähigkeit verfügen, das (objektiv) Gute, Schöne und Gerechte in all seinen Erscheinungsformen und Verwandlungen zu erkennen[19], doch nicht so sonderbar anmu-

[17] Ebd., S. 511–513.

[18] Ebd., S. 502f., 509–511.

[19] In seinem *Journal meiner Reise im Jahre 1769* schrieb Herder: »Kein Mensch, kein Land, kein Volk, keine Geschichte des Volks, kein Staat ist

ten sollten, daß wir sie uns unter ähnlichen Verhältnissen nicht ebenfalls zu eigen machen würden, selbst wenn wir sie nicht akzeptieren können. Wir sind aufgerufen, unsere imaginativen Fähigkeiten bis zum äußersten anzuspannen, aber nicht dazu, über sie hinauszugehen; nicht dazu, als authentischen Wert etwas zu akzeptieren, das wir nicht verstehen, in das wir uns mittels unserer Phantasie nicht »hineinversetzen« können.

Der Relativismus ist nicht die einzige Alternative zum Universalismus – oder zum »Uniformismus«, wie Lovejoy sagt –, und Inkommensurabilität hat nicht notwendigerweise Relativismus zur Folge. Es gibt viele Welten, und manche von ihnen überschneiden sich. Die Welt der Griechen ist nicht die Welt der Juden und auch nicht die der Deutschen oder der Italiener im 18. Jahrhundert; die Welt der Reichen ist nicht die der Armen, und die Welt der Glücklichen ist anders beschaffen als die der Unglücklichen; aber alle Werte und Zielvorstellungen, die uns darin begegnen, können von Menschen erstrebt werden, wie uns vergleichende Studien auf den Gebieten von Geschichte, Literatur, Philosophie, »Völkerpsychologie« und Religion zeigen. Das ist es, was Vico und Herder meinen, wenn sie uns auffordern, Kulturen der Vergangenheit nicht mit den Maßstäben unserer eigenen Zivilisation zu messen und unter dem Einfluß dessen, was Vico als nationale oder philosophische Eitelkeit anprangert, nicht in den Fehler des Anachronismus zu verfallen. Beide Denker bestehen darauf, daß es uns not tut und daß wir imstande sind, die Werte unserer eigenen Kultur, Nation oder Klasse oder wie immer die fensterlosen Kästen heißen, in die uns die Relativisten einsperren wollen, zu öffnen. Herders Schriften sind voll von zeitgenössischen Beispielen der Geringschätzung gegenüber nicht-europäischer Kulturen oder des europäischen Mittelalters (das, wie er behauptet, unserer eigenen Zeit in mancher Hinsicht überlegen gewesen sei), die

dem andern gleich, folglich auch das Wahre, Schöne und Gute in ihnen nicht gleich.« (Ebd., Bd. 4, S. 472) Aber alle diese Ideale müssen als mögliche Ziele von Wesen erkennbar sein, die wir als unseresgleichen erkennen.

der Neigung der französischen und der englischen *lumières* folgt, die Vergangenheit durch die verzerrende Brille »unserer aufgeklärten Zeiten« zu sehen, wie Vico sie ironisch bezeichnet. Herders Thesen gehören zu den frühesten Arzneien, die geeignet sind, Gibbons oder Humes oder Macaulays Blindheit für das Mittelalter ebenso zu kurieren wie Russells Mißachtung gegenüber Byzanz oder Voltaires Abneigung gegenüber der Bibel, gegenüber Cromwell, gegenüber der Gelehrsamkeit als Selbstzweck. Aber anders als spätere Denker führen Vico und Herder diese Haltungen nicht auf den Einfluß unausweichlicher, anonymer Kräfte zurück, sondern, wie die Skeptiker des 16. und 17. Jahrhunderts, auf Voreingenommenheit, Unwissenheit, Mangel an Aufrichtigkeit, lauter Fehler, vor denen jeder sich retten kann, indem er die Kräfte der Phantasie nutzt, das eigene Wissen vermehrt und bei der Wahrheitsfindung mehr Sorgfalt walten läßt – Tugenden, die jedem zugänglich sind. Von den Labyrinthen des falschen Bewußtseins ist dabei nirgendwo die Rede.

Schon hieran zeigt sich, daß Vico und Herder keine »isolationistischen« Relativisten sind. Denn es wäre müßig, die Menschen aufzufordern, andere Welten mit den Augen derer zu betrachten, die man zu verstehen versucht, wenn die Menschen durch die Mauern ihrer eigenen Kultur daran gehindert würden. Wenn wir den ideologischen Gefängnissen von Klasse, Nation oder Doktrin nicht entkommen könnten, würden uns die fremden Institutionen und Gebräuche so sonderbar erscheinen, daß sie für uns keinen Sinn ergäben, oder wir würden in ihnen nur ein Gespinst von Irrtümern erblicken, lügenhafte Erfindungen skrupelloser Priester; die Türen, die uns, Vico zufolge, von Mythen und Sagen und von der Sprache geöffnet werden, blieben romantische Täuschungen.

Welche Alternativen gibt es zu dieser Fähigkeit, über die Grenzen des eigenen »Kulturkreises« hinauszublicken? Zunächst ein Haltung, die den Angehörigen anderer Nationen Motive, Ziele, Werte und Denkweisen zuweist, die in der eigenen Zivilisation maßgeblich sind: daraus ergibt sich die anachronistische Mißachtung des historischen Wandels, vor der uns unsere beiden Denker warnen und für die sie einige markante Beispiele liefern, die uns auf die dieser Haltung innewohnenden Gefahren aufmerksam machen sollen. Zweitens, eine Anthropologie, die nach dem Modell der biologischen Wissenschaften strukturiert ist und versucht, eine auf neutrale Objektivität zielende Wissenschaft vom Menschen zu schaffen, die sich auf diese Weise aber eine Perspektive einhandelt, in der die Menschheit nur als eine weitere Spezies des Tierreichs erscheint: aus der Sicht Vicos und Herders hieße das, die Menschen willkürlich in ihrem Menschsein zu verkennen; es hieße, uns dümmer zu stellen, als wir wirklich sind, und außer acht zu lassen, daß wir erfahren haben, was es heißt, Mensch zu sein und mit Bewußtsein Ziele zu verfolgen, daß wir erfahren haben, worin die Unterschiede zwischen Handeln und Sich-Verhalten bestehen. Die letzte Möglichkeit ist ein umfassender Skeptizismus: von dem, was jenseits unserer Kultur liegt, können wir nichts wissen, und wir können darüber auch nicht spekulieren; *ignoramus et ignorabimus*; womöglich sind Geschichte und Anthropologie nichts weiter als kulturell bedingte Fiktionen. Vielleicht ist es tatsächlich so – aber warum sollten wir uns diesen verwegenen Subjektivismus zu eigen machen? Die Beweislast liegt bei den Skeptikern; die Behauptung, die Vergangenheit sei ganz und gar unerkennbar, nimmt dem Begriff der Vergangenheit jegliche Bedeutung: insofern entzieht sich diese These ihre eigene Grundlage.

Soviel zu den Zweifeln an der Möglichkeit, die Vergangenheit zu verstehen. Verstehen indessen heißt nicht akzeptieren. Vico empfindet keinerlei intellektuelles Unbehagen – und braucht dies auch nicht –, wenn er in absoluten Begriffen die soziale Ungerechtigkeit und Brutalität der Gesellschaft zu Homers Zeiten verurteilt. Herder ist nicht inkonsequent, wenn er die großen Eroberer und Zerstörer lokaler Kulturen anprangert – Alexander, Caesar, Karl den Großen – oder wenn er die orientalische Literatur oder die frühen Lieder der Völker rühmt. Mit einem bewußten (oder soll ich sagen: gewissenhaften?) Werterelativismus wäre das nicht in Einklang zu bringen, doch es ist vereinbar mit einem Pluralismus, der bestreitet, daß es eine und nur eine wahre Moral oder Ästhetik oder Theologie gibt, und unterschiedliche Werte oder Wertsysteme als gleichermaßen objektiv nebeneinander bestehen läßt. Man kann eine Kultur ablehnen, weil man sie moralisch oder ästhetisch abstoßend findet, aber man kann sie, nach dieser Auffassung, nur dann ablehnen, wenn man versteht, wie und warum sie gleichwohl für eine erkennbar menschliche Gesellschaft akzeptabel sein könnte. Nur wenn ihr Verhalten ganz und gar unverständlich wäre, müßten wir uns auf eine »physikalistische« Beschreibung und die Vorhersage von Gesten beschränken; der Code, falls es einen gibt, der ihre Bedeutung offenbaren würde, bliebe dann unentschlüsselt. Menschen, auf die das zutrifft, sind für uns nicht ganz und gar menschlich; wir können uns mit den Mitteln der Phantasie nicht in ihre Welt versetzen; wir wissen nicht, was sie im Sinn haben; sie sind nicht unsere Brüder (wie es Vico und Herder von allen Menschen angenommen haben); wir können allenfalls dunkel ahnen, wohin ihre Handlungen, wenn es denn Handlungen sind, zielen. In diesem Fall müssen wir uns tatsächlich auf Darstellungen unerklärter, roher Fakten beschränken, die das Verhalten lediglich registrieren, und können bestenfalls auf die Sprache des reinen Relativismus zurückgreifen, insofern die Ziele dieser Menschen, die wir als Ziele erkannt haben, ohne jede Beziehung zu unseren eigenen zu sein scheinen. Ich wiederhole, Pluralismus – die Inkommensurabilität und zuweilen auch Unvereinbarkeit objektiver Ziele – ist *nicht* Relativismus, und erst recht nicht Subjektivismus, und er behauptet auch nicht jene angeblich unüberbrückbaren Unterschiede zwischen der emotionalen Haltung verschiedener Individuen oder Gruppen, von denen manche modernen Positivisten, Emotivisten, Existentialisten, Nationalisten und sogar relativistische Soziologen und Anthropologen in ihren Darstellungen ausgehen. Von diesem Relativismus sind Montesquieu, Vico und Herder meiner Meinung nach frei.[20] Das

[20] Denkern wie jenen Renaissance-Philologen, die mit Hilfe historischer und philologischer Analyse die Konstantinische Schenkung als

gleiche gilt für andere, eher reaktionäre Kritiker der Aufklärung, zum Beispiel für Justus Möser und seine Polemik gegen Voltaires abschätzige Bemerkungen über die unsinnige Vielfalt von Gesetzen und Gebräuchen in den deutschen Kleinstaaten; oder für Burke, wenn er Warren Hastings beschuldigt, die traditionalen Lebensformen der Bewohner Indiens mit Füßen zu treten. Ich versuche hier nicht, die Gültigkeit ihres Objektivismus oder ihres Pluralismus zu beurteilen, ich stelle nur fest. *Je ne suppose rien, je ne propose rien, je n'impose rien, j'expose.*

Die Väter der Kulturgeschichte waren also in der Sphäre der Werte und des Handelns keine Relativisten, in der Sphäre des Wissens jedoch waren sie nicht einmal Pluralisten. Vico nimmt nirgendwo an, daß wir in irgendeiner Sphäre keine Gewißheit erlangen könnten, weil unsere Kategorien, Begriffe und Untersuchungsmethoden, genau wie die anderer Kulturen, hoffnungslos von unserer eigenen Kultur geprägt sind und deshalb nicht gültiger und nicht weniger gültig als jene sind. Dies gilt ebenso für Herder. Bei aller Gelehrsamkeit waren sie eher Geschichtsphilosophen als Geschichtsforscher; sie verfügten nicht über die neuen kritischen Werkzeuge ihrer Zeit – sie waren nicht gewissenhafte Gelehrte wie Muratori zu Vicos Zeiten oder wie Michaelis, Schlözer und Heyne zu Herders Zeiten. Sie haben die neuesten Methoden ihrer Zeit zur wissenschaftlichen Rekonstruktion weder genutzt noch in Zwei-

Fälschung entlarvten, oder wie Vico, der in ähnlicher Weise die Sage vom athenischen Ursprung der Zwölftafelgesetze im frühen Rom verwarf, kann man kaum den Vorwurf gröberer kulturbedingter Fehldeutungen machen. Die Formulierung des zentralen Prinzips eines solchen Relativismus, der den Anspruch erhebt, alle möglichen Tatsachenbehauptungen zu umfassen, läßt gar keine Möglichkeit, den Status des Prinzips selbst zu bestimmen, da es außerhalb all der Kategorien stehen muß, von denen es behauptet, sie würden zusammengenommen das erschöpfend abdecken, was überhaupt behauptet werden kann. Eine weitere Eröterung des Problems solcher selbst-referentieller Verallgemeinerungen würde philosophische und logische Fragen aufwerfen, die nicht mehr im Rahmen dieses Aufsatzes liegen.

fel gezogen. Vico räumte ein, daß Herodot voller Sagen und Legenden sei (die natürlich ein wunderbares Material für die Entschlüsselungsmaschine der *Scienza nuova* bildeten), während Thukydides sehr viel genauer und verläßlicher sei. Herder kümmerte sich nicht um den faktischen Wahrheitsgehalt der Bibel oder der Edden, sondern allein um das gesellschaftliche und geistige Erleben, das in ihnen zum Ausdruck kam. Weder in den Schriften des einen noch des anderen findet sich eine Andeutung von »Wissenssoziologie«. In der Frage der Tatsachenwahrheit stimmen sie mit der Aufklärung überein: es gibt nur eine Wahrheit, nicht viele, sie ist für alle Menschen universal gültig und besteht aus dem, was verständige Menschen als Wahrheit bestätigen, aus dem, was ihre kritischen Methoden aufdecken. Sagen, Legenden, Dichtung, Ritual, Formeln, die Türen zu vergangenen Kulturen, sind deshalb nicht buchstäblich wahr (im Unterschied zu »poetisch wahr«), und was den Bereich der Tatsachen und Ereignisse angeht, so findet sich in den Ideen beider Denker nicht mehr Pluralismus, geschweige den Relativismus, als in denen des doktrinärsten Enzyklopädisten. Der Gedanke, daß der Begriff der Tatsache selbst problematisch ist, daß alle Tatsachen Theorien verkörpern (wie zum Beispiel Goethe erklärt hat) oder gesellschaftlich bedingte, ideologische Einstellungen, scheint ihnen genauso fernzuliegen wie Ranke. Dessen Satz, jede Epoche stehe gleich unmittelbar zu Gott, hätte auch Herder schreiben können, denn er entspringt unbestreitbar einer pluralistischen Auffassung.

Die volle Entfaltung der Ideen des falschen Bewußtseins, der ideologischen oder psychologischen Verzerrung der objektiven Wahrheit, die Erkundung der komplexen Beziehungen zwischen Tatsache und Deutung, Wirklichkeit und Mythos, Theorie und Praxis, die Unterscheidung zwischen den »unzerbrechlichen« Gesetzen der Natur und den »verdinglichten«, aber zerbrechlichen, von Menschen gemachten Gesetzen und Regeln, die das Handeln und Verhalten lenken, findet man erst bei Hegel und den Linkshegelianern, zu denen auch der frühe Marx gehörte. Uns, die wir in der Zeit nach

Marx und Max Weber leben, mag es seltsam erscheinen, daß sich das Problem des Relativismus in der Erkenntnis der Vergangenheit nicht schon den historistischen Kritikern der französischen Aufklärung gestellt hat; diese Verwunderung ist jedoch selbst anachronistisch. Wissenskategorien hat man vielleicht auch früher schon unterschieden, nicht aber verschiedene Arten von Wissen, analog zu den Lebens- und Denkweisen, die ganz oder teilweise durch Klima, Rasse, Klasse oder andere gesellschaftliche oder psychologische Formationen determiniert werden.

Ich komme auf meine ursprüngliche These zurück: der Relativismus ist nicht die einzige Alternative zu dem, was Lovejoy »Uniformismus« nennt. Jene Kritiker, die den *philosophes* von Paris den Vorwurf des Anachronismus machten, als Relativisten zu bezeichnen, scheint mir selbst wiederum anachronistisch zu sein. Der Relativismus, der den Historikern, Soziologen, Anthropologen und Geschichtsphilosophen während der letzten hundert Jahre soviel Kopfzerbrechen bereitet hat, ist vor allem, wenn nicht ganz und gar ein Erbe jener Denkstile, für die Handeln weitgehend durch unsichtbare, unausweichliche Kräfte bestimmt wird, denen in Gestalt von expliziten gesellschaftlichen Anschauungen und Theorien bloße Rationalisierungen aufgesetzt sind – Maskierungen, die aufgedeckt werden müssen. Darin besteht das Erbe des Marxismus, der Tiefenpsychologie, der Soziologie von Pareto, Simmel und Mannheim – Ideen, von denen man bei den führenden Denkern des 18. Jahrhunderts in Paris und London und in den kulturellen Filialen dieser Zentren ebenso wie bei deren Kritikern in Italien und Deutschland kaum eine Spur und jedenfalls kein systematisches Bewußtsein findet.

John Stuart Mill hat einmal gesagt: »Im gegenwärtigen unentwickelten Zustand menschlicher Gesittung läßt sich der Wert kaum überschätzen, den es hat, Menschen mit anderen Menschen in Kontakt zu bringen, die ihnen unähnlich sind, denen Denk- und Handlungsweisen eigen sind, die sich vom Vertrauten unterscheiden . . . Solche Kommunikation war immer und ist besonders im gegenwärtigen Zeitalter eine der wichtigsten Quellen des Fortschritts.«[21] Dies läuft auf eine These hinaus, der, wenn man das Wort »Fortschritt« durch »Erkenntnis« oder »Wissen« ersetzt, manche Kritiker der Aufklärung (und vielleicht auch viele Zeitgenossen heute) ihre Zustimmung nicht versagen würden.

[21] John Stuart Mill, *Principles of Political Economy*, Buch 3, Kap. 17, Abschn. 5. *Collected Works of John Stuart Mill*, hrsg. von J. M. Robson, Toronto, London 1981ff., Bd. 3, S. 594.

JOSEPH DE MAISTRE UND DIE URSPRÜNGE DES FASCHISMUS

»Un roi, c'est un homme équestre,
Personnage à numéro,
En marge duquel de Maistre
Ecrit: Roi, lisez: Bourreau.«

Victor Hugo, *Chansons des Rues et des Bois*[1]

»Mais il n'est pas temps d'insister sur ces sortes de matières, notre siècle n'est pas mûr encore pour s'en occuper . . .«

Joseph de Maistre, *Les Soirées de Saint-Pétersbourg*[2]

I.

Die Persönlichkeit und die Anschauungen Joseph de Maistres werden von Historikern des politischen und religiösen Denkens meist nicht als rätselhaft oder problematisch angesehen. In einem Zeitalter, in dem das Zusammentreffen offenkundig unvereinbarer, auf heterogene historische Traditionen zurück-

[1] Buch I (»Jeunesse«), VI, 17 (»A un visiteur parisien«), 2. Stanze: S. 958, in: *Œuvres complètes: Poésie II*, hrsg. v. Jean Gaudon, Paris 1985.

[2] Im folgenden zitiert als *Soirées*. Die Nachweise der Zitate aus Werken de Maistres beziehen sich mit Band- und Seitenzahl auf die *Œuvres complètes de J. de Maistre*, 14 Bde. und Register, Lyon, Paris 1884-1887, und spätere unveränderte Nachdrucke, hier: V, 26.

gehender Ideen und Einstellungen eine Reihe proteischer Gestalten hervorbrachte, die so komplex und widersprüchlich waren, daß sie sich nicht in die vertrauten Kategorien fügen, erscheint das Bild de Maistres ungewöhnlich eindeutig, fest und klar umrissen.

Historiker, Biographen, Politologen, Ideengeschichtler und Theologen haben viel Feinsinn darauf verwandt, einen Eindruck von der politischen und gesellschaftlichen Atmosphäre des späten 18. und frühen 19. Jahrhunderts zu vermitteln, von dem eigentümlichen Charakter einer Periode des Übergangs zwischen stark divergierenden Anschauungen, für die psychologisch so komplexe Gestalten wie Goethe und Herder, Schleiermacher und Friedrich Schlegel, Fichte und Schiller, Benjamin Constant und Chateaubriand, Saint-Simon und Stendhal, Zar Alexander I. von Rußland und Napoleon selbst typische Repräsentanten waren. Vielleicht kommt das Empfinden mancher Zeitgenossen in dem berühmten, heute im Louvre hängenden Gemälde des Baron Gros recht gut zum Ausdruck, das Napoleon auf dem Schlachtfeld bei Eylau zeigt. Es stellt einen Mann zu Pferde von unbestimmter Herkunft dar, einen sonderbaren, geheimnisvollen Reiter vor einem ebenso geheimnisvollen Hintergrund – den *homme fatal*, der im Kontakt mit geheimen Mächten steht, einen Mann des Schicksals, der aus dem Nirgendwo kommt und sich im Einklang mit okkulten Gesetzen bewegt, denen die ganze Menschheit und sogar die ganze Natur unterworfen ist, der exotische Held der bizarren Romane jener Zeit – *Melmoth, The Monk, Obermann* –, neuartig, von hypnotischer Kraft, unheimlich und beunruhigend.

In der Geschichte der westlichen Kultur gilt diese Periode einerseits als Höhepunkt einer langen Phase der Ausarbeitung klassischer Formen in Denken und Kunst auf der Grundlage von Beobachtung, rationaler Reflexion und Experiment, andererseits als eine Zeit, die von einem neuen, unruhigen Geist angesteckt war oder vielmehr diesen Geist geradezu verkörperte, eine Zeit, die heftig bestrebt war, alte, beengende Formen zu sprengen, angetrieben von einem nervösen Interesse am fortwährenden Wandel der inneren Bewußtseinszustände, von einer Sehnsucht nach dem Grenzenlosen und Unbestimmbaren, nach immerwährender Bewegung und Veränderung, erfüllt von dem Bemühen, zu den vergessenen Quellen des Lebens zurückzukehren, und von dem leidenschaftlichen Streben nach individueller und kollektiver Selbstbehauptung und der Suche nach Mitteln, mit denen sich diese unstillbare Sehnsucht nach unerreichbaren Zielen ausdrücken ließ. Es ist dies die Welt der deutschen Romantik, die Welt Wackenroders und Schellings, Tiecks und Novalis', die Welt der Illuminaten und Martinisten. Sie zehrt von der Zurückweisung alles Geruhsamen, Festen, Lichtvollen, Einsichtigen und begeistert sich am Dunkeln, an der Nacht, am Unbewußten, an den verborgenen Mächten, die die Seele des Individuums ebenso beherrschen wie die äußere Natur. Diese Welt ist geprägt von der Sehnsucht nach einem mystischen Einswerden von Natur und Seele, von einem unwiderstehlichen Sog zum Schwerpunkt des Universums – dem Kern aller erschaffenen und aller ewigen Dinge; hier liegen ironische Distanz und gewalttätiger Unmut, Melancholie und übersteigerte, in sich brüchige Verzweiflung dicht beisammen, und doch liegt hier auch die Quelle aller wahren Erkenntnis und Inspiration, das Schöpferische neben dem Zerstörerischen. Nur hier lösen sich alle scheinbaren Widersprüche (und lösen sich auf), indem sie über den Rahmen des gewöhnlichen Denkens und der nüchternen Überlegung hinausgehoben und durch einen besonderen visionären Akt, der manchmal mit der schöpferischen Phantasie, zuweilen mit den besonderen Kräften der philosophischen Erkenntnis identifiziert wird, in eine »Logik« oder das »innere Wesen« der Geschichte verwandelt werden – in die »Entfaltung« eines metaphysisch begriffenen Wachstumsprozesses, der dem oberflächlichen Denken von Materialisten, Empiristen und gewöhnlichen Menschen verborgen bleibt. Es ist die Welt von Werken wie *Le Génie du christianisme*, *Obermann*, *Heinrich von Ofterdingen* und *Woldemar*, von Schlegels *Lucinde* und Tiecks *William Lovell*, von Coleridge, und die Welt der neuen Biologie und Physiologie, die von Schellings Naturphilosophie angeregt worden sein sollen.

Zu dieser Welt, so versichern uns fast alle seine Biographen und Kommentatoren, gehört Joseph de Maistre nicht. Er verachtete den Geist der Romantik. Wie Charles Maurras und T. S. Eliot stand er für die Dreifaltigkeit von Klassizismus, Monarchie und Kirche. Er repräsentiert lateinische Klarheit, die direkte Antithese zur schwermütigen deutschen Seele. In einer Welt der Halblichts erscheint er klar umrissen und unproblematisch; innerhalb einer Gesellschaft, in der Religion und Kunst, Geschichte und Mythologie, Gesellschaftstheorie, Metaphysik und Logik in unauflösbare Verwirrung geraten zu sein scheinen, nimmt er Klassifikationen und Unterscheidungen vor und hält sich streng und konsequent an seine Distinktionen. Er ist ein katholischer Reaktionär, ein Gelehrter, ein Aristokrat – *français, catholique, gentilhomme* –, die Lehren und die Taten der Französischen Revolution empörten ihn gleichermaßen; Rationalismus und Empirismus lehnte er ebenso entschieden ab wie Liberalismus, Technokratie und egalitäre Demokratie; dem Säkularismus ist er genauso feindlich gesonnen wie allen Formen von nicht-konfessioneller, nicht-institutioneller Religion – eine kraftvolle, rückwärtsgewandte Gestalt, die ihren Glauben und ihre Methode den Kirchenvätern und den Lehren der Jesuiten entlehnt hat. »Ein grimmiger Absolutist, ein wütender Theokrat, ein unnachgiebiger Legitimist, Apostel der monströsen Dreifaltigkeit von Papst, König und Henker, immer und überall der Verfechter des entschiedensten, engstirnigsten, starrsten Dogmatismus, eine dunkle Gestalt aus dem Mittelalter, teils Doktor der Gelehrsamkeit, teils Inquisitor, teils Scharfrichter.«[3] So schildert ihn Emile Faguet. »Sein Christentum ist Terror, passiver Gehorsam und Staatsreligion«[4]; seine Gläubigkeit ist »ein leicht retuschiertes Heidentum«.[5] Er ist ein Römer des 5. Jahr-

[3] Emile Faguet, *Politiques et moralistes du dix-neuvième siècle*, 1. Folge, Paris 1899, S. 1.

[4] Ebd., S. 59.

[5] Ebd.: »un paganisme un peu ›nettoyé‹«.

hunderts, getauft, aber römisch, oder: »ein Prätorianer des Vatikans«.[6] Sein Bewunderer Samuel Rocheblave spricht von seinem »Christentum des Schreckens«.[7] Der berühmte dänische Literaturkritiker Georg Brandes, der de Maistre und seiner Zeit eine sehr gründliche Studie gewidmet hat, nennt ihn einen literarischen Obristen der päpstlichen Garde und fügt hinzu, Christ sei er nur in dem Sinne, wie sich andere Leute zum Freihandel oder zum Protektionismus bekennen.[8] Edgard Quinet spricht von de Maistres »unerbittlichem Gott, dem der Henker zur Seite steht; der Christus eines permanenten Sicherheitsausschusses«.[9] Stendhal (von dem man nicht weiß, ob er de Maistre gelesen hat) nennt ihn den »Freund des Henkers«[10] und René Doumic einen »aus der Art geschlagenen Theologen«.[11]

Dies alles sind Variationen des bekannten Portraits, das im wesentlichen von Sainte-Beuve[12] erfunden und von Faguet fortgeschrieben wurde und das die Verfasser von Lehrbüchern zur Geschichte des politischen Denkens gewissenhaft übernommen haben. De Maistre wird hier als fanatischer Monarchist und noch fanatischerer Verfechter der päpstlichen Autorität geschildert, stolz, selbstgerecht und starrsinnig, ausgestattet mit einem starken Willen und einer ungewöhnlichen

[6] Ebd., S. 60.

[7] S. Rocheblave, »Etude sur Joseph de Maistre«, *Revue d'histoire et de philosophie religieuses* 2 (1922), S. 312.

[8] Georg Brandes, *Die Hauptströmungen der Litteratur des 19. Jahrhunderts*, Bd. 3.

[9] E. Quinet, *Le Christianisme et la Révolution française*, Paris 1845, S. 357f.

[10] *Correspondance de Stendhal (1800–1842)*, hrsg. v. Ad. Paupe u. P.-A. Cheramy, Paris 1908, Bd. 2, S. 389.

[11] René Doumic, *Etudes sur la littérature française*, 1. Folge, Paris 1896, S. 216.

[12] Siehe vor allem: »Joseph de Maistre« (1843) in: *Portraits littéraires*, S. 385–466, *Œuvres*, hrsg. v. Maxime Leroy, Paris 1949–1951, Bd. 2; und »Lettres et opuscules inédits du comte Joseph de Maistre« (2. Juni 1851), S. 192–216 in: *Causeries du lundi*, Paris 1926–42, Bd. 4.

Kraft, aus dogmatischen Prämissen in großer Strenge extreme und höchst unangenehme Schlüsse zu ziehen; ein brillanter, erbitterter Schöpfer taciteischer Paradoxa, ein unvergleichlicher Meister der französischen Prosa, ein in die falsche Zeit geratener Doktor des Mittelalters, ein wütender Reaktionär und ein grausamer Gegner, der darauf aus ist, zu töten, der vergeblich versucht, allein durch die Kraft seiner überragenden Prosa den geschichtlichen Fortschritt aufzuhalten, eine auffällige Ausnahmeerscheinung, eindrucksvoll, einsam, heikel, sensibel und letztlich bemitleidenswert; bestenfalls ein tragischer Patrizier, der eine schwankende, niedrige Welt, in die er nicht paßt, herausfordert und anprangert; schlimmstenfalls ein unnachgiebiger, fanatischer Dickschädel, der mit seinen Verwünschungen ein wunderbares, neues Zeitalter überschüttet, das er in seiner selbstverschuldeten Blindheit nicht zu erkennen und in seinem Starrsinn nicht zu erahnen vermag.

De Maistres Werke gelten eher als interessant denn als wichtig – in ihnen bäumen sich der Feudalismus und das Zeitalter der Dunkelheit zum letzten Mal gegen den Lauf des Fortschritts auf. Dabei erregt er die heftigsten Reaktionen: kaum einer seiner Kritiker kann die eigenen Empfindungen zurückhalten. Von Konservativen wird er als tapferer, obwohl zum Scheitern verurteilter Paladin einer verlorenen Sache dargestellt, von den Liberalen als törichter oder hassenswerter Überlebender einer älteren, herzlosen Generation. Beide Seiten stimmen darin überein, daß seine Zeit vorüber sei, daß seine Gedankenwelt für Probleme der Gegenwart oder der Zukunft keinerlei Bedeutung besitzt. Diese Ansicht wird von Lamennais (der einmal sein Verbündeter war) ebenso vertreten wie von Victor Hugo, von Sainte-Beuve, von Brandes, James Stephen, Morley und Faguet, die ihn als einen Mann auf verlorenem Posten schildern. Dieses Urteil wird von seinen bekanntesten Kritikern aus dem 20. Jahrhundert bekräftigt, von Laski, Gooch, Omodeo und sogar von seinem beredten und überaus kritischen modernen Biographen, Robert Triomphe – sie alle betrachten ihn als sonderbaren Anachronismus, zu seiner Zeit nicht ohne Einfluß, aber dennoch eine Rand- und Ausnahmeerscheinung.[13]

Diese Einschätzung, die in einer weniger von Unheil geplagten Welt durchaus verständlich wäre, erscheint mir ganz und gar unangemessen. De Maistre hat vielleicht in der Sprache der Vergangenheit gesprochen, aber was er zu sagen hat, deutet in die Zukunft voraus. Verglichen mit seinen progressiven Zeitgenossen, mit Constant und Madame de Staël, Jeremy Bentham und James Mill, von den radikalen Extremisten und Utopisten ganz zu schweigen, ist er in mancher Hinsicht ultramodern, nicht zu spät, sondern zu früh geboren. Daß seine Gedanken keinen größeren Einfluß hatten (und abgesehen von den ultramontanen Katholiken und der Welt der savoyardischen Aristokratie, in der Cavour groß wurde, gibt es tatsächlich nicht viele Spuren für seinen Einfluß), lag daran, daß der Boden für ihre Wirkung zu seinen Lebzeiten noch nicht empfänglich war. Es dauerte hundert Jahre, ehe seine Lehren und mehr noch seine Geisteshaltung zu ihrem Recht kamen (und zwar auf eine äußerst verhängnisvolle Weise). Diese These mag auf den ersten Blick so absurd erscheinen wie jene Paradoxa, derentwegen de Maistre so oft verlacht worden ist; offensichtlich bedarf es der Nachweise, um sie plausibel zu machen. Solche Nachweise möchte diese Studie liefern.

II.

Mehr als mit irgend etwas anderem beschäftigte sich das öffentliche Bewußtsein in de Maistres schöpferischsten Jahren mit einer spezifischen Ausformung der allgemeinen Frage, wie

[13] Nicht geteilt wird diese Meinung von seinem kanadischen Biographen Richard Lebrun, auch nicht von Emile Cioran und ebenfalls nicht von mir. Mir wäre es lieber, wenn ich de Maistre weniger Gewicht beimessen könnte: aber die dunkelsten Geschehnisse unseres Jahrhunderts lassen dies nicht zu. Siehe: Richard A. Lebrun, *Joseph de Maistre: An Intellectual Militant*, Kingston und Montreal 1988; E. M. Cioran, *Essai sur la pensée réactionnaire: A propos de Joseph de Maistre*, Montpellier 1977.

der Mensch am besten regiert werden könne. Die Französische Revolution hatte das breite Spektrum der rationalistischen Lösungen, die während der letzten Jahrzehnte des 18. Jahrhunderts mit glühender Beredsamkeit verfochten worden waren, in Mißkredit gebracht. Woran, so fragte man sich, war sie gescheitert? Die »Große Revolution« war innerhalb der menschlichen Geschichte ein einzigartiges Ereignis, und sei es nur, weil sie seit dem Aufstieg des Christentums der am konsequentesten vorausgedachte und erörterte, der mit dem schärfsten Bewußtsein vollzogene Umsturz einer ganzen Lebensweise gewesen war. Es war verständlich, wenn diejenigen, die durch sie ruiniert worden waren, in ihr eine unerklärliche Katastrophe sahen, einen plötzlichen Ausbruch von Niedertracht und Massenwahnsinn, eine gewaltsame Explosion des göttlichen Zorns, ein geheimnisvolles Gewitter aus heiterem Himmel, das die Fundamente der alten Welt hinwegfegte. So erschien sie ohne Zweifel den starrsinnigen, beschränkten Royalisten, die in Lausanne, Koblenz oder London im Exil lebten. Aber für die Ideologen des Bürgertums und all jene – gleichgültig, welcher Schicht sie entstammten –, die unter dem Einfluß der beharrlichen Propaganda der radikalen oder liberalen Intellektuellen gestanden hatten, war diese Revolution, jedenfalls in ihren Anfängen, eine lang erwartete Befreiung, ein entscheidender Sieg des Lichts über die alte Finsternis, der Anbruch einer Zeit, in der die Menschen, befreit durch die Nutzanwendung von Vernunft und Wissenschaft, endlich anfingen, ihr Schicksal in die eigene Hand zu nehmen, in der sie nicht mehr Opfer der Natur waren, die man nur deshalb grausam genannt hatte, weil sie unverstanden geblieben war, in der sie aber auch nicht mehr Opfer anderer Menschen waren, die zu Unterdrückern und Zerstörern nur dann wurden, wenn sie moralisch oder geistig blind oder verderbt waren.

Doch die Revolution brachte nicht das gewünschte Ergebnis, und in den letzten Jahren des 18. und zu Beginn des 19. Jahrhunderts wurde den unbeteiligten historischen Beobachtern und erst recht den Opfern des anbrechenden Industriezeitalters in Europa immer klarer, daß sich die Summe des Elends nicht spürbar verringert hatte, wiewohl seine Last auf den Schultern der Menschen nun anders verteilt war. Infolgedessen wurden, wie nicht anders zu erwarten, aus vielen Richtungen Versuche unternommen, diese Lage zu analysieren, teils in dem Wunsch, sie zu verstehen, teils um Verantwortlichkeiten zuzuweisen oder aber in dem Streben nach Selbstrechtfertigung. Die Geschichte des politischen Denkens in der ersten Hälfte des 19. Jahrhunderts ist zum großen Teil von solchen Versuchen geprägt, die Ursachen für das Scheitern zu diagnostizieren und Heilmittel zu verordnen. Diese Überlegungen bis in ihre Verästelungen zu verfolgen, würde zu weit führen. Aber die wichtigsten kritischen und apologetischen Erklärungsansätze sind allgemein bekannt. Die Liberalen gaben alle Schuld der Schreckensherrschaft, der Herrschaft des Pöbels und dem Fanatismus seiner Führer, die Mäßigung und die Vernunft zu Fall gebracht hatten. Die Menschen hatten Freiheit, Wohlstand und Gerechtigkeit zum Greifen nah vor sich gesehen, doch ihre ungezügelten Leidenschaften oder ihre irrigen Ideen – zum Beispiel die Ansicht, Zentralisation und individuelle Freiheit seien miteinander vereinbar – hatten (je nachdem, ob der Betrachter Optimist oder Pesimist war) die vermeidliche oder unvermeidliche Folge, daß sie in die Irre gingen, ehe sie das Gelobte Land erreichten. Die Sozialisten und Kommunisten waren anderer Ansicht. Sie hoben die schuldhafte Mißachtung gesellschaftlicher und ökonomischer Faktoren auf seiten der Urheber der Revolution (und die daraus folgende Unfähigkeit im Umgang mit diesen Faktoren) hervor – vor allem die Nichtbeachtung der Struktur der Eigentumsverhältnisse. Talentierte Neuerer wie Sismondi und Saint-Simon boten eindringliche, originelle Erklärungen für die Ursprünge, das Wesen und die Ergebnisse gesellschaftlicher und ökonomischer Konflikte, die sich von den aprioristischen Erklärungsmodellen ihrer rationalistischen Vorläufer erheblich unterschieden. Die deutschen Romantiker mit ihrem Hang zu Religion und Metaphysik führten das Debakel auf einen falschen Rationalismus zurück, der einer irrigen Geschichtsdeutung und einer mechanistischen Auffassung von Mensch und Gesellschaft

Vorschub geleistet habe. Mystiker und Illuminaten, deren Einfluß in den letzten Jahrzehnten des 18. und im beginnenden 19. Jahrhundert sehr viel größer und breiter war, als man gemeinhin annimmt, sprachen von einem Scheitern bei dem Versuch, die spirituellen Kräfte, die die Geschicke von Menschen und Nationen nachhaltiger bestimmten als materielle Ursachen oder bewußt vertretene Meinungen, zu verstehen oder gar in eine Beziehung mit diesen Kräften zu treten. Konservative sowohl katholischer als auch protestantischer Provenienz – also Burke, Chateaubriand, Mallet du Pan, Johannes Müller, Haller und ihre Verbündeten – sprachen von der einzigartigen Kraft und dem Wert eines unendlich komplexen und unergründlichen Beziehungsgeflechts – Burkes Myriaden sozialer und geistiger Bande, durch die die aufeinanderfolgenden Generationen von Geburt an geformt wurden und denen sie das meiste von dem verdankten, was sie besaßen und was sie waren. Diese Denker feierten die geheimnisvolle Kraft ererbter, aus Tradition hervorgehender Entwicklung; sie verglichen diese Entwicklung mit einem breiten Strom, dem sich zu widersetzen – wie es die törichten, von Abstraktionen verwirrten französischen *philosophes* befürwortet hatten – gewiß nutzlos und wahrscheinlich selbstmörderisch war; einige verglichen sie mit einem ausladenden Baum, dessen Wurzeln sich in unergründlichen Tiefen verloren und in dessen Schatten die große Herde der Menschen friedlich weidete. Einige sprachen von der allmählichen Entfaltung eines göttlichen Planes, dessen verschiedene Phasen nichts anderes seien als die Offenbarung des zeitlosen Ganzen innerhalb der Zeit, nichts anderes als die Offenbarung der ewigen Gegenwart in all ihren Erscheinungsformen vor dem Geist des immateriellen Schöpfers. Gleichgültig, welches Bild man wählte, die Moral war stets die gleiche: die Vernunft, aufgefaßt als Fähigkeit zur Abstraktion oder zum sinnreichen Kalkül, zur Klassifikation oder zur analytischen Zergliederung der Wirklichkeit in ihre letzten Bestandteile oder als Fähigkeit zur Entwicklung einer empirischen oder deduktiven Wissenschaft vom Menschen, war ein Phantasieprodukt der *philosophes*. Diese Denker – ob sie nun von Newtons Physik beeinflußt waren oder die intuitionistischen und egalitären Lehren Rousseaus übernommen hatten – sprachen vom »Menschen als solchem«, vom Menschen, wie ihn die Natur in allen menschlichen Wesen identisch gemacht hatte, vom Menschen, dessen grundlegende Eigenschaften, Fähigkeiten, Bedürfnisse und dessen Veranlagungen mit rationalen Methoden aufgedeckt und analysiert werden konnten. Einige lehrten, die Zivilisation stelle eine Fortentwicklung dieses natürlichen Menschen dar, andere vertraten die Ansicht, sie verderbe ihn; aber alle stimmten darin überein, daß jeder moralische, politische, gesellschaftliche oder intellektuelle Fortschritt von der Befriedigung der Bedürfnisse dieses natürlichen Menschen abhängig sei.

Wie Burke bestritt auch de Maistre, daß diesem Geschöpf irgendeine Wirklichkeit zukomme:

> »Die Verfassung von 1795, ebenso wie ihre Vorgängerinnen, war für *den Menschen* gemacht. Aber auf der Welt gibt es *den Menschen* nicht. Im Laufe meines Lebens sind mir Franzosen, Italiener, Russen etc. begegnet; dank Montesquieu weiß ich auch, *daß man Perser sein kann.* Aber was *den Menschen* angeht, so erkläre ich, daß ich ihn in meinem ganzen Leben nie getroffen habe; wenn es ihn geben sollte, weiß ich nichts von ihm.«[14]

Eine auf diese Fiktion gegründete Wissenschaft mußte angesichts des großen kosmischen Prozesses ohnmächtig bleiben. Bemühungen, diesen Prozeß gemäß den Formeln wissenschaftlicher Spezialisten zu erklären oder gar zu verändern und seinem Lauf eine andere Richtung zu geben, waren grotesk, und man hätte mit einem mitleidigen oder belustigten Lächeln über sie hinweggehen können, wenn sie nicht soviel unnötiges Leiden verursachen und im schlimmsten Falle ganze Ströme von Blut fließen lassen würden – aber darin bestand die Strafe der Geschichte oder der Natur oder des Gottes dieser Natur für die Torheit und Anmaßung der Menschen.

[14] I, 74.

Die Historiker ordnen de Maistre in der Regel den strikt konservativen Denkern zu. Er und de Bonald, so heißt es, repräsentieren die extreme Gestalt der katholischen Reaktion: traditionalistisch, monarchistisch, obskurantistisch, gebunden an die Tradition der mittelalterlichen Scholastik, allem Neuen und Lebendigen im nachrevolutionären Europa feindlich gesonnen, vergeblich danach strebend, eine alte, vornationalistische, vordemokratische, weitgehend in der Phantasie angesiedelte mittelalterliche Theokratie zu erneuern. Diese Darstellung ist in vieler Hinsicht durchaus treffend, was de Bonald angeht, der dem Stereotyp des ultramontanen Theokraten in fast allen Punkten entspricht. De Bonald war ein Mann von klarem Verstand, aber mit engem Blick, der sich im Laufe eines langen Lebens immer mehr verengte und immer starrer wurde. De Bonald, ein Offizier und Gentilhomme im besten und im schlechtesten Sinne dieser Worte, bemühte sich, intellektuelle, moralische und politische Grundsätze, die sich von Thomas von Aquin herleiteten, auf die Verhältnisse seiner Zeit anzuwenden. Er tat dies mit einer schwerfälligen, mechanischen Unbeweglichkeit und einer hartnäckigen, zuweilen selbstgefälligen Blindheit gegenüber den Erscheinungen seiner Zeit. Er erklärte, die Naturwissenschaften seien ein einziges großes Geflecht von Irrtümern; der Wunsch nach individueller Freiheit sei eine Form der Erbsünde, und jeglicher Besitz von weltlicher Macht, gleichgültig, ob sie in den Händen von Monarchen oder von Volksversammlungen liege, beruhe auf einer gotteslästerlichen Mißachtung der göttlichen Autorität, deren einziger Repräsentant die römische Kirche sei. Die Usurpation der Macht durch das Volk war insofern nichts anderes als die direkte, aber in die entgegengesetzte Richtung zielende Folge der ursprünglichen Usurpation dieser Macht durch Könige und ihre Minister. Die Konkurrenz – das Allheilmittel der Liberalen – kam in de Bonalds Sicht einer aufrührerischen Leugnung der von Gott auferlegten Disziplin gleich, so wie die Suche nach Erkenntnis außerhalb der heiligen Haine der orthodoxen Theologie nichts anderes war als das chaotische Streben einer verderbten, zügellosen Generation nach gewaltsamen Sensationen. Wie die Anhänger des Papstes in der großen Kontroverse des Mittelalters behauptete er, die einzige angemessene Herrschaftsform sei die Hierarchie der Stände und Zünfte des alten Europa, ein durch Tradition und Glauben geheiligtes Netz sozialer Beziehungen, bei dem die letzte sowohl weltliche als auch geistliche Autorität in den Händen des Stellvertreters Christi liegt, dessen fromme und gehorsame Bevollmächtigte die Monarchen sind. All dies wurde in einer behäbigen, dunklen Prosa von gnadenloser Monotonie entwickelt, was zur Folge hatte, daß de Bonalds Ideen zwar Eingang in die politische Theorie des Katholizismus gefunden und dort gewiß auch Einfluß auf das Handeln gehabt haben, daß aber seine Werke und in gewissem Grade auch seine Person über die Kreise kirchlicher Spezialisten hinaus heute zu Recht kaum noch Beachtung finden.

De Maistre hat de Bonald sehr bewundert. Er ist ihm nie begegnet, aber er stand im Briefwechsel mit ihm und hat ihn als seinen Bruder im Geiste bezeichnet – eine Behauptung, die alle seine Biographen, auch der unbestechliche Faguet, allzu wörtlich genommen haben. So erfahren wir, de Bonald sei Franzose gewesen, de Maistre hingegen Savoyarde; de Bonald entstamme einer alten Adelsfamilie, de Maistre hingegen sei der Sohn eines spät in den Adelsstand erhobenen Anwalts gewesen; de Bonald war Soldat und Hofmann, de Maistre vor allem Jurist und Diplomat; de Maistre ein philosophischer Kopf und brillanter Stilist, de Bonald hingegen eher ein pedantischer, kompromißloser Theologe; de Maistre ein engagierter Stützpfeiler der königlichen Macht mit mehr Erfahrungen im Verhandeln, ein Geschäftsmann, de Bonald gründlicher gebildet, eher auf strenge Didaktik bedacht, den geselligen Salons der Aristokratie ferner stehend, in denen der brillante, lebhafte de Maistre so gern gesehen war und viel Bewunderung fand. Aber das sind relativ belanglose Unterschiede. Im übrigen werden die beiden Männer als eine unauflösliche Einheit dargestellt, als die beiden Führer einer einzigen Bewegung, als der Doppeladler der katholischen Restauration. Diesen Eindruck haben jedenfalls mehrere Generationen von Historikern, Interpreten und Biographen erweckt, wobei meist einer die Thesen des anderen nur wiederholt und nachgebetet hat; der Eindruck scheint jedoch irreführend zu sein. De Bonald war ein orthodoxer Verehrer des Mittelalters, eine Stütze der Restauration, eindrucksvoll und felsengleich, aber auch zu seiner Zeit schon ein wenig obsolet – er verkörperte die langweilige, phantasielose, gelehrsame, unnachgiebig dogmatische Autorität der Reaktion. Napoleon erkannte sehr genau, daß dieses Bollwerk gegen jedes kritische Denken, auch wenn es sich gegen seine Herrschaft stellte, in Wirklichkeit zu deren Stabilisierung beitrug, bot de Bonald deshalb einen Sitz in der Akademie an und stellte ihn als Hauslehrer für seinen Sohn ein. De Maistre war eine Person und ein Denker von ganz anderem Schlag. Sein Verstand war nicht weniger nüchtern, sein Intellekt war im Kern ebenso hart und kalt, aber seine Ideen – in positiver Hinsicht, soweit sie die Welt betrafen, wie er sie vorfand und wie er sie sich wünschte, und in negativer, soweit sie auf die Zerstörung anderer Denkweisen und Meinungen zielten – waren kühner, interessanter, origineller, heftiger und auch bedrohlicher als alles, was de Bonald in den engen Grenzen seines legitimistischen Horizonts je ersonnen hat. Denn anders als de Bonald, bei dem man nirgendwo ein Anzeichen dafür findet, verstand de Maistre, daß die alte Welt im Sterben lag, und er erkannte, wie de Bonald es nie vermocht hätte, die erschreckenden Umrisse der neuen Ordnung, die an ihre Stelle trat. Das Bild, das de Maistre von ihr entwarf, schockierte seine Zeitgenossen, obgleich er es nicht in eine prophetische Sprache gefaßt hatte. Aber es war prophetisch, und bestimmte Urteile, die zu seiner Zeit geradezu unsinnig und paradox erschienen, wirken heute fast wie Platitüden. Für seine Zeitgenossen und vielleicht für ihn selbst hatte es den Anschein, als würde er gelassen in die Vergangenheit der Antike und des feudalen Mittelalters blicken, doch was er dort mit klarem Blick erkannte, erwies sich als grauenhafte Zukunftsvision. Darin liegen seine Bedeutung und seine Wichtigkeit.

III.

Joseph de Maistre wurde 1753 in Chambéry als das älteste von zehn Kindern des dortigen Senatspräsidenten geboren, des höchsten Justizbeamten im Herzogtum Savoyen, das damals zum Königreich Sardinien gehörte. Seine Familie stammte aus Nizza, und sein Leben lang empfand er für Frankreich jene Bewunderung, der man zuweilen bei Menschen begegnet, die in den äußeren Randbezirken oder unmittelbar jenseits der Grenzen eines Landes leben, dem sie durch Bluts- und Gefühlsbande verbunden sind und von dem sie sich immer ein verklärtes Bild bewahren. Sein Leben lang war de Maistre ein treuer Untertan seines Landes, aber seine wahre Liebe gehörte Frankreich, das er (im Anschluß an Grotius) das »schönste Reich nach dem Himmelreich« nannte.[15] Das Schicksal habe ihn eigentlich in Frankreich zur Welt kommen lassen wollen, schrieb er einmal, es habe sich jedoch in den Alpen verirrt und ihn in Chambéry abgesetzt.[16] Er erhielt die gewöhnliche Erziehung eines jungen Savoyarden aus angesehener Familie: er besuchte eine Jesuitenschule und wurde Mitglied eines Laienordens, zu dessen Aufgaben die Betreuung von Verbrechern gehörte, insbesondere die Teilnahme an Hinrichtungen, um deren Opfern Beistand und Trost auf ihrem letzten Gang zu geben. Vielleicht tritt das Bild des Schafotts aus diesem Grund in seinem Denken immer wieder in Erscheinung. Er liebäugelte ein wenig mit dem Konstitutionalismus und der Freimaurerei (für die er zeit seines Lebens eine gewisse Bewunderung hegte, obschon er sie in späteren Jahren pflichtgemäß verurteilte). 1788 trat er in die Fußstapfen seines Vaters und wurde Senator von Savoyen.

De Maistres Sympathie für die sehr gemäßigten Freimaurer Savoyens hinterließ eine Spur in seinen Anschauungen. Vor

[15] I, 19.

[16] *Correspondance diplomatique de Joseph de Maistre 1811–1817*, hrsg. v. Albert Blanc, Paris 1860 (im folgenden: *Correspondance diplomatique*). Bd. 1, S. 197.

allem beeinflußten ihn die Werke des Mystikers Louis-Claude de Saint-Martin aus dem späten 18. Jahrhundert und seines Vorläufers Martinès de Pasqually. Aus ganzem Herzen billigte er Saint-Martins Aufruf zur Wohltätigkeit, zu einem tugendhaften Leben, zum Widerstand gegen Skeptizismus, Materialismus und die Wahrheiten der Naturwissenschaft; auf Saint-Martin geht vielleicht auch de Maistres lebenslanger Ökumenismus zurück – seine Sehnsucht nach Einheit des Christentums, seine Verurteilung der »dummen Gleichgültigkeit, die wir *Toleranz* nennen«[17]. Martinistisch war auch seine Vorliebe für esoterische Lehren in der Bibel, für dunkle Hinweise und Andeutungen und visionäre Deutungen, sein Interesse an Swedenborg und der Nachdruck, mit dem er auf die rätselhafte Art hinweist, in der Gott seine Wunder vollbringt, auf die List, mit der die Vorsehung die unbeabsichtigten Folgen menschlichen Handelns in Faktoren der Erfüllung eines göttlichen Planes verwandelt, von dem dessen hoffnungslos kurzsichtige Nutznießer nichts ahnen. In seiner Jugend wandte sich die Kirche zumindest in Savoyen nicht gegen freimaurerische Tendenzen unter den Gläubigen – freilich nur deshalb, weil sie in Frankreich unter der Leitung von Willermoz eine Waffe gegen Feinde wie den Materialismus und anti-klerikalen Liberalismus der Aufklärung waren. De Maistres frühe maurerische Sympathien weckten irgendwann den Argwohn (der ihn dann sein Leben lang verfolgte) der eher zur Frömmelei neigenden Anhänger von Kirche und Königshaus, obwohl seine Treue zu diesen beiden Mächten nie ins Wanken geriet. Aber diese Probleme ergaben sich erst später; in de Maistres jungen Jahren war das Haus Savoyen, verglichen mit den Königen von Frankreich, maßvoll fortschrittlich. Der Feudalismus war zu Beginn des 18. Jahrhunderts abgeschafft worden; die Königsherrschaft war paternalistisch, jedoch gemäßigt aufgeklärt, die Bauern wurden von der Last der Steuern nicht erdrückt, und

[17] »Mémoire au duc de Brunswick«, S. 106, in: Jean Rebotton (Hrsg.), *Ecrits maçonniques de Joseph de Maistre et de quelques-uns de ses amis francs-maçons*, Genf 1983.

Kaufleute und Fabrikanten wurden durch alte Adels- und Kirchenprivilegien nicht so stark behindert wie in den deutschen oder italienischen Fürstentümern. Die Regierung von Turin war konservativ, aber keine Willkürherrschaft; es gab kaum extremistische Tendenzen, weder reaktionärer noch radikaler Art; das Land wurde damals – wie auch später – von einer vorsichtigen Bürokratie regiert, die ängstlich darauf bedacht war, den Frieden zu wahren und Komplikationen mit ihren Nachbarn zu vermeiden. Den Ausbruch der Schreckensherrschaft in Paris nahm man mit ungläubigem Entsetzen zur Kenntnis; die Haltung gegenüber den Jakobinern ähnelte der, die konservative Kreise in der Schweiz 1871 gegenüber der Pariser Kommune oder später gegenüber der französischen Résistance im Zweiten Weltkrieg einnahmen, als die ängstlichen, konformistischen Kreise in Genf und Lausanne mit dem Marschall Pétain sympathisierten. In ähnlicher Weise scheute die ehrbare Hofaristokratie mit ihren liberalen Neigungen entsetzt vor der Umwälzung zurück, die in Frankreich entfesselt worden war. Als die kriegerische französische Republik wenig später Savoyen besetzte und annektierte, war der König gezwungen, zunächst nach Turin, danach für einige Jahre nach Rom und schließlich, nachdem Napoleon den Papst unter Druck gesetzt hatte, in seine Hauptstadt Cagliari auf Sardinien zu fliehen. De Maistre, der die Maßnahmen der Generalstände in Paris zunächst gutgeheißen hatte, änderte seine Meinung bald, verließ das Land und siedelte sich in Lausanne an; von dort ging er nach Venedig und dann nach Sardinien, wo er das typische Leben eines verarmten royalistischen Emigranten im Dienste seines Herrn, des Königs von Sardinien, führte, der seinerseits zum Pensionsempfänger Englands und Rußlands wurde. Mit seinem aufbrausenden Temperament und seinen radikalen Anschauungen, die er stets mit viel Nachdruck äußerte und verfocht, war er ein unbequemes Mitglied dieses konservativen, provinziellen, furchtsamen kleinen Hofes. Das deutete sich schon an, als ihm sein Freund Costa von der Veröffentlichung eines Werkes abriet, das er 1793 verfaßt hatte (*Lettres d'un royaliste savoisien à ses compatriotes*): »Alles, was zu gründlich durchdacht ist und zuviel Kraft enthält, verkauft sich schlecht in diesem Land.«[18] Man nahm es wohl mit einer gewissen Erleichterung auf, als de Maistre zu Beginn des nächsten Jahrhunderts als offizieller Repräsentant des Königreichs Sardinien nach St. Peterburg entsandt wurde.

Es überrascht nicht, daß die Revolution den mit einem kräftigen, durchdringenden Verstand begabten de Maistre veranlaßte, die Grundlagen seiner Überzeugungen und Anschauungen erneut zu prüfen. Sein allenfalls oberflächlicher Liberalismus verschwand spurlos. Und zum Vorschein kam ein scharfer Kritiker des Konstitutionalismus und Liberalismus in jeder Form, ein ultramontaner Legitimist, ein Mann, der Autorität und Macht für gottgegeben hielt, und natürlich ein unnachgiebiger Gegner alles dessen, wofür die *lumières* des 18. Jahrhunderts gestanden hatten – Rationalismus, Individualismus, liberaler Kompromiß und säkulare Aufklärung. Seine Welt war durch die satanischen Kräfte der atheistischen Vernunft erschüttert worden, und sie ließ sich nur wieder aufbauen, indem man der Hydra der Revolution alle Köpfe abschlug, gleichgültig, in welcher Maskierung sie sich zeigten. Zwei Welten standen sich in einem Kampf auf Leben und Tod gegenüber. Er hatte sich für eine Seite entschieden und würde kein Pardon geben.

IV.

Die Haupttriebfeder für de Maistres gesamtes intellektuelles Wirken – angefangen bei den 1797 anonym in der Schweiz veröffentlichten *Considérations sur la France*, einer kraftvollen, brillant geschriebenen polemischen Abhandlung, die bereits viele seiner originellsten und einflußreichsten Thesen enthält, bis zu den posthum erschienenen *Soirées de Saint-Pétersbourg*

[18] Zitiert von de Maistre in einem Brief an Vignet des Etoles vom 16. Juli 1793, im Archiv der Familie de Maistre. Siehe Lebrun, a.a.O., S. 123, Anm. 68.

und dem *Examen de la philosophie de Bacon* – war seine Auseinandersetzung mit dem, was er für die seichteste Anschauung vom Leben hielt, die jemals von einflußreichen Denkern propagiert worden war. Am meisten erzürnte ihn der fade Naturoptimismus, von dessen Gültigkeit die tonangebenden Philosophen der Zeit vor allem in Frankreich wie selbstverständlich überzeugt waren. Wahre Erkenntnis, so dachte man in den aufgeklärten Zirkeln, war einzig durch die Methode der Naturwissenschaften zu erlangen, wobei sich allerdings die Vorstellung davon, was eine Naturwissenschaft sei und was sie leisten könne, seit der Mitte des 18. Jahrhunderts bis heute gewandelt hat. Nur der Gebrauch der Verstandeskräfte, unterstützt von einer Zunahme des Wissens auf der Grundlage der Sinneswahrnehmung – nicht mystische, innere Erkenntnis oder die unkritische Befolgung von Traditionen, dogmatischen Regeln oder Geboten einer übernatürlichen Autorität, gleichgültig, ob sie sich in direkter Offenbarung oder in heiligen Texten bekundete –, konnte die letzten Antworten auf die großen Probleme liefern, die die Menschen seit den Anfängen der Geschichte beschäftigt hatten. Es gab natürlich erhebliche Meinungsunterschiede sowohl zwischen den verschiedenen Denkrichtungen als auch zwischen einzelnen Denkern. Locke glaubte an die intuitive Wahrheit im Bereich von Religion und Ethik, Hume nicht; Holbach war Atheist wie die meisten seiner Freunde und wurde dafür von Voltaire scharf kritisiert; Turgot (den de Maistre früher bewundert hatte) war von der Unvermeidlichkeit des Fortschritts überzeugt; Mendelssohn war dies nicht, verteidigte jedoch die Lehre von der Unsterblichkeit der Seele, die von Condorcet abgelehnt wurde. Voltaire vertrat die Ansicht, Bücher hätten einen prägenden Einfluß auf das soziale Verhalten, während Montesquieu in Klima, Boden und anderen Umweltfaktoren jene Kräfte erblickte, die die unveränderlichen Unterschiede im Charakter der Nationen und ihren gesellschaftlichen und politischen Institutionen hervorbrachten. Helvétius war überzeugt, daß Erziehung und Gesetzgebung aus sich heraus den Charakter von Individuen und ganzen Gemeinschaften von Grund auf ändern und vervollkommnen könnten, und wurde deswegen von Diderot angegriffen. Rousseau sprach über Vernunft und Empfinden, aber anders als Hume und Diderot beobachtete er die Künste mit Argwohn und verachtete die Wissenschaften, hob die Erziehung der Willenskraft hervor, prangerte Intellektuelle und Fachleute an und betrachtete im Gegensatz zu Helvétius und Condorcet die Zukunft der Menschheit mit wenig Hoffnung. Hume und Adam Smith hielten das Pflichtgefühl für eine empirisch überprüfbare Empfindung, während Kants Ethik auf der denkbar schärfsten Ablehnung dieser These gründet; Jefferson und Paine hielten natürliche Rechte für aus sich heraus evident, während Bentham darin einen ausgemachten Unsinn erblickte und die Erklärung der Menschenrechte ein Gebrüll auf Papier nannte.

Aber trotz aller Unterschiede zwischen diesen Denkern gab es bestimmte Vorstellungen, die sie teilten. Sie waren, in unterschiedlichem Grade, davon überzeugt, daß die Menschen ihrer Natur nach vernünftig und gesellig seien oder zumindest die eigenen Interessen und die Interessen anderer erkannten, solange sie nicht von Scharlatanen getäuscht oder von Toren irregeleitet wurden; daß sie, wenn man sie zu sehen lehrte, die Verhaltensgrundsätze befolgen würden, die sich mit Hilfe des gewöhnlichen Menschenverstandes ausfindig machen ließen; daß die belebte und die unbelebte Natur von Gesetzen beherrscht werde und daß diese Gesetze, ob empirisch erkennbar oder nicht, sich als ebenso evident erwiesen, wenn man in das eigene Innere blickte, wie wenn man die Außenwelt betrachtete. Sie waren überzeugt, daß die Entdeckung solcher Gesetze und das Wissen von ihnen, sofern es nur weit genug verbreitet würde, eine stabile Harmonie sowohl zwischen den Individuen und Gruppen als auch innerhalb des Individuums selbst herbeiführen werde. Die meisten von ihnen hielten ein Maximum an individueller Freiheit und ein Minimum an Staat für wünschenswert – zumindest, nachdem die Menschen in geeigneter Weise umerzogen worden waren. Sie meinten, Erziehung und Gesetzgebung, gegründet auf die »Gebote der Natur«, könnten fast alle Übel beseitigen; die Natur sei nichts weiter als die handelnde Vernunft, und ihr Wirken lasse sich daher im Prinzip aus einer Reihe von letzten Wahrheiten herleiten, ähnlich den Theoremen der Geometrie und neuerdings auch der Physik, der Chemie und der Biologie. Sie waren davon überzeugt, daß alle guten und erstrebenswerten Dinge notwendigerweise auch miteinander vereinbar seien, mehr noch, daß alle Werte durch ein Netz unzerstörbarer, sich logisch ineinanderfügender Beziehungen verbunden seien. Die eher empirisch Gesonnenen unter ihnen hegten die Gewißheit, daß eine Wissenschaft der menschlichen Natur entwickelt werden könne, so wie es auch eine Wissenschaft der unbelebten Dinge gab, und daß sich ethische und politische Fragen, sofern es sich um echte Fragen handelte, im Prinzip mit der gleichen Gewißheit beantworten ließen wie Fragen der Mathematik oder der Astronomie. Ein Leben, das auf diesen Antworten gründete, würde frei, gesichert, glücklich, tugendhaft und weise sein. Kurz, es gab in ihren Augen keinen Grund dafür, daß das Paradies auf Erden nicht erreicht werden konnte, wenn man jene Fähigkeiten und Methoden gebrauchte, die seit mehr als hundert Jahren in den Naturwissenschaften zu so großartigen Triumphen geführt hatten, wie sie in der Geschichte des Denkens nie zuvor errungen worden waren.

Das alles wollte de Maistre vernichten. Statt auf die aprioristischen Formeln dieses idealisierten Menschenbildes berief er sich auf die empirischen Tatsachen aus Geschichte und Zoologie und auf das, was jeder beobachten konnte. Anstelle von Idealen wie Fortschritt, Freiheit und Vervollkommnung des Menschen predigte er die Erlösung durch Glauben und Tradition. Er verwies mit Nachdruck auf die boshafte, verderbte Natur des Menschen, aus der sich die Notwendigkeit von Autorität, Hierarchie, Gehorsam und Unterwerfung mit unausweichlicher Konsequenz ergebe. Anstelle der Wissenschaft predigte er den Vorrang von Instinkt, christlicher Weisheit, Vorurteil (das nichts anderes sei als die Frucht generationenlanger Erfahrung) und blindem Glauben; anstelle von Optimismus predigte er Pessimismus; anstelle von ewiger Harmonie und ewigem Frieden betonte er die Notwendigkeit – die gottgegebene Notwendigkeit – von Konflikt und Leiden, Sünde und Vergeltung, Blutvergießen und Krieg. Er verwarf die Ideale des Friedens und der sozialen Gleichheit, die auf der Idee des gemeinsamen Interesses und der natürlichen Güte des Menschen beruhten, und behauptete, die innere Ungleichheit und die Konflikthaftigkeit von Zielen und Interessen bildeten die gewöhnlichen Lebensbedingungen der Menschen nach dem Sündenfall und der Nationen, denen sie angehörten.

De Maistre bestritt, daß abstrakten Begriffen wie Natur und Naturrecht irgendeine Bedeutung zukomme; er formulierte eine Sprachlehre, die allem widersprach, was Condillac und Monboddo über dieses Thema gesagt hatten. Er erweckte die in Mißkredit geratene Doktrin des Königtums von Gottes Gnaden zu neuem Leben, er beharrte darauf, daß Geheimnis und Dunkelheit – und vor allem Unvernunft – eine wichtige Grundlage des gesellschaftlichen und politischen Lebens seien. Außerordentlich brillant und wirkungsvoll verurteilte er alle Formen von Klarheit und rationaler Organisation. Dem Temperament nach ähnelte er seinen Feinden, den Jakobinern; wie sie, war er von dem, was er glaubte, ganz und gar übezeugt; was er haßte, das haßte er gründlich und war in allen Dingen ein *jusqu'au boutiste*. Charakteristisch für die Extremisten von 1792 war die Entschiedenheit, mit der sie die alte Ordnung ablehnten: sie verurteilten nicht nur ihre Fehler, sondern auch ihre Vorzüge; nach ihrem Wunsch sollte nichts davon bestehen bleiben, sie wollten das schlechte System vollständig zerrütten, um etwas ganz Neues zu bauen, ohne Konzessionen, ohne die geringste Anleihe bei der Welt, auf deren Ruinen die neue Ordnung errichtet werden sollte. De Maistre stand zu dieser Haltung in einem klaren Gegensatz. Er attackierte den Rationalismus des 18. Jahrhunderts mit der gleichen Intoleranz und Leidenschaft, mit der gleichen Kraft und Begeisterung, die die großen Revolutionäre selbst bewiesen hatten. Er verstand sie besser als die Gemäßigten, und er hegte eine gewisse sympathetische Anerkennung für einige ihrer Qualitäten; aber was ihnen als glückselige Vision erschien, war für ihn ein Alptraum. Er wollte den »Gottesstaat der Philosophen des 18.

Jahrhunderts«[19] dem Erdboden gleichmachen, und dabei sollte kein Stein auf dem anderen bleiben.

Er behauptete zwar, er habe die Methoden, die er verwendete, wie auch die Wahrheiten, die er predigte, großenteils den Werken von Thomas von Kempen, Thomas von Aquin, Bossuet und Bourdaloue entnommen, in Wirklichkeit aber verdankt er diesen Stützen der römischen Kirche nicht allzu viel; seine Methoden und seine Thesen haben mehr mit dem antirationalistischen Konzept des Augustinus oder dem der Lehrer aus seiner Jugendzeit gemeinsam – mit dem Illuminismus von Willermoz sowie der Nachfolger von Pasqually und Saint-Martin. De Maistre stimmte mit den Vätern des deutschen Irrationalismus und Fideismus überein und mit jenen Franzosen, die, wie Charles Maurras, Maurice Barrès und ihre Nachläufer, die Werte und die Autorität der katholischen Hierarchie hochhielten, ohne in jedem Fall gläubige Christen zu sein; er stimmte mit denen überein, die in der Aufklärung weiterhin einen persönlichen Feind erblickten, und mit denen, die transzendente Prinzipien verfochten, deren Bedeutung nach ihrer Meinung schon getrübt und verfälscht wurde, wenn man annahm, sie seien auf der gleichen Ebene wie die Wissenschaften oder der gewöhnliche Menschenverstand angesiedelt und insofern auch einer intellektuellen oder moralischen Kritik zugänglich, oder sie bedürften der Verteidigung gegen eine solche Kritik.

V.

Zwischen Holbach und Rousseau herrschte entschiedene Gegnerschaft, doch beide sprachen mit Ehrfurcht von der Natur und betrachteten sie in einem nicht übermäßig metaphorischen Sinne als eine harmonische, wohltätige, befreiende Kraft. Rousseau war der Ansicht, sie offenbare ihre Harmonie

[19] So lautet der Titel eines Buches von Carl L. Becker, New Haven 1932; dt. Würzburg 1946.

und Schönheit den unverbildeten Herzen unverderbter Menschen; Holbach war überzeugt, sie offenbare sich den geschulten Sinnen und dem gebildeten, von Vorurteil und Aberglauben nicht umwölkten Verstand derer, die mit Hilfe rationaler Untersuchungsmethoden ihre Geheimnisse aufdecken. De Maistre hingegen machte sich die alte Anschauung zu eigen, daß die Menschen vor der Sintflut weise gewesen seien, aber sie sündigten und wurden vernichtet, und nun können ihre tief gesunkenen Nachfahren die Wahrheit nicht durch die harmonische Ausbildung all ihrer Fähigkeiten finden, nicht in Philosophie und Physik, sondern nur in der Offenbarung, die den Heiligen und Doktoren der römischen Kirche zuteil geworden ist – und die Beobachtung bestätige dies nur allzu deutlich. Man fordert uns auf, die Natur zu studieren. Nun gut, beginnen wir. Welche Erkenntnisse halten Geschichte und Zoologie für uns bereit? Etwa das Schauspiel einer harmonischen Selbstverwirklichung, wie es uns der Marquis de Condorcet als optimistischer Rationalist schildert? Im Gegenteil, die Natur, so zeigt sich, ist von den Zähnen bis zu den Klauen mit Blut befleckt. In den *Soirées de Saint-Pétersbourg* erklärt de Maistre:

»Auf dem weiten Feld der Natur herrscht eine offenkundige Gewalt, eine Art von verordneter Wut, die alle Wesen zu ihrem gemeinsamen Untergang rüstet: wenn man das Reich der unbelebten Natur verläßt, stößt man schon an den Grenzen zum Leben auf das Dekret des gewaltsamen Todes. Schon im Pflanzenreich beginnt man das Gesetz zu spüren: von dem riesigen Trompetenbaum bis zum bescheidensten Gras – wieviele Pflanzen *sterben*, wieviele werden *getötet*! aber sobald man das Tierreich betritt, gewinnt das Gesetz plötzlich eine furchtbare Deutlichkeit. Eine verborgene und zugleich offenkundige Kraft oder Macht ... hat in jeder Klasse eine bestimmte Anzahl von Tieren dazu bestimmt, die anderen zu verschlingen: so gibt es räuberische Insekten und räuberische Reptilien, Raubvögel, Raubfische und vierbeinige Raubtiere. Kein Augenblick vergeht, in dem nicht ein Lebewesen von einem anderen verschlungen würde. Über alle diese zahlreichen Tierrassen ist der Mensch gesetzt, und seine zerstörerische Hand verschont nichts von dem, was lebt. Er tötet, um sich zu nähren, er tötet, um sich zu kleiden, er tötet, um sich zu schmücken, er tötet, um anzugreifen, und er tötet, um sich zu verteidigen, er tötet, um sich zu belehren, er tötet, um sich zu unterhalten, er tötet, um zu töten: dieser stolze, grausame König braucht alles, und nichts widersteht ihm ... dem Lamm reißt er die Gedärme heraus, um seine Harfe zum Klingen zu bringen ... dem Wolf entreißt er dessen tödlichsten Zahn, um seine hübschen Kunstwerke zu glätten, dem Elefanten die Stoßzähne, um ein Kinderspielzeug daraus zu schnitzen – seine Tafel ist mit Leichen bedeckt. ... Und welches Wesen löscht [in diesem allgemeinen Schlachten] ihn aus, der alle anderen auslöscht? Er selbst. Dem Menschen selbst obliegt es, den Menschen zu erwürgen. ... So wird ... das große Gesetz der gewaltsamen Vernichtung aller Lebewesen erfüllt. Die ganze Erde, die fortwährend mit Blut getränkt wird, ist nichts weiter als ein riesiger Altar, auf dem alles, was lebt, ohne Ziel, ohne Maß, ohne Unterlaß geopfert werden muß, bis zum Ende aller Dinge, bis zur Ausrottung des Bösen, bis zum Tod des Todes.«[20]

[20] Es lohnt sich, den Originalwortlaut dieses Absatzes, der oben nur teilweise übersetzt wurde, vollständig wiederzugeben, da er das Barocke und Gewalttätige bei de Maistre sehr gut veranschaulicht: »Dans le vaste domaine de la nature vivante, il règne une violence manifeste, une espèce de rage prescrite qui arme tous les êtres *in mutua funera*: dès que vous sortez du règne insensible, vous trouvez le décret de la mort violente écrit sur les frontières mêmes de la vie. Déjà, dans le règne végétal, on commence à sentir la loi: depuis l'immense catalpa jusqu'à la plus humble graminée, combien de plantes *meurent*, et combien sont *tuées*! mais, dès que vous entrez dans le règne animal, la loi prend tout à coup une épouvantable évidence. Une force, à la fois cachée et palpable, se montre continuellement occupée à mettere à découvert le principe de la vie par des moyens violents. Dans chaque grande division de l'espèce animal, elle a choisi un certain nombre d'animaux qu'elle a chargé de dévorer les autres: ainsi, il y a des insectes de proie, des reptiles de proie, des oiseaux de proie, des poissons de proie, et des quadrupèdes de proie. Il n'y a pas un instant de la durée où l'être vivant ne soit dévoré par un autre. Au-dessus de ces nombreuses races d'animaux est placé l'homme, dont la main destructrice n'épargne rien de ce qui vit; il tue pour se nourrir, il tue pour se vêtir, il tue pour se parer, il tue pour attaquer, il tue pour se défendre, il tue pour s'instruire, il tue pour s'amuser, il tue pour tuer: roi superbe et terrible, il a besoin de tout, et rien ne lui résiste. Il sait combien la tête du requin ou du

Das ist de Maistres berühmte Schreckensvision vom Leben. Sein fasziniertes Interesse an Blut und Tod gehört zu einer Welt, die sich von dem reichen, geruhsamen England aus Burkes Phantasie eklatant unterscheidet, von dem tiefen Frieden der großen und kleinen Landsitze, von der ewigwährenden

cachalot lui fournira de barriques d'huile; son épingle déliée pique sur le carton des musées l'élégant papillon qu'il a saisi au vol sur le sommet du Mont-Blanc ou du Chimboraço; il empaille le crocodile, il embaume le colibri; à son ordre, le serpent à sonnettes vient mourir dans la liqueur conservatrice qui doit le montrer intact aux yeux d'une longue suite d'observateurs. Le cheval qui porte son maître à la chasse du tigre se pavane sous la peau de ce même animal: l'homme demande tout à la fois, à l'agneau ses entrailles pour se faire résonner une harpe, à la baleine ses fanons pour soutenir le corset de la jeune vierge, au loup sa dent la plus meurtrière pous polir les ouvrages légers de l'art, à l'éléphant ses défenses pour façonner le jouet d'un enfant: ses tables sont couvertes de cadavres. Le philosophe peut même découvrir comment le carnage permanent est prévu et ordonné dans le grand tout. Mais cette loi s'arrêtera-t-elle à l'homme? non, sans doute. Cependant quel être exterminera celui qui les extermine tous? Lui. C'est l'homme qui est chargé d'égorger l'homme. Mais comment pourra-t-il accomplir la loi, lui qui est un être moral et miséricordieux; lui qui est né pour aimer; lui qui pleure sur les autres comme sur lui-même, qui trouve du plaisir à pleurer, et qui finit par inventer des fictions pour se faire pleurer; lui enfin à qui il a été déclaré *qu'on redemandera jusqu'à la dernière goutte du sang qu'il aurait versé injustement* (Gen., IX, 5.)? c'est la guerre qui accomplira le *décret*. N'entendez-vous pas la *terre* qui crie et demande du sang? Le sang des animaux ne lui suffit pas, ni même celui des coupables versé par le glaive des lois. Si la justice humaine les frappait tous, il n'y aurait pas de guerre; mais elle ne saurait en attendre qu'un petit nombre, et souvent même elle les épargne, sans se douter que sa féroce humanité contribue à nécessiter la guerre, si, dans le même temps surtout, un autre aveuglement, non moins stupide et non moins funeste, travaillait à éteindre l'expiation dans le monde. La *terre* n'a pas crié en vain; la guerre s'allume. L'homme, saisi tout à coup d'une fureur *divine*, étrangère à la haine et à la colère, s'avance sur le champ de bataille sans savoir ce qu'il veut ni même ce qu'il fait. Qu'est-ce donc que cette horrible énigme? Rien n'est plus contraire à sa nature, et rien ne lui répugne moins: il fait avec enthousiasme ce qu'il a en horreur. N'avez-vous jamais remarqué que, sur le champ de mort, l'homme ne désobéit jamais? Il pourra bien massacrer Nerva ou Henri IV; mais le plus abominable tyran, le plus

Gesellschaft, die auf einem Gesellschaftsvertrag zwischen Lebenden, Toten und Ungeborenen gründet, geschützt vor dem Aufruhr und dem Elend derer, die weniger glücklich gestellt sind. Ebenso weit ist sie von der zurückgezogenen Geistigkeit der Mystiker und Illuminaten entfernt, mit deren Leben und Lehren de Maistre in seiner Jugend in Berührung gekommen war. Wir haben es hier nicht mit Quietismus und Konservativismus zu tun, auch nicht mit einem blinden Vertrauen in den Status quo oder mit dem Obskurantismus der Geistlichkeiten. Es bekundet sich hier vielmehr eine Nachbarschaft zur paranoiden Welt des modernen Faschismus, und es ist überraschend, daß man ihr bereits so früh im 19. Jahrhundert begegnet. Der einzige Zeitgenosse, bei dem man gewisse ähnliche Töne vernimmt, ist Görres in seinen späten Diatriben.

Aber das Leben ist für de Maistre kein sinnloses Schlachten, nicht das, was der spanische Philosoph Unamuno das »Schlachthaus des verstorbenen Grafen Joseph de Maistre« genannt hat.[21] Denn obwohl der Ausgang des Kampfes im ungewissen liegt, obwohl ein Sieg nicht geplant und nicht durch bloßen Erfindungsreichtum errungen werden kann, auch nicht durch jene Art von Wissen, die Wissenschaftler und

insolent boucher de chair humaine n'entendra jamais là: *Nous ne voulons plus vous servir.* Une révolte sur le champ de bataille, un accord pour s'embrasser en reniant un tyran, est un phénomène qui ne se présente pas à ma mémoire. Rien ne résiste, rien ne peut résister à la force qui traîne l'homme au combat; innocent meurtrier, instrument passif d'une main redoutable, *il se plonge tête baissée dans l'abîme qu'il a creusé lui-même; il donne, il reçoit la mort sans se douter que c'est lui qui a fait la mort (Infixae sunt gentes in interitu, quem fecerunt* (Ps. IX [15].)) Ainsi s'accomplit sans cesse, depuis le ciron jusqu'à l'homme, la grande loi de la destruction violente des êtres vivants. La terre entière, continuellement imbibée de sang, n'est qu'un autel immense où tout ce qui vit doit être immolé sans fin, sans mesure, sans relâche, jusqu'à la consommation des choses, jusuq'à l'extinction du mal, jusqu'à la mort de la mort. (*Car le dernier ennemi qui doit être détruit, c'est la mort.* (S. Paul aux Cor., 1, 15,26.))« V, 22–25.

21 [»el] matadero del difunto conde José de Maistre«. Miguel de Unamuno, *La agonía del cristianismo*, S. 308, in: *Obras completas*, hrsg. von Manuel García Blanco, Madrid 1966ff., Bd. 7.

Anwälte für sich in Anspruch nehmen, kämpfen die himmlischen Heerscharen zuletzt doch auf dieser und nicht auf jener Seite, und über den allerletzten Ausgang besteht kein Zweifel. Dieses göttliche Element weist eine gewisse Ähnlichkeit mit dem Geist der Weltgeschichte oder dem Geist des Menschengeschlechts oder mit jenem Weltgeist auf, auf den die deutschen Romantiker der Zeit um die Jahrhundertwende – Schelling und die Brüder Schlegel – ihre Beschreibung und Erklärung der Welt zu gründen versuchten – eine übernatürliche Instanz, die zugleich als schaffende und verstehende Kraft wirksam wird, die zugleich Schöpferin und Deuterin alles Existierenden ist.

In einer ironischen Sprache, die manchmal an Tacitus, manchmal an Tolstoi erinnert, erklärte de Maistre so nachdrücklich wie die deutschen Romantiker (und nach ihnen die französischen Anti-Positivisten Ravaisson und Bergson), die Methode der Naturwissenschaften sei für ein wirkliches Verstehen verhängnisvoll. Klassifizieren, abstrahieren, verallgemeinern, auf Gleichförmigkeit zurückführen, deduzieren, kalkulieren und in strengen, zeitlosen Formeln zusammenfassen bedeutet, den Schein für die Wirklichkeit nehmen, die Oberfläche beschreiben und die Tiefe unberührt lassen, das lebendige Ganze durch künstliche Analyse aufspalten und den Prozeß der Geschichte ebenso wie den der Seele mißverstehen, indem man Kategorien auf sie anwendet, die bestenfalls bei der Beschäftigung mit der Chemie oder der Mathematik nützlich sein können. Um wirklich zu verstehen, wie es um die Dinge bestellt ist, bedarf es einer anderen Haltung, die der deutsche Metaphysiker Schelling und vor ihm schon Hamann in der Inspiration des Dichters oder Propheten fanden – in jenem Zustand des Einsseins mit dem schöpferischen Prozeß der Natur selbst, der den Seher in seinem Bemühen, die eigenen Zwecke und die seiner Gesellschaft zu erfüllen, dazu bringt, diese Zwecke als Bestandteil jenes Ziels wahrzunehmen, dem die Welt, die hier fast als lebendiger Organismus aufgefaßt wird, als ganze zustrebt. De Maistre suchte die Antwort in der offenbarten Religion und in der Geschichte als der Verkörperung jener inneren Struktur, die wir allenfalls dunkel und nur von Zeit zu Zeit erkennen, indem wir uns in den großen Rahmen der Tradition unserer Gesellschaft, ihrer Empfindungs-, Handlungs- und Denkweise fügen – und nur dort liegt die Wahrheit.

Vielleicht hätte Burke dies nicht völlig abgelehnt: jedenfalls nicht so entschieden wie die deutschen Romantiker, die vor der Politik zurückscheuten und statt dessen die Poesie und Weisheit des alten »Volkstums« oder das Genie von Dichtern und Denkern feierten, denen ungewöhnliche schöpferische oder divinatorische Kräfte verliehen waren. Jede Regierung, die auf feststehenden Gesetzen gründet, beruht zugleich auf einer Usurpation der Privilegien des göttlichen Gesetzgebers. Daher sind alle Verfassungen an sich schlecht. Dem hätte Burke nicht mehr zugestimmt. Und die englischen Traditionalisten ebenso wie die deutschen Romantiker betrachteten die Menschheit jedenfalls ohne Geringschätzung oder Pessimismus, während de Maistre zumindest in den Werken seiner Reifezeit von dem Bewußtsein der Erbsünde, von der Boshaftigkeit und Unwürdigkeit der selbstzerstörerischen Dummheit einer sich selbst überlassenen Menschheit geradezu besessen ist. Immer wieder kommt er darauf zu sprechen, daß nur Leiden die Menschen davon abhalten könne, in den Abgrund der Anarchie und der Zerstörung aller Werte zu stürzen. Auf der einen Seite Unwissenheit, Eigensinn, Dummheit, auf der anderen als Heilmittel: Blut, Schmerz, Strafe – diese Vorstellungen geistern durch de Maistres dunkle Welt. Das Volk – die große Masse der Menschheit – ist ein Kind, ein Verrückter, ein Eigentümer, der fern von seinen Besitzungen lebt, der vor allem einen Wächter braucht, einen treuen Ratgeber, einen geistigen Lenker, der sein Privatleben und die Nutzung seiner Besitzungen überwacht. Nichts, das irgendeinen Wert besäße, kann von unheilbar verderbten, schwachen Menschen vollbracht werden, sofern sie nicht vor der Versuchung geschützt werden, ihre Kraft und ihren Reichtum an sinnlose Zwecke zu vergeuden, sofern sie nicht durch die beständige Wachsamkeit ihrer Wächter dazu gebracht werden, die ihnen auferlegte

Aufgabe zu erfüllen. Die Wächter ihrerseits müssen ihr Leben der Aufrechterhaltung der starren, strengen Hierarchie widmen, die, mit dem Stellvertreter Christi an ihrer Spitze, die wahre Ordnung der Natur darstellt und sich von den höchsten bis zu den niedrigsten Mitgliedern der Pyramide der Menschheit erstreckt.

Nicht umsonst glaubte de Maistre, am Anfang jeder Straße zum wahren Wissen und zur Erlösung die große Gestalt Platons als Wegweiser zu erkennen. Die Societas Jesu fungierte in seinen Augen als die Elite der platonischen Wächter und rettete die Staaten Europas vor den modischen und zugleich verhängnisvollen Verirrungen seiner Zeit. Aber die zentrale Gestalt in alledem, der Schlußstein des Bogens, auf dem die ganze Gesellschaft ruht, ist eine sehr viel erschreckendere Gestalt, als es König, Priester oder General je sein könnten: es ist der Scharfrichter. Ihm ist die berühmteste Passage aus den *Soirées* gewidmet:

»Wer ist dieses unerklärliche Wesen, das all den angenehmen, gewinnbringenden, ehrbaren und sogar ehrwürdigen Gewerben, die sich der Kraft und dem Geschick in großer Zahl anbieten, jenes vorzieht, das darin besteht, seinesgleichen zu foltern und zu Tode zu bringen? Sind dieser Kopf und dieses Herz gemacht wie unsere eigenen? Enthalten sie nicht etwas Eigentümliches und unserer Natur Fremdes? Für mich gibt es hier keine Zweifel. Äußerlich ist dieses Wesen so beschaffen wie wir; es wird geboren wie wir; aber es ist ein außergewöhnliches Wesen, und um es als Mitglied der menschlichen Familie ins Dasein zu rufen, bedarf es eines besonderen Dekrets, eines *fiat* der schöpferischen Macht. Es wird geschaffen als eine Welt für sich.

Seht, was dieser Mensch in der Meinung der Menschen ist, und begreift, wenn ihr könnt, wie er diese Meinung ignorieren oder sich gegen sie zur Wehr setzen kann! Kaum hat die Behörde ihm seine Bleibe zugewiesen, kaum hat er von ihr Besitz ergriffen, da rücken alle anderen Wohnstätten von ihm ab, bis sie die seine nicht mehr sehen. Inmitten dieser Einsamkeit, dieser Art von Leere lebt er allein mit seiner Frau und seinen Kindern, durch die er die menschliche Stimme kennt: ohne sie würde er nur das Stöhnen kennen ... Ein düsteres Signal wird gegeben: ein elender Diener der Gerechtigkeit klopft an seine Tür und teilt ihm mit, daß man seiner bedarf: er geht; er betritt einen öffentlichen Platz, auf dem sich eine wogende Menschenmenge drängt. Man wirft ihm einen Giftmörder, einen Vatermörder, einer Frevler vor: er ergreift ihn, er streckt ihn, er bindet ihn auf ein waagerecht liegendes Kreuz, er hebt den Arm: eine furchtbare Stille breitet sich aus, und man hört nichts als das Knirschen der Knochen, die unter dem Stab brechen, und die Schreie des Opfers. Er bindet es los; er legt es auf ein Rad; die zerschmetterten Glieder werden zwischen die Speichen geflochten; der Kopf sackt herab; die Haare sträuben sich, und aus dem weit wie ein Backofen geöffneten Mund dringen nur vereinzelt blutende Worte, die nach dem Tod rufen. Es ist vollbracht: sein Herz schlägt, aber vor Freude; er zollt sich Beifall, er sagt sich: *Keiner rädert besser als ich.* Er steigt herab: er streckt seine blutbesudelte Hand aus, und von fern wirft ihm die Gerechtigkeit ein paar Goldstücke zu, die er, durch die Gasse der erschreckt zurücktretenden Menschen schreitend, davonträgt. Er setzt sich zu Tisch, und er ißt; danach geht er zu Bett und schläft. Am nächsten Morgen, beim Aufwachen denkt er an alles mögliche, nur nicht an das, was er tags zuvor getan hat. Ist das ein Mensch? Ja: Gott empfängt ihn in seinen Tempeln und gestattet ihm zu beten. Er ist kein Verbrecher, doch keine Sprache ist bereit, zu sagen, *er sei tugendhaft, er sei ein ehrenwerter Mann, er sei ehrbar usw.* Kein moralisches Lob paßt auf ihn; denn alles Lob setzt Verbindungen zu anderen Menschen voraus, doch zwischen ihm und ihnen gibt es keine.

Und doch beruht alle Größe, alle Macht, alle Unterordnung auf dem Scharfrichter; er ist der Schrecken und zugleich das Band aller menschlichen Zusammenschlüsse. Nehmt diesen unbegreiflichen Bediensteten aus der Welt fort, und schon tritt an die Stelle der Ordnung das Chaos, die Throne versinken, und die Gesellschaft verschwindet. Gott, der Urheber der Herrschaftsgewalt, ist also auch der Urheber der Sühne: er hat unsere Erde auf diese beiden Pole gesetzt: *Denn der Welt Grundfesten sind des Herrn, und er hat die Erde daraufgesetzt.* (1.[Samuel] 2,8)«[22]

[22] Dies ist der bekannteste Text von de Maistre, und es lohnt sich deshalb, hier auch den originalen Wortlaut wiederzugeben: »Qu'est-ce donc que cet être inexplicable qui a préféré à tous les métiers agréables, lucratifs, honnêtes et mêmes honorables qui se présentent en foule à la

Es handelt sich hier nicht um eine sadistische Meditation über Verbrechen und Strafe, sondern um den Ausdruck einer Überzeugung, die durchaus im Einklang mit de Maistres leidenschaftlich, aber sehr klar vorgetragener Auffassung steht, die Menschen könnten nur gerettet werden, indem man sie mit Schrecken und Autorität in Schach hält. Sie müssen in jedem Augenblick ihres Lebens an das furchtbare Geheimnis erinnert werden, das der Kern der Schöpfung ist; durch ständige Leiden müssen sie geläutert werden, und sie müssen gedemütigt werden, indem man ihnen ihre Dummheit, ihre Boshaftigkeit und ihre Hilflosigkeit jederzeit vor Augen führt. Krieg, Folter und Leiden sind das unausweichliche Los der Menschen; sie müssen es auf sich nehmen, so gut sie können. Jene, die zu Herren über sie berufen wurden, müssen die ihnen von ihrem Schöpfer (der die Natur als hierarchische Ordnung geschaffen hat) auferlegte Pflicht tun, indem sie unbarmherzig – auch gegen sich selbst – für die Durchsetzung der Gebote sorgen und ebenso unbarmherzig bei der Vernichtung des Feindes zu Werke gehen.

force ou à la dextérité, celui de tourmenter et de mettre à mort ses semblables? Cette tête, ce cœur sont-ils faits commes les nôtres? ne contiennent-ils rien de particulier et d'étranger à notre nature? Pour moi, je n'en sais pas douter. Il est fait comme nous extérieurement; il naît comme nous; mais c'est un être extraordinaire, et pour qu'il existe dans la famille humaine il faut un décret particulier, un FIAT de la puissance créatrice. Il est créé comme une monde. Voyez ce qu'il est dans l'opinion des hommes, et comprenez, si vous pouvez, comment il peut ignorer cette opinion ou l'affronter! A peine l'autorité a-t-elle désigné sa demeure, à peine en a-t-il pris possession, que les autres habitations reculent jusqu'à ce qu'elles ne voient plus la sienne. C'est au milieu de cette solitude, et de cette espèce de vide formé autour de lui qu'il vit seul avec sa femelle et ses petits, qui lui font connaître la voix de l'homme: sans eux il n'en connaîtrait que les gémissements . . . Un signal lugubre est donné; un ministre abjecte de la justice vient frapper à sa porte et l'avertir qu'on a besoin de lui: il part; il arrive sur une place publique couverte d'une foule pressée et palpitante. On lui jette un empoisonneur, un parricide, un sacrilège: il le saisit, il l'étend, il le lie sur une croix horizontale, il lève le bras: alors il se fait une silence horrible, et l'on entend plus que le cri des os qui éclatent sous la barre, et les hurlements de la victime. Il la détache; il la porte sur une roue: les membres fracassés s'enlacent dans les rayons; la tête pend; les cheveux se

Und wer ist dieser Feind? All jene, die den Menschen Sand in die Augen streuen und versuchen, die bestehende Ordnung zu stürzen. De Maistre nennt sie »*la secte*«.[23] Es sind die Störer und Umstürzler. Neben den Protestanten und Jansenisten nennt er die Deisten und Atheisten, Freimaurer und Juden, Naturwissenschaftler und Demokraten, Liberale, Utilitaristen, Anti-Klerikale, Egalitaristen und jene, die an die Vervollkommnungsfähigkeit der Welt und des Menschen glauben, Materialisten, Idealisten, Rechtsanwälte, Journalisten, säkulare Reformer und Intellektuelle jeder Art; all jene, die an abstrakte Prinzipien appellieren, die der Vernunft und dem Gewissen des Individuums Vertrauen schenken; diejenigen, die auf die Freiheit des Einzelnen oder eine rationale Gestaltung der Gesellschaft setzen, Reformer und Revolutionäre – sie sind der Feind der bestehenden Ordnung und müssen um jeden Preis vernichtet werden, denn sie bilden »*la secte*«, und diese Sekte schläft niemals, immerzu unterwühlt sie von innen.

hérissent, et la bouche, ouverte comme une fournaise, n'envoie plus par intervalle qu'un petit nombre de paroles sanglantes qui appellent la mort. Il a fini: le cœur lui bat, mais c'est de joie; il s'applaudit, il dit dans son cœur: *Nul ne roue mieux que moi*. Il descend: il tend sa main souillée de sang, et la justice y jette de loin quelques pièces d'or qu'il emporte à travers une double haie d'hommes écartés par l'horreur. Il se met à table, et il mange; au lit ensuite, et il dort. Et le lendemain, en s'évaillant, il songe à tout autre chose qu'à ce qu'il a fait la veille. Est-ce un homme? Oui: Dieu le reçoit dans ses temples et lui permet de prier. Il n'est pas criminel; cependant aucune langue ne consent à dire, par exemple, *qu'il est vertueux, qu'il est honnête homme, qu'il est estimable, etc*. Nul éloge moral ne peut lui convenir, car tous supposent des rapports avec les hommes, et il n'en a point. Et cependant toute grandeur, toute puissance, toute subordination repose sur l'exécuteur: il est l'horreur et le lien de l'association humaine. Otez du monde cet agent incompréhensible; dans l'instant même l'ordre fait place au chaos, les trônes s'abîment et la société disparaît. Dieu qui est l'auteur de la souveraineté, l'est donc aussi du châtiment: il a jeté notre terre sur ces deux pôles: *car Jéhovah est le maître des deux pôles, et sur eux il fait tourner le monde (Domini enim sunt cardines terrae, et posuit super eos orbem. (Cant. Annae, I., Reg., II, 8))*.« IV, 32f.

[23] Z.B. I, 407; VIII, 91, 222, 223, 268, 283, 311f., 336, 345, 512f.

Diese Aufzählung ist uns seither häufig genug begegnet. Aber hier finden wir, zum erstenmal und präzise zusammengestellt, die Liste der Feinde jener großen konterrevolutionären Bewegung, die dann im Faschismus gipfelte. De Maistre versucht, gegen die neue, satanische Ordnung, die die verhängnisvolle Revolution zuerst in Amerika und dann in Europa bewerkstelligt hat, alle Gewalt und allen Fanatismus zu wenden, die jene Feinde seiner Meinung nach in der Welt entfesselt haben.

Alle Intellektuellen sind böse, aber am gefährlichsten sind die Naturwissenschaftler. De Maistre erklärt in einer seiner Abhandlungen einem russischen Adligen, Friedrich der Große habe recht gehabt, als er sagte, die Naturwissenschaftler seien eine große Gefahr für den Staat: »Die Römer besaßen die seltene Klugheit, in Griechenland für Geld jene Talente zu kaufen, die ihnen fehlten, und jene zu verachten, die sie ihnen brachten. Sie sagten lächelnd: ›Der griechische Hungerleider wird alles tun, um dir zu gefallen‹.[24] Hätten sie ihnen nachgeeifert, so hätten sie sich lächerlich gemacht. Weil sie sie verachteten, waren sie groß.«[25] Unter den alten Völkern erlangten auch die Juden und die Spartaner wahre Größe, indem sie sich nicht mit dem Geist der Wissenschaften verunreinigten. »Selbst in der Literatur ist zu vieles gefährlich, und die Naturwissenschaften sind für den Staatsmann noch wertloser. Die Unfähigkeit des Wissenschaftlers im Umgang mit den Menschen, wenn es darum geht, sie zu erkennen und zu führen, ist allgemein bekannt.«[26] Die wissenschaftliche Betrachtungsweise hat an jeglicher Autorität etwas auszusetzen und mündet in die »Krankheit« des Atheismus.

»Die unausweichlichen Nachteile der Wissenschaft in allen Ländern und an allen Orten bestehen darin, daß sie den Menschen zum

[24] In einer Fußnote zitiert er Juvenals »Graeculus esuriens in caelum jusseris ibit« 3. Satire, 78, die er fälschlich Martial zuschreibt.

[25] VIII, 299.

[26] VIII, 305.

tätigen Leben unfähig macht, welches doch seine eigentliche Berufung ist; daß sie ihn mit einem hochfahrenden Stolz erfüllt, daß sie ihn von sich selbst und den ihm zukommenden Ideen abbringt, daß sie ihn zum Feind jeglicher Unterordnung, zum Rebellen gegen jedes Gesetz und jede Institution und zum natürlichen Vorkämpfer jeder Neuerung macht . . . Die vornehmste Wissenschaft ist die der Staatskunst. Man lernt sie nicht in Akademien. Von Suger bis Richelieu hat sich kein bedeutender Minister je mit Physik oder Mathematik beschäftigt; der Geist der Naturwissenschaften schließt sogar jenen andersgearteten Geist aus, der ein Talent für sich ist.«[27]

Soviel zu der Überzeugung, es sei möglich, ein glückliches, harmonisches, produktives Leben unter der sicheren Leitung der »Mutter Natur«, wie man sie im 18. Jahrhundert oft nannte, zu führen – sie entspringt der Selbsttäuschung flacher Geister, die unfähig sind, sich der Wirklichkeit zu stellen.

Der Friede ist eines, die Wirklichkeit ist etwas anderes. »Aufgrund welchen Zaubers«, so fragt de Maistre, »ist der Mensch stets bereit, beim ersten Trommelschlag . . . ohne sich zu widersetzen und oft sogar mit einem gewissen Schwung, der seinerseits eine ganz bestimmte Eigenart besitzt, loszuziehen, um auf dem Schlachtfeld seinen Bruder in Stücke zu hauen, der ihm nie etwas zuleide getan hat und der sich nun von der anderen Seite nähert, um ihm das gleiche Los zu bereiten, wenn er es vermag?«[28] Menschen, die Tränen vergießen, wenn sie ein Huhn töten sollen, töten auf dem Schlachtfeld bedenkenlos. Sie tun dies allein um des Gemeinwohls willen, indem sie die schmerzliche, altruistische Pflicht auf sich nehmen, ihre Gefühle zu unterdrücken. Scharfrichter töten sehr wenige schuldige Menschen, Vatermörder, Fälscher und dergleichen. Soldaten töten Tausende Unschuldiger wahllos, blind, mit unbändiger Begeisterung. Angenommen, ein ahnungsloser Besucher von einem anderen Planeten würde fragen, welche dieser beiden Gruppen auf Erden gemieden und verachtet und

27 VIII, 297f.
28 V, 3f.

welche bejubelt, bewundert und belohnt wird, wie würde die Antwort lauten? »Erklären Sie mir, warum nach dem Urteil des ganzen Menschengeschlechts das Ehrenvollste auf der Welt das Recht ist, unschuldig das Blut Unschuldiger zu vergießen?«[29] Wo hat sich dies deutlicher gezeigt als in der bösartigen, korrupten, lasterhaften Republik der Jakobiner, diesem Königreich des Satans, diesem Miltonschen Pandämonium?

Dennoch ist der Mensch für die Liebe geboren. Er ist mitleidvoll, gerecht und gut. Er vergießt Tränen für andere, und diese Tränen bereiten ihm Vergnügen. Er erfindet Geschichten, um sich zum Weinen zu bringen. Woher dann dieses wütende Verlangen nach Krieg und Gemetzel? Warum stürzt sich der Mensch in den Abgrund und greift mit Leidenschaft nach dem, was ihn mit solchem Abscheu erfüllt? Warum lassen sich Männer, die wegen eines so belanglosen Problems wie einer Kalenderreform revoltieren, wie willenlose Tiere in Marsch setzen, um zu töten oder getötet zu werden? Peter der Große konnte Tausende von Männern in einer Serie von Niederlagen in den Tod schicken, aber als er den Bojaren die Bärte abrasieren wollte, hätte er fast einen Aufstand ausgelöst. Wenn die Menschen tatsächlich ihr eigenes Interesse verfolgen, warum bilden sie dann nicht einen Völkerbund, um jenen universalen Frieden zu stiften, nach dem sie sich angeblich so heftig sehnen? Hierauf gibt es nur eine gültige Antwort: das Verlangen der Menschen, sich selbst zu opfern, ist genauso fundamental wie ihr Selbsterhaltungstrieb und ihr Streben nach Glück. Der Krieg ist das furchtbare, ewige Gesetz der Welt. Mit Vernunftgründen nicht zu rechtfertigen, übt er gleichwohl eine geheimnisvolle, unwiderstehliche Anziehungskraft aus. Aus dem Blickwinkel eines wohlerwogenen Utilitarismus ist der Krieg genau das, wofür man ihn immer hält: zerstörerischer Irrsinn. Daß er dennoch die Geschichte beherrscht, beweist, wie unangemessen rationalistische Erklärungen sind, und vor allem, wie falsch es ist, den Krieg als etwas zu betrachten, das bewußt geplant werde oder erklärbar sei oder sich rechtfertigen lasse.

[29] V, 10.

Kriege, so abscheulich sie sein mögen, wird es immer geben, denn Kriege sind keine Erfindung des Menschen: sie sind gottgegeben.

Die Erziehung mag den Bildungsstand oder die offen bekundeten Ansichten der Menschen verändern, aber es gibt eine tiefere Schicht, in der sie ohnmächtig ist. De Maistre nennt sie die unsichtbare Welt, und in ihr spielt das unerforschliche, weil übernatürliche Element im Individuum (wie auch innerhalb von Gesellschaften) eine unwiderstehliche Rolle. Die im 18. Jahrhundert so hoch gepriesene Vernunft ist in Wirklichkeit das schwächste Werkzeug überhaupt, ein »flackerndes Licht«[30], in Theorie und Praxis unzulänglich und gleichermaßen unfähig, das Verhalten der Menschen zu verändern oder seine Ursachen zu erklären. Alles Rationale bricht in sich zusammen, weil es rational, von Menschen gemacht ist: nur das Irrationale kann überdauern. Rationale Kritik wird alles aushöhlen, was ihr zugänglich ist: nur das, was gegen sie abgeschirmt ist, indem es aus sich heraus geheimnisvoll und unerklärlich ist, kann überdauern. Was der Mensch herstellt, wird der Mensch auch verderben. Allein das Übermenschliche kennt Kontinuität.

Die Geschichte liefert eine Fülle von Beispielen, die dies belegen. Was ist unsinniger als die Erbmonarchie?[31] Warum sollten weise und tugendhafte Könige ebenso gute Nachfahren haben? Die Freiheit, den Monarchen zu wählen – die Wahlmonarchie –, ist gewiß vernünftiger. Doch die unglückliche Lage Polens zeigt deutlich genug die unheilvollen Konsequenzen, die sich daraus ergeben, während die irrationale Institution des erblichen Königtums eine der stabilsten Institutionen ist. Demokratische Republiken sind gewiß rationaler als Monarchien. Doch wie lange konnte, selbst in ihrer Glanzzeit, im perikleischen Athen, die Demokratie überdauern? Und wie hoch war der Preis, den man hierfür letztlich bezahlen mußte? Während sechsundsechzig Könige, manche gut und manche schlecht, im Durchschnitt aber hinreichend tauglich, das große

[30] I, 111.
[31] V, 116.

französische Königreich fünfzehnhundert Jahre lang einigermaßen gut regiert haben. Oder: Was könnte auf den ersten Blick irrationaler anmuten als Ehe und Familie? Warum sollten zwei Menschen miteinander verbunden bleiben, auch wenn ihre Vorlieben und ihre Anschauungen sich in ganz unterschiedliche Richtungen entwickeln? Warum sollte ein so hartnäckig gewahrter Schein Bestand haben? Doch die ungebrochene Verbindung zweier Wesen und das geheimnisvolle Band der Familie haben Bestand, obwohl sie eine Beleidigung der abstrakten Vernunft sind.

Um die Ansicht zu widerlegen, die Geschichte sei tätige Vernunft (wenn unter Vernunft ein Wirken verstanden werden soll, das dem Funktionieren des diskursiven Intellekts des Menschen gleicht), häuft de Maistre Beispiele dafür an, wie rationale Institutionen das Gegenteil von dem hervorrufen, was sie erreichen wollen. Der rationale Mensch ist bestrebt, seine Lust zu vergrößern und seinen Schmerz zu verringern. Aber die Gesellschaft ist durchaus kein Werkzeug, das diesem Zweck dient. Sie beruht auf etwas Elementarerem, auf fortwährender Selbstaufopferung, auf der Neigung des Menschen, sich für die Familie oder die Stadt, für die Kirche oder den Staat hinzugeben, ohne an Lust oder Gewinn zu denken; sie beruht auf dem heftigen Verlangen, sich auf dem Altar der gesellschaftlichen Solidarität zu opfern, zu leiden und zu sterben, um den Fortbestand geheiligter Lebensformen zu sichern. Erst sehr viel später im 19. Jahrhundert werden solche irrationalen Ziele und ein romantisches Gebaren ohne Rücksicht auf Eigeninteresse oder Lust erneut mit ähnlichem Nachdruck propagiert, ein Handeln, dessen Triebfeder die Leidenschaft zur Selbstaufgabe und zur Selbstvernichtung ist.

Eine Handlung bleibt in de Maistres Welt genau in dem Maße wirklungslos, wie sie auf die Erfüllung alltäglicher Interessen zielt und aus den kalkulierenden, utilitären Tendenzen erwächst, die die Außenseite des menschlichen Charakters ausmachen. Und sie ist genau in dem Maße wirkungsvoll, denkwürdig und im Einklang mit dem Universum, wie sie aus unerklärten und unerklärlichen Tiefen hervorgeht, nicht aus der Vernunft und auch nicht aus dem Willen des Einzelnen – denn das heroische Individuum, dem Byron und Carlyle huldigten, der Verächter der Gefahr, der dem Sturm trotzt, ist in seinem Selbstvertrauen für de Maistre genauso blind wie der törichte Wissenschaftler, der Gesellschaftsplaner oder der Industriekapitän. Das Beste und Stärkste ist oft gewalttätig, irrational, willkürlich und wird deswegen notwendigerweise falsch dargestellt und als absurd abgetan – nur weil man ihm fälschlich intelligible Motive unterschiebt. Menschliches Handeln ist für de Maistre nur gerechtfertigt, wenn es auf jene Neigung zurückgeht, die weder auf Glück noch auf Bequemlichkeit zielt, weder auf klare, logisch kohärente Lebensformen noch auf Selbstbestätigung und Selbsterhöhung, sondern auf die Erfüllung eines unergründlichen göttlichen Ziels, das die Menschen nicht ausloten können und auch nicht auszuloten versuchen sollten – und das sie nur zu ihrem eigenen Schaden leugnen. Auf diese Weise mag es oft zu Handlungen kommen, die mit Schmerz und Blutvergießen verbunden sind und die aus dem Blickwinkel einer besonnenen bürgerlichen Moralität arrogant und ungerecht erscheinen mögen, die sich aber dennoch aus dem dunklen, nicht zu analysierenden Zentrum aller Autorität speisen. Darin besteht die Poesie der Welt, nicht ihre Prosa, hier liegt die Quelle allen Glaubens und aller Kraft, durch die allein der Mensch frei ist, fähig, zu wählen, zu schaffen und zu zerstören, durch die er den kausal determinierten, wissenschaftlich erklärbaren, mechanischen Bewegungen der Materie oder der unter ihm stehenden Naturen, die von Gut und Böse nichts wissen, überlegen ist.

Wie alle ernsthaften politischen Denker hegt de Maistre eine bestimmte Vorstellung vom Wesen des Menschen. Diese Vorstellung ist stark, aber nicht ausschließlich durch Augustinus geprägt. Der Mensch ist schwach und sehr böse, aber er ist nicht vollständig durch Ursachen determiniert. Er ist frei, und seine Seele ist unsterblich. Zwei Prinzipien streiten in ihm um die Vorherrschaft: er ist sowohl ein *theomorph* – geschaffen nach dem Bild seines Schöpfers, ein Funke des göttlichen Geistes – als ein *theomach*, ein Sünder und Rebell wider Gott. Seine Freiheit ist begrenzt. Er bewegt sich in einem kosmischen Strom, dem er nicht zu entkommen vermag. Er kann nichts erschaffen, aber er kann abwandeln. Er kann zwischen Gut und Böse, zwischen Gott und Teufel wählen, und er ist verantwortlich für die Wahl, die er trifft. Innerhalb der ganzen Schöpfung kämpft nur er: um Wissen, um Selbstausdruck, um Erlösung. Condorcet verglich die menschliche Gesellschaft mit der von Bienen und Bibern. Aber keine Biene oder kein Biber will mehr über die eigenen Vorfahren in Erfahrung bringen; Vögel, Fische, Säugetiere sind in eintönigen, immer wiederkehrenden Kreisläufen fest verankert. Allein der Mensch weiß, daß er erniedrigt ist. Darin liegt »der Beweis seiner Größe und seiner Erbärmlichkeit, seiner erhabenen Rechte und seiner unglaublichen Erniedrigung«.[32] Er ist ein »monströser Zentaur«[33], er lebt zugleich in der Welt der Gnade und der Welt der Natur, ein potentieller Engel, mit Schande bedeckt. »Er weiß nicht, was er will; er will das, was er nicht will; er will nicht, was er will; er will wollen; er erblickt in sich etwas, das nicht er ist und das stärker ist als er. Der Weise widersteht und ruft: Wer wird mich erlösen? Der Tor gibt nach und nennt seine Schwäche Glück.«[34]

Menschen – moralische Wesen – müssen sich freiwillig der Autorität unterwerfen; aber unterwerfen müssen sie sich. Denn sie sind zu verderbt, zu schwach, um sich selbst zu regieren, und ohne Regierung verfallen sie in Anarchie und sind verloren. Kein Mensch, keine Gesellschaft kann sich selbst regieren oder über sich selbst bestimmen; solche Redensarten sind sinnlos: alle Regierung beruht auf einer fraglos akzeptierten, zwingenden Autorität. Gesetzlosigkeit läßt sich nur durch etwas unterbinden, das nicht angefochten werden kann. Es kann das Brauchtum oder das Gewissen oder die Tiara des Papstes oder ein Dolch sein – aber *irgend etwas* muß es sein. Aristoteles hat offenbar recht: manche Menschen sind von Na-

[32] IV, 66.
[33] IV, 67.
[34] IV, 67–68.

tur aus Sklaven[35]; zu sagen, sie sollten es nicht sein, ergibt keinen Sinn. Rousseau sagt, der Mensch sei frei geboren und lebe doch überall in Ketten. »Was meint er? ... Das Gegenteil dieser verrückten Behauptung: *Der Mensch ist frei geboren* trifft zu.«[36] Die Menschen sind zu böse, als daß man sie gleich bei ihrer Geburt aus den Ketten entlassen könnte: in Sünde geboren, werden sie nur durch die Gesellschaft erträglich, nur durch den Staat, der die Verirrungen der ungehemmten Urteilskraft des Individuums unterdrückt. Wie Burke, von dem er beeinflußt wurde, und vielleicht auch (einigen Deutungen zufolge) wie Rousseau, ist de Maistre der Meinung, Gesellschaften besäßen eine allgemeine Seele, eine wahrhafte moralische Einheit, durch die sie geformt werden. Doch er geht noch weiter:

> »Die Regierung ist eine wahre Religion; sie hat ihre Dogmen, ihre Mysterien, ihre Diener; sie der Erörterung jedes Einzelnen auszusetzen und sie vernichten sind ein und dasselbe; sie lebt nur aus der Vernunft der Nation, das heißt, aus einem politischen Glauben, für den sie ein *Symbol* ist. Vor allem anderen tut es dem Menschen not, daß seine wachsende Vernunft unter das Doppeljoch [von Kirche und Staat] gezwängt wird, daß sie sich vernichtet, daß sie sich in der Vernunft der Nation verliert, damit sie ihr individuelles Dasein gegen ein anderes, gemeinschaftliches Dasein vertauscht, so wie ein Fluß, der sich in den Ozean ergießt, in den Wassermassen immer noch existiert, aber ohne Namen und ohne gesonderte Realität.«[37]

Ein solcher Staat kann nicht durch eine geschriebene Verfassung oder auf ihrer Grundlage geschaffen werden: eine Verfassung kann man befolgen, aber man kann sie nicht verehren. Und ohne Verehrung – ja, sogar ohne Aberglauben, der ein *»ouvrage avancé«*[38], eine vorgeschobene Stellung, der Religion

[35] II, 338; VIII, 280.

[36] II, 338. De Maistre paraphrasierend, bedient sich Faguet eines glänzenden Epigramms, das anscheinend von ihm selbst stammt: »Dire: les moutons sont nés carnivores, et partout ils mangent de l'herbe, serait aussi juste.« A.a.O., S. 41.

[37] I, 376.

[38] V, 197.

ist – hat nichts Bestand. Religion verlangt nicht einen bedingten Gehorsam – den geschäftsmännischen Vertrag Lockes oder der Protestanten –, sie verlangt vielmehr das Aufgehen des Individuums im Staat. Die Menschen müssen sich ihm geben, nicht leihen. Die Gesellschaft ist keine Bank, keine Firma mit beschränkter Haftung, sie besteht nicht aus Individuen, die einander argwöhnisch beobachten und die fürchten, sie würden hereingelegt, betrogen, ausgebeutet. Jeder individuelle Widerstand im Namen imaginärer Rechte oder Bedürfnisse sprengt das gesellschaftliche und metaphysische Gefüge, das allein Vitalität besitzt.

Wir haben es hier nicht mit einem Autoritarismus zu tun, wie Bossuet oder de Bonald ihn verfochten haben. Die an Aristoteles orientierten symmetrischen Konstruktionen des Thomas von Aquin oder eines Suárez haben wir hier weit hinter uns gelassen und nähern uns in raschem Tempo den Welten der deutschen Ultranationalisten, der Feinde der Aufklärung, den Welten Nietzsches, Sorels, Paretos, D. H. Lawrences, Knut Hamsuns, Maurras', d'Annunzios, der Blut-und-Boden-Ideologie, die weit jenseits des traditionellen Autoritarismus liegen. Die Fassade von de Maistres System mag eine klassische sein, doch hinter ihr liegt etwas erschrekkend Modernes, das aller Anmut und allem Licht gewaltsam trotzt. Auch gleicht der Tonfall nicht im entferntesten dem des 18. Jahrhunderts, nicht dem der gewalttätigsten und hysterischsten Stimmen, die den Gipfel der Revolte bezeichnen – etwa de Sade oder Saint-Juste – und ebensowenig dem der eisigen Reaktionäre, die sich gegen die Vorkämpfer von Freiheit und Revolution hinter den dicken Mauern des mittelalterlichen Dogmas verschanzten. Die Lehre von der Gewalt als dem Kern der Dinge, der Glaube an die Macht der dunklen Mächte, die Verherrlichung der Ketten als des einzigen Mittels, um die selbstzerstörerischen Triebe des Menschen zu bändigen und ihm Erlösung zu bringen, der Appell an den blinden Glauben und wider die Vernunft, die Überzeugung, daß nur das Geheimnisvolle überleben kann, daß Erklären immer heißt, Ausflüchte suchen, die Rede von Blut und Selbstaufopferung, von nationaler Seele und den Strömen, die in ein einziges großes Meer fließen, die Lehre vom Unsinn des liberalen Individualismus und vor allem vom subversiven Einfluß der unkontrollierten, kritischen Intellektuellen – das alles haben wir seither oft gehört. In einfacherer und zweifellos sehr viel roherer Form, aber im Grunde genauso, wie de Maistre es gelehrt hat, bildet es den Kern aller totalitären Doktrinen.

VI.

Im Zentrum von de Maistres Philosophie steht der Angriff auf die Vernunft im Sinne der *philosophes* des 18. Jahrhunderts, und manches verdankt sie hierbei dem neuen Nationalgefühl, das, zumindest in Frankreich, aus den Revolutionskriegen erwuchs, manches auch der scharfen Kritik, die Burke an der Französischen Revolution, an der Vorstellung zeitloser, universaler Rechte und Werte übte, und dem Gewicht, das er auf das Konkrete legte, auf die bindende Kraft von Sitte und Tradition. De Maistre spottet über den englischen Empirismus, insbesondere über die Anschauungen von Bacon[39] und Locke, zollt jedoch dem öffentlichen Leben Englands widerstrebend Anerkennung, das für ihn wie für viele katholische Theoretiker eine provinzielle, von den universalen Wahrheiten der römischen Kirche abgeschnittene Kultur darstellt, aber bei weitem die beste, die sich erreichen läßt, wenn man nicht über den wahren Glauben verfügt, die größtmögliche Annäherung in diesseitigen Kategorien an die entfaltete, ideale Spiritualität,

[39] Der Kerngedanke der Abhandlung, die er der Widerlegung Bacons gewidmet hat, lautet, daß dieser nicht die metaphysische Kraft besessen habe, die nicht-empirischen Elemente der von ihm propagierten Wissenschaften zu verstehen; daß er allenfalls das Barometer klimatischer Veränderungen, nicht aber ihr Urheber gewesen sei, nicht so sehr ein »leidenschaftlicher Liebhaber der Wissenschaften« als vielmehr ihr »verliebter Eunuch« (VI, 533f.). Es mag eine gewisse Gerechtigkeit in dieser Bemerkung liegen, wenngleich de Maistre sie wahrscheinlich weder beabsichtigt noch bemerkt hat.

welche die englische Vorstellungskraft allerdings bedauerlicherweise nie erreicht hat. Die englische Gesellschaft ist bewundernswert, weil sie auf der bereitwilligen Hinnahme einer bestimmten Lebensweise beruht und weil sie nicht ständig danach strebt, ihre eigenen Grundlagen aufs neue zu überprüfen.[40] Wer eine Institution oder eine Lebensweise in Frage stellt, verlangt nach einer Antwort. Diese Antwort, von rationalen Argumenten gestützt, wird wiederum neue Fragen von der gleichen Art auslösen. Und jede Antwort läßt sich immer und immer wieder anzweifeln.

Läßt man einen solchen Skeptizismus zu, gerät der menschliche Geist in Unruhe, denn er sieht keine Lösung, die seinem Fragen ein für allemal ein Ende machen würde. Sind die Fundamente einmal erschüttert, läßt sich nichts Dauerhaftes mehr errichten. Zweifel und Veränderung, Zerrüttung von innen und von außen machen das Leben allzu problematisch. Erklären, so wie Holbach und Condorcet meinten, heißt, zum Verschwinden bringen und nichts stehen lassen. Individuen werden von Zweifeln geplagt, die sich nicht ausräumen lassen, Institutionen werden untergraben und durch andere Strukturen ersetzt, die ebenfalls zum Untergang verurteilt sind. Nirgendwo gibt es einen Ruhepunkt, keine Ordnung, keine Möglichkeit, ein geruhsames, harmonisches, zufriedenstellendes Leben zu führen.

Alles Feste muß vor solchen Angriffen geschützt werden. Hobbes hat das Wesen der Souveränität gewiß begriffen, als er die Herrschaft des Leviathan aus allen Verbindlichkeiten löste, indem er sie absolut und über alle Fragen erhaben machte. Aber Hobbes' Staat, ebenso wie der von Grotius und Luther, ist eine von Menschen entworfene Konstruktion, ungeschützt gegen die Fragen, die Atheisten und Utilitaristen in jedem Zeitalter unablässig gestellt haben: Warum so leben und nicht anders? Warum dieser Autorität gehorchen und nicht jener, oder gar keiner? Sobald man zuläßt, daß der Intellekt solche verwirrenden Probleme aufwirft, läßt er sich nicht mehr

[40] I, 246f.

bremsen; sobald der erste Schritt getan ist, gibt es kein Halten mehr, unaufhaltsam setzt die Fäulnis ein.

Es besteht wenig Zweifel, daß de Maistre bis zu einem gewissen Grad von Burke beeinflußt worden ist. Jeder Gegner der Französischen Revolution hat Waffen aus dieser großen Rüstkammer genommen. Aber er war kein Schüler dieses bedeutenden gegenrevolutionären Theoretikers aus Irland, obschon er voller Achtung von ihm spricht. Burkes behutsamer Konservativismus ist ihm ebenso fremd wie dessen Loblied auf den *Act of Settlement*, durch den der Usurpator Wilhelm von Oranien den frommen Katholiken Jakob II. seiner legitimen Rechte beraubte; ebensowenig ist Burkes Befürwortung von Kompromiß und Ausgleich oder das, was er über einen Gesellschaftsvertrag sagt, auch wenn es sich nur um einen Vertrag zwischen den Lebenden, den Toten und den Ungeborenen handelt, nach de Maistres Geschmack. Burke ist kein Theokrat, kein Absolutist, er ist nicht, wie der ultramontane de Maistre, auf Extreme versessen. Aber Burkes Verurteilung abstrakter Ideen, zeitloser, universeller politischer Wahrheiten, losgelöst von der historischen Entwicklung, losgelöst von dem organischen Wachstumsprozeß, in dessen Verlauf sich Menschen und Gesellschaften bilden, sein entschiedener Widerstand gegen die von Rousseau und seinesgleichen befürwortete Befreiung der Menschen aus der künstlichen, abwerfbaren Schale der Tradition, aus dem gesellschaftlichen Geflecht, dem inneren Leben von Gemeinschaften und Staaten, den ungreifbaren Banden, von denen Gesellschaften zusammengehalten werden und aus denen sie ihre Eigenart und ihre Kraft gewinnen – all das hat de Maistre mit Burke gemeinsam und vielleicht sogar bis zu einem gewissen Grade von ihm übernommen. Er zitiert ihn mit Vergnügen, doch der Einfluß jesuitischer Ideen blieb sehr viel stärker.

De Maistre erklärt in einer Sprache, die sich bisweilen zu klassischer Würde und Schönheit erhebt – Saint-Beuve sprach von seiner »unvergleichlichen Beredsamkeit«[41] –, daß rationa-

41 »Joseph de Maistre«, a.a.O., S. 422

listisches oder empirisches Erklären in Wirklichkeit nur ein Deckmantel der Sünde ist; denn in der Mitte der Welt liegt ein Geheimnis von undruchdringlicher Dunkelheit. Die Autorität aller wichtigen Gesellschaftskräfte, die Autorität der Starken, der Reichen, der Großen über die Schwachen, die Armen, die Kleinen, das Recht, Gehorsam zu verlangen, das den Eroberern und Priestern, den Familienoberhäuptern, der Kirche und dem Staat zukommt, fließt aus dieser okkulten Quelle, deren Macht gerade darauf beruht, daß sie vor den Erkundungen der Vernunft verschlossen bleibt. »Mir scheint, man kann sagen: die Könige befehlen Ihnen, und Sie marschieren.«[42] Eine solche Autorität ist absolut, weil es keine Methode gibt, sie in Frage zu stellen, und sie ist allmächtig, weil es keine Möglichkeit gibt, sich ihr zu widersetzen. Die Religion ist der Vernunft nicht deshalb überlegen, weil sie mit überzeugenderen Antworten aufwarten kann, sondern weil sie keine Antwort gibt. Sie überzeugt nicht und sie argumentiert nicht, sie befiehlt. Der Glaube ist wahrer Glaube nur, wenn er blind ist; sobald er sich nach Rechtfertigung umsieht, ist es um ihn geschehen. Alles Starke, Dauerhafte, Wirksame in der Welt liegt jenseits der Vernunft und ist in einem gewissen Sinne gegen sie gerichtet. Erbmonarchie, Krieg, Ehe überdauern gerade deshalb, weil sie sich nicht verteidigen lassen und deshalb auch nicht durch Widerlegung aus der Welt geschafft werden können. Der Irrationalität wohnte eine Überlebensgarantie inne, auf die die Vernunft niemals hoffen kann. All die ungeheuerlich anmutenden Paradoxa de Maistres entfalten diese zu ihrer Zeit ganz und gar neue These.

De Maistres Lehre weist offenbar Ähnlichkeiten mit den Angriffen älterer Verteidiger der Religion auf Rationalismus und Skeptizismus auf (zum Beispiel mit den Angriffen der Illuminaten-Sekten und des von de Maistre geschätzten modernen Mystikers Saint-Martin), sie unterscheidet sich von ihnen jedoch nicht bloß durch ihre Heftigkeit, sondern auch dadurch, daß sie das zum Vorzug erhebt, was früher als eine

[42] V, 2.

mögliche Schwäche, jedenfalls als eine Schwierigkeit der theokratischen Lebensauffassung angesehen wurde. Diese Lehre steht für die Rückkehr zu dem kühnen, absoluten Irrationalismus der frühen Kirche und wendet sich von dem eingeschränkten Rationalimus des Hl. Thomas und der großen Theologen des 16. Jahrhunderts ab, von denen sich de Maistre seinem Bekunden nach anregen ließ. Er spricht zwar von göttlicher Vernunft und von Vorsehung, die letztlich alles nach ihrem unergründlichen Willen formt. Aber die göttliche Vernunft ist für ihn etwas ganz anderes als jene Instanz, auf die sich die Deisten des 18. Jahrhunderts beriefen, jene Vernunft, die Gott dem Menschen eingepflanzt hat und die die Quelle der epochemachenden Triumphe von Galilei und Newton ist, ein Werkzeug, mit dem man nach den Plänen wohlwollender Despoten oder weiser Volksversammlungen rationales Glück erzeugen kann. Für de Maistre ist die göttliche Vernunft eine transzendente und daher dem Menschenauge verborgene Macht. Sie läßt sich nicht aus einer mit einfachen menschlichen Mitteln zu gewinnenden Erkenntnis ableiten; ein kurzer Blick auf sie wird zuweilen jenen gewährt, die sich in die göttlichen Offenbarungen versenkt haben und so aus der von der göttlichen Vorsehung determinierten Natur und Geschichte lernen können, auch wenn sie die Methoden und Zwecke dieser Vorsehung nicht begreifen. Sie sind zuversichtlich, weil sie den Glauben haben. Sie stellen nicht in Frage, weil sie weise genug sind, zu begreifen, wie töricht es wäre, menschliche Kategorien auf die Macht Gottes anzuwenden. Vor allem halten sie nicht Ausschau nach allgemeinen Theorien, die alles erklären sollen. Denn nichts ist für die wahre Weisheit verhängnisvoller als wissenschaftlich begründete allgemeine Prinzipien.

De Maistre hegte sehr scharfsinnige, bemerkenswert moderne Vorstellungen von den (von den französischen *lumières* weitgehend verkannten) Gefahren allgemeiner Prinzipien und ihrer Anwendung. Theoretisch und praktisch besaß er ein außerordentliches Gespür für die Unterschiedlichkeit von Kontexten, von Inhalten, von historischen Umständen und Situationen, von gedanklichen Ebenen, für die Bedeutungsnuancen, die Wörter und Wendungen in unterschiedlichen Zusammenhängen annehmen, für die Vielfalt und Ungleichartigkeit der möglichen Beziehungen zwischen Sprache und Denken. Jede Disziplin besitzt in seinen Augen ihre eigene Logik, und immer wieder betont er, daß die Anwendung theologischer Grundsätze auf die Naturwissenschaften oder die Anwendung von Konzepten der formalen Logik auf die Geschichte in Absurditäten mündet. Jeder Bereich hat seine eigene Spielart von Glauben, seine eigenen Beweismethoden. Eine universelle Logik oder eine Universalsprache beraubt die von ihr gebrauchten Symbole jenes Bedeutungsreichtums, den sie als semantischen Niederschlag im Laufe eines kontinuierlichen Prozesses angesammelt haben, in dem das bloße Vergehen der Zeit eine alte Sprache bereichert und ihr die fein abgestuften, geheimnisvollen Eigenschaften einer uralten, dauerhaften Institution verleiht. Die genauen Assoziationen und Konnotationen der Wörter, die wir verwenden, zu analysieren ist nicht möglich, sie zu verwerfen wäre selbstmörderischer Wahnsinn. Jedes Zeitalter verfügt über eine eigene Sicht; die Vergangenheit im Licht unserer eigenen zeitgenössischen Werte zu erklären oder gar zu beurteilen, würde die Geschichte in Unsinn verwandeln, und oft genug ist dies geschehen.

De Maistre entwickelt seine Überlegungen in einer Sprache, die an Burke, an Herder und Chateaubriand erinnert. »Das Christentum wirkte auf göttliche Weise und aus eben diesem Grunde langsam, denn alle legitimen Wirkungen, welcher Art sie auch sein mögen, vollziehen sich unmerklich. Wo man Lärm, Umsturz, Ungestüm, Zerstörung etc. antrifft, kann man gewiß annehmen, daß Verbrechen und Wahnsinn am Werke sind: *Non in commotione Dominus*.«[43]

Alles wächst, nichts Gutes oder Dauerhaftes entsteht über Nacht. Alles Improvisieren trägt den Keim des raschen Verfalls in sich, und das entscheidende Verbrechen der Revolutionen besteht darin, daß sie versuchen, die Dinge durch einen Wink mit dem Zauberstab – abrupt und gewalttätig – zu verändern.

[43] VIII, 282.

Jedes Land, jede Nation, jeder Verband von Menschen hat eigentümliche Traditionen, die sich nicht exportieren lassen. Die Spanier zum Beispiel machen einen großen Fehler, wenn sie versuchen, das britische Verfassungssystem zu übernehmen, und die Griechen machen einen Fehler, wenn sie glauben, sie könnten über Nacht ein Nationalstaat werden. Einige von de Maistres Prophezeiungen haben sich auf komische Weise als falsch erwiesen: es sei klar, so verkündete er, daß eine Stadt Washington nie gebaut werden würde, und wenn sie gebaut würde, so würde man sie niemals Washington nennen, und selbst wenn sie diesen Namen trüge, würde sie niemals der Sitz des Kongresses werden.[44]

Die Abstraktion hat in der physikalischen Welt genauso verhängnisvolle Auswirkungen wie in der sozialen. De Maistre macht sich über jenes alles spendende, alles erklärende Wesen lustig, das die Enzyklopädisten unter dem Namen Natur verehrten. »Wer um alles in der Welt ist diese Frau?«[45] Für ihn ist die Natur ganz und gar nicht die wohltätige Spenderin alles Guten, die Quelle allen Lebens, allen Wissens und allen Glücks, sondern ein ewiges Rätsel, grausam in ihren Methoden, ein Schauplatz von Brutalität, Schmerz und Chaos; sie dient Gottes unerforschlichem Zweck, nur selten ist sie eine Quelle des Trostes oder der Aufklärung.

[44] I, 88. Geirrt hat er sich auch im Hinblick auf die Zukunft des griechischen Königreiches und hat sich durch seine düsteren und, wie sich herausstellte, grundlosen Warnungen nur den Ruf eines obstruktionistischen Eiferers erworben, jedenfalls in den Augen des griechischen Patrioten Alexander Ipsilantis, der mit ihm das St. Petersburger Exil teilte und über dessen Absichten de Maistre durch eine ehrgeizige fanariotische Dame unterrichtet wurde, Roxandra Sturdza, die spätere Gräfin von Edling, die auch mit Sainte-Beuve korrespondierte und der de Maistre in seinen Briefen Klatsch aus der Gesellschaft mitteilte und väterliche Ratschläge gab. Der Briefwechsel hörte auf, als de Maistres Position in St. Petersburg politisch unsicher wurde und die Gräfin den Eindruck gewann, daß die einst nützliche Freundschaft zu einer politischen Belastung zu werden begann.

[45] IV, 132f.

Das 18. Jahrhundert ist erfüllt von Lobliedern auf die einfachen Tugenden des edlen Wilden. Wilde, so belehrt uns de Maistre, sind nicht edel, sie sind grausam, zügellos und gewalttätig. Jeder, der unter ihnen gelebt hat, kann bezeugen, daß sie der Abschaum der Menschheit sind. Sie sind durchaus nicht die unverdorbenen Modelle, die urwüchsigen Muster eines natürlichen Geschmacks und einer natürlichen Sittlichkeit, denen die Nationen des Abendlandes durch die Zivilisation entfremdet wurden, sondern sie sind die verworfenen Modelle, die Opfer, die im Laufe des göttlichen Schöpfungsprozesses auf der Strecke blieben. Die christlichen Missionare, die man zu diesen Geschöpfen geschickt hat, haben mit zuviel Freundlichkeit von ihnen gesprochen. Daraus, daß diese wohlmeinenden Priester sich nicht dazu durchringen konnten, irgendwelchen Geschöpfen Gottes jene Verkommenheit und jene Lasterhaftigkeit zu attestieren, auf die sie tatsächlich herabgesunken sind, folgt nicht, daß diese bedauernswerten Fälle von Entwicklungsstillstand Muster darstellen, an die wir uns halten sollten. Wozu fordern Rousseau und seinesgleichen uns denn auf? De Maistre knüpft hier an eine berühmte Passage bei Montesquieu an: »Der Wilde fällt den Baum, um seine Frucht zu erlangen; er spannt den Ochsen, den ihm die Missionare anvertraut haben, aus und kocht ihn mit dem Holz des Wagens. Seit dreihundert Jahren beobachtet er uns und wollte von uns doch nie etwas anderes als Pulver, um seinesgleichen zu töten, und Schnaps, um sich selbst zu töten . . . Er ist diebisch, er ist grausam, er ist zügellos, aber er ist es auf andere Weise als wir. Um Verbrechen zu begehen, müssen wir gegen unsere Natur handeln: der Wilde hingegen folgt der seinen; er empfindet Gefallen am Verbrechen, er hat keinerlei Gewissensbisse.«[46] Sodann erschreckt de Maistre mit einer Aufzählung der typischen Vergnügungen im Leben der Wilden: Vatermord, Ausweiden der Gefährten, Skalpieren, Kannibalismus, grobe Ausschweifungen. Welchem Zweck dienen die Wilden innerhalb der Schöpfung? Sie sollen uns Mahnung sein. Sie sollen

[46] IV, 84f.

uns zeigen, wie tief der Mensch sinken kann. Die Sprache der wilden Stämme hat nicht die urwüchsige Kraft und Schönheit eines Anfangs, sondern das Wirre und Häßliche des Verfalls. Sie ist »der Schutt alter, in Trümmern liegender Sprachen«.[47]

Was nun Rousseaus Naturzustand, in dem die Wilden leben sollen, und die sogenannten Menschenrechte angeht, die sie angeblich anerkennen und in deren Namen Europa und Frankreich in grausame Blutbäder gestürzt wurden – worin bestehen diese Rechte eigentlich? Welchen Menschen sind sie angeboren? Kein metaphysisches, magisches Auge wird je irgendwelche abstrakten Entitäten, genannt Rechte, entdecken, die sich nicht von einer bestimmten menschlichen oder göttlichen Autorität herleiten. Wie es keine Dame mit Namen Natur gibt, so gibt es auch kein Geschöpf mit Namen »der Mensch«. Und doch wurden im Namen dieser Schimäre Revolutionen angezettelt und unsägliche Greuel verübt.

> »Vor vierhundert oder fünfhundert Jahren [so schreibt de Maistre in seiner Denkschrift über Rußland] hätte der Papst eine Handvoll unbotmäßiger Anwälte exkommuniziert, die dann nach Rom gegangen wären, um die Absolution zu erlangen. Die großen Herren ihrerseits hätten ein paar aufrührerische Pächter [*censitaires*] auf ihren Ländereien gemaßregelt, und die Ordnung wäre erhalten geblieben. Nachdem in unserer Zeit die beiden Anker der Gesellschaft, die Religion und die Sklaverei, gleichzeitig versagt haben, ist das Schiff vom Sturm abgetrieben worden und zerschellt.«[48]

Erst als die Autorität der römischen Kirche gefestigt war, konnte die Sklaverei abgeschafft werden und wurde dann auch abgeschafft.

Der Rationalismus führt zu Atheismus, Individualismus, Anarchie. Das soziale Gefüge hält nur deshalb zusammen, weil die Menschen diejenigen anerkennen, die ihnen von Natur aus überlegen sind; sie gehorchen, weil sie über ein Gespür für natürliche Autorität verfügen, das keine rationalistische Philo-

[47] IV, 63.
[48] VIII, 283f.

sophie mit Argumenten tilgen kann. Es kann keine Gesellschaft ohne Staat geben; keinen Staat ohne Souveränität, die eine letzte Instanz bildet; keine Souveränität ohne Unfehlbarkeit; keine Unfehlbarkeit ohne Gott. Der Papst ist Gottes Stellvertreter auf Erden, alle legitime Autorität leitet sich von ihm her.

So lautet de Maistres politische Theorie, die in späteren Jahren reaktionäre, obskurantistische und zuletzt faschistische Ideen stark geprägt hat und für herkömmliche Konservative und Kirchenleute stets eine Quelle des Unbehagens blieb. Unmittelbarer war ihre anregende Wirkung auf den ultramontanen, anti-etatistischen Autoritarismus in Frankreich und auf bestimmte anti-politische, theokratische Tendenzen in Spanien, in Rußland und auch in Frankreich. De Maistres Auffassung von der göttlichen Autorität ist nicht nur antidemokratisch, sie steht auch in einem absoluten Gegensatz zu individueller Freiheit, zu sozialer und ökonomischer Gleichheit und zu den politischen Implikationen von Brüderlichkeit. Auch von ihm könnte die Bemerkung stammen, die man Metternich zuschreibt: Hätte ich einen Bruder, so würde ich ihn Vetter nennen. Ein liberaler Katholizismus wäre de Maistre absurd erschienen, als ein Widerspruch in sich – und Anzeichen einer solchen Tendenz bei seinem alten papalistischen Verbündeten Lamennais beunruhigten ihn während seiner letzten Lebensjahre. Brandes bemerkt mit Recht, für die Liberalen verkörpere de Maistre all das, wogegen sie angetreten seien, und zwar nicht, weil er einer jener Reaktionäre gewesen wäre, die in der Vergangenheit leben und sich als obsoletes Überbleibsel einer verdrängten Zivilisation durch die Gegenwart schleppen, sondern im Gegenteil, weil er seine Epoche nur zu gut verstand und sich ihren liberalen Neigungen mit den neuesten intellektuellen Waffen der Zeit tatkräftig widersetzte.

Der gefährlichste Feind der Menschheit – der Zerstörer, dessen Ziel und Aufgabe darin besteht, die Fundamente zu untergraben, auf denen alle Gesellschaften ruhen – ist der Protestant, der Mensch, der seine Hand wider die universale Kirche erhebt. Bayle, Voltaire und Condorcet sind nur schwächliche, säkulare Schüler der großen Umstürzler – Luthers, Calvins und ihrer Gefolgsleute. Der Protestantismus ist die Revolte der individuellen Vernunft oder des individuellen Glaubens und Gewissens gegen den blinden Gehorsam, der die einzige Basis jeder Autorität ist; daher ist er im Grunde eine politische Rebellion. Ohne Bischof kein König. Katholiken, so erklärt de Maistre in seinen *Réflexions sur le protestantisme*, haben nie gegen souveräne Herrscher rebelliert, nur Protestanten haben dies getan.[49] Diese verblüffende These stützt er mit einem Argument von monströser Spitzfindigkeit: da seit Konstantin Staat und Kirche eine Einheit bildeten, seien Akte der Empörung von Katholiken – zum Beispiel die Ermordung häretischer Herrscher durch katholische Eiferer – eine Revolte nicht gegen die wahre Autorität, sondern gegen Usurpatoren gewesen. Die spanische Inquisition sei eine Methode gewesen, nicht nur den wahren Glauben, sondern auch jenes Mindestmaß an Sicherheit und Stabilität zu bewahren, ohne das keine Gesellschaft überdauern kann. Nach de Maistres Ansicht ist die Inquisition oft falsch dargestellt worden.[50] In den meisten Fällen war sie ein Instrument milder, wohltätiger Umerziehung, das viele Seelen zur Reue und zur Rückkehr in den wahren Glauben veranlaßte. Sie bewahrte Spanien vor den verheerenden religiösen Konflikten, zu denen es in Frankreich, England und Deutschland kam, und schützte so die nationale Einheit jenes frommen Königreiches. (Damit ging de Maistre zu weit. Philip II. hätte diese Apologie wohl zugesagt, doch selbst unter den eifrigsten Vorkämpfern des Klerikalismus fand sie wenig Anklang.) Die erfolgreiche Herausforderung der kirchlichen Autorität sei für das Blutvergießen und das Chaos verantwortlich gewesen, unter dem Deutschland im Dreißigjährigen Krieg zu leiden hatte. Kein Land könne gegen die Kirche rebellieren und zugleich Größe erlangen. Insofern sei die Widerrufung des Edikts von Nantes schon allein aus patriotischen

[49] VIII, 67.

[50] Siehe seine *Lettres à un gentilhomme russe sur l'inquisition espagnole*, III, 283–401.

Erwägungen gerechtfertigt gewesen. »In einem überlegenen Zeitalter ist alles überlegen. Die Minister und Beamten Ludwigs XIV. waren auf ihrem Gebiet genauso groß wie seine Generäle, seine Maler, seine Gärtner auf den ihren ... Was unsere elende Zeit Aberglauben, Fanatismus, Intoleranz usw. nennt, war ein notwendiger Bestandteil von Frankreichs Größe.«[51] Der Calvinismus war der gefährlichste Feind dieser Größe: er wurde in Frankreich so lange untergraben, bis er gestürzt werden konnte, und als er fiel, bellte kein Hund nach ihm. Diejenigen, die erklären, mit diesem Schritt habe Frankreich talentierte Handwerker verloren, die in die Emigration gingen und mit ihren Fertigkeiten andere Länder bereicherten, diejenigen, die sich von solchen »Krämereinwänden« [*objections boutiquières*] beeindrucken lassen, sollen »anderswo nach Antworten Ausschau halten, nicht in meinen Büchern«.[52]

Die Jansenisten waren nicht viel besser: Ludwig XIV. machte Port-Royal dem Erdboden gleich, er ließ einen Wagen darüberrollen und »ließ gutes Korn wachsen, wo vorher nur schlechte Bücher gediehen waren«.[53] Im Hinblick auf Pascal dekretiert de Maistre, daß er Port-Royal nichts verdanke. Die Häresie muß ausgerottet werden; halbherzige Maßnahmen werden stets auf jene zurückfallen, die nicht weit genug gehen. »Ludwig XIV. trat den Protestantismus in den Staub und starb hoch betagt in seinem Bett, im Glanz des Ruhms. Ludwig XVI. hätschelte ihn und starb auf dem Schafott.«[54] »Keine Institution ist gefestigt oder dauerhaft, wenn sie allein auf menschlicher Kraft beruht; Geschichte und verständige Überlegung beweisen gleichermaßen, daß die Wurzeln jeder großen Institution außerhalb dieser Welt liegen. ... Vor allem die Souveränitäten besitzen nur in dem Maße Kraft, Einheit und Stabilität, wie sie durch die Religion geheiligt [*divinisées*] sind.«[55]

[51] VIII, 81.
[52] VIII, 82.
[53] III, 184.
[54] VIII, 82.
[55] VIII, 94.

De Maistre verfügte über ein unvergleichliches Verständnis für die Wertvorstellungen, gegen die er kämpfte. Kein Maßstab, so bemerkte er, sei so unfehlbar wie die Gottlosigkeit. Man müsse nur darauf sehen, was sie haßt, durch was sie in Empörung versetzt wird, was sie immer und überall mit Wut angreift – das sei die Wahrheit. Nach einer Formulierung von Anatole France war er »*l'adversaire de tout son siècle*«.[56] Solche Aktivität ist nicht reaktionär, sondern konterrevolutionär, nicht passiv, sondern aktiv, kein vergeblicher Versuch, die Vergangenheit wiederherzustellen, sondern das ernstzunehmende, tatkräftige Bestreben, die Zukunft einer Vision von der Vergangenheit zu unterwerfen, die keineswegs bloß der Phantasie entsprungen ist, sondern vielmehr durch eine beklemmend realistische Deutung des Zeitgeschehens gestützt wird.

De Maistre war kein romantischer Pessimist, wie man dies von Chateaubriand oder Byron, von Büchner oder Leopardi sagen könnte. Die Weltordnung war in seinen Augen weder chaotisch noch ungerecht, sie war, im Licht des Glaubens, so, wie sie sein mußte und sein sollte. Denen, die in jedem Zeitalter fragten, warum die Guten darben, während die Schlechten ein angenehmes Leben führen, hielt er entgegen, eine solche Ansicht beruhe auf einem kindlichen Mißverständnis der göttlichen Gesetze und ihres Wesens. »*Rien ne marche au hasard . . . tout a sa règle.*«[57] Wenn es ein Gesetz gibt, dann kann es keine Ausnahmen dulden; wenn ein guter Mensch in eine schlechte Zeit gerät, dann können wir nicht erwarten, daß Gott die Gesetze, ohne die alles in Chaos versinken würde, zum Nutzen eines Einzelnen abändert. Wenn ein Mensch an Gicht leidet, ist das ein Unglück für ihn; aber dies veranlaßt ihn nicht, am Bestehen der Naturgesetze zu zweifeln, im Gegenteil, die medizinische Wissenschaft, an die er sich wendet, setzt diese Gesetze gerade voraus. Wenn ein Gerechter Katastrophen erleidet, so ist auch dies kein Grund, an der Existenz einer guten Macht zu zweifeln, die die Welt regiert. Bestehende Gesetze

[56] Anatole France, *Le Génie latin*, Paris 1913, S. 242.

[57] IX, 78; vgl. III, 394.

können individuelles Mißgeschick nicht verhindern; Gesetze können nicht so angelegt sein, daß sie auf Einzelfälle passen, denn dann wären sie keine Gesetze mehr. Es gibt ein bestimmtes Maß an Sünde in der Welt, und gesühnt wird es durch einen entsprechendes Maß an Leiden; darin besteht das göttliche Prinzip. Aber es ist nicht gesagt, daß menschliche Gerechtigkeit oder rationaler Ausgleich das göttliche Handeln lenken müssen, daß jeder einzelne Sünder an sich selbst bestraft werde – zumindest nicht in dieser Welt. Solange das Böse in der Welt ist, wird irgendwo Blut fließen; das Blut der Schuldlosen und der Schuldigen ist das Mittel, mit dem die Vorsehung die sündige Menschheit erlöst. Die Unschuldigen werden, wenn nötig, stellvertretend für andere niedergemetzelt, bis das Gleichgewicht hergestellt ist. Darin besteht de Maistres Theodizee – das ist seine Erklärung für die Schreckensherrschaft Robespierres, die Rechtfertigung alles unausweichlich Bösen in der Welt.

De Maistres berühmte Theorie der Opfer gründet in der Annahme, daß Verantwortung nichts Individuelles, sondern etwas Kollektives ist. Wir alle haben in Sünde und Leiden Anteil an allen anderen Menschen. Daher werden die Sünden der Väter unweigerlich an den Kindern vergolten, auch wenn diese als Einzelne unschuldig sind. Denn an wem sollten sie sonst vergolten werden? Böse Taten können auch in dieser Welt nicht für immer ungesühnt bleiben, ebensowenig wie ein Ungleichgewicht in der physischen Welt für immer fortbestehen kann. De Maistre »sah in der Geschichte nur zwei Elemente am Werk«, so bemerkte Lamennais in späteren Jahren bekümmert: »auf der einen Seite das Verbrechen, auf der anderen die Strafe. Ihm war eine großzügige, edle Seele gegeben, aber alle seine Bücher sind wie auf dem Schafott geschrieben.«[58]

[58] Brief vom 8. Oktober 1834 an die Comtesse de Senfft: Félicité de Lamennais, *Correspondance générale*, hrsg. von Louis le Guillou, Paris 1971–1981, Bd. 6, Brief 2338, S. 307.

VII.

Der Protestantismus hat die Einheit der Menschheit zerbrochen und Chaos, Elend, gesellschaftlichen Zerfall erzeugt. Die Philosophen des 18. Jahrhunderts empfahlen als Heilmittel gegen diese *malaise* die Regulierung des menschlichen Daseins durch einen rationalen Plan. Aber Pläne scheitern gerade deshalb, weil sie rational, weil sie Pläne sind. Der Krieg ist scheinbar eine der planvollsten Aktivitäten der Menschen. Aber niemand, der je eine Schlacht miterlebt hat, mag behaupten, daß die von den Generälen ausgegebenen Befehle das Geschehen bestimmen. Weder der General noch seine Untergebenen können erklären, was eigentlich vor sich geht; der Lärm der Gewehre, das Chaos, die Schreie der Verwundeten und Sterbenden, die verstümmelten Leiber – »fünf oder sechs verschiedene Arten von Trunkenheit«[59] –, Gewalt und Unordnung sind zu groß. Auf die klugen Anordnungen von Generälen werden Siege nur von denjenigen zurückgeführt, die nicht begriffen haben, aus welchen Faktoren sich das Leben zusammensetzt. Wer erringt einen Sieg? Jene, die von dem unerklärlichen Gefühl ihrer Überlegenheit erfüllt sind; weder die Truppen noch die Generäle können im Kampf erkennen, wie viele Gefallene sie selbst und wie viele die Feinde zu beklagen haben. »Die Phantasie ist es, die Schlachten verliert.«[60] Der Sieg ist eher ein moralisches und psychologisches als ein dingliches Ereignis und verdankt sich einem geheimnisvollen Glaubensakt; er ist nicht die erfolgreiche Konsequenz eines sorgfältig vorbereiteten Planes oder schwacher menschlicher Willenskräfte.

De Maistres Überlegungen in dem berühmten siebten Gespräch der *Soirées* darüber, wie Schlachten geschlagen und gewonnen werden, sind wahrscheinlich die beste und anschaulichste Formulierung des bei ihm häufig wiederkehrenden Gedankens, daß auf dem Schlachtfeld ein unvermeidliches

[59] V, 35.
[60] V, 34.

Chaos herrsche und daß die Anweisungen der Befehlshaber unmaßgeblich seien – eines Gedankens, der später für Stendhals Roman *Die Kartause von Parma*, in der Schilderung von Fabrice auf dem Schlachtfeld von Waterloo, große Bedeutung gewann und offensichtlich auch einen prägenden Einfluß auf die Auffassung vom menschlichen Handeln hatte, die Tolstoi (von dem man weiß, daß er de Maistre gelesen hat) in *Krieg und Frieden* entwickelte. Tatsächlich ist dieser Gedanke bestimmend für de Maistres und Tolstois Anschauung vom Leben überhaupt. Das Leben ist kein Kampf im Sinne des Zoroastrismus, keine Auseinandersetzung zwischen Licht und Dunkelheit, wie Demokraten und Rationalisten es darstellten, die in der Kirche die Dunkelheit erblickten, oder wie umgekehrt auch die frommen Verfechter des Autoritarismus meinten, die die Dunkelheit in den bösen Kräften des Atheismus sahen; das Leben gleicht vielmehr der blinden Verwirrung eines permanenten Schlachtfeldes, auf dem die Menschen, weil sie nicht anders können, nach den geheimnisvollen Ratschlüssen kämpfen, mit denen Gott die Welt regiert. Auch das Ergebnis dieses Kampfes hängt nicht von der Vernunft oder der Stärke und auch nicht von der Tugend ab, sondern von der Rolle, die einem Einzelnen oder einer Nation in dem universalen, unerforschlichen Drama des historischen Daseins zugewiesen worden ist. Und von dem Part, der uns in diesem Drama übertragen wurde, können wir bestenfalls einen winzigen Bruchteil begreifen. Es ist eitle Torheit, so zu tun, als könnte man das Ganze verstehen, und noch unsinniger wäre es, anzunehmen, wir könnten es durch überlegene Weisheit verändern. Habt Vertrauen und handelt so, wie der Herr durch seinen Stellvertreter auf Erden es befiehlt.

»Verlieren wir uns nicht in Systemen!«[61] De Maistre lehnt vor allem jene Systeme ab, die auf einer Methode zu beruhen scheinen, die eine Verbindung zu den Naturwissenschaften für sich in Anspruch nimmt. Schon die Sprache der Naturwissenschaft erscheint de Maistre niedrig, und prophetisch bemerkt

[61] VIII, 294.

er, die Erniedrigung der Sprache sei stets das sicherste Zeichen für die Erniedrigung eines Volkes.[62] De Maistres Interesse an der Sprache ist ausgeprägt, und seine eindringlichen Gedanken hierüber weisen selbst dort, wo sie zur Übertreibung neigen, auf das Denken des 20. Jahrhunderts voraus. Seine These lautet, wie alle alten Institutionen, wie das Königtum, die Ehe, die Gottesverehrung, sei auch die Sprache ein Geheimnis göttlichen Ursprungs. Manche vermuten, die Sprache sei eine willkürliche Erfindung des Menschen, eine Technik zur Erleichterung der Kommunikation. Diesen Theoretikern zufolge kann man Gedanken ohne Symbole denken: zuerst denken wir, und dann halten wir Ausschau nach passenden Symbolen, um unsere Gedanken auszudrücken, wie nach Handschuhen, die an eine Hand passen. Diese Lehre, die von einfachen Menschen und ziemlich unkritisch auch von einer ganzen Anzahl von Philosophen bis in unsere Tage verfochten wird, lehnen de Maistre und vor allem de Bonald entschieden ab. Denken heißt Symbole, heißt ein artikuliertes Vokabular benutzen. Gedanken sind Wörter, wiewohl unausgesprochene; »*la pensée et la parole*«, so erklärt de Maistre, »*ne sont que deux magnifiques synonymes*«.[63] Die Ursprünge der Wörter – der gewöhnlichsten von allen Symbolen – sind die Ursprünge des Denkens. Es kann keinen Moment gegeben haben, in dem der Mensch die erste Sprache erfand, denn um zu erfinden, muß man denken, und denken heißt Symbole, also Sprache, verwenden. Der Gebrauch der Wörter im allgemeinen kann ebensowenig künstlich erfunden worden sein wie der »Gebrauch« von Gedanken, mit dem er identisch ist. Und das Nichterfundene ist für de Maistre das Geheimnisvolle, das Göttliche.

Man kann die Vorstellung, alles nicht künstlich Erzeugte sei notwendigerweise göttlichen Ursprungs, zurückweisen und dennoch einräumen, daß die Identifikation von Denken und Sprache als eines natürlichen Phänomens, mit dem sich Naturwissenschaften wie die Biologie und die Sozialpsychologie

[62] IV, 63.
[63] IV, 119.

beschäftigen können, überaus originell ist. Der Keim zu dieser wichtigen Idee liegt vielleicht in dem von de Maistre zitierten berühmten Gleichnis in Platons *Theaitetos*, wo die Sprache als eine »Rede, die der Geist sich selbst hält« bezeichnet wird.[64] Aber wenn es sich so verhält, dann fiel dieser Keim zunächst auf steinigen Boden. Hobbes scheint diese Wahrheit selbständig wiederentdeckt zu haben, und sie steht auch dem Kern von Vicos Gedankensystem nahe, mit dem de Maistre vertraut gewesen sein soll.[65]

Ausgiebig macht sich de Maistre über die Spekulationen des 18. Jahrhunderts hinsichtlich des Ursprung der Sprache lustig. Rousseau, so erklärt er, hat sich noch gewundert, wie es dazu gekommen sei, daß die Menschen begannen, Wörter zu verwenden, aber der allwissende Condillac habe die Antwort hierauf und auf alle anderen Fragen gewußt: die Sprache entstand offensichtlich als ein Ergebnis der Arbeitsteilung. Eine Generation von Menschen sagte *Ba*, eine andere fügte *Be* hinzu; die Assyrer erfanden den Nominativ und die Meder den Genitiv.[66] Diese Ironie war angesichts des entschiedenen Mangels an Geschichtsbewußtsein bei einigen der fanatischeren *philosophes* durchaus angebracht; für den Rest von de Maistres Theorie gab es keine Rechtfertigung dieser Art. Da die Wörter gleichsam das Behältnis des Denkens und Empfindens unserer Vorfahren, ihres Selbstbildes und ihrer Anschauungen von der äußeren Welt sind, verkörpern sie auch ihre bewußte und unbewußte Weisheit, ihre von Gott sich herleitende Erfahrung. Deshalb sind alte und traditionelle Texte, vor allem jene in heiligen Büchern, die die unvordenkliche, durch das Weltgeschehen modifzierte und angereicherte Weisheit des Menschengeschlechts zum Ausdruck bringen, wertvolle Bergwerke, aus denen Sachverstand, Fleiß und Geduld viel verborgenes

[64] Ebd.

[65] Siehe Elio Gianturco, *Joseph de Maistre and Giambattista Vico: Italian Roots of Maistre's Political Culture* (Phil. Diss. Columbia University), Washington 1937.

[66] IV, 88.

Gold zutage fördern können. Die mittelalterliche Philosophie wurde wegen ihrer Suche nach verborgenem Sinn und ihrer umständlichen Methoden bei der Deutung heiliger Texte oft verspottet; aber für de Maistre, der wie Vico und wie die deutschen Romantiker in der Sprache keine Erfindung des Menschen sieht, ist sie ein Schürfen nach verborgenem Wissen, eine Art Psychoanalyse des kollektiven Unbewußten der Menschheit oder zumindest der Christenheit. Nur im Dunkeln kann man große, verborgene Schätze finden. Deshalb ist die von den Enzyklopädisten geforderte Klarheit in seinen Augen die entscheidende Ursache dafür, daß sich alles Tiefe und Fruchtbare, das in den Wörtern liegt, verflüchtigt; sie vernichtet das, was sie wertvoll macht, und entzieht ihnen ihren Sinn. Genauso könnte man natürlich auch ein Plädoyer für die Astrologie und die Alchemie halten, aber das schreckte de Maistre nicht. Er interessierte sich nicht für die Methoden der Naturwissenschaften, er interessierte sich für den Visionär Swedenborg und die mystische Erklärung von Naturphänomenen, und er hätte ebenso bereitwillig wie sein Zeitgenosse William Blake der These zugestimmt, daß in den okkulten Wissenschaften mehr Weisheit zu finden sei als in den Lehrbüchern der modernen Chemie oder Physik. Außerdem kann der politische Wert heiliger Bücher nicht hoch genug veranschlagt werden.[67]

Denken *ist* Sprache, es birgt die ältesten historischen Erinnerungen eines Volkes oder einer Kirche in sich, und deshalb läuft das Bestreben, den Sprachgebrauch zu reformieren, darauf hinaus, die Kraft und den Einfluß dessen zu zerstören, was besonders geheiligt, besonders weise, besonders verbindlich ist. Natürlich wünschte sich Condorcet eine Universalsprache, um die Kommunikation zwischen den aufgeklärten Menschen

[67] »Comment la Turquie est-elle gouvernée? Par l'Alcoran . . . sans lui le trône ottoman disparaîtrait en un clin d'œil. Comment la Chine est-elle gouvernée? Par les maximes, par les lois, par la religion de Confucius, dont l'esprit est le véritable souverain qui gouverne depuis deux mille cinq cents ans . . .« VIII, 290.

aller Nationen zu erleichtern, denn eine solche Sprache hätte von abergläubischen Vorstellungen und Vorurteilen, die sich im Laufe der Jahrhunderte in den Sprachen angehäuft haben, »gereinigt« werden können und hätte nicht länger jene Illusionen gedeihen lassen, die, nach Condorcets Meinung, heute unter den Decknamen Theologie und Metaphysik im Schwange sind. Aber, so fragt de Maistre, welches sind diese Vorurteile und diese abergläubischen Vorstellungen? Wir ahnen bereits, wie seine Antwort ausfallen wird: Es sind eben jene Überzeugungen, deren Ursprung in Geheimnis gehüllt ist, deren Kraft sich nicht rational erklären läßt; es sind jene alten Anschauungen und Auffassungen, die die Prüfung durch Zeit und Erfahrung bestanden haben und die gereifte Weisheit von Jahrhunderten in sich bergen; wer sie verwirft, der bleibt ohne Steuerruder in einem von Stürmen aufgewühlten Element, in dem jeder falsche Schritt den Tod bedeutet. Und die beste und vielfältigste, weil am wenigsten moderne Sprache ist die der Kirche und des großen römischen Staates, der besten Regierungsform, die der Mensch je gekannt hat. Die Sprache der Römer und des Mittelalters ist gerade aus den Gründen schätzenswert, aus denen Bentham sie abgelehnt und kritisiert hat: weil sie *nicht* klar ist und sich dem wissenschaftlichen Gebrauch nicht ohne weiteres fügt; weil die Wörter als solche die schwer greifbare Autorität der unvordenklichen Vergangenheit, die Dunkelheit und das Leiden der Menschheitsgeschichte in sich tragen, durch das allein Erlösung erkauft werden kann. Das Lateinische bildet aus sich heraus bereits eine weitreichende Garantie der Rechtschaffenheit; dem lateinischen Vokabular mit seinen spezifischen Grenzen, seinem Widerstand gegen die Modernität, kommt dabei eine entscheidende Rolle zu: Orwells Roman *1984* ist nur ein Nachhall der entscheidenden These, daß die Herrschaft über die Sprache ein Instrument zur Beherrschung der Menschen ist, auch wenn eine Elite, deren Zielvorstellungen sich von denen de Maistres geringfügig unterscheiden, sich nicht für eine traditionelle, sondern eine künstliche, speziell konstruierte Sprache entscheidet – wie sie de Maistre gerade angreift.

Konsequenterweise verteidigt de Maistre die Jesuiten als die einzigen zuverlässigen Erzieher, die das Lateinische als ein Medium einsetzen, in dem die Wahrheit der mittelalterlichen Moralität erhalten geblieben sei, und greift Speranskij und die Gruppe von Ratgebern an, mit denen Zar Alexander I. eine Art »New Deal« für das Russische Reich erwogen hatte. De Maistre ging in dieser Beziehung sehr weit; für ihn wurde Irrationalität fast zu einem Wert an sich, da er alles begrüßte, was gegen die Zersetzung durch die Vernunft gefeit war. Der rationale Glaube ist viel zu verletzlich. Ein guter Dialektiker kann jedes Denkgebäude, das auf einem so schwachen Fundament steht, durchlöchern. Was die Vernunft schafft, kann die Vernunft auch abschaffen. Deshalb wirkt de Maistres Berufung auf Thomas von Aquin wenig überzeugend. Als Jesuitenschüler mußte er sich wohl auf ihn berufen; doch die Wahrheit, die er erkannt hatte, lag außerhalb des thomistischen Denkens: daß nämlich letztlich nur dasjenige unangreifbar ist, an dem sich die Methoden der rationalen Argumentation als stumpf und irrelevant erweisen. Auch hier zeigt sich eine gewisse Parallele zu Tolstoi, dessen ironische Haltung gegenüber der liberalen Wissenschafts- und Fortschrittsgläubigkeit und speziell gegenüber denen, die auf die Macht des menschlichen Willens und des menschlichen Intellekts vertrauten, wie es Speranskij, Napoleon und die gelehrten deutschen Militärstrategen taten, (und später auch gegenüber der gesamten russischen Intelligenzia) große Ähnlichkeit mit der des sardischen Geschäftsträgers in St. Petersburg aufweist.

De Maistre bedient sich ähnlicher Argumente, um die nach seinem Dafürhalten ebenso absurde Theorie aus den Angeln zu heben, der zufolge die Gesellschaft auf einem Vertrag aller ihrer Glieder beruht. Verträge, so stellt er mit Recht fest, setzen Versprechen ebenso voraus wie die Mittel, diesen Versprechen Geltung zu verschaffen. Ein Versprechen ist aber ein Akt, der nur innerhalb eines komplexen Netzes bereits bestehender bewußter gesellschaftlicher Konventionen verständlich und vorstellbar ist. Und der Apparat zu seiner Durchsetzung setzt eine entwickelte Gesellschaftsstruktur voraus. Um eine Stufe zu erreichen, auf der ein Vertrag geschlossen werden kann, muß also nicht nur eine nach Regeln und Konventionen lebende Gesellschaft bereits existieren, diese Gesellschaft muß auch ein erhebliches Maß an Ordnung und Komplexität erlangt haben. Für isolierte Wilde im »Naturzustand« können gesellschaftliche Konventionen wie Versprechen, Verträge, Gesetze, denen Geltung verschafft werden kann, keine Bedeutung haben. Die Annahme, Gesellschaften würden durch Verträge geschaffen, statt umgekehrt, ist daher nicht nur historisch, sondern auch logisch unsinnig. Aber es konnten auch nur Protestanten auf den Gedanken verfallen, eine Gesellschaft sei eine künstliche Assoziation wie eine Bank oder ein Geschäftsunternehmen.[68]

Die Gesellschaft, so verkündet de Maistre immer wieder mit einer auf Burkes Einfluß hindeutenden Leidenschaft, ist keine komplexe, künstlich erzeugte Assoziation, die auf einem Kalkül mit dem Eigeninteresse oder dem Glück der Menschen beruht, sondern sie fußt ebensosehr auf dem ungeschaffenen, ursprünglichen, überwältigenden Opferwillen der Menschen, auf dem Drang, sich ohne Hoffnung auf Belohung auf einem heiligen Altar zu opfern. Armeen befolgen Befehle und gehen in den Tod; es wäre grotesk, anzunehmen, daß sie der Gedanke an persönlichen Vorteil leitet; und was für die Disziplin der Armeen gilt, das gilt für jeglichen Gehorsam gegenüber organisierter Macht – er ist ein traditionsgebundenes, geheimnisvolles, unwiderstehliches Tun, gegen das man keine Berufung einlegen kann.

Erst seit der Renaissance, so belehrt uns de Maistre, ist diese Wahrheit verdunkelt und in Abrede gestellt worden. Luther

[68] Vgl. Vico über Spinozas Vorstellung vom Staat: »eine Gesellschaft aus lauter Kaufleuten«, in: *Die neue Wissenschaft über die gemeinschaftliche Natur der Völker*, hrsg. von Eginhard Hora, Reinbek: Rowohlt 1966, S. 53. Und de Bonald: ». . . als bestände die Gesellschaft nur aus den Mauern unserer Häuser oder den Befestigungsanlagen unserer Städte; als gäbe es nicht überall dort, wo ein Mensch geboren wird, einen Vater, eine Mutter, ein Kind, eine Sprache, Himmel, Erde, Gott und Gesellschaft«. [L.G.A.] de Bonald, *Du divorce* . . ., 2. Aufl., Paris 1805, S. 13.

und Calvin, Bacon und Hobbes, Locke und Grotius, die ihrerseits durch die älteren Häresien eines Wycliff und eines Hus beeinflußt waren, haben jenen großen Irrtum propagiert, dem zufolge alle Macht und alle Autorität auf etwas so Schwachem und Willkürlichem wie einer künstlichen Übereinkunft beruhen soll. Die große Französische Revolution hat das Irrige dieses kurzsichtigen Optimismus unter Beweis gestellt, denn sie war die Strafe Gottes wider jene, die diese Theorien und Ideen verfochten. Die Gesellschaft ist keine Assoziation zum gegenseitigen Vorteil, sie ist eine *maison correctionelle*, fast so etwas wie eine Strafkolonie. Sie wird nicht von der Vernunft beherrscht, und selbst die Demokratie, die gewiß vernunftgemäßer als der Despotismus ist, erzeugt überall nur Unglück, außer dort, wo sie, wie bei den bewunderungswürdigen Engländern, die sie nicht schriftlich festgehalten haben, sondern nur »empfinden«, eine wirkliche Quelle der Macht darstellt, das heißt, wo sie imstande ist, jenen Verträgen Geltung zu verschaffen, auf denen sie nach der Ansicht flacher, die Fakten und die Logik ignorierender Denker gründen soll.

Nicht auf die Vernunft kommt es an, sondern auf die Macht. Überall, wo ein Vakuum entsteht, dringt früher oder später die Macht ein und bildet aus revolutionärem Chaos eine neue Ordnung. Die Jakobiner und Napoleon mögen Verbrecher und Tyrannen sein, doch sie üben Macht aus, sie repräsentieren Autorität, sie verlangen Gehorsam und, vor allem, sie strafen und unterdrücken die zentrifugalen Kräfte schwacher, fehlbarer Menschen. Infolgedessen sind sie den kritischen Intellektuellen tausendmal vorzuziehen, jenen destruktiven Gedankentrödlern, die das Gebäude der Gesellschaft unterminieren und all seine Vitalität zunichte machen, bis sich irgendeine und sei es illegale Kraft erhebt und die Forderung der Geschichte erfüllt, ihr diese Leute aus dem Weg zu schaffen.

Alle Macht stammt von Gott. De Maistre deutet den berühmten Text des Paulus ganz wörtlich. Alle Stärke gebietet Achtung. Alle Schwäche verdient Verachtung, gleichgültig, wo man ihr begegnet, selbst im Handeln eines gesalbten Monarchen des »schönsten Reiches nach dem Himmelreich«[69] – selbst bei Ludwig XVI. von Frankreich. Die Jakobiner waren Schurken und Mörder, aber die Schreckensherrschaft stellte die Autorität wieder her, sicherte und erweiterte die Grenzen Frankreichs und steht daher, gemessen an den letzten Werten, über den Liberalen und Idealisten der Gironde, die die Macht ihren schwachen Händen entgleiten ließen. Gewiß ist allerdings, daß nur die legitime Autorität den Wandlungen des Schicksals standhalten wird. Bloße Eroberung, durch die ewigen Gesetze der wahren Kirche nicht sanktioniert, ist Räuberei: »Städte und Provinzen darf man ebensowenig stehlen wie Uhren und Tabakdosen«[70] – und das gilt für diejenigen, die die Grenzen von 1815 machten, genauso wie für Friedrich den Großen oder Napoleon.[71] De Maistre verurteilt den nackten

[69] Vgl. oben, Anm. 15.

[70] IX, 77.

[71] De Maistres Haltung gegenüber Napoleon ist interessanterweise eigenartig ambivalent. Einerseits ist Napoleon ein vulgärer Emporkömmling und brutaler Zerstörer alter Werte; er verfolgt den Papst und legitime Monarchen; in einem blasphemischen Akt, der eine abscheuliche Travestie auf einen geheiligten Ritus darstellt, krönt er sich selbst; er ist ein moralisch Verfemter, der Feind der Menschheit. Auf der anderen Seite mußten sein klares Gespür für die Realität der Macht, seine offen zur Schau getragene Verachtung für Demokraten, Liberale, Intellektuelle und die anderen Angehörigen der verhaßten *secte*, aber vor allem der Gegensatz zwischen der Dummheit und Schwäche der Bourbonen und dem militärischen und administrativen Genie eines Mannes, der Frankreich noch einmal auf den Gipfel des Ruhms führte, eine starke Faszination auf den Apostel des Realismus und der Autorität ausüben. Obwohl de Maistre der offizielle Repräsentant eines Landes war, das zu den Opfern des Kaisers der Franzosen zählte, und obwohl schon die bloße Anwesenheit eines französischen Botschafters in St. Petersburg für ihn eine tägliche Demütigung bedeutete (denn sie schloß gleichsam automatisch die offizielle Anerkennung seines eigenen Diplomatenstatus aus), wünschte er sich eine Begegnung mit Napoleon. Napoleon seinerseits war von der Brillanz der Schriften de Maistres beeindruckt, und es heißt, sie seien ihm politisch sympathisch gewesen. De Maistre empfand seine Lage als außerordentlich quälend. Er schrieb an den Hof in Cagliari und legte seinen Fall dar. Gewiß, Napoleon sei ein Usurpator; aber war nicht auch Wilhelm von

Militarismus immer wieder: »Wenn auf dem Feld der Kriegskunst irgend etwas vervollkommnet wird, ist dies jedesmal ein reines Unglück.«[72] Die Militärherrschaft (auch in seiner Heimat Savoyen) bezeichnet er als *bâtonocratie*[73], als Herrschaft des Stocks und als den »Schrecken unseres Zeitalters«.[74] »Ich habe die Militärherrschaft immer verabscheut und werde sie mein Leben lang verabscheuen.«[75] Er verabscheut sie, weil sie will-

Oranien, dessen Dynastie von allen gekrönten Häuptern Europas anerkannt wurde, ein Usurpator gewesen? Napoleon sei ein gefühlloser Mörder, aber hat er so viele unschuldige Opfer getötet wie Elisabeth von England? Alle Macht, die legitime wie die illegitime, stamme schließlich von Gott, und Bonaparte habe die Grenzen des großen Königreiches Frankreich geschützt und erweitert, was er nicht vermocht hätte, wenn er nicht in einem gewissen Sinne Werkzeug der Vorsehung gewesen wäre. Solche Kasuistik erregte bei den sardischen Offiziellen bloß Empörung. König Viktor Emanuel war tief schockiert und untersagte seinem Gesandten strengstens jeglichen Verkehr mit dem korsischen Ungeheuer. De Maistre war tief enttäuscht. Aber er stellte die Loyalität über alle anderen Tugenden; je unwürdiger die Verkörperung legitimer Königsmacht, desto größer der Gehorsam, den man ihr schuldig war, damit das Prinzip des bedingungslosen Gehorsams, den der Untertan seinem Souverän schuldete, um so deutlicher sichtbar wurde. Seine diplomatischen Erwiderungen wurden im Ton immer bissiger und ironischer. Man hatte ihm vorgeworfen, er sei mit einem »überraschenden« Gesuch hervorgetreten (XI, 104f.). Er versicherte seinem königliche Herrn, er werde jederzeit all seinen Befehlen pünktlich gehorchen; aber daß er ihn niemals überraschen werde – das könne er nicht versprechen. De Maistre ist Napoleon nie begegnet.

72 Brief vom 24. April / 4. Mai 1816 an den Comte de Vallaise (den sardischen Außenminister): *Correspondance diplomatique*, Bd. 2, S. 205.

73 IX, 59.

74 Brief vom 22. Juli / 3. August 1804 an den Chevalier Rossi (den sardischen Staatssekretär), Turin, Staatsarchiv, zit. v. J. Mandoul, *Joseph de Maistre et la politique de la maison de Savoie*, Paris 1899, S. 311.

75 IX, 58; und ebenso: »Tausendmal gesegnet seien jene Fürsten, die uns die Kriegskunst ein wenig vergessen lassen« (VII, 134); und über die Militärherrschaft in der Spätzeit des römischen Reiches: sie sei »eine permanente Plage« gewesen (I, 511). Siehe zu diesem gesamten Komplex: François Vermale, *Notes sur Joseph de Maistre inconnu*, Chambéry 1921, vor allem Kapitel 3: »Joseph de Maistre contre le militarisme piémontais«,

kürlich ist, weil sie die Autorität von Königen und überkommenen Institutionen schwächt und weil sie zu Revolutionen und zur Erschütterung der traditionellen christlichen Wertvorstellungen führt.[76] Es gibt jedoch Augenblicke, in denen das Chaos überhand zu nehmen droht; dann ist die schlechteste Regierung der Anarchie immer noch vorzuziehen; nur der rücksichtslose Despotismus kann dem Zerfall der Gesellschaft Einhalt gebieten. Hierin stimmt de Maistre mit Machiavelli, mit Hobbes und allen Verteidigern der Autorität überein.

Die Revolution – das schlimmste der Übel – ist selbst ein göttlicher Vorgang, Bestrafung der Bosheit und Erneuerung unserer gefallenen Natur durch Leiden (man denke hier an die theologische Deutung der französischen Niederlage durch Pétain und seine Anhänger im Jahre 1940); sie ist so geheimnisvoll wie alle anderen großen historischen Ereignisse, dergestalt, daß »nicht die Menschen die Revolution lenken, vielmehr bedient sich die Revolution ihrer«.[77] Sie kann sich sogar der verwerflichsten Instrumente bedienen – »nur sein [Robespierres] teuflisches Genie konnte dieses Wunder vollbringen [den Sieg Frankreichs über die Koalition] . . . Dieses Ungeheuer an Stärke, trunken von Blut und Erfolg, diese furchtbare Erscheinung . . . war eine furchtbare Strafe für die Franzosen und zugleich das einzige Mittel, Frankreich zu retten.«[78] Er stachelte die Franzosen zur höchsten Gewalttätigkeit an, er verhärtete ihre Herzen, er machte sie mit dem Blut der Schafotte wild, bis sie

S. 47–61, bes. S. 48f. Dennoch erklärte er, wenn der Monarch eine Militärdiktatur ausrufen würde, würde er sie, wenn auch widerwillig, hinnehmen.

76 Diese scharfe Kontrastierung von Krieg und Militärherrschaft klingt auch (in einer Sprache, die der von de Maistre sehr ähnlich ist) bei Proudhon in seiner Schrift *La guerre et la paix* an. Es ist möglich, daß Tolstoi, der während der Arbeit an *Krieg und Frieden* in de Maistres Schriften las, dieses Paradoxon, das in seinem Meisterwerk eine wichtige Rolle spielt, nicht bloß Proudhon verdankt (wie es zumindest einer seiner Interpreten, Boris Eichenbaum, annimmt), sondern de Maistre direkt.

77 I, 7.

78 I, 18.

wie Berserker auftrumpften und alle zermalmten. Aber ohne die Revolution (von der Leute wie Robespierre in ihrem Wahn glaubten, sie könnten sie machen, während doch offenkundig ist, daß es sich gerade umgekehrt verhält, daß die Revolution *sie* macht) wäre er die mittelmäßige Figur geblieben, die er vorher war.

Menschen, die Macht ergreifen, wissen nicht, wie sie dazu kommen; ihr Einfluß ist für sie selbst ein größeres Rätsel als für andere: Umstände, die der große Mensch weder voraussehen noch lenken kann, haben alles für ihn getan und ohne sein Zutun – darin besteht »die geheime Kraft, die mit Menschenplänen spielt«[79], die Vorsehung, Hegels »List der Vernunft«. Aber der Mensch ist eitel und bildet sich ein, sein eigener Wille könne die unerbittlichen Gesetze brechen, mit denen Gott die Welt regiert. Es ist geradezu ermüdend, wie oft de Maistre wiederholt, daß aus eben diesem Wahn bei schwachen, irregeleiteten Wesen voller Eigendünkel der Glaube an die Demokratie erwächst. Ein falsches Bewußtsein von der eigenen Weisheit und eigenen Macht und die blinde Weigerung, die Überlegenheit anderer Menschen oder anderer Institutionen anzuerkennen, führen zu dem lächerlichen Stückwerk von Menschenrechtserklärungen und Freiheitsphrasen. »Wenn man sagt, der Mensch sei für die Freiheit geboren, so äußert man einen Satz ohne Sinn.«[80] Der Mensch ist das, was er ist und was er war, was er tut und was er tat; die Behauptung, er sei nicht das, was er sein *sollte*, ist ein Verstoß wider den gesunden Verstand. Wir müssen auf die Geschichte hören, die nichts anderes ist als »experimentelle Politik«, das heißt, der einzige verläßliche Lehrer in diesem Fach: »Sie wird uns nie das Gegenteil der Wahrheit sagen.«[81] Vor einem wirklichen Experiment verschwinden hundert Bände voller abstrakter Spekulationen.[82]

Die Vorstellungen von allgemeiner Freiheit und Demokra-

[79] I, 118.
[80] I, 426.
[81] VIII, 294; vgl. I, 266; I, 426; II, 339; VII, 540.
[82] I, 426.

tie beruhen auf solchen unbegründeten Abstraktionen, die weder durch empirische Erfahrung noch durch göttliche Offenbarung gestützt werden. Wenn die Menschen sich weigern, die Autorität dort, wo sie ihren legitimen Ort hat – in der Kirche, in der »geheiligten« Monarchie –, anzuerkennen, geraten sie unter das Joch der Tyrannei des Volkes, die schlimmer als alles andere ist. Diejenigen, die Revolten im Namen der Freiheit anzetteln, enden als Tyrannen, sagte de Bonald (Bossuet zitierend, während ein halbes Jahrhundet später bei Dostojewski die gleiche These anklingt). Und de Maistre fügt nur hinzu, der Glaube an die Prinzipien Rousseaus führe unweigerlich zu einer Situation, in der dem Volk von seinen Beherrschern erklärt wird: »›Ihr glaubt, dieses Gesetz nicht zu wollen, aber ihr könnt sicher sein, daß ihr es wollt. Wenn ihr wagt, es abzulehnen, werden wir euch niederschießen, zur Strafe dafür, daß ihr das nicht wollt, was ihr wollt.‹ – Und das tun sie dann auch.«[83] Was man zu Recht als »totalitäre Demokratie« bezeichnet hat, ist nie auf eine klarere Formel gebracht worden. Mit boshafter Ironie erklärt de Maistre, daran, daß so viele Wissenschaftler auf der Guillotine endeten, trügen sie selbst die Schuld.[84] Die Ideen, in deren Namen sie getötet wurden, waren ihre eigenen, und wie immer, wenn sich eine Meuterei gegen die Autorität erhebt, mußten sie ihre Urheber zerstören.

In de Maistres wildem Haß auf den freien Gedankenaustausch, in seiner Verachtung für die Intellektuellen wirkt nicht bloß Konservativismus, nicht bloß Orthodoxie und Loyalität gegenüber der Kirche und dem Staat, in dem er aufgewachsen war, es steckt darin etwas zugleich sehr viel Älteres und sehr viel Neueres – ein Nachhall der fanatischen Stimmen der Inquisition und vielleicht der früheste Ton der militant antirationalen Melodie des modernen Faschismus.

[83] I, 107.
[84] I, 9.

VIII.

Einige seiner scharfsinnigsten Seiten hat de Maistre Rußland gewidmet, wo er fünfzehn der schöpferischsten Jahre seines Lebens zubrachte.[85] Alexander I. benutzte ihn eine Zeitlang als privaten Berater, und de Maistre versah ihn mit Beobachtungen und Ratschlägen, deren Geltung sich aus de Maistres Sicht weit über Rußland hinaus auf das ganze Europa seiner Zeit erstreckte. Er wurde berühmt für seine politischen Epigramme, die sehr nach dem Geschmack Alexanders und seiner Berater waren, vor allem nachdem die liberale Phase des Kaisers zu Ende war. Maximen wie: »Der Mensch im allgemeinen, auf sein eigenes Maß verkleinert, ist zu böse, um frei zu sein«, oder: »Überall lenken die Wenigen die Vielen, denn ohne eine mehr oder weniger machtvolle Aristokratie reicht die öffentliche Autorität für diesen Zweck nicht aus«, müssen in den aristokratischen Salons von St. Petersburg mit Wohlwollen aufgenommen worden sein, und de Maistre wird in den russischen Memoiren aus jener Zeit immer wieder anerkennend erwähnt.[86]

[85] *Quatre chapitres sur la Russie*, denen die folgenden Zitate entnommen sind, ist eine Sammlung von *obiter dicta* de Maistres, die Bemerkungen von außergewöhnlichem Scharfblick und prophetischer Kraft enthält, heute aber fast vergessen ist.

[86] Zum Beispiel in denen von Vigel und Tschikarjew: F. F. Vigel, *Zapiski*, Moskau 1928, Bd. 1, S. 275 (vgl. Bd. 2, S. 52); S. P. Tschikarjew, *Zapiski sovremennika*, Moskau 1934, Bd. 2, S. 112f. Leo Tolstoi hingegen, der bei der Ausarbeitung des historischen Hintergrundes von *Krieg und Frieden* mit Sicherheit sowohl de Maistres eigene Schriften wie auch die Memoiren seiner Zeitgenossen benutzte, zeichnet ein ironisches Bild von ihm. Unter dem Namen »Vicomte de Mortemart«, als typischer aristokratischer Emigrant aus Frankreich, der sich in einem St. Petersburger Salon äußerst wohl fühlt, erzählt er bei einem glitzernden Abendempfang in der russischen Hauptstadt einer Gruppe eleganter Damen eine alberne Anekdote über Napoleon, den Duc d'Enghien und die Schauspielerin Mademoiselle George. Später taucht er als *»un homme de beaucoup de mérite«* noch einmal bei einem anderen Empfang auf, auf dem er sich mit Fürst Wassili über Kutuzow unterhält. Auch sein Name wird an späterer Stelle

Seine Beobachtungen über Rußland sind sehr genau. Die größte Gefahr drohe aus der Förderung des Liberalismus und der Wissenschaften, die Alexanders aufgeklärte Ratgeber verhängnisvollerweise propagiert haben. In einem Brief an Fürst Alexander Golizyn, den weltlichen Leiter der Orthodoxen Kirche, weist er auf die drei wichtigsten Quellen hin, aus denen dem russischen Staat Gefahren erwachsen können. Es sind dies der Geist der skeptischen Nachforschung, der durch die Lehren der Naturwissenschaften angestachelt wird; der Protestantismus, der erklärt, alle Menschen seien frei und gleich geboren und alle Macht gehe vom Volk aus, und der den Widerstand gegen die Autorität als ein Naturrecht schürt; schließlich die Forderung nach sofortiger Befreiung der Leibeigenen. Kein Herrscher, so erklärt de Maistre, ist stark genug, mehrere Millionen Menschen zu regieren, wenn ihm nicht entweder die Religion oder die Sklaverei zur Seite steht.[87] In der Zeit vor dem Christentum beruhte die Gesellschaft auf der Sklaverei, danach auf der religiösen Autorität – der Priesterherrschaft –, und deshalb konnte die Sklaverei abgeschafft werden. Wegen ihrer byzantinischen Anfänge, wegen der Tartarenherrschaft und wegen des Schismas mit Rom fehlt es der Kirche in Rußland an Autorität; die Sklaverei existiert in Rußland also noch, weil sie gebraucht wird, weil der Kaiser ohne sie nicht regieren könnte.[88] Der Calvinismus würde den russischen Staat untergraben; die Naturwissenschaft hat (in Rußland, das durchaus leicht entzündlich ist) noch nicht die Flamme des brandstifterischen Übermuts entfacht, der einen Teil der Welt bereits verschlungen hat und sie ganz vernichten wird, wenn ihm nicht Einhalt geboten wird.[89] Das Ziel des Erziehers besteht darin, die Erkenntnis zu vermitteln, daß Gott die Menschen für die Gesellschaft geschaffen hat. Die Gesellschaft kann nicht

in dem Roman erwähnt. *Krieg und Frieden*, Buch 1, Teil 1, Kapitel 1,3; Buch 3, Teil 2, Kap. 6; Buch 4, Teil 3, Kapitel 19.

[87] VIII, 288.

[88] VIII, 284.

[89] VIII, 285.

ohne Regierung existieren, die ihrerseits von ihren Untertanen Gehorsam, Treue und Pflichtgefühl fordert. De Maistre faßte seinen Rat in einer Anzahl spezifischer Empfehlungen zusammen[90]: Stellt Mißbräuche ab, aber zögert die Befreiung der Leibeigenen so lange wie möglich hinaus; seid vorsichtig bei der Erhebung von Bürgerlichen in den Adelsrang – dies entspricht der Haltung des Historikers Karamsin in seinem einflußreichen Buch *Bemerkung über das Alte und Neue Rußland*, das sich mit Argwohn über Speranskij und seinen Reformeifer äußert; fördert den wohlhabenden Landadel und das persönliche Verdienst, nicht aber den Handel; beschränkt die Wissenschaften; propagiert die Grundzüge des römischen und griechischen Charakters; schützt den römischen Katholizismus und bedient euch der Jesuiten als Lehrer, wo immer es möglich ist; vermeidet es, Posten mit Ausländern zu besetzen, die zu allem fähig sind; wenn überhaupt ausländische Lehrer angestellt werden sollen, dann Katholiken. Diese Vorschläge wurden von den anti-westlichen Konservativen wohlwollend aufgenommen. Graf Uwarow, der Kurator des St. Petersburger Lehrbezirks, erwies sich als folgsamer Schüler, er schaffte 1811 in den unter seiner Obhut stehenden Schulen die Fächer Philosophie, politische Ökonomie, Ästhetik und Handelswissenschaften ab und proklamierte später als Minister für Volksaufklärung die bekannte Formel »Orthodoxie, Autokratie, Nationalität«, die die gleichen Prinzipien für die Universitäten und das gesamte Erziehungswesen zur Geltung brachten. Dieses Programm wurde in Rußland tatsächlich ein halbes Jahrhundert lang verfolgt – von den mittleren Jahren der Regierungszeit Alexanders I. bis zu den Reformen Alexanders II. in den sechziger Jahren des 19. Jahrhunderts. Und der berühmte Oberste Prokurator des Heiligen Synod (das heißt, die orthodoxe Kirche) blickte während der achtziger und neunziger Jahre mit Wehmut auf diese Zeit zurück.

Wenn Rußland seinen Bewohnern die Freiheit gewährt, ist es verloren. De Maistre schreibt:

[90] VIII, 355–359.

»Wenn man einen russischen Wunsch in eine Festung sperren könnte, so würde er sie sprengen. Kein Mensch *will* so leidenschaftlich wie der Russe ... Man beobachte ihn im Handel, auch bei den unteren Klassen, und man wird sehen, wie verständig er seine Interessen zu wahren versteht; man beobachte ihn bei der Ausführung der gefährlichsten Unternehmungen, vor allem auf dem Schlachtfeld, und man wird sehen, was er wagt. Wenn es uns einfiele, sechsunddreißig Millionen Menschen dieses Schlages (es mögen einige mehr, einige weniger sein) die Freiheit zu geben, so würde, man kann es nicht oft genug wiederholen, im gleichen Augenblick eine allgemeine Feuersbrunst ausbrechen und Rußland verschlingen.«[91]

Und:

»Wenn die Leibeigenen ihre Freiheit erhalten, werden sie an Lehrer geraten, die mehr als verdächtig sind, und an Priester ohne Kraft und Ansehen. Wenn sie diesen unvorbereitet ausgesetzt werden, so werden sie sich unweigerlich und sehr plötzlich aus dem Aberglauben in den Atheismus, aus einem passiven Gehorsam in ungestüme Tätigkeit stürzen. Die Freiheit wird auf all diese Temperamente die gleiche Wirkung ausüben wie ein schwerer Wein auf einen Menschen, der nicht an ihn gewöhnt ist. Das bloße Schauspiel der Freiheit wird jene trunken machen, die noch gar nicht daran teilnehmen. ... man nehme noch die Gleichgültigkeit, die Unfähigkeit und den Ehrgeiz einiger Adeliger hinzu, das verbrecherische Treiben des Auslandes, die Manöver der verabscheuenswerten Sekte, die nie schläft usw. usw. und ein paar Pugatschews an der Universität[92] – und der Staat wird nach allen Regeln der Wahrscheinlichkeit entzweibrechen, ganz buchstäblich, wie ein Balken, der zu lang ist und in der Mitte birst.«[93]

[91] VIII, 288f.

[92] Jemeljan Iwanowitsch Pugatschew war der Anführer eines Bauern- und Kosakenaufstandes, der in der Regierungszeit Katharinas der Großen niedergeschlagen wurde.

[93] VIII, 291f.

Noch einmal:

»Durch welche unglaubliche Verblendung ... gelangt eine große Nation ... dahin, zu glauben, sie könnte sich einem Gesetz des Universums widersetzen? Die Russen wollen alles an einem Tag tun; es gibt keinen Mittelweg. Man *kriecht* zur Wissenschaft, man *fliegt* nicht! Die Russen haben zwei gleichermaßen unheilvolle Vorstellungen entwickelt. Zum ersten, Literatur und Wissenschaft in der vordersten Reihe marschieren zu lassen; und zum zweiten, die Lehren aller Wissenschaften zu einem Ganzen zu verschmelzen.«[94]

Und im gleichen Sinne:

»Was wird in Rußland geschehen, wenn die modernen Lehren bis zum Volk durchdringen und die weltliche Macht auf sich selbst angewiesen ist? Im Augenblick vor der Weltkatastrophe sagte Voltaire in Frankreich: *Die Bücher haben alles bewirkt!* Wiederholen wir es inmitten eines glücklichen, noch aufrecht stehenden Rußland: Die Bücher haben alles bewirkt – hüten wir uns vor den Büchern! Ein wichtiger politischer Schritt in diesem Land bestände darin, die Herrschaft der Wissenschaft einzudämmen und der Autorität des Souveräns in der Autorität der Kirche einen mächtigen Verbündeten zu gewinnen, für jene Zeit, da die Wissenschaft wie anderswo die ganze Gesellschaft durchdringen wird.«[95]

Und noch einmal:

»Wenn die Russen, die ein wenig dazu neigen, mit allem zu spaßen (ich sage nicht, mit allem ihren Spaß zu treiben), auch mit dieser Schlange spaßen, werden sie grausamer gebissen werden als jedes andere Volk.«[96]

Die einzige Hoffnung besteht darin, die Privilegien von Kirche und Adel zu bewahren und dafür zu sorgen, daß die Kaufleute und die unteren Klassen an dem ihnen zukommenden Platz

[94] VIII, 300.
[95] VIII, 344.
[96] VIII, 354.

bleiben. Vor allem darf man die »Verbreitung der Wissenschaft in den untersten Volksklassen« nicht fördern; »man muß, ohne daß es auffällt, jeden Versuch unterbinden, den ahnungslose oder umstürzlerische Eiferer in dieser Richtung unternehmen«.[97] Auch muß man

> »die Ausländer strengstens überwachen (vor allem die Deutschen und die Protestanten), die in dieses Land kommen, um die Jugend in allen möglichen Fächern zu unterrichten. Und man darf sicher sein, daß von hundert Leuten dieser Art, die nach Rußland kommen, wenigstens neunundneunzig dem Staat unerwüscht sind, denn wer über Besitz, Familie, Anstand und einen guten Ruf verfügt, bleibt zu Hause.«[98]

De Maistre war vielleicht der erste Schriftsteller im Westen, der sich offen für eine Politik der Beschränkung der freien Künste und Wissenschaften, also für die Unterdrückung einiger der entscheidenden kulturellen Werte aussprach, die das Denken und Handeln im Abendland seit der Renaissance und bis heute umgeformt haben. Aber erst das 20. Jahrhundert sollte das wirkliche Aufblühen und die rücksichtslose Anwendung dieser unheilvollen Doktrin erleben. Sie ist vielleicht die charakteristischste und dunkelste geistige Erscheinung unserer Zeit, und abgetan ist sie noch lange nicht.

IX.

Als klarsichtiger, realistischer Beobachter der eigenen Zeit kann es nur Tocqueville mit de Maistre aufnehmen. Wir haben gesehen, mit welcher prophetischen Gabe er die russischen Verhältnisse analysiert hat. Und zu einer Zeit, da andere Legitimisten die Französische Revolution als eine vorübergehende Episode ansahen, deren Ergebnisse annulliert werden könnten, als eine zeitweilige Verirrung des Geistes, nach der die Dinge in

[97] VIII, 357.
[98] VIII, 358f.

ihr altes Gleis zurückgelenkt werden könnten, erklärte de Maistre, man könne ebensogut versuchen, das Wasser des Genfer Sees auf Flaschen zu ziehen, wie danach streben, die vorrevolutionäre Ordnung wiederherzustellen.[99] Nichts könne Frankreich so schwächen wie eine von den Mächten des Auslandes unterstützte royalistische Konterrevolution, die zur Zerstückelung dieses wunderbaren Königreiches führen werde. Es seien die glorreichen revolutionären Armeen gewesen, die Frankreich gerettet hätten.

Wie einer seiner geistlichen Mentoren, der savoyardische Bischof Thiollaz, sagte er die Restauration der Bourbonen voraus, fügte freilich hinzu, die Dynastie werde sich nicht halten, da alle Autorität auf Glauben beruhe und die Bourbonen offensichtlich allen Glauben an sich selbst und die eigene Bestimmung verloren hätten. Außerdem seien einige Reformen tatsächlich unumgänglich. Karl II. von England sei – zum Glück für sein Land – nicht Karl I. gewesen. Dagegen übten die Kaiser Alexander und Napoleon eine echte Faszination auf de Maistre aus; Bewunderung für das Haus Savoyen, dem er treu gedient hatte, konnte man von ihm kaum erwarten, und er ließ immer wieder deutlich erkennen, manchmal zu deutlich, daß seine Loyalität nicht bestimmten Personen galt, sondern der Institution des Königtums selbst. Er machte sich ein boshaftes Vergnügen daraus, dem provinziellen, schreckhaften sardinischen Hof unangenehme Wahrheiten über den Gang der Ereignisse in Europa zu sagen. Seine Berichte waren im gesetzten Stil der herkömmlichen Diplomatie verfaßt, doch selbst in ihnen blieb die Mischung aus Loyalität und Geringschätzung nicht ganz verborgen, die er für deren Adressaten empfand.

Dieser politische Realismus und die bewußte Schärfe, mit der er ihn zum Ausdruck brachte, machten de Maistre sein Leben lang in Cagliari und Turin verdächtig, man erblickte dort in ihm einen gefährlichen Extremisten, eine Art royalistischen Jakobiner.[100] Er war gewiß der größte Fisch, den dieser engstir-

99 IX, 58.
100 Siehe oben, S. 188, Anm. 71

nige, nervöse, eingebildete, unendlich vorsichtige kleine Hof je gefangen hatte. Er war ein Mann von anerkanntem Genie und wurde von vielen bewundert – der bei weitem berühmteste Savoyarde seiner Zeit. Ihm keinen Posten zu geben war unmöglich, aber es war ratsam, ihn auf Abstand zu halten, in St. Petersburg, wo seine beunruhigenden Beobachtungen den unberechenbaren Alexander offenbar ergötzten.

Die besten Jahre seines Leben verbrachte de Maistre in St. Petersburg, und die Portraits, die uns seine Biographen von ihm hinterlassen haben, stützen sich weitgehend auf die Eindrücke seiner Freunde und Bekannten aus dieser Zeit. Sie vermitteln das Bild eines hingebungsvollen, zärtlichen Vaters, eines treuen, wunderbar einfühlsamen Freundes. Und seine private Korrespondenz bestätigt dies. Er richtete amüsante, plauderhafte Briefe voller Besorgnis und voller Ironie an die adligen russischen Damen, die er – für den Geschmack des Zaren mit viel zu großem Erfolg – zu seinem eigenen Glauben bekehrte.[101]

[101] Am bekanntesten unter seinen Konvertiten war Madame Swetschine, deren berühmter Salon in Paris während der dreißiger und vierziger Jahre des 19. Jahrhunderts zum Zentrum des ultramontanen Katholizismus wurde. Aber auch andere, zu ihrer Zeit in St. Petersburg besser bekannte Personen wurden Mitglieder von de Maistres *cénacle*, unter ihnen die Gräfin Edling (geborene Stourdza, die berühmte fanariotische Intrigantin), die Gräfin Tolstoi, die Fürsten A. und M. Golizyn, Fürst Gagarin, der später in Paris Jesuit wurde und seine Memoiren schrieb (tatsächlich wird aus den Erinnerungen dieses Mannes und denen der Madame Swetschine der Einfluß de Maistres auf den St. Petersburger Adel besonders deutlich), und nicht zuletzt die schöne Frau des Admirals Tschitschagow, der zum großen Mißfallen seiner Familie Katholik wurde. Die äußerst unfreundliche Darstellung, die Leo Tolstoi in seinem Roman *Krieg und Frieden* den Beziehungen der Gräfin Hélène zu den Jesuiten widmet, bezieht sich wahrscheinlich auf die Aktivitäten des Zirkels um de Maistre. Der Illuminismus hatte in den Kreisen des russischen Hofes großen Rückhalt gefunden – der Kaiser selbst hatte sich ihm unter dem Einfluß des Fürsten Golizyn und später der Madame von Krüdener zugewandt. De Maistre, der in seiner Jugend Beziehungen zu Freimaurerlogen unterhalten hatte, bewunderte die Erbauungsschriften von Saint-Martin. Er hielt ihren Verfasser für einen Verbündeten – für einen Mitläufer der Kirche (so

Alle Zeugnisse, die de Maistres namhafte russische Freunde über seinen umgänglichen Charakter, seine beißende Ironie, seine Munterkeit auch unter den Bedingungen des Exils und der materiellen Not hinterlassen haben, bestätigen dieses Urteil. Seine politische und moralische Vorstellungswelt ist das genaue Gegenteil hiervon; diese Welt ist erfüllt von Sünde, Grausamkeit und Leiden und kann sich nur durch gewaltsame Unterdrückung erhalten; sie geht von den auserwählten Instrumenten der Macht aus, die über eine absolute, erdrückende Autorität verfügen und fortwährend im Kampf gegen jedes Streben nach Gedankenfreiheit stehen, gegen jeden Versuch, Leben, Freiheit oder Glück auf irdischen Wegen zu erlangen. Seine Welt ist sehr viel realistischer und grausamer als die der Romantiker. Es mußte ein halbes Jahrhundert vergehen, ehe man den gleichen unverkennbaren Ton bei Nietzsche oder Drumont oder Belloc, bei den französischen *intégralistes* der *Action française* oder, noch weiter heruntergekommen, bei den

wie die Katholiken in diesem Jahrhundert Bergson für einen Verbündeten hielten), der den Materialismus zum Schmelzen brachte, der die Menschen vor dem Eis des Protestantismus, das ihre Herzen erstarren ließ, bewahrte, der eine Brücke von der Dürre des Calvinismus bildete, der die »Menschen an Dogmen und spirituelle Ideen gewöhnte« (VIII, 330) und für die Einheit der Christenheit wirkte. Er verstand die Atmosphäre von St. Petersburg sehr gut und tat alles in seiner Macht Stehende, um Sympathie für die Sache des Katholizismus zu wecken; vor allem setzte er sich für den Schutz der französischen Jesuiten ein, deren Orden vom Papst aufgelöst worden war und die vor der Revolution nach Rußland geflüchtet waren, und tatsächlich verschaffte er ihnen die Erlaubnis, auf russischem Boden ein Jesuitenkolleg zu errichten. Die Russisch-Orthodoxe Kirche beobachtete solche Aktivitäten mit wachsendem Argwohn. Möglicherweise veranlaßte der Übereifer, den de Maistre beim Einsatz für diesen Orden, dem er sich sein Leben lang verpflichtet fühlte, und beim Fischen adliger Seelen an den Tag legte, Alexander dazu, im Jahre 1817 mit gewohnter Schroffheit und ohne offenkundigen Grund (wahrscheinlich aber auf Drängen des Oberhauptes der Orthodoxen Kirche) de Maistres plötzliche und für diesen höchst schmerzliche Abberufung zu verlangen. Über Paris kehrte de Maistre nach Turin zurück und starb vier Jahre später als Inhaber einer hochbezahlten Sinekure in Piemont, ohne daß sein Meisterwerk, die *Soirées de Saint-Pétersbourg*, bis dahin veröffentlicht worden wäre.

Sprechern der totalitären Regime unserer eigenen Epoche wieder hörte; aber de Maistre selbst hielt sich für den letzten Verteidiger einer untergehenden Zivilisation. Sie war von Feinden eingekreist und mußte mit schonungsloser Grausamkeit verteidigt werden. Selbst seine Einstellung zu scheinbar abstrakten Fragen, etwa der nach dem Wesen der Sprache oder nach dem Fortschritt in der Chemie, gewinnt vor diesem Hintergrund eine grimmige, polemische Glut.[102] Wenn man sich auf die verzweifelte Verteidigung der eigenen Welt und ihrer Werte eingelassen hat, darf man nichts preisgeben, jede Bresche in der Mauer kann zum Verhängnis werden, jeder Punkt muß bis zum Tod verteidigt werden.

X.

Fünf Jahre nach de Maistres Tod erklärten die führenden Vertreter des Saint-Simonismus, die Aufgabe der Zukunft sei es, die Ideen von de Maistre mit denen Voltaires auszusöhnen. Zunächst scheint dies absurd. Voltaire steht für die Freiheit des Einzelnen, de Maistre steht für Ketten; Voltaire rief nach mehr Licht, de Maistre nach mehr Dunkelheit. Voltaire haßte die katholische Kirche so heftig, daß er ihr jede Tugend absprach. De Maistre schätzte auch noch ihre Laster und hielt Voltaire für den leibhaftigen Teufel. Die berühmten Abschnitte über Voltaire in den *Soirées*[103] – sie gipfeln in der haßerfüllten Beschreibung der Grimasse seines Feindes, seines stets gegenwärtigen häßlichen, höhnischen Lächelns als einer Art von schaurigem Schlund – kommen aus tiefem Herzen. Und doch liegt eine seltsame und, wie sich im Laufe der Zeit zeigen sollte, erschreckende Wahr-

[102] Faguet glaubt, dies entspringe einfach dem Wunsch, jeder Ansicht, die von der Seite der Gegner vertreten wird, zu widersprechen – in diesem Falle also den Ansichten von Condillac oder Condorcet und ihren Freunden. Mag sein: welches Motiv de Maistre auch immer hatte, seine Gegenangriffe sind stets gefährlich und glänzend angelegt.

[103] IV, 205–210; in VI, 458f. vergleicht er ihn mit einer kostbaren, mit Pest verseuchten Schiffsladung.

heit in der Beobachtung der Saint-Simonisten, wie überhaupt in vielen Lehren dieser wirren, jedoch verblüffend prophetischen Bewegung. Die modernen totalitären Systeme kombinieren in ihren Handlungen, wenngleich nicht unbedingt im Stil ihrer Rhetorik, die Anschauungen von Voltaire und de Maistre tatsächlich miteinander; sie haben vor allem jene Eigenschaften übernommen, die den beiden gemeinsam sind. Denn so tief die Gegensätze zwischen Voltaire und de Maistre auch sind, beide gehören der klassischen Tradition des strengen, nüchternen französischen Denkens an. Ihre Ideen mögen einander strikt widersprochen haben, in ihrer Geisteshaltung ähneln sie einander an vielen Punkten (was spätere Beobachter auch bemerkt haben, zumeist allerdings ohne danach zu fragen, worin diese Gemeinsamkeit besteht und welche Auswirkungen sie gehabt hat). Weder Voltaire noch seinem Feind kann man Weichheit, Unklarheit, intellektuelle oder emotionale Nachgiebigkeit gegen sich selbst vorwerfen, und sie dulden diese Eigenschaften auch bei anderen nicht. Sie repräsentieren das nüchterne Licht gegen die flackernde Flamme, und unerbittlich stehen sie gegen alles Wirre, Neblige, Schwärmerische, Impressionistische – gegen die Beredsamkeit Rousseaus, Chateaubriands, Hugos, Michelets, Bergsons, Péguys. Sie sind rücksichtslos verknappende, nüchterne Schriftsteller, voller Verachtung und Boshaftigkeit, herzlos und zuweilen wahrhaft zynisch. Neben ihrer eisigen Glätte und Klarheit nimmt sich Stendhals Prosa romantisch aus, und Flauberts Werke wirken wie ein unvollständig trockengelegter Sumpf. Marx, Tolstoi, Sorel, Lenin sind – ihrer Geisteshaltung nach (nicht in ihren Ideen) – ihre wahren Nachfolger. Die Tendenz, die soziale Szenerie mit einem Blick zu betrachten, der so kalt ist, daß er einen plötzlichen Schock auslöst, die Tendenz, zu verknappen und die rücksichtslose politische und historische Analyse in den Dienst einer Schocktherapie zu stellen, ist zu einem wichtigen Element im Arsenal der modernen politischen Techniken geworden.

Wenn man die Fähigkeit zur kompromißlosen Bloßstellung von sentimentaler Gedankenverwirrung, die Voltaire in hohem Grade besessen hat, mit de Maistres Historismus verbindet, mit seinem politischen Pragmatismus, seiner gleichermaßen geringen Meinung von den Fähigkeiten und der Güte des Menschen und mit seiner Überzeugung, daß die Sehnsucht nach Leiden, nach Aufopferung und Selbstaufgabe den Kern des Lebens ausmacht; wenn man außerdem noch de Maistres Überzeugung hinzunimmt, daß Regieren nicht möglich sei ohne ständige Unterdrückung der schwachen, verwirrten Mehrheit durch eine Minderheit hingebungsvoller Herrscher, die gegen jegliche Versuchung, sich auf humanitäre Experimente einzulassen, gefeit sind, dann kommen wir der starken nihilistischen Komponente in den Formen des modernen Totalitarismus schon sehr nahe. Mit Voltaire lassen sich alle liberalen Illusionen wegwischen, und de Maistre liefert das Rezept, wie die trostlose, öde Welt, die dabei entsteht, verwaltet werden muß. Gewiß, Voltaire hat Despotismus und Betrug niemals verteidigt, während de Maistre die Notwendigkeit von beidem gepredigt hat. »Das Prinzip der Volkssouveränität«, so sagte er (im Anklang an Platon und Machiavelli, Hobbes und Montesquieu), »ist so gefährlich, daß es, selbst wenn es wahr wäre, verborgen gehalten werden müßte.«[104] Ähnlich klingt der berühmte, Rivarol zugeschriebene Ausspruch, die Gleichheit sei etwas Herrliches – aber warum dem Volk davon erzählen? Die Saint-Simonisten waren vielleicht nicht so paradox, und die Bewunderung des Begründers ihrer Bewegung für de Maistre, die den von Saint-Simon angeregten Liberalen und Sozialisten so seltsam erschien, wurzelt in einer authentischen Nachbarschaft. Orwells berühmter Alptraum (und die real existierenden Systeme, die Orwell zu diesem Traum angeregt haben) steht in einer direkten Beziehung zu den Visionen sowohl von de Maistre als auch von Saint-Simon. Einiges verdankt er auch dem politischen Zynismus, den man bei Voltaire findet und dem die Worte dieses unvergleichlichen Schriftstellers einen viel breiteren Einfluß verschafften, als dem Werk wahrhaft bedeutender und origineller Denker wie Machiavelli oder Hobbes je zuteil wurde.

[104] IX, 494.

XI.

Ein bedeutender Philosoph hat einmal gesagt, um den Kern der Lehren eines originellen Denkers wirklich zu verstehen, müsse man vor allem die spezifische Weltauffassung begreifen, von der sein Denken zehrt, und nicht so sehr die Logik seiner Argumente. Denn die Argumente, so triftig und intellektuell beeindruckend sie sein mögen, seien nur die Außenwerke – die Verteidigungsstellungen gegen wirkliche und mögliche Einwände tatsächlicher und potentieller Kritiker und Gegner. Aus ihnen erhellt weder der psychische Prozeß, durch den der Denker zu seinem Schluß gelangte, noch sind sie das entscheidende oder gar einzige Mittel zur Vermittlung und Rechtfertigung des zentralen Gedankenganges, den diejenigen, die der Denker zu überzeugen versucht, begreifen müssen, wenn sie die vorgetragenen Ideen verstehen und akzeptieren sollen.

Diese These verallgemeinert gewiß zu stark. Doch gleichgültig, auf welche Weise sie zu ihren Positionen gelangt sind, bemühen sich Denker wie Kant, Mill oder Russell, uns durch rationale Argumente zu überzeugen, und Kant jedenfalls durch nichts anderes. Sie machen deutlich, daß sie, falls ihre Argumente durch Gegenargumente als falsch bloßgestellt oder ihre Schlußfolgerungen durch die Erfahrung widerlegt werden, bereit sind, einzuräumen, daß sie sich geirrt haben. Aber jene verallgemeinernde These trifft auf viele Denker von einem eher metaphysischen Typus durchaus zu – auf Platon, Berkeley, Hegel, Marx, ganz zu schweigen von romantisch, poetisch, religiös inspirierten Schriftstellern, deren Einfluß im Guten wie im Schlechten weit über die Grenzen akademischer Zirkel hinausging. Sie mögen Argumente benutzen und tun dies oft auch, aber nicht nach ihnen werden sie beurteilt, sie stehen und fallen nicht damit, ob diese Argumente gültig oder ungültig sind. Denn ihr eigentliches Ziel besteht darin, eine umfassende Deutung der Welt und der Erfahrung des Menschen in ihr zu entfalten, sie versuchen nicht so sehr zu überzeugen als vielmehr zu bekehren, die Anschauungen derer, an die sie sich wenden, so umzuformen, daß sie die

Tatsachen »in einem neuen Licht«, »aus einem neuen Blickwinkel«, in einem neuen Zusammenhang sehen, in dem das, was zuvor als zufälliges Amalgam unterschiedlicher Elemente erschien, sich nun als eine systematische, in sich gegliederte Einheit erweist. Logisches Argumentieren kann zwar zur Schwächung bestehender Lehren oder zur Widerlegung bestimmter Überzeugungen beitragen, aber es ist eine Zusatzwaffe, nicht das wichtigste Eroberungswerkzeug – dieses ist vielmehr das neue Modell selbst, das seine emotionale, intellektuelle oder spirituelle Faszination auf die ausübt, die sich bekehren lassen.

Man hat von de Maistre immer wieder gesagt, und vor allem seine Bewunderer haben dies getan, er habe die Waffe der Vernunft gegen die Vernunft gekehrt, er habe die Logik eingesetzt, um das Ungenügen der Logik zu beweisen. Doch das trifft nicht zu. De Maistre ist ein dogmatischer Denker, dessen letzte Prinzipien und Prämissen nichts zu erschüttern vermag und der all seinen Scharfsinn und seine ganze intellektuelle Kraft aufbietet, um die Tatsachen so zu wenden, daß sie sich in seine vorgefaßten Ideen fügen, und nicht etwa, um Konzepte zu entwickeln, die zu neu entdeckten oder neu in Sicht gekommenen Tatsachen passen. Er gleicht einem Anwalt, der vor Gericht eine Sache vertritt: die Schlußfolgerung steht von vornherein fest, er weiß, daß er irgendwie zu ihr gelangen muß, denn er ist von ihrer Wahrheit überzeugt, ganz gleich, was er auf dem Weg dorthin noch erfährt. Das Problem besteht einzig darin, wie man den zweifelnden Leser überzeugen, wie man widerstrebende oder geradezu widersprechende Zeugnisse aus dem Feld schlagen kann. James Stephen sagt zu Recht, de Maistres Argumentationsmodus beruhe im wesentlichen darauf, daß er seine These von vornherein als erwiesen annimmt.[105] Er geht von Prinzipien aus, die er nicht in Frage stellt, und ist entschlossen, seine Theorien durchzusetzen – ohne Rücksicht darauf, wie das Beweismaterial beschaffen ist.

[105] James Fitzjames Stephen, *Horae Sabbaticae*, 3. Serie, London 1892, S. 254.

Tatsächlich läßt sich jede Theorie verteidigen, und dies sogar triumphal, wenn man genügend *ad hoc*-Hypothesen (wie die Epizyklen in der ptolemäischen Astronomie) einführt, um auftretende Ausnahmen zu erklären, und auch jede Doktrin läßt sich auf diese Weise »retten«, wenngleich sie natürlich zusehends an Nutzen verliert, da die Zahl der Fälle, auf die sie anwendbar scheint, mit jeder *ad hoc*-Hypothese abnimmt, die zusätzlich eingeführt wird, um irgendein logisches Hindernis zu umgehen.

Für seine fundamentalen Überzeugungen – für seinen Glauben an angeborene Ideen, die uns Gott eingegeben hat; an spirituelle Wahrheiten, die durch rationale oder empirische Formulierungen nur verschleiert und zuweilen verzerrt würden; an eine uralte Weisheit, die die Menschen vor der Sintflut besaßen und von der nur zusammenhanglose Bruchstücke auf uns gekommen sind; an die intuitive Gewißheit in der Frage, was gut und böse, richtig und falsch sei; an all die unbewiesenen und unbeweisbaren Dogmen, die die Kirche mit größter Unnachgiebigkeit aufgestellt hat – für all das liefert de Maistre keine ernsthaften Argumente. Er hält es offensichtlich für prinzipiell ausgeschlossen, daß irgendwelche konkreten Erfahrungen, etwas, das der gewöhnliche Verstand oder die Wissenschaft als Beweis ansehen würde, diese Wahrheiten umstürzen könnten. Der Satz, daß zwei Anschauungen, die einander widersprechen oder denen durch nicht auszuräumende Einwände widersprochen wird, die aber gleichwohl durch Glauben und Autorität niedergelegt sind, beide geglaubt werden müssen und im Prinzip auch miteinander vereinbar sind, selbst wenn wir mit unseren schwachen Geisteskräften nicht erkennen, wie dies geschehen könnte – dieser Satz wird nicht begründet, sondern einfach behauptet. Auch die Vorstellung, daß die Vernunft, wenn sie mit dem gewöhnlichen Verstand in Konflikt gerät, wie eine Giftmischerin behandelt, daß sie mit Flüchen vertrieben werden müsse, ist mit einem Mindestmaß an Respekt vor dem rationalen Denken nicht vereinbar – hier wird nicht an die Erfahrung, sondern an die Autorität appelliert, das pure Dogma wird als polemischer Rammbock gebraucht.

So behauptet de Maistre zum Beispiel, alles Leiden, gleichgültig, ob es Schuldige oder Unschuldige trifft, sei die Buße für Sünden, die irgend jemand irgendwann begangen habe. Warum ist dies so? Weil der Schmerz einen Zweck haben muß, und da sein Zweck nur die Strafe sein kann, muß es irgendwo im Universum eine Anhäufung von Missetaten geben, die groß genug ist, eine entsprechende Anhäufung von Leiden zu verursachen; anders könnte die Existenz des Bösen nicht erklärt und nicht gerechtfertigt werden, und es würde dem Universum die moralische Lenkung fehlen. Dies aber ist undenkbar: daß die Welt von einem moralischen Zweck gelenkt wird, versteht sich von selbst.[106]

Kühn behauptet de Maistre, keine Verfassung sei das Ergebnis von Überlegung; am besten sei es, wenn die Rechte der Einzelnen und der Völker ungeschrieben blieben, und falls sie schriftlich festgehalten würden, dann dürfe dies nur die Niederschrift der ungeschriebenen, auf metaphysische Weise intuitiv erkannten Rechte sein, die zu allen Zeiten bestanden haben, denn wer sein Leben auf einen Text stellt, wird durch ihn geschwächt. Aber wie steht es mit den schriftlich niedergelegten Verfassungen? In de Maistres letzten Lebensjahren (auch als er seinen Essay über die Verfassungen schrieb) erwies sich die amerikanische Verfassung als sehr funktionstüchtig; das liege nur daran, daß sie auf der ungeschriebenen englischen Verfassung beruht.[107] Aber für Frankreich gelte das nicht, nicht für den *Code Napoléon* und nicht für die neue spanische Verfassung: de Maistre weiß, daß sie scheitern müssen. Er benötigt kein Argument. Er weiß, wie Burke, was bleibt und was vorübergehend ist, was dazu bestimmt ist, ewig zu existieren, und was nur brüchiges Menschenwerk ist. »Institutionen ... sind in dem Maße stark und dauerhaft, wie sie als göttliche begriffen werden.«[108] Der Mensch erschafft nichts. Er kann einen Baum zwar pflanzen, aber er kann ihn nicht machen. Er

[106] IV, 22–28.
[107] I, 87.
[108] I, 56.

kann modifizieren, aber nicht schaffen. Die französische Konstitution von 1795 ist nichts als ein »scholastisches Elaborat«[109]; »eine Verfassung, die für alle Nationen gemacht ist, ist für keine da«.[110] Sie muß aus den besonderen Verhältnissen und dem Charakter einer Nation, einer bestimmten Zeit, eines bestimmten Ortes hervorgehen. Die Menschen kämpfen für abstrakte Prinzipien – »Kinder, die einander töten, um ein riesiges Kartenhaus zu errichten«.[111] »Republikanische Institutionen« – das baufällige Produkt menschlicher Überlegung – »besitzen keine Wurzeln; sie sind einfach auf den Boden *gestellt*, während das, was vor ihnen war [Monarchie und Kirche], aus ihm *gewachsen* ist.«[112]

> »Man müßte den Verstand verloren haben, wollte man glauben, Gott habe die Akademien beauftragt, uns zu lehren, was er ist und was wir ihm schulden. Es obliegt den Prälaten, den Edelleuten, den großen Ministern . . ., die Nationen zu lehren, was schlecht und was gut ist . . . die anderen haben kein Recht, über Fragen dieser Art zu räsonieren. Wer in der Absicht spricht oder schreibt, dem Volk ein nationales Dogma zu nehmen, den sollte man wie einen Einbrecher hängen.«[113]

Und woher beziehen Prälaten, Edelleute und große Minister ihre Autorität? Vom Souverän: im weltlichen Staat vom König, aber letztlich aus der Quelle aller geistlichen Autorität: vom Papst. Freiheit ist das Geschenk der Könige: eine Nation kann sich nicht selbst die Freiheit geben, ihre Rechte und alle Freiheiten müssen irgendwann einmal vom Souverän eingeräumt worden sein. Grundrechte werden nicht gewährt: sie bestehen, weil sie bestehen, entstanden im Nebel der Vergangenheit, von unerforschlicher göttlicher Herkunft.[114] Die

[109] I, 74.
[110] Ebd.
[111] I, 78.
[112] I, 127.
[113] V, 108.
[114] I, 68.

Rechte des Souveräns selbst haben keine Zeit und kein Alter, sie sind ewig. Die Souveränität muß unteilbar sein, denn wenn sie geteilt wird, gibt es kein Autoritätszentrum, und alles fällt auseinander. Irdische Souveräne und Gesetzgeber können nur im Namen Gottes handeln, und sie können nichts weiter tun, als bestehende Rechte, Pflichten, Freiheiten und Privilegien, die es seit dem Tag der Schöpfung gibt, neu zu gruppieren und umzugestalten.

Das alles klingt wie abgelebte mittelalterliche Dogmatik, und gerade deshalb glaubte de Maistre daran. Wenn er auf offensichtliche Ausnahmen stößt, macht er mit ihnen kurzen Prozeß: er stellt zum Beispiel fest, jemand könnte darauf hinweisen, daß die britische Verfassung durchaus fest auf der Gewaltenteilung zu beruhen scheint (die empirische Untersuchung der Regierungsformen lag außerhalb seines Interesses, in diesem Punkt wiederholt er einfach die berühmten Fehlurteile Montesquieus). Wie soll man dies erklären? Die Antwort lautet: die britische Verfassung ist ein Wunder; sie ist göttlich. Denn kein menschlicher Verstand hätte aus so chaotischen Bestandteilen eine Ordnung gestalten können. Wenn Lettern, die man aus dem Fenster wirft, so fielen, daß sie ein Gedicht bildeten – würde man dies nicht als Argument für das Wirken einer übermenschlichen Kraft gelten lassen? Gerade die Ungereimtheiten und Konflikte in den Gesetzen und Gebräuchen Großbritanniens sind Zeugnis dafür, daß eine göttliche Kraft die tastenden Hände der Menschen lenkt. Denn ohne Zweifel wäre die britische Verfassung längst zerbrochen, wenn sie menschlichen Ursprungs wäre. Wir haben hier offenkundig einen Zirkelschluß vor uns.

Gegen die These, alles schriftlich Festgehaltene sei, verglichen mit dem Ungeschriebenen, nur ein schwaches Werkzeug, könnte man einwenden, daß die Juden durch ihren Glauben an den Text des Alten Testaments immerhin erfolgreich überlebt haben. Auch hierauf hat de Maistre eine Antwort: Die Bibel hat die Juden eben deshalb erhalten, weil sie göttlich ist; sonst wären sie selbstverständlich vor langer Zeit untergegangen. An anderer Stelle vergißt de Maistre jedoch die Einzigartigkeit des Alten Testaments und erklärt, die gesellschaftliche Stabilität in Asien oder Afrika werde nicht durch rohe Gewalt bewahrt, sondern durch die ungeheure politische Autorität des Koran, der Schriften des Konfuzius oder anderer heiliger Texte von nicht-göttlichem Ursprung, deren Lehren mit den offenbarten Wahrheiten des Alten wie des Neuen Testaments offensichtlich nicht in Einklang stehen. Er setzt also nicht nur als wahr voraus, was erst zu erweisen ist, er argumentiert nicht nur zirkulär, er legt auch keinen Wert auf Konsistenz. Doch wenn die Vernunft ohnehin eine Giftmischerin ist, der man um jeden Preis aus dem Weg gehen muß, dann kann das nichts schaden.

De Maistres Stärke liegt nicht in der rationalen Argumentation und auch nicht in der genialen Kasuistik. Seine Sprache trägt zuweilen die Maske der Vernunft, aber sie ist durch und durch irrationalistisch und dogmatisch. Die Überzeugungskraft, die manche seiner Thesen unzweifelhaft besitzen, verdankt sich freilich auch nicht allein der Tatsache, daß er in einem kraftvollen, brillanten, originellen, unterhaltsamen Stil schreibt. »Beide [de Maistre und Newman] schreiben, wie gebildete Leute sprechen«, bemerkte James Stephen.[115] Der theatralische Gestus ist oft blendend. De Maistre ist unter allen französischen Publizisten des 19. Jahrhunderts der lesbarste, doch nicht darin liegt seine Stärke. Sein Genie beruht auf der Tiefe und Genauigkeit seiner Einsichten in die dunkleren, weniger beachteten, aber entscheidenden Faktoren des gesellschaftlichen und politischen Verhaltens.

De Maistre war ein origineller Denker, der gegen den Strom seiner Zeit schwamm und entschlossen war, die sakrosankten Gemeinplätze und frommen Formeln seiner liberalen Zeitgenossen in die Luft zu sprengen. Sie betonten die Macht der Vernunft; er bezeugte, vielleicht allzu schadenfroh, das Fortbestehen und das Ausmaß irrationaler Instinkte, die Macht des Glaubens, die Kraft blinder Tradition und die absichtliche Unwissenheit der Progressiven im Hinblick auf ihr »Menschenmaterial« – der idealistischen Sozialwissenschaftler eben-

115 A.a.O. (vgl. Anm 105), S. 306.

so wie der kühnen politischen und ökonomischen Planer und jener, die leidenschaftlich an die Technokratie glaubten. Während überall vom Streben nach Glück die Rede war, unterstrich er – wiederum mit viel Übertreibung und einem abwegigen Vergnügen, aber auch mit einigem Recht –, daß der Wunsch, sich selbst zu opfern, zu leiden, sich vor der Autorität und vor jeder höheren Macht, gleichgültig, woher sie rührt, zu erniedrigen, der Wunsch, zu herrschen, Autorität auszuüben und Macht um ihrer selbst willen zu erlangen – daß diese Kräfte historisch zumindest ebenso stark sind wie der Wunsch nach Frieden, Wohlstand, Freiheit, Gerechtigkeit, Glück und Gleichheit.

De Maistres Realismus nimmt gewalttätige, wütende, fanatische, engstirnige Formen an, doch trotz allem handelt es sich um Realismus. Das scharfe Gespür dafür, was rückgängig gemacht werden kann und was nicht, das ihn schon 1796 zu der Aussage veranlaßte, nachdem die Revolution ihr Werk getan habe, könne Frankreich als Monarchie nur noch von den Jakobinern gerettet werden, alle Versuche zur Wiederherstellung der alten Ordnung seien blinde Torheit, und die Bourbonen, falls sie wieder an die Macht kommen sollten, würden sich nicht halten – dieses Gespür hat ihn nie verlassen. In Fragen der Theologie (und der Theorie überhaupt) war er ein blinder Dogmatiker, aber im Hinblick auf die Praxis war er ein Pragmatist mit klarem Blick, und das wußte er. Aus dieser Haltung betont er, die Religion müsse nicht wahr sein, oder ihre Wahrheit bestehe schlicht darin, daß sie unsere Sehnsüchte erfüllt. »Wenn unsere Mutmaßungen einleuchtend sind . . . wenn sie vor allem tröstlich sind und dazu angetan, uns zu bessern, was sollte ihnen dann noch fehlen? Wenn sie nicht wahr sind, so sind sie doch gut; oder vielmehr: da sie gut sind, macht sie das nicht auch wahr?«[116]

Niemand, der die erste Hälfte des 20. Jahrhunderts und die darauffolgende Zeit erlebt hat, kann bezweifeln, daß de Maistres politische Psychologie, trotz ihrer Paradoxa und ihrer

[116] I, 40.

gelegentlichen Abstiege in die gegenrevolutionäre Absurdität, zuweilen, und sei es nur, indem sie die destruktiven Strebungen offenbart, indem sie das hervorhebt, was die deutschen Romantiker die dunkle, die Nacht-Seite der Dinge genannt haben, indem sie jene Seite sichtbar macht, die human gesinnte, optimistische Leute am liebsten gar nicht in Betracht ziehen, ein besserer Wegweiser zum Verständnis des menschlichen Verhaltens gewesen ist als die Zuversicht der Vernunftgläubigen oder zumindest ein kräftiges und keineswegs nutzloses Gegengift gegen ihre oft allzu einfachen, oberflächlichen Heilmittel, die mehr als einmal katastrophale Wirkungen gezeitigt haben.

XII.

Es überrascht vielleicht nicht, daß ein so kühner, so ausdrucksmächtiger Mann heftige Reaktionen bei denen auslöste, die sich in seinem Jahrhundert mit ihm beschäftigten, und selbst noch bei denen, die dies in unserer Zeit taten. Er weckte zu verschiedenen Zeiten Neugier, Abscheu, kritikloses Lob und blinden Haß. Es gibt gewiß wenige Gestalten, über die von ihren Kommentatoren so unangemessene Kommentare verbreitet worden sind wie über ihn. Weil er ein guter Vater und Ehemann und ein verläßlicher Freund war, sagt F.-A. de Lescure, »dieser Adler an Intelligenz war gutmütig wie ein Lamm, unschuldig wie eine Taube«.[117] Selbst die Bischöfe, die ihm Anerkennung zollten, haben dergleichen nicht behauptet. Weil de Maistre von der Göttlichkeit des Krieges sprach, hält J. Dessaint ihn für einen Darwinisten vor Darwin.[118] Weil er allgemein verbreitete Ansichten umstieß, vergleicht man ihn mit dem häretischen evangelischen Theologen David Friedrich Strauß; weil er die Wichtigkeit des Nationalismus erkannte,

[117] [F.-A.] de Lescure, *Le Comte Joseph de Maistre et sa famille 1753–1852: Etudes et portraits politiques et littéraires*, Paris 1892, S. 6.

[118] J. Dessaint, »Le Centenaire de Joseph de Maistre«, *La Revue de Paris*, 1. Juli 1921, S. 139–152, siehe S. 143.

gilt er als Vorläufer des italienischen Risorgimento, als Wegbereiter Präsident Wilsons und der Lehre vom Selbstbestimmungsrecht der Völker[119]; weil er als einer der ersten den Ausdruck »société des nations« verwendet hat[120], gilt er als Prophet des Völkerbundes, obwohl er diesen Ausdruck nur benutzte, um eine rationalistische Absurdität lächerlich zu machen.[121]

Die Erinnerungen derer, die ihm begegnet sind, zeichnen das Bild eines Mannes von großem Charme, der zwischen

[119] Zu den Bemühungen, de Maistre als Vorläufer des italienischen Risorgimento darzustellen, vgl. Albert Blanc, der seine diplomatische Korrespondenz herausgab (siehe oben S. 137, Anm. 16), und J. Mandoul in seinem bereits zitierten Buch (siehe oben S. 189, Anm. 74) – sowie in späterer Zeit selbst ein so aufmerksamer Gelehrter wie Adolfo Omodeo (*Un reazionario: Il conte J. de Maistre*, Bari 1939) –, die ihn fast wie einen liberalen italienischen Patrioten behandeln, den man wenn nicht neben Mazzini, so doch neben Rosmini und Gioberti stellen könne. Aber das scheint unbegründet. De Maistre war anti-gallikanisch und verteidigte die weltliche Autorität des Papstes; insofern könnte man ihn zur Not jenen an die Seite stellen, die im Vatikan eine Macht sahen, die zur Einigung Italiens und zur Aufhebung der Spaltung in weltliche, vom Ausland beherrschte Fürstentümer und Republiken beitragen könnte. Und irgendwo bemerkt er, nichts sei für politisch bewußte Menschen schmerzlicher als die Unterwerfung unter eine Fremdherrschaft – keine Nation wolle einer anderen gehorchen, daher die Ehre, die den Befreiern von Nationen zuteil wird. Aber zwischen diesem unbestreitbaren Gemeinplatz und der Erhebung de Maistres zum Propheten des Risorgimento liegen Welten. Insofern sich de Maistre zu irgendwelchen patriotischen Regungen hinreißen ließ, blieb er bis ans Ende seiner Tage ein glühender Bewunderer Frankreichs, das »eine wirkliche Magistratur über Europa ausübt« (I,8), und eine standhafte Stütze seiner königlichen Dynastie: der »König Bomba« [Ferdinand II. von Neapel], in dessen Adern das Blut dieses großen Hauses floß, hätte ihm gewiß mehr bedeutet als irgendwelche idealistischen Revolutionäre; den Liberalismus und die Demokratie hat er gehaßt und verachtet; und die Revolution war für ihn das schlimmste Schicksal, das einer Gesellschaftsordnung überhaupt widerfahren konnte.

[120] V, 13.

[121] Einige, wenn auch nicht alle diese Kuriositäten hat Constantin Ostrogorsky in *Joseph de Maistre und seine Lehre von der höchsten Macht und ihren Trägern*, Helsingfors 1932, gesammelt.

brillantem Witz und dem Ton wütender Strafpredigten wechselte, der seine Zuhörer stets faszinierte, vor allem in St. Petersburg, wo er in den aristokratischen Kreisen ein gerngesehener Gast war, mit seiner Neigung, paradoxe Fragen zu stellen und den Antworten, die darauf gegeben wurden, anschließend wenig Beachtung zu schenken, ein großer, einzigartiger Stilist – Lamartine nannte ihn den Erben Diderots[122] –, der auch bei dem bedeutenden Kritiker Sainte-Beuve auf Bewunderung stieß. Tatsächlich stammt das beste Portrait de Maistres von Sainte-Beuve, der ihn als einen strengen, nüchternen, freilich leidenschaftlich einsamen Denker zeichnet, der erfüllt war von einer wütenden Gier nach Wahrheit, von Ideen überfließend, für die er in St. Petersburg oder anderswo kaum einen Adressaten fand, so daß er genötigt war, sie allein für sich aufzuschreiben, und der seine »ultra-vérités«[123] vielleicht nur aus diesem Grund zu weit getrieben hat – stets darauf bedacht, anzugreifen, seine Gegner an ihren stärksten Punkten zu treffen, Feuer zu legen, zu töten. Deshalb war er oft beleidigend. Eines der besten Beispiele von Saint-Beuve hierfür ist das, was de Maistre erwiderte, als ihn Madame de Staël über die Verdienste der Kirche von England belehrte: »Ja«, so sagte er, ». . . sie ist wie ein Orang-Utan unter lauter Affen«[124] – so bezeichnete er die anderen protestantischen Glaubensrichtungen. Sainte-Beuve nennt de Maistre *»un grand et puissant esprit«*, der ihn sein Leben lang fasziniert habe. Er war eine stattliche Erscheinung mit würdigem Auftreten, und ein sizilianischer Besucher schrieb über ihn: *»la neve in testa ed il fuoco in bocca«*[125] (mit Schnee auf dem Haupt und Feuer im Mund).

Wie Hegel wußte de Maistre, daß er in einer Zeit lebte, in der sich eine lange Epoche der menschlichen Zivilisation ihrem Ende zuneigte. »Ich sterbe mit Europa, ich befinde mich in

[122] A. de Lamartine, *Cours familier de littérature*, Bd. 8, Paris 1859, S. 44.

[123] »Joseph de Maistre«, a.a.O., S. 427.

[124] Ebd., S. 429.

[125] Ebd., S. 455.

guter Gesellschaft«[126], schrieb er 1819. Léon Bloy las seine Schriften als eine Grabrede auf das zivilisierte Europa seiner und unserer Tage.[127] Dennoch liegt das Interesse, das ihm heute zukommt, nicht darin, daß er die letzte Stimme einer sterbenden Kultur oder (wie er sich selbst sah) der letzte Römer war. Nicht als ein Ende, sondern als ein Anfang sind seine Schriften und seine Persönlichkeit bedeutsam. Sie sind wichtig, weil er der erste Theoretiker in jener großen, starken Tradition war, die in Charles Maurras, einem Vorläufer der Faschisten, gipfelte, in der Tradition der katholischen Dreyfus-Gegner und Anhänger des Vichy-Regimes, von denen man zuweilen gesagt hat, sie seien in erster Linie Katholiken und erst danach Christen. Maurras wäre wohl zur Zusammenarbeit mit dem Hitler-Regime bereit gewesen, und zwar aus den gleichen Gründen, die de Maistre zu Napoleon hinzogen (den er vergeblich kennenzulernen versuchte) und die ihn veranlaßten, seinem Erzfeind Robespierre mehr Respekt entgegenzubringen als den Gemäßigten, die dieser und Napoleon vernichtete, mehr Respekt auch als dem behäbigen Regiment des wohlmeinenden Mittelmaßes in der Umgebung seines Souveräns in Cagliari.

In de Maistres Wertskala rangiert die Macht fast an oberster Stelle, weil sie das göttliche Prinzip ist, das die Welt regiert, die Quelle allen Lebens und Handelns, die wichtigste Gestaltungskraft in der Entwicklung der Menschheit; und wer mit ihr umzugehen, wer vor allem Entscheidungen zu treffen weiß, der erwirbt das Recht auf Gehorsam und ist das Werkzeug, das die Vorsehung oder die Geschichte in diesem Augenblick auserwählt hat, damit es ihre geheimnisvollen Zwecke vollbringt. Die Konzentration der Macht in einer einzigen Quelle, das, was den Kern der despotischen Herrschaft von Robespierre und seinen Gefolgsleuten ausmachte, gegen die sich Gemäßig-

126 XIV, 183.

127 Léon Bloy, »Le Christ au dépotoir«, *Le Pal*, Nr. 4 (2. April 1885), S. 83, in: *Œuvres de Léon Bloy*, hrsg. von Joseph Bollery und Jacques Petit ([Paris], 1964–1975), Bd. 4.

te wie Constant und Guizot mit Heftigkeit aussprachen, erscheint de Maistre unendlich viel wünschenswerter als ihre Zerstreuung nach von Menschen entworfenen Regeln. Aber politische und moralische Weisheit und Einsicht bestehten natürlich darin, die Macht dort anzusiedeln, wo sie wahrhaftig und sicher liegen sollte – in uralten, festgefügten, aus der Gesellschaft hervorgewachsenen, nicht von Menschenhand geschaffenen Institutionen und nicht bei demokratisch gewählten oder selbsternannten Individuen. Alle Usurpation muß letztlich scheitern, weil sie die göttlichen Gesetze des Universums mißachtet; Macht liegt nur in dem, der das Werkzeug dieser Gesetze ist. Sich ihnen zu widersetzen würde heißen, die fehlbaren Mittel eines einzelnen Verstandes dem kosmischen Strom entgegenzustellen, und dies ist immer kindisch und töricht, mehr noch, es ist eine verbrecherische Torheit, die sich gegen die Zukunft der Menschen richtet. Worin diese Zukunft besteht, kann nur aus einer realistischen Würdigung der Geschichte und der Veranlagungen der Menschen in ihrer Vielfalt erhellen. Denn trotz seines theoretischen Apriorismus vertrat de Maistre stets die Auffassung, Ereignisse müßten empirisch untersucht werden, unter gebührender Berücksichtigung der sich verändernden historischen Bedingungen – jede Situation in ihrem besonderen Kontext –, wenn man das Wirken des göttlichen Willens verstehen wolle.

Dieser Historismus, dieses Interesse an den vielfältigen Formen der Ausübung von Macht über Menschen und an den Vorgängen bei der Bildung von Gesellschaften und ihren geistigen und kulturellen Bestandteilen, das Herder, Hegel und die deutschen Romantiker in einer sehr viel dunkleren, Saint-Simon in einer abstrakteren Sprache predigten, sind heute so sehr Teil unseres Geschichtsbildes geworden, daß wir vergessen haben, wie wenig Zeit seit dem Tag vergangen ist, da diese Vorstellungen noch keine Gemeinplätze, sondern Paradoxa waren. De Maistre ist auch dort unser Zeitgenosse, wo er die Ohnmacht abstrakter Ideen und deduktiver Methoden aufdeckt, von denen, obwohl de Maistre dies vielleicht nicht gesagt hätte, die Apologeten des Katholizismus nicht weniger geprägt waren als ihre Gegner. Niemand hat nachdrücklicher als er alle Versuche in Mißkredit gebracht, Erklärungen dafür, wie etwas geschieht, oder Gebote, wie wir uns verhalten sollen, aus allgemeinen Ideen abzuleiten, aus der Natur des Menschen, aus dem Wesen des Rechts oder der Tugend, aus der Natur der materiellen Welt usw. – also durch ein deduktives Verfahren, mit dem wir durch Schlußfolgerung nur das ableiten können, was wir vorher über die Prämissen eingeführt haben, und dabei gar nicht bemerken oder zugeben, daß wir nichts anderes tun als eben dies.

De Maistre wird mit Recht als Reaktionär bezeichnet, doch er attackierte kritiklos übernommene Begriffe heftiger und wirksamer als mancher selbsternannte Progressive. Seine Methode steht dem modernen Empirismus sehr viel näher als etwa die von wissenschaftlich bestimmten Leuten wie Comte oder Spencer oder die der liberalen Historiker des 19. Jahrhunderts. De Maistre gehörte auch zu den ersten, die die außerordentliche gesellschaftliche und philosophische Bedeutung von »natürlichen« Institutionen – von Sprachgewohnheiten, Sprachformen, Vorurteilen und nationalen Idiosynkrasien – für die Formung des Charakters und der Überzeugungen von Menschen erkannt haben. Vico hatte gesagt, Sprache, Bilder und Mythologie könnten Einsichten in das Wachstum der Menschen und der Institutionen vermitteln, wie man sie nirgendwo sonst erlangen könne. Herder und die deutschen Sprachforscher untersuchten sie als Ausformungen der innersten Strebungen und typischsten Merkmale ihrer Nation; die Väter der politischen Romantik, vor allem Hamann, Herder und Fichte, sahen in ihnen freie, spontane Formen eines den wahren Bedürfnissen der menschlichen Natur entsprechenden Selbstausdrucks, dem rigiden Despotismus des französischen Staates ganz und gar entgegengesetzt, der die natürlichen Neigungen seiner Untertanen erdrückte. De Maistre hebt nicht diese liebenswürdigen und teilweise imaginären Eigenschaften der »Volksseele« hervor, die von den enthusiastischen Verfechtern des Lebens und des Wachstums von Gesellschaften gefeiert wurden; er betont im Gegenteil die Stabilität, Dauerhaftigkeit,

Unangreifbarkeit und Autorität der dunklen Masse halbbewußter Erinnerungen, Traditionen und Bindungen und jener noch dunkleren Kräfte unterhalb der Bewußtseinsschwelle und insbesondere die Macht der als übernatürlich angesehenen Institutionen, die kollektiven Gehorsam verlangen. Er hebt hervor, daß absolute Herrschaft dort am erfolgreichsten ist, wo schon die Frage nach ihren Wurzeln angst macht. Er fürchtete und verabscheute die Wissenschaft, weil sie zuviel Licht verbreitet und auf diese Weise das Geheimnis auflöst, das allein sich der skeptischen Untersuchung widersetzt. Doch bei allem Scharfblick konnte auch er nicht voraussehen, daß sich eines Tages die technischen Mittel der Wissenschaft nicht mit denen der Vernunft, sondern denen der Unvernunft zusammentun würden, so daß es der Liberalismus plötzlich nicht mehr mit einem, sondern mit zwei Feinden zu tun hatte – einerseits mit dem Despotismus der rationalen, wissenschaftlichen Organisation, andererseits mit den Kräften der antirationalen, mystischen Selbstgerechtigkeit –, und daß diese beiden Kräfte, die eine von den Nachfolgern Voltaires, die andere von den Nachfolgern de Maistres gerühmt, sich zu jener Allianz verbünden würden, die Saint-Simon mit so glühendem und so verfehltem Optimismus prophezeit hatte.

De Maistre war wie Pareto vom Wert der Eliten überzeugt, aber ohne Paretos zynische Gleichgültigkeit gegenüber dem spezifischen Gehalt der moralischen Wertmaßstäbe, die sich die Elite zu eigen macht und die sich obendrein noch deutlich von den Werten unterscheiden, die diese Elite den Massen predigt; allerdings war auch de Maistre der Ansicht, zuviel Licht sei für die Mehrheit der Menschen nur schädlich. Wie Georges Sorel war er von der Notwendigkeit einer gesellschaftlichen Mythologie ebenso überzeugt wie von der Unvermeidbarkeit sowohl nationaler als auch gesellschaftlicher Kriege, aber anders als Sorel gab er nicht zu, daß die Führer der siegreichen Klasse die Mythen durchschauen müßten, die das einzige Mittel sind, die Massen zum Sieg zu führen. Wie Nietzsche verachtete er die Gleichheit und hielt die Idee universaler Freiheit für ein absurdes, gefährliches Wahnbild, aber er revoltierte nicht gegen den historischen Prozeß, wollte nicht den Rahmen zerbrechen, in dem die Menschheit ihren bisherigen Leidensweg zurückgelegt hatte. Er fiel nicht auf die gesellschaftlichen und politischen Schlagwörter seiner Zeit herein und erkannte und formulierte das Wesen der politischen Macht so klar und nüchtern wie Machiavelli und Hobbes vor ihm oder Bismarck und Lenin nach ihm. Deshalb waren führende Katholiken des 19. Jahrhunderts, Geistliche und Laien gleichermaßen, die ihm als einem verläßlichen, frommen Doktrinär ihren Respekt zollten, gleichwohl stets beunruhigt, wenn sein Name fiel, so als wären die Waffen, die er in guter Absicht, zum Zweck der Verteidigung, geschmiedet hatte, allzu gefährlich – Bomben, die in den Händen derer, die sie hielten, plötzlich explodieren konnten.

Für de Maistre war die Gesellschaft ein unentwirrbares Gefüge aus schwachen, sündigen, hilflosen Menschen, zerrissen von widersprüchlichen Wünschen, hierhin und dorthin getrieben von Mächten, deren Stärke sie nicht beherrschen können und deren zerstörerische Gewalt sich mit keiner bequemen rationalistischen Formel rechtfertigen läßt. Jede Leistung ist mit Schmerzen verbunden und wahrscheinlich zum Scheitern verurteilt; sie kann, wenn überhaupt, nur unter der Führung einer Hierarchie weiser, willensstarker Wesen vollbracht werden, die als Repräsentanten der Kräfte der Geschichte (die für de Maistre fast das fleischgewordene Wort Gottes ist) ihr Leben der Aufgabe widmen, zu organisieren, zu unterdrücken und die gottgegebene Ordnung zu erhalten, und die durch dieses Opfer Gemeinschaft mit der göttlichen Ordnung erlangen, deren Gesetz eine Selbstaufopferung ist, die sich jeder Erklärung entzieht und in dieser Welt keinen Lohn bringt. Die Gesellschaftsstruktur, für die er sich ausspricht, verweist auf die Wächter in Platons *Staat* und auf den Nächtlichen Rat in seinen *Gesetzen* ebenso wie auf die christliche Tradition; sie offenbart Nähe zu der Predigt des Großinquisitors in Dostojewskis berühmter Parabel. Denen, die der menschlichen Freiheit einen hohen Wert beimessen, mag seine Sicht verabscheuenswert erscheinen, weil sie auf der dogmatischen Ablehnung eines

Lichts beruht, von dem die meisten Menschen auch heute noch leben oder leben wollen; aber während er seine große These entfaltete, hat de Maistre mit viel Kühnheit und oft zum erstenmal zentrale Wahrheiten aufgedeckt (und heftig übertrieben), die seinen Zeitgenossen unangenehm waren, die von seinen Nachfolgern entrüstet zurückgewiesen und erst in unserer Zeit als solche erkannt wurden – allerdings nicht, weil wir über mehr Verständnis, mehr Selbsterkenntnis, mehr Aufrichtigkeit verfügen, sondern weil eine Ordnung, die de Maistre das einzige Mittel gegen die Auflösung des gesellschaftlichen Zusammenhalts zu sein schien, zu unserer Zeit in ihrer scheußlichsten Gestalt entstanden ist. Auf diese Weise wurde die totalitäre Gesellschaft, die de Maistre im Gewand der historischen Analyse hatte sichtbar werden lassen, zur Wirklichkeit. Sie hat – zu einem unendlich hohen Preis an menschlichem Leid – die Tiefe und die Brillanz eines bemerkenswerten, eines erschreckenden Propheten unserer Zeit bekräftigt.

DIE EUROPÄISCHE EINHEIT UND IHRE WECHSELFÄLLE

I.

Es gehört inzwischen zu den traurigen Gemeinplätzen, daß in keinem Jahrhundert Menschen so viele andere Menschen unbarmherzig abgeschlachtet haben wie in unserem. Im Vergleich mit diesem anhaltenden Gemetzel wirken selbst die Religionskriege und die napoleonischen Feldzüge wie lokal begrenzte, humane Vorkommnisse. Ich bin nicht qualifiziert, eine umfassende Untersuchung der Ursachen von Haß und Streit in unserer Zeit anzustellen. Ich möchte die Aufmerksamkeit nur auf einen einzigen Aspekt dieser Situation lenken. Wir leben in einer Zeit, in der politische Ideen, konzipiert von fanatischen Denkern, die zu ihren Lebzeiten bisweilen wenig Beachtung fanden, einen heftigeren revolutionären Einfluß auf das Dasein der Menschen hatten als zu irgendeiner anderen Zeit seit dem 17. Jahrhundert. Ich möchte hier eine Gruppe solcher Ideen erörtern, die unser Leben im Guten wie im Bösen tief geprägt haben.

Unsere Vorstellungen von den Zielen des Lebens unterscheiden sich in einem wesentlichen Punkt von den Vorstellungen unserer Vorväter, zumindest von denen, die vor der zweiten Hälfte des 18. Jahrhunderts dominierten, und sind ihnen sogar entgegengesetzt. Für unsere Vorväter war die Welt ein einziges, intelligibles Ganzes. Sie gründete in bestimmten stabilen Bestandteilen materieller und geistiger Art, und wenn diese Bestandteile nicht stabil waren, dann waren sie auch nicht wirklich. Alle Menschen besaßen bestimmte unwandelbare Eigenschaften, die ihnen gemeinsam waren und die man als menschliche Natur bezeichnete. Und obwohl es offensichtlich Unterschiede zwischen Individuen, Kulturen und Nationen gab, nahmen die Ähnlichkeiten zwischen ihnen doch mehr Raum ein und waren wichtiger. Als die wichtigste gemeinsame Eigenschaft galt der Besitz einer Fähigkeit, die man Vernunft nannte und die ihren Besitzer befähigte, die Wahrheit zu erkennen, sowohl in der Theorie wie in der Praxis. Diese Wahrheit, so nahm man an, war überall für jeden gleichermaßen sichtbar. Die gemeinsame Natur ließ es nicht nur notwendig, sondern auch vernünftig erscheinen, daß die Menschen den Versuch machten, miteinander zu kommunizieren und sich gegenseitig von der Wahrheit dessen, was sie glaubten, zu überzeugen; und daß sie im Extremfall auch Zwang auf andere ausübten – in der Annahme (von der zum Beispiel Sarastro in dem großen Gleichnis des Aufklärungszeitalters, in Mozarts *Zauberflöte*, ausgeht), daß die Menschen, indem sie den Befehlen gehorchten (oder, sofern nichts anderes fruchtete, gezwungen wurden, zu gehorchen), zuletzt die Gültigkeit dessen erkennen würden, was ihre Erzieher oder Gesetzgeber oder Herren bereits als wahr erkannt hatten; sie würden es befolgen und nun selbst weise, gut und glücklich werden. Im 20. Jahrhundert versteht sich dieser Universalitätsanspruch der Vernunft oder irgendeines anderen Prinzips nicht mehr von selbst. Das, was Walter Lippman die *»public philosophy«* genannt hat, ist nicht mehr die selbstverständliche Grundlage der Politik und des gesellschaftlichen Lebens, und dies hat unser Leben erheblich verändert.

Besonders sichtbar wird dies im Faschismus. Die Faschisten und Nationalsozialisten erwarteten nicht, daß die minderwertigen Klassen, Rassen oder Individuen ihre Ziele verstehen oder Sympathie für sie entwickeln könnten; ihre Minderwertigkeit oder Unterlegenheit (*inferiority*) war angeboren und unauslöschlich, denn ihre Ursache lag im Blut, in der Rasse oder irgendeiner anderen unveränderlichen Eigenschaft. Wenn diese Geschöpfe so zu tun versuchten, als seien sie ihren Herren ebenbürtig oder auch nur in der Lage, Verständnis für deren Ideale aufzubringen, so galt dies als anmaßend und überheblich. Caliban galt als unfähig, das Antlitz zum Himmel zu erheben und nur einen Funken von Prosperos Idealen zu erkennen, geschweige denn sie zu teilen. Den Sklaven obliegt es, zu gehorchen; das Recht ihrer Herren, sie mit Füßen zu treten, ergibt sich aus der vermeintlichen – auch von Aristoteles behaupteten – Tatsache, daß manche Menschen von Natur aus Sklaven sind und nicht genug »Menschenhaftigkeit« besitzen, um sich selbst Befehle zu erteilen oder zu verstehen, warum sie gezwungen werden, das zu tun, was sie tun.

Der Faschismus ist die extreme Ausformung dieser Haltung, doch jeder Nationalismus ist bis zu einem gewissen Grade von ihr infiziert. Nationalismus ist nicht das Bewußtsein von der Wirklichkeit eines Nationalcharakters und auch nicht der Stolz auf ihn. Nationalismus ist der Glaube an die einzigartige Mission einer Nation, die Überzeugung, daß diese Mission ihrem Wesen nach den Zielen und Eigenschaften von allem, was außerhalb von ihr liegt, überlegen sei, dergestalt, daß ich, wenn es zu einem Konflikt zwischen meiner Nation und anderen Menschen kommt, verpflichtet bin, für meine Nation zu kämpfen, gleichgültig, wie hoch der Preis ist, den andere Menschen dafür zahlen müssen. Und wenn die anderen sich widersetzen, so ist dies genau das, was man von Wesen erwarten muß, die in einer »minderwertigen« Kultur aufgewachsen sind, die von »minderwertigen« Menschen erzogen oder in die Welt gesetzt worden sind und die *ex hypothesi* jene Ideale nicht verstehen können, die meine Nation und mich bewegen. Meine Götter liegen im Streit mit denen der anderen, meine Werte liegen im Streit mit denen der Fremden, und es gibt keine höhere Autorität – ganz gewiß kein absolutes, universales Tribunal –, das über die Ansprüche dieser rivalisierenden Gottheiten urteilen könnte. Deshalb kann nur der Krieg zwischen Nationen oder Individuen die Lösung bringen.

Wir denken über weite Strecken in Wörtern. Aber alle Wörter gehören bestimmten Sprachen an, die ihrerseits das Produkt bestimmter Kulturen sind. Da es keine menschliche

Universalsprache gibt, gibt es auch kein universales Menschengesetz und keine universale Autorität, sonst würden diese Gesetze und diese Autorität über die ganze Welt herrschen; das aber ist in den Augen der Nationalisten weder möglich noch wünschenswert. Ein universales Gesetz ist kein wirkliches Gesetz: eine kosmopolitische Kultur ist nichts weiter als Schwindel und Wahn; das internationale Recht heißt Recht nur aufgrund einer problematischen Analogie – einer hohlen Floskel, die den gewaltsamen Bruch mit dem Universalismus der Vergangenheit verdecken soll.

Weniger offenkundig ist diese Annahme im Falle des Marxismus, der zumindest in der Theorie internationalistisch ist. Doch der Marxismus ist eine Ideologie des 19. Jahrhunderts, und er ist dem alles durchdringenden Separatismus seiner Zeit nicht entgangen. Er gründet sich auf die Vernunft; das heißt, er behauptet, seine Thesen seien intelligibel und ihre Wahrheit lasse sich jedem rationalen Wesen, das im Besitz der einschlägigen Fakten ist, »beweisen«. Er bietet allen Menschen Erlösung: im Prinzip kann jeder das Licht erkennen, und wer es verleugnet, tut dies auf eigene Gefahr.

In der Praxis verhält es sich jedoch anders. Die Theorie von der ökonomischen Basis und dem ideologischen Überbau, die die Grundlage der marxistischen Soziologie bildet, lehrt, daß die Ideen in den Köpfen der Menschen durch die Stellung bedingt sind, die sie oder die ökonomische Klasse, der sie angehören, innerhalb des Produktionssystems einnehmen. Diese Tatsache kann den Einzelnen aufgrund der verschiedensten Selbsttäuschungen und Rationalisierungen verborgen bleiben, doch die »wissenschaftliche« Analyse offenbart immer, daß die große Mehrheit einer bestimmten Klasse nur solche Überzeugungen hegt, die den Interessen dieser Klasse entsprechen – Interessen, die die Sozialwissenschaftler durch objektive historische Analyse bestimmen können. Und umgekehrt bezweifeln, verwerfen, mißverstehen, verzerren und verdrängen die Angehörigen einer bestimmten Klasse jene Ideen, die, wenn sie sie sich zu eigen machten, die Position ihrer Klasse schwächen würden.

Alle Menschen stehen gleichsam auf einer von zwei Rolltreppen; ich gehöre einer Klasse an, die sich aufgrund ihres Verhältnisses zu den Produktivkräften entweder aufwärts zum Sieg oder abwärts in den Untergang bewegt. In beiden Fällen werden meine Überzeugungen und Anschauungen – die rechtlichen, moralischen, gesellschaftlichen, intellektuellen, religiösen, ästhetischen Ideen, die mir naheliegen – die Interessen der Klasse widerspiegeln, der ich angehöre. Wenn ich zu einer Klasse gehöre, die sich aufwärts dem Sieg entgegenbewegt, werde ich realistische Anschauungen vertreten, denn ich habe keine Angst vor dem, was ich sehe; ich bewege mich mit dem Strom, die Erkenntnis der Wahrheit kann mich nur mit Zuversicht erfüllen; wenn ich einer zum Untergang verurteilten Klasse angehöre, wird meine Unfähigkeit, die verhängnisvollen Tatsachen zu erkennen – denn nur wenige sind imstande zu erkennen, daß sie zum Untergang bestimmt sind –, meine Berechnungen verfälschen, sie wird mich taub und blind gegen Wahrheiten machen, die allzu schmerzlich sind. Daraus folgt, daß es nutzlos ist, wenn Angehörige der aufsteigenden Klasse die Angehörigen der stürzenden Ordnung davon zu überzeugen suchen, daß sie sich nur retten können, indem sie die Notwendigkeiten des Geschichtsverlaufs begreifen und, falls sie dazu imstande sind, von der breiten Treppe in die Vernichtung überwechseln auf jene steile, die nach oben führt. Es ist nutzlos, weil die Angehörigen der untergehenden Klasse *ex hypothesi* aufgrund ihrer Klassenzugehörigkeit alles durch eine Zerrbrille wahrnehmen: die offenkundigsten Anzeichen des nahenden Todes erscheinen ihnen als Indiz für Gesundheit und Fortschritt; sie leiden unter optimistischen Halluzinationen und müssen deshalb die Warnungen systematisch mißverstehen, die ihnen die Angehörigen einer anderen ökonomischen Klasse barmherzigerweise zu übermitteln suchen; solche Täuschungen sind selbst ein unvermeidliches Nebenprodukt des Festhaltens an einer Ordnung, über die das Urteil der Geschichte gesprochen ist. Es ist vergebens, wenn die Progressiven ihre reaktionären Brüder vor der Niederlage zu retten versuchen: die zum Untergang Verurteilten können sie nicht hören, und ihre Vernichtung ist gewiß. Denn nicht alle Menschen werden errettet werden: das Proletariat, das mit Recht auf seine Erlösung bedacht ist, tut gut daran, das Schicksal seiner Unterdrücker zu ignorieren; selbst wenn es Böses mit Gutem vergelten wollte, kann es seine Feinde nicht vor der »Liquidierung« retten. Sie sind »entbehrlich« – ihre Vernichtung läßt sich nicht abwenden, und kein vernünftiges Wesen sollte sie bedauern, denn sie ist der Preis, den die Menschheit für den Fortschritt der Vernunft selbst zahlen muß: der Weg zu den Toren des Paradieses ist notwendigerweise mit Leichen übersät.

Obwohl sie auf ganz anderen Wegen zustande gekommen ist, weist diese Schlußfolgerung eine merkwürdige Ähnlichkeit mit den nationalistischen und faschistischen Anschauungen auf und zugleich deutliche Unterschiede gegenüber den Anschauungen früherer Jahrhunderte. So erbittert der Haß zwischen Christen, Juden und Muslimen oder zwischen verschiedenen Sekten innerhalb dieser Religionen auch immer war, das Argument, mit dem die Ausrottung von Häretikern begründet wurde, beruhte stets auf der Überzeugung, daß es prinzipiell möglich sei, die Menschen zur Wahrheit zu bekehren, zu der einen, universalen, also für jeden einsehbaren Wahrheit; daß nur wenige allzu verblendete, verbohrte Individuen rettungslos verloren und nicht anders zu retten seien als dadurch, daß sie den Tod erlitten. Diese Auffassung gründet in der Überzeugung, daß die Menschen eine gemeinsame Natur besitzen, dergestalt, daß Kommunikation im Prinzip jederzeit möglich und daher eine moralische Pflicht ist. Eben diese Annahme wurde zunächst in Frage gestellt und brach dann in sich zusammen. Die Schafe dürfen nicht versuchen, die Böcke zu retten – das wäre irrational und nicht realisierbar.

Die Spaltung der Menschheit in zwei Gruppen – in die eigentlichen Menschen und eine andere, niedere Kategorie von Wesen, Angehörige »minderwertiger« Rassen oder »minderwertiger« Kulturen, »Untermenschen«, von der Geschichte zum Untergang verurteilte Nationen oder Klassen[1] – ist ein

[1] Auch wenn man einräumt, daß sich Einzelne durch einen Sprung auf die aufwärtsführende Treppe retten können – wie dies Marx und Engels

neuartiges Phänomen innerhalb der Geschichte. Sie leugnet die gemeinsame Humanität – jene Prämisse, auf der der religiöse und säkulare Humanismus früherer Zeiten fußte. Sie erlaubt es den Menschen, viele Millionen von Mitmenschen für nicht ganz menschlich anzusehen und sie hinzumorden – ohne Gewissensbisse und ohne den Versuch, sie zu retten oder zu warnen. Ein solches Verhalten schreibt man gewöhnlich Barbaren oder Wilden zu – Menschen, die einer vor-rationalen Geisteshaltung verhaftet sind, wie sie für Völker im Kindesalter der Zivilisation charakteristisch ist. Aber diese Erklärung taugt nicht länger. Es ist offensichtlich möglich, ein hohes Maß an wissenschaftlicher Erkenntnis und Fertigkeit und ganz allgemein an Kultur zu erlangen und dennoch andere Menschen gnadenlos im Namen einer Nation, einer Klasse oder im Namen der Geschichte selbst zu vernichten. Wenn das etwas mit Kindheit zu tun hat, dann mit der zweiten Kindheit, mit Altersinfantilität in ihrer abscheulichsten Gestalt. Wie ist es mit den Menschen so weit gekommen?

II.

Es ist vielleicht sinnvoll, zumindest eine der Wurzeln dieses beunruhigenden Kennzeichens unserer Zeit näher zu betrachten. Jede Generation stellt sich gewisse fundamentale Fragen, etwa die, wie die Menschen ihr Leben führen sollen. Solche Fragen nennt man moralische, politische, soziale; sie plagen jedes Zeitalter und weisen, obwohl sie immer wieder anders gestellt und entsprechend dem Wandel der Lebensbedingungen und der Ideenwelt immer wieder anders beantwortet werden, eine gewisse Familienähnlichkeit auf. Manche Fragen sind langlebiger als andere; diejenigen, die sich aus beständigen Eigenschaften des Menschen ergeben, nennt man Grundfra-

selbst und andere bürgerliche Revolutionäre immerhin taten –, so kann dieser Schritt doch immer nur von Einzelnen, aber nie von ganzen Klassen oder größeren Teilen von Klassen vollzogen werden.

gen, die in jeder Generation gestellt werden. Wie soll ich mein Leben leben? Was soll ich tun? Warum soll ich anderen gehorchen und bis zu welchem Punkt? Was sind Freiheit, Pflicht, Autorität? Soll ich meine eigenen Fähigkeiten verwirklichen oder mich für andere aufopfern? Habe ich das Recht, über mich selbst zu bestimmen, oder nur das Recht, gut regiert zu werden? Was sind Rechte? Was sind Gesetze? Gibt es einen Zweck, den Individuen oder Gesellschaften oder das ganze Universum mit Notwendigkeit erfüllen müssen? Oder gibt es solche Zwecke nicht und statt dessen nur das Wollen der Menschen, das durch ihr Bedürfnis nach Nahrung und durch die Umgebung, in der sie aufwachsen, determiniert wird? Gibt es so etwas wie den Willen einer Gruppe, einer Gesellschaft, einer Nation, dem gegenüber die Welt des Einzelnen nur Bruchstück ist und der den Rahmen darstellt, in dem der Wille des Einzelnen einzig und allein Wirksamkeit und Bedeutung erlangen kann? Hier der Staat (oder die Kirche), dort die Einzelnen und die Minderheiten; hier der Wille des Staates zur Macht, zur Effizienz, zur Ordnung, dort der Anspruch des Einzelnen auf Glück oder individuelle Freiheit oder auf ein moralisches Prinzip: Das alles sind teils Wert-, teils Tatsachenfragen – Fragen nach dem, was »sein soll«, und nach dem, was »ist« –, die die Menschen zu allen Zeiten, von denen wir Kunde besitzen, bewegt haben.

Man kann wohl sagen, daß diese fundamentalen Fragen in der Zeit vor der Mitte des 18. Jahrhunderts für beantwortbar gehalten wurden, zumindest im Prinzip, gleichgültig, wie die Antworten im einzelnen ausfielen. (Wenn eine Frage so beschaffen war, daß man nicht nur die korrekte Antwort nicht kannte, sondern nicht einmal wußte, welche *Art* von Antwort die richtige gewesen wäre, dann war die Frage als solche nicht intelligibel und im Grunde genommen gar keine Frage.) Wertfragen galten im gleichen Sinne als beantwortbar wie Tatsachenfragen. Ich selbst kann vielleicht nicht sagen, wie weit Lissabon von Konstantinopel entfernt ist, aber ich weiß, wie die Antwort herausgefunden werden kann. Ich selbst kann nicht sagen, woraus sich die Materie zusammensetzt, wer Äthiopien im 5. Jahrhundert vor Christus regierte und ob der Patient an dieser Krankheit sterben wird oder nicht, aber es gibt Fachleute, die ich befragen kann und die ihr Bestes tun werden, um die Wahrheit zu ermitteln, indem sie Methoden anwenden, die in der Gesellschaft, der wir angehören, als geeignet gelten. Das meine ich, wenn ich sage: ich weiß, daß eine wahre Antwort grundsätzlich zu finden ist, auch wenn ich selbst sie zufällig nicht kenne oder wenn niemand sie kennt.

Genauso verhielt es sich, dieser Auffassung zufolge, mit Wertfragen, mit Fragen von der Form: Was soll man tun? Wodurch ist dies oder das gerechtfertigt? Ist das gut oder schlecht, richtig oder falsch, erlaubt oder verboten? Die Geschichte des moralischen, politischen, theologischen Denkens ist eine Geschichte heftiger Konflikte zwischen den rivalisierenden Ansprüchen rivalisierender Fachleute. Manche suchten die Antwort im Wort Gottes, wie es die Heilige Schrift enthält; andere in Offenbarungen, im Glauben, in heiligen Mysterien, an die wir glauben können, obwohl wir sie vielleicht nicht verstehen; wieder andere suchten sie in den Verlautbarungen der offiziellen Interpreten Gottes – der Kirchen und Priester –, und wenn die Kirchen nicht immer gleichlautende Antworten gaben, so zweifelte doch niemand daran, daß die eine oder die andere dieser Antworten wahr sein müsse – wenn nicht die Antwort dieser Glaubensrichtung, dann eben die Antwort jener. Manche fanden die Antwort in einer rationalen Metaphysik oder in einer unfehlbaren Eingebung anderer Art, etwa im Urteil des individuellen Gewissens. Wieder andere entdeckten sie in der empirischen Beobachtung, im wissenschaftlichen Laboratorium und in der Anwendung mathematischer Methoden auf die Daten der Erfahrung. Ausrottungskriege wurden um die rivalisierenden Ansprüche, im Besitz der wahren Antworten auf diese entscheidenden Fragen zu sein, geführt. Der Lohn hierfür war die Lösung der tiefsten und wichtigsten Fragen, die der Mensch überhaupt stellen konnte – der Fragen nach dem richtigen Leben; und um ihrer Erlösung willen zu sterben, dazu waren die Menschen bereit, vor allem wenn sie daran glaubten, daß die Seele unsterblich sei und ihren gerechten Lohn nach dem Tod des Leibes empfangen werde. Aber auch diejenigen, die nicht an die Unsterblichkeit oder an Gott glaubten, waren bereit, für die Wahrheit zu leiden und zu sterben, sofern sie nur fest davon überzeugt waren, daß es sich um die Wahrheit handelte; denn die Wahrheit zu finden und ihr gemäß zu leben, war gewiß das höchste Ziel eines jeden, der überhaupt imstande war, nach ihr zu suchen. Diese Überzeugung war Platonikern und Stoikern, Christen und Juden, Muslimen, Deisten und atheistischen Rationalisten gemeinsam. Kriege um religiöse oder weltliche Prinzipien und Programme und um das menschliche Leben selbst wären ohne diese fundamentale Annahme sinnlos erschienen.

Aus dem Zerfall dieses Grundsteins ging die moderne Auffassung hervor. Ich möchte versuchen, dies möglichst einfach zu formulieren. Es verhielt sich nicht bloß so, daß die Idee der objektiven Wahrheit in Moral und Politik durch den Aufstieg von Skeptizismus, Subjektivismus und Relativismus erschüttert wurde. Das Zerbrechen der älteren Idee einer universalen, für alle Menschen überall und jederzeit gültigen moralischen Wahrheit und seine Konsequenzen konnte man noch innerhalb der älteren Systeme bewältigen, man konnte sagen und hat auch gesagt, daß die Bedürfnisse und die Eigenschaften der Menschen durch Klima, Boden, Vererbung oder menschliche Institutionen unterschiedliche Ausprägungen erfahren; man konnte funktionstüchtige Formeln ausarbeiten, die jedermann, den Angehörigen jeder Gruppe und jeder Rasse das zugestand, dessen sie vor allem bedurften, und gleichwohl konnte man die Formeln selbst aus einem einzigen universalen, allen Menschen gemeinsamen Prinzip ableiten: daß alle diese Bedürfnisse menschliche Bedürfnisse seien, rationale Reaktionen einander ähnlicher Wesen auf Unterschiede oder Veränderungen in ihrer Umwelt oder in ihren Lebensverhältnissen. Die Menschen und ihre Bedürfnisse konnten analysiert, klassifiziert und im Licht des Wissens von Natur und Geschichte miteinander in Einklang gebracht werden, so daß es durchaus möglich war, eine Gesellschaft zu schaffen, in der aufgrund geeigneter sozialer und politischer Vorkehrungen möglichst viele Bedürfnisse möglichst vieler Menschen ihre größtmögliche Erfüllung fanden. So lautete das Programm der Aufklärung und vor allem des Utilitarismus. Im Bezugsrahmen der Relativität der Bedürfnisse galt noch immer die Annahme, daß die Fragen danach, wie die Menschen ihre Leben leben sollen, was man tun soll, worin Gerechtigkeit, Gleichheit oder Glück bestehen, Tatsachenfragen waren, die durch Beobachtung geklärt werden konnten – wenn nicht durch die Beobachtung des Universums oder des göttlichen Waltens, dann durch die Beobachtung der menschlichen Natur, wie sie von den neuen Wissenschaften Psychologie, Anthropologie und Physiologie vorangetrieben wurde. Fachleute für moralische Fragen waren nun nicht mehr die Priester und metaphysischen Seher, sondern die Naturwissenschaftler – technische Experten. Aber die Frage danach, was richtig sei, war immer noch die Frage nach einer objektiven Wahrheit, die rationale Wesen auch für sich allein entdecken konnten. Der Wandel, von dem ich spreche, ist sehr viel radikaler und beunruhigender.

III.

Die alte Anschauung beruhte zumindest auf drei zentralen Voraussetzungen. Erstens, daß alle Wertfragen sich objektiv beantworten lassen. Einige erklärten, nur vernunftbegabte Menschen könnten diese Antworten erlangen; Mystiker und Irrationalisten verwiesen auf andere Wege. Aber niemand zweifelte daran, daß die Antworten, wenn sie in irgendeinem Sinne wahr waren, dies für alle Menschen waren. Zweitens, daß die universalen Wahrheiten den Menschen im Prinzip zugänglich sind. Eine Denkrichtung vertrat die Auffassung, manche Menschen seien eher befähigt, diese Wahrheit zu entdecken, als andere. Die Vertreter dieser Ansicht – namentlich Platon und seine Nachfolger – neigten zu dem Glauben an eine natürliche Ordnung, in der die Begabteren innerhalb von moralischen oder intellektuellen, religiösen oder technischen oder rassischen Hierarchien über den weniger Begabten stehen, während ihre Gegner die Meinung vertraten, jeder Mensch könne grundsätzlich sein eigener Experte sein – diese Meinung bildet den Kern des Protestantismus, der Anschauungen von Rousseau und Kant und der säkularen Demokratie. Drittens, man nahm an, daß wahre Werte nicht miteinander in Konflikt geraten könnten. Wenn das Universum ein Kosmos und kein Chaos war, wenn man objektive Antworten auf die Frage, wie man das Leben leben solle, finden konnte, dann mußte es auch eine bestimmte Lebensweise geben, die nachweislich die beste war. Denn wenn es zwei Lebensweisen gab, beide so beschaffen, daß eine bessere sich nicht denken ließ, und wenn sie sich als miteinander unvereinbar erwiesen, dann war der Konflikt zwischen ihnen – und mithin der zwischen ihren Anhängern – im Prinzip nicht rational lösbar. Wenn es aber nicht eine einzige universelle, für alle Menschen jederzeit und überall gültige Antwort gab, dann folgte daraus, daß die Frage keine echte Frage war, denn alle wirklichen Fragen mußten definitionsgemäß durch eine und nur eine wahre Lösung beantwortet werden können, während alle anderen Lösungen notwendigerweise falsch waren.

Man kann dies auch anders formulieren. Alle Fragen haben ihre Antworten. Die Antwort muß die Form einer wahren Tatsachenfeststellung annehmen. Keine Wahrheit kann einer anderen Wahrheit widersprechen – dies ist ein einfaches, unzweifelhaft gültiges logisches Gesetz. Folglich können die wahren Antworten auf Fragen wie: »Soll ich nach Macht oder Erkenntnis oder Glück streben oder meine Pflicht tun oder schöne Gegenstände schaffen?« – »Soll ich andere zu etwas zwingen?« – »Soll ich nach Freiheit oder Frieden oder Erlösung streben?« nicht miteinander in Konflikt geraten, denn wenn sie es täten, wäre eine Wahrheit mit der anderen unvereinbar, was logisch ausgeschlossen ist. Hieraus folgt logisch, daß es, da alle Wahrheiten miteinander vereinbar sind und sich möglicherweise sogar auseinander ergeben, möglich sein muß, die vollkommene Form des Lebens zu ermitteln – sie ergibt sich aus der Verbindung aller wahren Antworten auf alle quälenden Fragen –, und die Menschen sollten danach streben, diese Form zu verwirklichen. Die Menschen mögen zu schwach, zu sündhaft, zu unwissend sein, um herauszufinden, wie diese vollkommene Form aussieht, oder, wenn sie sie gefunden haben, in ihrem Licht zu leben, aber wenn es eine solche Form nicht gibt, können ihre Fragen nicht beantwortet werden, und nicht beantwortbare Fragen sind *ex hypothesi* überhaupt keine Fragen, sondern Schimären, Neurosen, Zeichen einer persönlichen oder sozialen *malaise*, die ein Psychiater vielleicht kurieren, zu deren Auflösung aber ein Denker nichts beitragen kann.

Zu den Konsequenzen dieser fundamentalen Annahmen – auf deren Grundlage die Menschen seit mehr als zweitausend Jahren gelebt haben – gehört auch die, daß Konflikt und Tragik kein wesentlicher Bestandteil des menschlichen Daseins sind. Tragik besteht – im Gegensatz zur bloßen Katastrophe – aus Konflikten, in die menschliches Handeln, menschliche Charaktere oder Werte geraten. Wenn aber alle Fragen im Prinzip beantwortbar und alle Antworten miteinander vereinbar sind, dann sind solche Konflikte immer vermeidbar. Das tragische Element im Leben beruht daher stets auf vermeidbaren Fehlern der Menschen: vollkommene Wesen würden von ihm nichts wissen; in einer Welt von Heiligen und Engeln kann es Nichtübereinstimmung nicht geben und daher weder Komik noch Tragik.

Diese Voraussetzungen, die das abendländische Denken seit der klassischen Antike geprägt hatten, wurden im ersten Viertel des 19. Jahrhunderts nicht mehr als selbstverständlich angesehen. Um diese Zeit setzte sich eine neue und ungeheuer einflußreiche Vorstellung im europäischen Denken durch, die Vorstellung vom heroischen Individuum, das der Natur oder der Gesellschaft seinen Willen aufzwingt. Im Licht dieser Vorstellung erscheint der Mensch nicht als Krone eines harmonischen Kosmos, sondern als Wesen, das diesem Kosmos »entfremdet« ist, das danach strebt, ihn sich zu unterwerfen und zu beherrschen.

Ich möchte das anhand eines Beispiels veranschaulichen. Im

16. Jahrhundert stellten Calvin und Luther ganz ähnliche theologische Fragen wie Ignatius von Loyola oder Kardinal Bellarmin; weil ihre Antworten auf diese Fragen unterschiedlich ausfielen, befehdeten sie einander auf das heftigste. Keine Seite hegte in irgendeinem Sinne Respekt für die Gegenseite und wäre dazu auch gar nicht fähig gewesen, im Gegenteil, je hartnäckiger der Feind kämpfte, desto tiefer geriet er in den Augen des Rechtgläubigen in Verdammnis, der wußte, daß er und nicht der andere im Besitz der Wahrheit war; je nachdrücklicher der Gegner an seine Irrlehren glaubte, desto verhaßter mußte er Gott und den Menschen sein. Als der Papst Giordano Bruno, als Calvin Michael Servetus verbrannte, da betrachteten sie ihre Opfer als Aufrührer gegen das Licht der Wahrheit, gegen das Licht, das im Prinzip alle Menschen sehen konnten, weil die Kriterien der Wahrheit allgemein oder öffentlich waren, so daß jeder, dessen Herz, dessen Geist, dessen Seele nicht verführt war, sie anwenden und der ewigen Wahrheiten ansichtig werden konnte. Diese Kriterien dachte man sich als mindestens ebenso universal und allgemeingültig wie diejenigen, die heute von Physikern angewendet werden, die sich darauf verlassen zu können glauben, daß jeder kompetente Wissenschaftler, der angesichts der gleichen Daten die gleichen überprüften Methoden anwendet, auch zu den gleichen unausweichlichen Schlußfolgerungen gelangt.

Deshalb ist nichts Romantisches oder Tragisches am Schicksal eines verurteilten Häretikers, nichts, was uns Sympathie einflößen könnte. Ein Häretiker ist eine Gefahr für sich selbst und für die Gesellschaft, die er zu verführen sucht; seine Seele sollte gerettet werden, aber die Heftigkeit und Hartnäckigkeit, mit der er sich der Wahrheit widersetzt, hat gewiß nichts Würdiges oder Bewundernswertes an sich, im Gegenteil, je hartnäckiger er sich gebärdet, desto verdammter und hassenswerter ist er, und desto rascher wird er vergessen. Die Idee, daß es für die Muslime richtig sein könnte, ihre eigenen Wertvorstellungen gegen die Kreuzfahrer zu verteidigen, und zwar aus den gleichen Gründen, wie es für die Kreuzfahrer richtig war, die ihren zu verteidigen; die Idee, daß Menschen Achtung dafür verdienen, daß sie für ihre Ideale und Prinzipien, und mögen sie noch so falsch sein, in den Tod gehen, weil jeder, der für das stirbt, was er für wahr hält, an sich schon mehr Respekt verdient als derjenige, der seine Überzeugungen kompromittiert oder versucht, sein Leben auf Kosten seiner Prinzipien zu retten – diese Idee war im Mittelalter undenkbar.[2] Natürlich war man verpflichtet, die eigene Existenz für die Wahrheit hinzugeben, aber es lag nichts Edles darin, für etwas Falsches zu sterben, auch wenn man es irrtümlich für wahr hielt. Die Vorstellung, daß es nicht unbedingt nur eine Wahrheit gibt, daß es viele Werte gibt, daß sie miteinander in Konflikt geraten können, daß es etwas Erhabenes hat, für die eigene Vision von der Wahrheit zu sterben, auch wenn sie von der übrigen Welt verworfen wird – dies hätte, wie ich vermute, in der Zeit vor dem 18. Jahrhundert als eine sehr exzentrische Position gegolten. Es gibt nicht »meine« Wahrheit gegen »deine« Wahrheit, nicht die Wahrheiten eines Zeitalters gegen die eines anderen, es gibt nur *die* Wahrheit. Christen mußten nachsichtig sein: daß die Muslime für etwas Falsches starben, erregte gewiß das Mitleid der Besseren unter ihnen; tapfere Männer, Männer mit Tugenden, die einer besseren Sache würdig gewesen wären, mußten getötet werden, und es war unehrenhaft, auf ihre Leichen zu spucken oder ihre Gräber zu schänden. Mitleid ist eines, aber Bewunderung für die Treue zu einem falschen Ideal, für die Treue als solche, war in der Zeit, von der ich spreche, nicht denkbar.

Etwa um das Jahr 1820 hat sich eine ganz andere Anschauung durchgesetzt. Jetzt findet man vor allem in Deutschland Dichter und Philosophen, die erklären, es sei das Edelste, was ein Mensch tun könne, wenn er seinem eigenen inneren Ideal folge, gleichgültig, wie hoch der Preis hierfür ist. Das Ideal mag auf das Individuum, dem es sich offenbart hat, beschränkt

[2] Montesquieus Bemerkung, es sei nicht unsinnig, wenn Montezuma gesagt habe, für die Azteken sei die aztekische Religion am besten und für die Spanier die christliche Religion, wurde von der Kirche wie auch von den Radikalen als äußerst skandalös betrachtet.

sein, es mag allen anderen falsch oder unsinnig erscheinen, es mag im Widerstreit mit den Anschauungen der Gesellschaft stehen, der jenes Individuum angehört – dennoch ist er verpflichtet, dafür zu kämpfen und, wenn es nicht anders geht, dafür zu sterben. Aber angenommen, das Ideal ist falsch? In diesem Punkt kommt es zu einem radikalen Kategorienwandel, der eine Revolution des Geistes bezeichnet. Die Frage, ob ein Ideal wahr oder falsch ist, wird nicht mehr für wichtig und nicht einmal mehr für ganz verständlich gehalten. Das Ideal stellt sich in Form eines kategorischen Imperativs dar: Folge deinem inneren Licht, weil es in dir brennt, und nur aus diesem Grund. Tu, was du für richtig hältst, erschaffe, was du für schön hältst, gestalte dein Dasein in Übereinstimmung mit deinen letzten Zielen und Zwecken, denen gegenüber dein übriges Leben nur Mittel ist, denen alles andere untergeordnet werden muß – nichts Geringeres als dies wird von dir verlangt. Imperative, Gebote, Befehle, die dazu auffordern, Aufgaben zu erfüllen, sind weder wahr noch falsch, sie sind keine Aussagen, sie beschreiben nichts, sie stellen keine Tatsachen fest, sie können nicht verifiziert oder falsifiziert werden, sie sind keine Entdeckungen, die man gemacht hat und die von anderen überprüft werden können – sie sind *Ziele*. Das Modell für Ethik und Politik bilden plötzlich nicht mehr die Naturwissenschaften oder die Theologie oder irgendeine andere Form von Wissen oder Tatsachenbeschreibung, dieses Modell liefert jetzt eine Verbindung aus den Begriffen der biologischen Triebe und den Begriffen des künstlerischen Schaffens. Ich möchte das im folgenden erläutern.

IV.

Wenn ein Künstler ein Kunstwerk schafft, dann kopiert er, entgegen der Auffassung naiver Betrachter, nicht irgendein vorab existierendes Modell. Wo ist das Gemälde, ehe der Maler es konzipiert oder gemalt hat? Wo ist die Symphonie, ehe der Komponist sie komponiert hat? Wo ist das Lied, ehe der Sänger es gesungen hat? Diese Fragen sind sinnlos. Genausogut könnte man fragen: Wo ist der Spaziergang, bevor ich ihn gemacht habe? Wo ist mein Leben, bevor ich es gelebt habe? Das Leben besteht darin, daß man es lebt, der Spaziergang besteht darin, daß man ihn macht, das Lied besteht in dem, was ich komponiere oder singe, wenn ich komponiere oder singe, und nicht in irgend etwas, das außerhalb meines Tuns liegt; schöpferisches Wirken versucht nicht, irgendein bereits bestehendes, festes, ewiges platonisches Muster zu kopieren. Nur Handwerker kopieren, Künstler erschaffen.

So lautet die Lehre von der Kunst als freier Schöpfung. Es geht mir hier nicht um ihre Wahrheit, sondern nur darum, daß die Vorstellung, Ziele oder Ideale seien nicht etwas, das man ausfindig macht, sondern etwas, das man erfindet, zu einer dominierenden Kategorie des westlichen Denkens wird. Daraus ergibt sich die Auffassung, daß das Ziel des Lebens nicht etwas ist, das unabhängig und objektiv Bestand hat, etwas, nach dem die Menschen suchen können wie nach einem vergrabenen Schatz, der an sich vorhanden ist, gleichgültig, ob man ihn entdeckt oder nicht; das Ziel des Lebens ist vielmehr ein Tun – es hat die Gestalt, die Beschaffenheit, die Richtung und das Ziel einer Aktivität –, es ist nichts Gemachtes, sondern ein Machen, das unabhängig vom Macher, vom Erfinder, vom Schöpfer, dessen Tun es ist, kein Dasein hat, ja, nicht einmal verständlich ist. Diese Vorstellung ist in das gesellschaftliche und politische Leben Europas eingedrungen und hat es verändert, indem sie das ältere Ideal eines politischen Handelns verdrängte, das an vorab existierenden, öffentlichen Maßstäben gemessen wurde, die ein objektiver Bestandteil des Universums waren und am deutlichsten von dem erkannt wurden, der über ein scharfes Auge verfügte – vom Experten, vom Weisen, der gerade wegen dieser Fähigkeit als Weiser oder Experte bezeichnet wurde. Das Ziel des Menschen besteht jetzt darin, um jeden Preis die eigene persönliche, innere Vision zu verwirklichen; sein schlimmstes Verbrechen besteht darin, diesem inneren Ziel, das ihm und nur ihm angehört, untreu zu werden. Welche Auswirkungen diese Vision für andere hat, geht ihn nichts an; er muß seinem inneren Licht folgen; mehr weiß er nicht, und mehr braucht er nicht zu wissen. Dem Künstler ist seine Berufung nur besonders deutlich bewußt, ebenso dem Philosophen, dem Erzieher, dem Staatsmann – aber sie ist in jedem Menschen vorhanden.

Die Figur des professionellen Weisen, des Mannes, der sich ein Spezialwissen von einem bestimmten Wirklichkeitsbereich erworben hat und andere so lenken kann, daß sie in diesem Bereich nicht in Konflikte geraten, beginnt vor der Gestalt des romantischen Helden zu verblassen. Der Held braucht nicht weise oder innerlich ausgeglichen zu sein, er braucht auch kein tüchtiger Führer seiner Generation zu sein. Er kann, wie Beethoven (dessen Gestalt die Romantiker tief geprägt hat), schroff, unwissend, arm sein, er mag schmutzige Kleider tragen, weltfremd und in praktischen Belangen unbeholfen sein, er mag sich anderen gegenüber grob und ausfallend benehmen, dennoch ist er ein geheiligtes Wesen, weil er sich ganz einem Ideal verschrieben hat; er kann der Welt auf tausenderlei Art trotzen, kann Haß und Unbeliebtheit ernten, gegen die Regeln von Gesellschaft, Politik oder Religion verstoßen, aber eines darf er nicht: er darf sich nicht an die Spießbürger verkaufen. Wenn er seine innere Vision kompromittiert, wenn er das aufgibt, was er als seine Berufung erkannt hat – ein Werk der Kunst oder der Wissenschaft zu erschaffen, eine bestimmte Lebensform zu leben –, wenn er dies für Reichtum und Popularität, für eine gesicherte Stellung in der Gesellschaft, für Bequemlichkeit, Vergnügen oder die Erlangung innerer oder äußerer Harmonie aufgibt und dabei Selbstzweifel und Gewissensbisse unterdrücken muß, dann hat er das Licht verraten und ist für immer verdammt. Es ist unwichtig, ob das innere Licht eines Menschen auch für andere leuchtet oder nicht, und ob dieser Mensch seinem Licht erfolgreich dient; dienen muß er ihm, selbst wenn er sich dabei lächerlich macht, selbst wenn er mit allem, was er tut, letztlich scheitert. Ein solches Scheitern ist dem weltlichen Erfolg moralisch sogar unendlich überlegen, auch dem künstlerischen Erfolg – vorausgesetzt, daß es die Frucht des blinden, ausschließlichen Dienstes an dem ist, was der Mensch als seine Mission erkannt hat, an dem, was ihn seine inneren Stimmen zu tun heißen.[3]

Mit dieser Anschauung befrachteten Fichte und Friedrich Schlegel und in gewisser Hinsicht auch Byron die Phantasie ihrer Zeitgenossen. Es ist die neue »Weltanschauung« Karl Moors in Schillers Drama, die Anschauung der Helden von Kleist und in gewisser Hinsicht auch die der starken, einsamen, der Welt trotzenden Gestalten bei Ibsen. Es ist eine vornehmlich deutsche, zumindest nordische Auffassung, die vielleicht auf die Mystik eines Meister Eckhart oder eines Jakob Böhme zurückgeht, die in der Theologie der Reformation deutlich zum Ausdruck kommt und sich vielleicht noch weiter zurückverfolgen läßt, bis zu den wandernden Germanenstämmen, die ihre Sitten von Osten nach Westen und von Norden nach Süden mitbrachten, ohne sich um das universale Rechtssystem des Römischen Reiches und der römischen Kirche zu kümmern, die ihre stammeseigenen *consuetudines* (wie die Römer sie nannten) dem *ius gentium*, dem Recht der Völker, das allen Menschen oder zumindest einer großen Mehrheit von ihnen gemeinsam war, überstülpten. Die Sitte des Stammes ist der Ausdruck seiner »Persönlichkeit«, sie *ist* der Stamm, sie begleitet ihn auf seinen Wanderungen und unterwirft sich alles, was sich seinem Willen widersetzt. Fichtes Ich ist ein aktives, schöpferisches Prinzip, das sich der toten Welt der widersetzlichen Natur aufzwingt – diese Natur ist Rohstoff, der darauf

[3] Mozart und Haydn wären sehr erstaunt gewesen, wenn man ihnen gesagt hätte, das Verdienst ihrer Symphonien sei unwichtig, verglichen mit der Reinheit ihrer Motive, da sie heilige Gefäße seien, Priester, die sich dem Dienst an einem eifersüchtigen Gott verschrieben haben. Sie betrachteten sich als Lieferanten: Tischler stellten Tische her, und wenn sie gut gemacht waren, stießen sie auf Gefallen, man kaufte sie, und diejenigen, die sie hergestellt hatten, wurden reich. Künstler stellten Kunstwerke her, um eine Nachfrage zu befriedigen. Als jemand Mozart, der damals in tiefer Armut lebte, den Vorschlag machte, er solle ein Stück komponieren und es einem adeligen Gönner widmen, da entgegnete er unwirsch, er sei vielleicht tief gesunken, aber so tief denn doch nicht, daß er ein Werk schreiben würde, ohne einen Auftrag dafür erhalten zu haben.

wartet, geformt zu werden; sie ist nicht etwas, dem man, wie es die Stoiker und die Thomisten, die französischen Materialisten oder Shaftesbury und Rousseau, jeder auf seine Art, gelehrt hatten, folgen soll, das man nachahmen oder verehren, dem man gehorchen soll, sie ist keine alles voraussehende, alles heilende Kraft, der sich die Menschen nur zu ihrem eigenen Schaden widersetzen.

Fichtes später von Carlyle und Nietzsche aufgenommener Entwurf des Menschen als des Demiurgen, der der toten Materie seinen souveränen Willen aufzwingt, ist Ausdruck und zugleich Symptom dieser neuen und revolutionären Haltung. Die einheitliche europäische Welt wird durch sie erschüttert. Jede gesonderte Entität, das Individuum, die Gruppe, die Kultur, die Nation, die Kirche – alles, was eine eigene, erkennbare »Persönlichkeit« besitzt –, verfolgt nun seine eigenen unabhängigen Ziele. Unabhängigkeit – die Fähigkeit, den Kurs selbst zu bestimmen – wird zu einem Merkmal, das ebenso hoch bewertet wird wie einst das Aufeinander-Angewiesensein. Die Vernunft verbindet, aber der Wille – die Selbstbestimmung – trennt. Wenn ich Deutscher bin, dann erstrebe ich deutsche Tugenden, dann komponiere ich deutsche Musik, besinne mich auf alte deutsche Gesetze, kultiviere all das in mir, was mich zu einem möglichst kraftvollen, möglichst ausdrucksstarken, möglichst vielseitigen, möglichst vollständigen Deutschen macht. Wenn ich Komponist bin, versuche ich mich ganz und gar zum Komponisten zu machen, jeden anderen Moment des Lebens diesem einen geheiligten Ziel, für das kein Opfer zu groß sein kann, unterzuordnen. Dies ist das romantische Ideal in seiner perfekten Ausprägung. Die alten Voraussetzungen sind über Nacht zerronnen. Wie sieht das allen gemeinsame Ideal des Lebens aus? Auf Verhaltensfragen gibt es keine Antworten mehr, da sie nicht mehr als Fragen begriffen werden. Wenn ich frage: Was soll ich tun? Was soll man besitzen? Was ist wert, daß man es besitzt? Sind alle meine Werte miteinander vereinbar? dann ergibt sich die Antwort nicht aus einem reflexiven Wissen, sondern aus dem Handeln selbst. Ich sehe in mich hinein und »verwirkliche mich« gemäß den Zielen, die ich in mir finde, gemäß den Befehlen, die mir meine innere Stimme gibt – eine Stimme, die in jedem Menschen spricht, wenn er nur hinhört. Sind meine Werte miteinander vereinbar? Vielleicht nicht. Wissen ist ein absolutes Ziel, und das gleiche gilt vielleicht für Frieden oder Glück. Aber das Wissen von irgendeiner verhängnisvollen Tatsache kann meinen Frieden oder mein Glück zerstören. Wenn es so ist, läßt sich daran nichts ändern, ich lasse mich auf den Zusammenprall dieser unvereinbaren Ideale ein. Gerechtigkeit und Barmherzigkeit sind nicht miteinander vereinbar, und dennoch muß ich nach beidem streben; ich muß dies deshalb, weil ich keine andere Wahl habe: eines von beiden zu verleugnen hieße zu lügen, hieße gegen das Licht zu sündigen.

Sich klarmachen, wie solche Werte beschaffen sind, bringt zuweilen die Erkenntnis mit sich, daß sie sowohl absolut als auch miteinander unvereinbar sind. So wird das Tragische zu einem wesentlichen Bestandteil des Lebens, der sich nicht durch rationalen Ausgleich auflösen läßt. Wer darauf hofft, das Tragische auszuschließen, betrügt sich selbst, bleibt oberflächlich, verschließt die Augen vor der Wahrheit, das heißt, er übt Verrat an der eigenen Integrität, er begeht die abscheulichste Sünde überhaupt – bewußten moralischen Selbstmord. Das gleiche gilt für meine Beziehungen zu anderen. Ich habe ein Ideal, dem ich mein Leben weihe, du hast ein anderes; unsere Leben sind nicht intelligibel, es sei denn, aus ihrer je eigenen Struktur; wenn diese Ideale miteinander in Konflikt geraten, ist es unvergleichlich viel besser, daß wir ein Duell ausfechten, in dem einer von uns den anderen tötet oder in dem wir beide sterben, als daß einer von uns mit seiner Überzeugung einen Kompromiß eingeht. Ich bringe dir sehr viel mehr Respekt dafür entgegen, daß du für dein Ideal, das ich verabscheue, kämpfst, als dafür, daß du nach einer Form von Kompromiß, von Versöhnung Ausschau hältst und versuchst, deiner Verantwortung gegenüber deinem Ich zu entfliehen. Hieraus erwächst die Vorstellung vom edlen Feind, der dem friedlichen, gutmütigen Spießbürger oder dem ängstlichen Freund unendlich überlegen ist. Alle Ziele sind gleich; Ziele sind, was sie sind, die Menschen erstreben das, was sie erstreben, und es ist nicht möglich, objektive, für alle Menschen und alle Kulturen gültige Hierarchien aufzustellen. Ein einziger Grundsatz ist heilig und muß gewissenhaft beobachtet werden: daß jedermann seinen eigenen Zielen treu sei, auch wenn der Preis dafür Zerstörung und Tod ist. Dies ist das romantische Ideal in seiner vollständigen, fanatischsten Ausprägung.

In einem gewissen Sinne standen die letzten hundertfünfzig Jahre im Zeichen der Konflikte und des Wechselspiels zwischen dem älteren, auf Vernunft und Erkenntnis gründenden universalen Ideal und dem neuen romantischen Ideal, das sich aus der Idee des künstlerischen Schöpfertums und dem organischen Verlangen nach Selbstausdruck und Selbstbestätigung herleitet, oder aus dem Verlangen nach Selbstaufopferung, in dem der gleiche Impuls in verkehrter Gestalt zum Ausdruck kommt. Wenn man das romantische Ideal nach allem, was es an Gutem und Bösem bewirkt hat, heute betrachtet, weist es helle und sehr dunkle Seiten auf. Auf der einen Seite verbindet sich mit ihm die Entstehung eines neuen ästhetischen Ideals, der Verehrung der Integrität um ihrer selbst willen. Der Idealismus (ein Wort, das seine moderne Bedeutung erst im Laufe dieser Ideenrevolution erlangte), den man in der Zeit vor dem 18. Jahrhundert als eine ergreifende, aber unreife, ja, sogar lächerliche Eigenschaft dem praktischen Verstand entgegensetzte, gewann im frühen 19. Jahrhundert einen absoluten eigenen Wert, den wir noch immer respektieren. Wenn wir von einem Menschen sagen, er sei ein Idealist, dann bedeutet dies, daß wir ihn, sofern sein Verhalten uneigennützig und er selbst bereit ist, sich im Namen eines Prinzips und gegen seine offenbaren materiellen Interessen zu opfern, unserer höchsten Achtung für würdig halten, selbst wenn uns seine Ziele absurd oder abstoßend erscheinen. Es handelt sich hierbei um eine höchst moderne Haltung, und ihr entspricht der hohe Wert, den man heutzutage Märtyrern und Minoritäten um ihrer selbst willen beimißt. Die ältere Auffassung verehrte Märtyrer nur dann, wenn sie für das starben, was als Wahrheit angesehen wurde, und Minoritäten nur dann, wenn sie um des wahren

Glaubens willen Verfolgung litten, und nicht, wie es bei den Romantikern der Fall ist, um irgendeiner Überzeugung, irgendeines Grundsatzes willen, sofern nur das Motiv ein gutes war, das heißt, sofern man es mit hinreichender Aufrichtigkeit verfocht.

Was ich hier zu beschreiben versuche, ist eine Art von säkularisiertem Christentum, eine Umsetzung der christlichen Anschauung in individualistische, moralische oder ästhetische Begriffe: die Haltung, die Gefühlsqualität sind die gleichen – aber die Gründe für sie und ihr Inhalt haben sich gewandelt. Das Christentum stellte dem Scheitern im diesseitigen Leben die Glückseligkeit nach dem Tod gegenüber oder (in seiner platonisch-mystischen Ausformung) dem Scheitern in der Welt der Schatten und des Scheins die ewige Freude in der wirklichen Welt, von der das alltägliche Leben nur ein Trugbild entwirft. Die romantische Anschauung verurteilt den Erfolg an sich als vulgär und unmoralisch, denn er beruht oft genug auf einem Verrat an den eigenen Idealen, auf einer nichtswürdigen Absprache mit dem Feind. Entsprechend hoch ist der Wert, den man dem Trotz um seiner selbst willen beimißt, dem Idealismus, der Aufrichtigkeit, der Reinheit des Motivs, dem Beharren gegen alle Aussicht auf Erfolg, dem hehren Scheitern – Haltungen, denen man Realismus, Welterfahrenheit und Berechnung gegenüberstellt und das, was sie eintragen: Popularität, Erfolg, Macht, Glück, einen Frieden, für den ein zu hoher moralischer Preis gezahlt werden muß. So ist die Lehre vom Heroismus und Märtyrertum beschaffen, im Unterschied zur Lehre von der Harmonie und der Weisheit. Sie ist inspirierend, kühn, glanzvoll, zugleich aber zwielichtig. Diesen letzten Aspekt möchte ich hier deutlich machen.

Die ergreifende Gestalt Beethovens, der in seiner Dachkammer inmitten von Armut und Leiden unsterbliche Werke schafft, tritt dabei zurück vor der Gestalt Napoleons, dessen Kunst darin besteht, Staaten und Völker zu gestalten. Wenn die Selbstverwirklichung als oberstes Ziel angestrebt wird, kann dann nicht auch die Verwandlung der Welt durch Gewalt und

Geschicklichkeit eine Art erhabener Kunst sein? Entweder besitzen die Menschen schöpferisches Genie oder sie besitzen es nicht; diejenigen, die nicht darüber verfügen, müssen es als das ihnen angemessene Schicksal und sogar als hohes Privileg ansehen, daß sie von denen, die solches Genie besitzen, geformt – und gebrochen – werden. So wie der Maler die Farben und der Komponist die Töne mischt, so zwingt der politische Demiurg seinen Willen dem Rohstoff auf – den durchschnittlichen, unbegabten Menschen, die sich der in ihnen schlummernden Möglichkeiten kaum bewußt sind – und formt ihn zu einem großartigen Kunstwerk, einem Staat oder einer Armee, irgendeinem großen politischen, militärischen, religiösen oder rechtlichen Gebilde. Dies mag Leiden zur Folge haben, aber wie die Dissonanzen in der Musik sind sie für die Harmonie und die Wirkung des Ganzen unentbehrlich. Die Opfer solcher großen schöpferischen Operationen müssen Trost und geradezu Begeisterung aus dem Bewußtsein schöpfen, daß sie hierdurch in eine Höhe gehoben werden, zu der sie aus den Niederungen ihres eigenen Wesens niemals gelangt wären. So lautet die Rechtfertigung für Handlungen, die man in den Kategorien einer älteren Moralität als gewaltsame Einmischung, als Imperialismus, als Vernichtung und Verstümmelung von Menschen zum Ruhme eines Eroberers, eines Staates, einer Ideologie oder einer Rasse bezeichnet hätte.

Von hier ist es nur ein kurzer Schritt bis zum extremen Nationalismus und zum Faschismus. Wenn man einmal die Annahme formuliert hat, daß das Leben einem Kunstwerk ähnlich gemacht werden soll, daß die für Farben, Töne oder Wörter geltenden Regeln auch für Menschen gelten, daß man menschliche Wesen als »Menschenmaterial« betrachten kann, als ein plastisches Medium, das der inspirierte Schöpfer nach Belieben kneten kann, dann bricht die Vorstellung zusammen, daß jedes Individuum eine selbständige Quelle von Idealen und Zielen – ein Selbstzweck – ist. Diese beunruhigende Schlußfolgerung ergibt sich aus den gleichen Annahmen wie die positiven Aspekte der romantischen Haltung – der Wert, den man dem Märtyrertum, dem Trotz, der Integrität, der Hingabe an die eigenen Ideale beimißt –, in deren Namen die alten universellen Gesetze außer Kraft gesetzt wurden. Die Stammessitten, das, was ausschließlich den Franken oder den Lombarden eigen ist, was sich den umfassenderen Prinzipien nicht beugt, die diesem Stamm und anderen Stämmen, diesem Mann und dieser Zivilisation, aber auch den Menschen und Zivilisationen der Vergangenheit und der Zukunft gemeinsam sind, gewinnen im Westen eine ungeheure Sprengkraft. Wenn man Werte nicht findet, sondern schafft, wenn das, was für die Künste (und vielleicht nur für die Künste) gilt, auf das weitere Gebiet der menschlichen Beziehungen angewendet wird, dann muß jeder Erfinder danach streben, seine eigene Erfindung zu verwirklichen, jeder Visionär muß seine eigene Vision durchsetzen, jede Nation ihr Ziel, jede Zivilisation ihre Werte. So kommt es zum Krieg aller gegen alle und zum Ende der europäischen Einheit. Irrationale Kräfte werden nun über die rationalen gestellt, denn was man nicht kritisieren, wogegen man nicht Einspruch erheben kann, ist unwiderstehlicher als das, was die Vernunft zu analysieren vermag; die tiefen, dunklen Quellen von Kunst, Religion und Nationalismus werden gerade deshalb, weil sie dunkel sind, weil sie sich einer objektiven Prüfung widersetzen und unter der intellektuellen Analyse verflüchtigen, besonders gehütet und als unantastbar und absolut verehrt.

Man könnte einwenden, daß der Industrialismus, der sich mit dem Nationalismus und als ein Bestandteil von ihm entfaltete, keine sprengende, sondern eine integrierende Kraft ist; Handel und Industrie reißen nationale Barrieren nieder und vereinigen. Aber historisch gesehen ist das von der Wahrheit weit entfernt. Der Industrialismus mobilisierte und bewaffnete die national gesinnten Mittelklassen gegen die kosmopolitisch gesinnten Eliten in Europa. Der Nationalismus wird vom Industrialismus gespeist, aber er war in seinem Wachstum auf ihn nicht angewiesen. Welcher besonnene Beobachter würde nach 1914, nach Hitler und Nasser, nach dem Erwachen Afrikas und nach anderen, noch weniger voraussehbaren Ereignissen – dem Aufstieg des Staates Israel, dem Budapester Aufstand –

noch die alte These verfechten, der Nationalismus sei ein Nebenprodukt des aufsteigenden Kapitalismus und werde zusammen mit diesem untergehen? Die Marxisten jedenfalls nicht, zumindest nicht diejenigen, die heute an der Macht sind, und schon gar nicht in ihrer Praxis. Aber woher rührten diese verheerenden Trugschlüsse?

V.

Es ist eine Binsenwahrheit, daß die europäische Geschichte von einer Dialektik zwischen dem Streben nach öffentlicher Ordnung und dem Streben nach individueller Freiheit geprägt wird. Die Suche nach Ordnung entspringt einer Angst vor den Elementen, ist der Versuch, Mauern und Wälle gegen das durch einen Mangel an Kontrolle verursachte Chaos zu errichten, gegen die Schwächung von Traditionen, Lebensgewohnheiten, bewährten Regeln, und entspringt dem Bemühen, die Geländer zu erhalten, die die Menschen brauchen, damit sie nicht in einen Abgrund stürzen, damit sie Verbindung zu ihrer Vergangenheit aufnehmen und einen Weg in die Zukunft erkennen können. Wenn Institutionen allzu sehr erstarren und das Wachstum behindern, wird die Ordnung zur Unterdrükkung und ihre Verehrung zur Selbstverdummung; früher oder später wird sie durch ein fast physiologisches Verlangen nach Bewegung, schöpferischer Betätigung gesprengt, durch das Bedürfnis nach Neuigkeit und Wandel. Die Romantik war ein solcher Ausbruch gegen eine moralische und politische Struktur, die zu einer Zwangsjacke geworden war: diese Struktur geriet in Verfall und zerbrach dann in einem Land nach dem anderen. Wie alle Revolutionen offenbarte die Romantik neue Wahrheiten, schenkte den Menschen Einsichten, die sie nie wieder ganz verlieren sollten, erneuerte die alte überkommene Ordnung, schlug über die Stränge und führte zu Entstellungen und Exzessen, hatte ihre eigene Tyrannei zur Folge und verursachte selbst Opfer. Die Entstellungen sind uns nur allzu vertraut: unsere Generation hat dafür vielleicht einen höheren

Preis bezahlt als je eine andere Gesellschaft für eine Verirrung des menschlichen Geistes.

Die Ursprünge dieser Revolte sind bekannt. Die Armeen Richelieus und Ludwigs XIV. hatten einen großen Teil der deutschen Bevölkerung überwältigt und gedemütigt und die natürliche Entfaltung der neuen Kultur der protestantischen Renaissance im Norden erstickt. Hundert Jahre später rebellierten die Deutschen gegen die französische Übermacht auf den Gebieten von Kultur, Kunst und Philosophie und rächten sich mit einem Angriff gegen die Aufklärung. Er nahm die Gestalt einer Verherrlichung des Individuellen, des Nationalen, des Geschichtlichen gegenüber dem Universalen und Zeitlosen an; man feierte das Genie, das Unerklärliche, den geistigen Sprung, der allen Regeln und Konventionen trotzt, man verehrte den individuellen Heros, den Riesen außerhalb und jenseits des Gesetzes, man attackierte die große, unpersönliche Ordnung mit ihren unumstößlichen Gesetzen, die jeder menschlichen Funktion, jeder Gruppe, jeder Klasse und jedem Zweck den gebührenden Platz anwies, die ein Kennzeichen der klassischen Tradition gewesen war und das Gefüge der westlichen Welt sowohl im kirchlichen wie im weltlichen Bereich tief geprägt hatte. Vielfalt statt Einförmigkeit; Inspiration anstelle erprobter und überprüfter Regeln und Traditionen; das Unerschöpfliche und Grenzenlose anstelle von Maß, Klarheit und logischer Struktur; die Innerlichkeit und ihr Ausdruck in der Musik; die Verehrung der Nacht und des Irrationalen – darin bestand der Beitrag des wilden deutschen Geistes, der wie ein frischer Wind in das stickige Gefängnis der etablierten Ordnung Frankreichs einbrach. Diese große Revolte der gedemütigten Deutschen gegen die tote, alles nivellierende Pedanterie des französischen Denkens und des französischen Geschmacks im 18. Jahrhundert hatte in ihren Anfängen eine belebende Wirkung auf die Kunst und die Kunsttheorie, auf die Religion, die persönlichen Beziehungen zwischen den Menschen und die individuelle Moralität. Dann freilich trat die Flut über die Ufer und ergoß sich mit buchstäblich katastrophalen Auswirkungen in die benachbarten Gebiete der Politik und des gesellschaftlichen Lebens. Alle Formen von Kompromißlosigkeit bis zum bitteren Ende hielt man plötzlich für wertvoller als friedliche Verhandlung und Innehalten auf halbem Wege; Extremismus und Konflikt wurden um ihrer selbst willen gerühmt.

In der Geschichte des menschlichen Denkens und Handelns hat kaum etwas eine so verhängnisvolle Rolle gespielt wie die großen, phantasievollen Übertragungen bestimmter Prinzipien von einer Sphäre, in der sie anwendbar sind und Gültigkeit besitzen, auf andere, wo sie zunächst vielleicht anregend und neuartig wirken, dann aber zu Konsequenzen führen, die in der Theorie falsch und trügerisch und in der Praxis verheerend sind. So verhält es sich auch mit der Romantik und ihren nationalistischen Weiterungen. Das heroische Individuum wurde nun nicht mehr mit dem unpolitischen Künstler identifiziert, sondern mit Führergestalten, die andere Menschen unter ihren unbezwinglichen Willen beugen, mit Klassen, Rassen, Bewegungen oder Nationen, die sich gegen andere behaupteten und ihre eigene Freiheit mit der Zerstörung all dessen gleichsetzten, was sich ihnen in den Weg stellte. Die Idee, daß Freiheit und Macht identisch seien, daß Freisein bedeute, frei zu schalten und zu walten mit dem, was sich widersetzt, ist eine alte Vorstellung, die die Romantiker aufgegriffen und ins Extrem getrieben haben. Noch typischer für die Romantik ist die verrückte, egomanische Unterwerfung unter die eigene Innerlichkeit, die Inthronisation der eigenen Empfindungen, des eigenen Blutes, der eigenen Schädelform, des eigenen Geburtsortes gegen all das, was man mit den anderen gemeinsam hat – Vernunft, universelle Werte, ein Bewußtsein davon, daß die Menschen eine Gemeinschaft bilden.

Der Neo-Rationalismus von Hegel und von Marx versuchte sich in einem gewissen Sinne dem ungezügelten Subjektivismus der Romantiker und ihrer Selbstanbetung zu widersetzen, indem er in den unerbittlichen Kräften der Geschichte, in den Entwicklungsgesetzen des menschlichen Geistes oder im Wachstum der Produktivkräfte und Produktionsverhältnisse objektive Maßstäbe aufzudecken suchte. Aber Hegel und

Marx waren von der Romantik selbst angesteckt, so daß sie den Fortschritt als die Unterwerfung und Einverleibung der gesamten übrigen Gesellschaft durch ein siegreiches Segment dieser Gesellschaft bestimmten. Für Hegel bestehen der Fortschritt und die Befreiung des Geistes im Triumph der Vernunft in Gestalt des Staates über andere Formen menschlicher Organisation, im Sieg der geschichtlichen Völker über die geschichtslosen, im Sieg der »germanischen« Kultur über alle anderen, im Sieg Europas über andere abgelebte Kulturen, über die »tote« Zivilisation Chinas zum Beispiel oder über die barbarischen Slawenvölker. Ohne Konflikt, Kampf, Zwist (so erklärt Hegel) hört der Fortschritt auf, und es tritt Stagnation ein. Ähnlich können die Proletarier nach der Auffassung von Karl Marx nur frei werden, indem sie ihre Gegner unterdrükken, mit denen sie *ex hypothesi* nichts gemeinsam haben können. Fortschritt ist Selbstbehauptung, die Eroberung eines Feldes, auf dem sich die handelnde Kraft frei entfalten und schöpferisch betätigen kann, indem sie alles Belebte und Unbelebte, was sie hemmt, aus dem Wege räumt (oder sich einverleibt). Bei Hegel ist dies die als Staat organisierte Nation, bei Marx ist es die als Klasse organisierte revolutionäre Macht. In beiden Fällen müssen Menschen geopfert und vernichtet werden, wenn das Ideal triumphieren soll. Einheit mag das letzte Ziel der Menschheit sein, aber die Methode, mit der sie sich ihm nähert, ist Krieg und Desintegration. Der Weg führt vielleicht zum Paradies auf Erden, aber er ist übersät mit den Leichen der Feinde, für die man keine Träne zu vergießen braucht, denn was richtig und falsch, gut und böse, Erfolg und Scheitern, Weisheit und Torheit ist, das wird zuletzt von den objektiven Zielen der Geschichte bestimmt, die die halbe Menschheit – geschichtslose Nationen, Angehörige obsoleter Gesellschaftsklassen, »minderwertige« Rassen – zu dem »verurteilt«, was Proudhon als »Liquidierung« (Verflüssigung!) bezeichnet hat und was Trotzki mit einem ebenso drastischen Ausdruck den Müllhaufen der Geschichte nennt.

Aber der romantische Humanismus – dieser gleiche ungezügelte deutsche Geist – vermittelt uns auch einige zentrale

Einsichten, die wir so leicht nicht vergessen werden. Erstens, daß der Mensch selbst die Werte erzeugt und daß er deshalb nicht im Namen von irgend etwas, das höher wäre als er selbst, hingemetzelt werden darf, denn es gibt nichts Höheres; dies meinte Kant, als er sagte, der Mensch sei Zweck an sich und nicht Mittel zu einem Zweck. Zweitens, daß die Institutionen nicht nur von den Menschen, sondern auch für die Menschen geschaffen wurden, und wenn sie ihnen nicht länger dienlich sind, dann müssen sie weichen. Drittens, daß die Menschen weder im Namen abstrakter, erhabener Ideen wie Fortschritt, Freiheit oder Humanität noch im Namen von Institutionen hingeschlachtet werden dürfen, denn nichts von alledem hat absoluten Wert an sich, alles, was diese Ideen oder diese Institutionen haben, haben die Menschen ihnen gegeben, denn nur die Menschen können etwas wertvoll machen oder heiligen; deshalb ist der Versuch, Ideen oder Institutionen zu verändern oder sich ihnen zu widersetzen, niemals Aufruhr gegen ein göttliches Gebot, das mit Vernichtung bestraft werden muß. Viertens, und dies ergibt sich aus allem übrigen, daß die schlimmste aller Sünden darin besteht, Menschen um einer prokrustischen Form willen zu erniedrigen oder zu demütigen, in die man sie gegen ihren Willen zwängt, weil ihr über alle menschlichen Bestrebungen hinaus irgendeine objektive Autorität zukommen soll.

Diese Auffassung, die ein Erbe der Romantik ist, hat uns bis heute begleitet. Allem zum Trotz, was die Menschheit durchlebt und durchlitten hat, haben wir sie in Europa nicht aufgegeben. Deshalb blieben die Drohungen wirkungslos, die Hegel und Marx mit ihrer Prophezeiung verbanden, alle, die sich dem Gang der Geschichte in den Weg stellen würden, seien zum Untergang verurteilt. Hegel und Marx versuchten, jeder auf seine Weise, den Menschen zu erklären, daß es für sie nur einen Weg zu Freiheit und Erlösung gebe – der, den die Geschichte als Verkörperung der kosmischen Vernunft ihnen wies; daß diejenigen, die sich nicht anpaßten, die nicht anerkennen wollten, daß Rationalität, Interesse, Pflicht, Macht und Erfolg auf lange Sicht miteinander identisch und auch identisch mit Moralität und Weisheit seien, von den »Kräften der Geschichte« vernichtet werden würden, denen zu trotzen selbstmörderische Torheit sei. Aber diese Form von metaphysischer Einschüchterung erwies sich als weitgehend wirkungslos. Zu viele Menschen waren bereit, ihre Grundsätze selbst gegen die unwiderstehliche Macht zu verteidigen, mit der Marx ihnen die Vernichtung androhte. Die Ideale der Einzelnen beanspruchten Respekt und sogar Verehrung, auch wenn ihre objektive Gültigkeit sich nicht garantieren ließ. Treue zu einem Ideal, das unerschütterliche Festhalten an dem, was ein Mensch aus welchen Gründen auch immer für wahr oder richtig erachtet, wurden zu Dispositionen, die Menschen darauf vorbereiteten, sich den großen Bataillonen in den Weg zu werfen, selbst wenn diese mit der geheimnisvollen Macht der Geschichte oder der Wirklichkeit selbst gleichgesetzt wurden. Es war nicht mehr möglich, den Menschen einzureden, Don Quijote sei nicht allein töricht, unpraktisch und weltfremd (was niemand je bestritten hatte), er sei vielmehr auch verderbt und böse, weil er den historischen Standort seines Volkes, seiner Rasse, seiner Klasse nicht beachtete und sich den Kräften des Fortschritts entgegenstellte. Menschen erhoben sich, wie sie es immer getan hatten, gingen als Märtyrer für ihre Überzeugungen in den Tod und fanden dafür Bewunderung, zuweilen sogar bei denen, die sie vernichteten. Sie wurden für Prinzipien gefoltert und getötet, die, so glaubten sie jedenfalls, universal und für alle Menschen verbindlich waren, ein Teil jenes menschlichen Wesens, um dessentwillen Menschen zu Recht Menschen genannt wurden. Sie konnten gegen diese Prinzipien nicht verstoßen, ohne das Gefühl zu haben, alles Anrecht auf Respekt zu verwirken. Sie konnten sie nicht verraten, ohne sich vor sich selbst und vor anderen zu schämen. Aus diesem Grund blieben die Aufrufe zum Realismus wirkungslos, die die siegreichen deutschen Führer 1940 an die besetzten Länder richteten. Aller Widerstand sei zwecklos, so erklärten sie durchaus vernünftig, die neue Ordnung komme und sie werde die Werte der ganzen Welt verändern, wer Widerstand leiste, werde nicht nur zermalmt, er werde auch in den Augen späterer Generationen, die notwendigerweise von der Moral der Sieger geprägt sein würden, als Narr und als Feind des Lichtes dastehen. Aber solche Argumentationen brachen den Mut derer nicht, die wirklich von den universellen menschlichen Werten überzeugt waren. Manche widersetzten sich im Namen universaler Ideale, die von den Kirchen verkörpert wurden, im Namen nationaler Traditionen oder im Namen der objektiven Erkenntnis der Wahrheit, andere erhoben sich im Namen von individuellen und persönlichen Zielen, die deswegen um nichts weniger geachtet waren als irgendein universales Ideal.

Diese Hingabe an Ideale ohne Rücksicht auf ihre »Quelle« – manchmal wird sogar bestritten, daß es überhaupt eine Quelle für sie gibt – weist eine gewisse Nähe zum modernen Existentialismus auf, dem zufolge der Versuch, Garantien für moralische Überzeugungen in irgendeiner umfassenden, objektiven metaphysischen Ordnung zu finden, nichts weiter als ein bemitleidenswertes Ausschauhalten nach äußerer Hilfe ist, das dem Bedürfnis entspringt, sich an etwas anzulehnen, das stärker ist als man selbst, und eine rationale Rechtfertigung für das Handeln durch den Nachweis zu gewinnen, daß es von irgendeiner äußeren, objektiven Macht befohlen worden sei. Die Menschen suchen nach Halt, weil sie nicht den Mut haben, sich der Tatsache zu stellen, daß es eine solche objektive Macht nicht gibt, daß ihre Werte eben nur ihre Werte sind und daß sich die Menschen ohne weiteren Grund engagieren, oder vielmehr aus dem einzigen Grund, der sich prinzipiell anführen läßt, daß nämlich dieses bestimmte Ziel – gleichgültig, wie es beschaffen ist – das ist, wofür sie sich entschieden haben, ihr letztes Ziel; dies bedeutet Sich-Entscheiden, und darüber hinaus gibt es keine Begründung, denn ein letztes Ziel rechtfertigt alle anderen und kann nicht selbst einer Rechtfertigung bedürfen. Insofern sind die Existentialisten die legitimen Nachfahren jener humanistischen Romantik, die erklärt, der Mensch sei unabhängig und er sei frei, das heißt, das Wesen des Menschen besteht nicht in seinem Bewußtsein und nicht in seiner Fähigkeit, Werkzeuge herzustellen, sondern in seiner Kraft zu wählen, Entscheidungen zu treffen. Die menschliche Geschichte, so hat ein berühmter russischer Denker einmal bemerkt, hat kein Libretto: die Akteure müssen ihre Rolle improvisieren. Die Wirklichkeit sprengt die Strukturen immer wieder auf, in die wir sie – aus Bequemlichkeit und um ein Gefühl der Sicherheit zu gewinnen – einzuschließen versuchen. Das Universum ist kein Puzzle, dessen Bruchstücke wir in dem Wissen zusammenfügen, daß es eine und nur eine Struktur gibt, in der schließlich alle Teile zusammenpassen. Wir haben es mit widerstreitenden Werten zu tun. Das Dogma, sie müßten irgendwie und irgendwo miteinander vereinbar sein, ist bloß eine fromme Hoffnung; die Erfahrung zeigt, daß es falsch ist. Wir müssen uns entscheiden, und indem wir uns für das eine entscheiden, verlieren wir das andere, vielleicht für immer. Wenn wir uns für die individuelle Freiheit entscheiden, dann kann dies bedeuten, daß wir eine Organisationsform opfern, die zu mehr Effizienz geführt hätte. Wenn wir uns für die Gerechtigkeit entscheiden, können wir gezwungen sein, die Barmherzigkeit zu opfern. Wenn wir uns für das Wissen entscheiden, müssen wir vielleicht Unschuld und Glück opfern. Wenn wir uns für die Demokratie entscheiden, müssen wir vielleicht eine Stärke opfern, die durch Militarisierung oder gehorsame Hierarchien gewährleistet wird. Wenn wir uns für die Gleichheit entscheiden, müssen wir ein gewisses Maß an individueller Freiheit opfern. Wenn wir uns entscheiden, für unser Leben zu kämpfen, müssen wir viele Werte unserer Zivilisation opfern, die wir nur unter großen Anstrengungen geschaffen haben. Dennoch gründen der Ruhm und die Würde des Menschen darin, daß er entscheidet und daß nicht über ihn entschieden wird, daß er sein eigener Herr sein kann (auch wenn ihn dies zuweilen mit Angst und einem Gefühl der Einsamkeit erfüllt), daß er nicht gezwungen ist, Sicherheit und Ruhe damit zu bezahlen, daß er sich in eine totalitäre Struktur einpassen läßt, der es gelingt, ihm mit einem Schlag seine Verantwortung, seine Freiheit, seine Selbstachtung und seinen Respekt gegenüber anderen Menschen zu rauben.

VI.

Der desintegrierende Einfluß der Romantik, sowohl in der vergleichsweise harmlosen Form der chaotischen Rebellion des freien Künstlers im 19. Jahrhundert als auch in der zerstörerischen Form des Totalitarismus, scheint sich zumindest in Westeuropa erschöpft zu haben. Die Kräfte, die auf Stabilität und Vernunft pochen, setzen sich allmählich wieder durch. Aber nichts kehrt jemals wieder ganz an seinen Ausgangspunkt zurück; der Fortschritt der Menschheit scheint nicht zyklisch zu verlaufen, sondern in einer schmerzlichen Spirale, und sogar Völker lernen aus Erfahrung. Was hat sich aus den Massenvernichtungen der jüngsten Vergangenheit ergeben?[4] Im Westen so etwas wie ein neuartiges Bewußtsein davon, daß es bestimmte universelle Werte gibt, die man als konstitutiv für das, was den Menschen zum Menschen macht, bezeichnen kann. Die flammende Romantik – die faschistische, die nationalsozialistische und auch die kommunistische – hat Europa tief erschüttert, nicht so sehr durch die Lehren als vielmehr durch die Taten ihrer Anhänger. Diese haben bestimmte Werte mit Füßen getreten, die ihre Lebenskraft in dem Augenblick unter Beweis stellten, als sie mit Gewalt beiseite gedrängt wurden, und die dann wie Kriegskrüppel zurückkehrten, um das Gewissen Europas aufzuschrecken.

Welche Werte sind das? Welchen Status haben sie, und warum sollen wir sie akzeptieren? Kann es nicht sein, daß es, wie einige existentialistische und nihilistische Extremisten behaupten, keine menschlichen Werte gibt und erst recht keine europäischen Werte? Die Menschen engagieren sich einfach, aus keinem besonderen Grund. Ich widme mich meiner Arbeit als Dichter, und du widmest dich deiner Arbeit als Henker – so habe ich mich entschieden, und so hast du dich entschieden. Es gibt keine objektiven Maßstäbe, mit denen sich diese Entscheidungen einstufen ließen, in deren Licht meine Moral der deinen überlegen oder unterlegen wäre. Wir entscheiden uns

[4] [Dies wurde 1959 geschrieben.]

so, wie wir uns entscheiden, mehr läßt sich nicht sagen. Und wenn dies zu Konflikten und Zerstörung führt, muß die Welt dies hinnehmen, so wie sie die Schwerkraft hinnimmt; sie muß es hinnehmen als etwas, das sich aus den unterschiedlichen Naturen unterschiedlicher Menschen oder Völker oder Kulturen ergibt. Daß diese Diagnose keine Gültigkeit besitzt – das zumindest hat der allgemeine Schrecken deutlich gemacht, den die Exzesse des Totalitarismus hervorgerufen haben. Denn die Erschütterung selber zeigt, daß es tatsächlich eine Reihe von Werten gibt, die für den größten Teil der Menschheit – und vor allem für die Menschen in Westeuropa – bestimmend sind, nicht nur als mechanische Gewohnheiten, sondern als Teil dessen, was in den Augenblicken, in denen sie sich ihrer selbst bewußt sind, ihr Wesen ausmacht.

Worin besteht dieses Wesen? Physisch läßt sich das leicht beantworten. Wir meinen, Menschen müßten eine bestimmte körperliche, physiologische und nervliche Struktur besitzen, bestimmte körperliche Sinne und psychologische Eigenschaften, die Fähigkeit, zu denken, zu wollen, zu fühlen, und ein Wesen, dem zu viele dieser Eigenschaften fehlen, sollte man nicht als Mensch, sondern als Tier oder als leblosen Gegenstand bezeichnen. Aber es gibt auch bestimmte moralische Eigenschaften, die ebenso prägend für das sind, was wir als das Wesen des Menschen begreifen. Wenn wir Leuten begegnen, die im Hinblick auf die Ziele des Lebens anderer Meinung sind als wir, die das Glück der Selbstaufopferung, das Wissen der Freundschaft vorziehen, dann betrachten wir sie doch als Mitmenschen, denn ihre Vorstellung davon, was ein Ziel ist, die Argumente, die sie zur Verteidigung ihrer Ziele anführen, und ihr ganzes Verhalten liegen innerhalb der Grenzen dessen, was wir als menschlich ansehen. Aber wenn uns jemand begegnet (um ein berühmtes Beispiel zu nennen), der nicht einzusehen vermag, warum er die Welt nicht zerstören soll, um einen Schmerz in seinem kleinen Finger zu lindern, oder jemand, der nichts dabei findet, Unschuldige zu verurteilen, Freunde zu verraten oder Kinder zu foltern, dann haben wir den Eindruck, daß wir mit ihm nicht diskutieren können, und zwar nicht so sehr deshalb, weil wir entsetzt sind, sondern weil wir ihn gewissermaßen für unmenschlich halten – wir nennen solche Leute moralische Idioten. Manchmal sperren wir sie in Irrenanstalten ein. Sie stehen genauso jenseits der Grenzen von Menschlichkeit wie Geschöpfe, denen jenes Mindestmaß an körperlichen Merkmalen fehlt, das den Menschen ausmacht. Wir stützen uns dabei auf die Tatsache, daß die Gesetze und Prinzipien, an die wir uns halten, wenn wir fundamentale moralische und politische Entscheidungen treffen, anders als irgendwelche gesetzlichen Verfügungen, von der Mehrheit der Menschen wenn nicht immer, so doch während der längsten Zeit der überlieferten Geschichte akzeptiert worden sind; wir halten diese Gesetze und Prinzipien für unanfechtbar; wir kennen kein Gericht, keine Autorität, die es in einem regulären Verfahren Menschen erlauben würde, falsches Zeugnis abzulegen, nach Belieben zu foltern, andere Menschen zum Spaß umzubringen; wir können uns nicht vorstellen, daß diese universellen Prinzipien oder Regeln je außer Kraft gesetzt werden könnten; mit anderen Worten, wir betrachten sie nicht als etwas, das unsere Ahnen frei gewählt und angenommen haben, sondern als Voraussetzung des Zusammenlebens mit anderen Menschen in einer gemeinsamen Welt, als Voraussetzung dafür, daß wir sie als Personen anerkennen und von ihnen anerkannt werden. Weil gegen diese Regeln verstoßen worden ist, waren wir genötigt, sie uns bewußt zu machen.

In gewisser Weise tritt hier die alte Idee des Naturrechts wieder in Erscheinung, allerdings, wie einige sagen würden, im empiristischen Gewand – ohne sich auf theologische oder metaphysische Fundamente stützen zu müssen. Wenn wir unsere Werte objektiv und universell nennen, bedeutet dies daher nicht, daß es einen objektiven Kodex gibt, der uns von außen auferlegt worden wäre, der deshalb unanfechtbar wäre, weil nicht wir ihn geschaffen haben; es bedeutet vielmehr, daß wir nicht umhin können, diese Grundprinzipien zu akzeptieren, weil wir Menschen sind, so wie wir (wenn wir normal sind) auch nicht umhin können, Wärme statt Kälte zu suchen, Wahrheit statt Falschheit, Anerkennung durch andere statt

Mißachtung oder Mißverstehen. Wenn diese Prinzipien grundlegend sind, wenn sie lange Zeit und allgemein anerkannt worden sind, neigen wir dazu, sie für universale ethische Gesetze zu halten, und wenn uns Menschen begegnen, die behaupten, diese Gesetze nicht anzuerkennen, dann vermuten wir, daß sie sich selbst belügen oder täuschen oder daß sie ihre moralische Urteilskraft verloren haben und in gewissem Maße abnorm sind. Wenn solche Grundsätze weniger universell, weniger tief, weniger entscheidend zu sein scheinen, dann bezeichnen wir sie in der Reihenfolge abnehmender Wichtigkeit als Sitten, Konventionen, Umgangsformen, Geschmack, Etikette, und im Hinblick auf diese räumen wir weitgehende Unterschiede nicht nur ein, sondern erwarten sie geradezu. Wir erblicken in der Vielfalt nicht etwas, das unsere grundlegende Einheit bedroht; im Gegenteil, wir halten Einförmigkeit für ein Ergebnis mangelnder Phantasie oder von Spießbürgerlichkeit und in extremen Fällen für das Siegel der Sklaverei.

Diese gemeinsamen moralischen – und daher auch politischen – Grundlagen unseres Verhaltens sind durch die Kriege und durch die Erniedrigung, die wir in unserer Zeit erlebt haben, nicht etwa untergraben oder ausgehöhlt worden: sie scheinen heute vielmehr breiter und tiefer verankert als während der ersten vierzig Jahre unseres Jahrhunderts. Ich sage »unser« Verhalten; ich meine damit die Lebensgewohnheiten und Anschauungen der westlichen Welt. In Asien und Afrika gärt heute ein explosiver Nationalismus, wie dies in Deutschland und vielleicht in Frankreich zu einer Zeit noch der Fall war, als Großbritannien, Holland und Skandinavien schon ein gewisses Gleichgewicht erreicht hatten. Die Menschheit bewegt sich anscheinend nicht im Gleichschritt voran, Krisen innerhalb der nationalen Entwicklung sind nicht aufeinander abgestimmt. Dennoch, nach den gewalttätigen Verirrungen der jüngsten europäischen Geschichte gibt es Anzeichen für eine Erholung: für eine Rückkehr zu den Lebensgewohnheiten, zu den Traditionen und vor allem zu den gemeinsamen Vorstellungen von Gut und Böse, die uns mit unserer griechischen, hebräischen, christlichen und humanistischen Vergangenheit verbinden; verändert durch die romantische Revolte, aber vor allem durch die Auseinandersetzung mit ihr. Unsere Werte sind heutzutage zunehmend wieder die alten universalen Maßstäbe, durch die sich zivilisierte Menschen, und seien sie noch so langweilig, von Barbaren unterscheiden, mögen diese noch so begabt sein. Wenn wir uns der Aggression oder der Zerstörung der Freiheit unter despotischen Regimen widersetzen, dann berufen wir uns auf diese Werte. Und wir berufen uns auf sie, ohne im geringsten daran zu zweifeln, daß diejenigen, an die wir uns wenden, gleichgültig, unter welchem Regime sie leben, unsere Sprache verstehen; denn, ob sie dies zugeben oder nicht, alles spricht dafür, daß sie sie tatsächlich verstehen. Die Propagandisten des Despotismus mögen verkünden (vielleicht nicht immer mit voller Überzeugung), daß die Brutalitäten und die Unterdrückung, die sie praktizieren, dazu dienen, eben diesen Werten in der neuen Welt, die sie zu errichten begonnen haben, um so mehr Geltung zu verschaffen. Wenn das nicht überzeugend klingt, so ist es doch auch nicht zynisch, sondern scheinheilig: es ist der Versuch, tugendhaft zu wirken, und zugleich ein Tribut an das wiedererstandene Ansehen des Humanismus.

In den zwanziger und dreißiger Jahren dieses Jahrhunderts war das anders. Damals verwarfen die Vertreter totalitärer Regime von rechts und von links mit großer Gebärde die humanistischen Werte und behaupteten nicht, wie es heute immer häufiger geschieht, daß sie selbst ihnen besser dienen, als wir es tun. Ich sehe hierin einen Gewinn, einen Fortschritt hin zu einer internationalen Ordnung auf der Grundlage der Erkenntnis, daß wir ein gemeinsames moralisches Universum bewohnen. Darauf muß sich unsere Hoffnung stützen.

DIE APOTHEOSE DES ROMANTISCHEN WILLENS

Die Revolte gegen den Mythos einer idealen Welt

I.

Die Ideengeschichte ist eine vergleichsweise junge Disziplin, die in manchen akademischen Bereichen immer noch mit einem gewissen Argwohn beobachtet wird. Sie hat jedoch interessante Tatsachen aufgedeckt. Zu den erstaunlichsten gehören Beobachtungen über die Chronologie einiger Konzepte und Kategorien, die, zumindest in der westlichen Welt, zu unseren vertrautesten gehören. Mit Überraschung erkennen wir, daß manche dieser Konzepte erst in jüngerer Zeit hervorgetreten sind und daß einige scheinbar tief verwurzelte Einstellungen unseren Vorfahren äußerst sonderbar erschienen wären. Ich meine hier nicht Ideen, die auf bestimmte wissenschaftliche und technische Entdeckungen und Erfindungen zurückgehen, die ihnen noch unbekannt waren, oder auf neue Hypothesen zum Wesen der Materie oder zur Geschichte zeitlich oder räumlich weit entfernter Gesellschaften oder zur Entwicklung des Weltalls oder zu den Triebfedern unseres eigenen Verhaltens und der Rolle, die nicht genügend untersuchte unbewußte und irrationale Faktoren darin spielen. Ich meine etwas zugleich Umfassenderes und schwerer Greifbares, etwas, das sich nicht so leicht auf bestimmte Ursachen zurückführen läßt: Veränderungen innerhalb der allgemein akzeptierten und bewußt befolgten säkularen Wertvorstellungen, Ideale und Ziele, zumindest in der westlichen Zivilisation.

So überrascht heutzutage niemanden mehr die Meinung,

daß die Vielfalt der Einförmigkeit im allgemeinen vorzuziehen sei – Monotonie und Einförmigkeit sind pejorative Begriffe – oder, um ein Beispiel aus dem Bereich der Charaktereigenschaften zu nennen, daß Integrität und Aufrichtigkeit Bewunderung verdienen, und zwar unabhängig davon, wie es um die Wahrheit oder Gültigkeit der Überzeugungen und Prinzipien bestellt ist, um die es geht; daß warmherziger Idealismus edler, wenn auch weniger zweckdienlich ist als kühler Realismus und Toleranz besser als Intoleranz usw., obwohl diese Tugenden, wenn man sie zu weit treibt, gefährliche Konsequenzen haben können. Aber so verhält es sich noch nicht sehr lange. Denn die Vorstellung, daß das Eine gut sei, die Vielen – die Vielfalt – aber schlecht, da auch die Wahrheit eine und nur der Irrtum vielfältig sei, ist weitaus älter und tief in der auf Platon zurückreichenden Tradition verwurzelt. Aristoteles akzeptiert zwar, daß es Unterschiede zwischen den Menschentypen gibt und daß deshalb eine gewisse Elastizität im Gefüge der Gesellschaft vonnöten ist, aber er nimmt diese Tatsache nur hin, ohne Bedauern, allerdings auch ohne Anzeichen von Billigung. Und von sehr wenigen Ausnahmen abgesehen, war diese Ansicht, wie es scheint, in der Antike und im Mittelalter vorherrschend; ernsthaft in Frage gestellt wurde sie erst im 16. Jahrhundert.

Oder, welcher Katholik hätte im 16. Jahrhundert erklärt: »Ich verabscheue zwar die Irrlehren dieser Reformatoren, aber die Aufrichtigkeit und Ernsthaftigkeit, mit der sie ihre abstoßenden Überzeugungen vertreten, praktizieren und sich für sie opfern, berührt mich tief«? Im Gegenteil, je größer die Aufrichtigkeit der Ketzer oder Ungläubigen – der Muslime, der Juden, der Atheisten –, desto gefährlicher sind sie, desto größer die Wahrscheinlichkeit, daß sie andere Seelen ins Verderben locken, desto rücksichtsloser müssen sie niedergemacht werden, denn die Ketzerei – bestehend in irrigen Anschauungen über die Ziele der Menschen – ist ein Gift, das für die Gesellschaft gewiß gefährlicher ist als selbst Scheinheiligkeit und Verstellung, die die wahre Lehre zumindest nicht offen angreifen. Nur auf die Wahrheit kommt es an. Wer für das Falsche stirbt, ist böse oder bemitleidenswert.

Hier besteht also keinerlei Gemeinsamkeit zwischen den Anschauungen, die noch im 16. oder 17. Jahrhundert vorherrschten, und der modernen liberalen Einstellung. Wer hätte auch in der Antike oder im Mittelalter die Vielfalt im Leben oder im Denken als einen Vorteil bezeichnet? Als jedoch ein moderner Denker wie Auguste Comte die Frage stellte, warum wir die Meinungsfreiheit in Moral und Politik zulassen sollen, da wir sie doch auch in der Mathematik nicht zulassen, da fühlten sich J. S. Mill und andere Liberale schon durch die Frage selbst schockiert. Doch die meisten Überzeugungen, die die moderne liberale Kultur ausmachen (und heute von rechts und links wieder durch jene angegriffen werden, die zu einer älteren Anschauung zurückgekehrt sind), sind vergleichsweise neu und beziehen ihre Plausibilität aus einer tiefgreifenden, radikalen Revolte gegen die zentrale Tradition des abendländischen Denkens. Diese Revolte, die sich, wie mir scheint, seit dem zweiten Drittel des 18. Jahrhunderts vor allem in Deutschland abzuzeichnen begann, hat die Grundlagen der alten traditionellen Ordnung erschüttert und das europäische Denken und Handeln nachhaltig und auf eine nicht vorhersagbare Weise beeinflußt. Sie bildet vielleicht die größte Verschiebung im europäischen Bewußtsein seit der Reformation, bis zu der ihre Ursprünge sich auf verschlungenen Wegen und Umwegen zurückverfolgen lassen.

II.

Wenn man mir gestattet, hier einmal in fast unzulässiger Weise zu vereinfachen und zu verallgemeinern, möchte ich behaupten, daß der Kern der intellektuellen Tradition des Abendlandes seit Platon (oder vielleicht seit Pythagoras) in drei unbefragt hingenommenen Dogmen bestand:

(a) daß es auf alle echten Fragen eine und nur eine wahre Antwort gibt, während alle anderen von der Wahrheit abweichen und daher falsch sind, und daß dies sowohl für Fragen des Verhaltens und Meinens, das heißt für die Praxis, als auch für

Fragen der Theorie und der Beobachtung gilt – für Wertfragen ebenso wie für Tatsachenfragen;

(b) daß die wahren Antworten auf solche Fragen im Prinzip erkennbar sind;

(c) daß diese wahren Antworten nicht in Widerstreit miteinander geraten können, denn ein wahrer Satz kann mit einem anderen wahren Satz nicht unvereinbar sein; daß diese Antworten zusammen ein harmonisches Ganzes bilden müssen: einige meinen, sie bildeten ein logisches System, bei dem jedes Element alle anderen Elemente zur Folge hat oder aus ihnen folgt; andere meinen, die Elemente verhielten sich wie Teile zu einem Ganzen und zumindest bestehe zwischen allen Elementen vollständige Vereinbarkeit.

Es hat natürlich große Meinungsverschiedenheiten darüber gegeben, welches der genaue Weg sei, der zu diesen oft verborgenen Wahrheiten führt. Manche haben geglaubt (und glauben noch immer), man könne sie in heiligen Texten finden oder in ihrer Deutung durch berufene Fachleute – Priester, inspirierte Propheten und Seher –, in den Lehren und Traditionen einer Kirche; andere vertrauen auf andere Fachleute, auf Philosophen, Wissenschaftler, privilegierte Beobachter dieser oder jener Art, auf Menschen, die vielleicht eine bestimmte geistige Ausbildung absolviert haben, oder umgekehrt auf einfache, von der Verderbtheit und Verfeinerung der Städte unbeeinflußte Menschen – Bauern, Kinder, »das Volk«, Wesen, deren Seele rein ist. Wieder andere haben gelehrt, diese Wahrheiten seien allen zugänglich, sofern sie sich nicht durch Besserwisser und Betrüger blenden lassen. Auch im Hinblick auf den rechten Weg zur Wahrheit bestand keine Übereinstimmung. Manche beriefen sich auf die Natur, andere auf die Offenbarung; manche auf die Vernunft, andere auf den Glauben oder die Intuition, auf Beobachtung, auf deduktive und induktive Verfahren, auf Hypothese oder Experiment und so weiter.

Selbst die berüchtigtsten Skeptiker akzeptierten diese Auffassung zumindest teilweise: die griechischen Sophisten unterschieden zwischen Natur und Kultur und waren der Ansicht, die Vielfalt der bestehenden Gesetze und Sitten lasse sich durch Unterschiede der Lebensverhältnisse, der natürlichen Umgebung und des Temperaments erklären. Aber auch sie meinten, die letzten Ziele der Menschen seien einander überall im wesentlichen gleich, denn alle Menschen seien bestrebt, ihre natürlichen Bedürfnisse zu befriedigen, und verlangten nach Sicherheit, Frieden, Glück und Gerechtigkeit. Auch Montesquieu und Hume bestritten dies nicht, trotz ihres Relativismus; der Glaube des ersteren an absolute Prinzipien wie Freiheit und Gerechtigkeit führte zu ganz ähnlichen Schlußfolgerungen wie der Glaube des letzteren an Natur und Sitte. Moralisten und Anthropologen, Relativisten, Utilitaristen und Marxisten – sie alle setzten gemeinsame Erfahrungen und gemeinsame Ziele voraus, durch die die Menschen wirklich zu Menschen wurden, während eine allzu starke Abweichung von diesen Maßstäben auf Verirrung, Geisteskrankheit und Verrücktheit hindeutete.

Auch die Meinungen in der Frage, wie es um die Voraussetzungen für die Erkennbarkeit dieser Wahrheiten bestellt sei, gingen auseinander: manche verfochten die Ansicht, infolge der Erbsünde oder einer angeborenen Unfähigkeit oder infolge irgendwelcher natürlichen Hindernisse könnten die Menschen die Antworten auf all diese Fragen nicht oder nicht vollständig ermitteln; manche lehrten, vollkommene Erkenntnis habe es nur vor dem Sündenfall oder vor der Sintflut oder vor einer anderen Katastrophe gegeben, die die Menschheit heimgesucht habe – vor dem Turmbau zu Babel, vor der ursprünglichen Akkumulation des Kapitals und dem daraus folgenden Klassenkampf oder vor einem anderen Bruch der ursprünglichen Harmonie; andere glaubten an den Fortschritt, daran, daß das Goldene Zeitalter nicht in der Vergangenheit, sondern in der Zukunft liege; wieder andere hielten die Menschen für endliche Wesen, die hier auf Erden zu Unvollkommenheit und Irrtum verurteilt seien, im jenseitigen Leben jedoch der Wahrheit teilhaftig werden würden; und manche meinten, nur die Engel könnten die Wahrheit erkennen, oder Gott allein. Diese Unterschiede führten zu tiefen Spaltungen und zerstörerischen Kriegen, denn schließlich stand nichts Geringeres als die Erlösung auf dem Spiel. Aber keine der streitenden Parteien bestritt, daß diese Fragen im Prinzip zu beantworten waren und daß ein Leben, nach diesen wahren Antworten gestaltet, die ideale Gesellschaft, das Goldene Zeitalter hervorbringen würde, insofern die menschliche Unvollkommenheit nur als Verfehlen des vollkommenen Lebens begreifbar war. Auch wenn wir als gefallene Wesen nicht wußten, wie dieses vollkommene Leben beschaffen war, so wußten wir doch: wenn wir die Wahrheitsbruchstücke, die unser Leben bestimmten, zusammensetzen könnten, würde das daraus resultierende Ganze, in die Praxis übersetzt, das vollkommene Leben sein. Dies wäre nicht möglich, wenn sich die Fragen als prinzipiell nicht beantwortbar erwiesen oder wenn es auf eine Frage mehr als eine wahre Antwort gab oder, noch schlimmer, wenn sich einige der wahren Antworten als unvereinbar erwiesen, wenn Wertvorstellungen aufeinanderprallten und nicht miteinander versöhnt werden konnten. Aber dies hätte bedeutet, daß das Universum letztlich irrational war – eine Schlußfolgerung, die die Vernunft und ein Glaube, der im Frieden mit der Vernunft leben wollte, nur ablehnen konnten.

Alle uns bekannten Utopien beruhen auf der Erkennbarkeit und Harmonie objektiv wahrer, für alle Menschen jederzeit und überall gültiger Ziele. Das gilt für alle Idealstädte, angefangen bei den Entwürfen Platons in der *Politeia* und den *Nomoi*, über Zenons anarchistische Weltgemeinschaft und die Sonnenstadt des Iambulus bis zu den Utopien von Thomas Morus, Campanella, Bacon, Harrington und Fénelon. Die kommunistischen Gesellschaftsentwürfe von Mably und Morelly, der Staatskapitalismus Saint-Simons, die Phalanstères von Fourier, die unterschiedlichen Verbindungen von Anarchismus und Kollektivismus bei Owen und Godwin, bei Cabet, William Morris und Tschernyschewski, bei Bellamy, Hertzka und anderen (im 19. Jahrhundert besteht in diesem Punkt kein Mangel) – alle diese Modelle beruhen auf den drei Pfeilern des sozialen Optimismus im Abendland, von denen ich gesprochen habe: daß die zentralen Probleme, die *massimi problemi*, im Verlauf der Geschichte immer wieder die gleichen sind; daß sie im Prinzip lösbar sind; daß die Lösungen ein integrales Ganzes bilden. Der Mensch hat dauerhafte Interessen, deren Beschaffenheit sich mit der richtigen Methode bestimmen läßt. Diese Interessen können von den Zielen abweichen, nach denen die Menschen tatsächlich streben oder zu streben wähnen und die vielleicht das Resultat von geistiger oder intellektueller Verblendung oder von Faulheit sind oder auf die Einflüsterungen selbstsüchtiger Schurken zurückgehen – von Königen, Priestern, Abenteurern, Machthungrigen aller Art, die den Toren und zuletzt sogar sich selbst Sand in die Augen streuen. Solche Täuschungen können auf den zerstörerischen Einfluß der gesellschaftlichen Einrichtungen – traditionelle Hierarchien, die Arbeitsteilung, das kapitalistische System – oder auf unpersönliche Faktoren zurückgehen, auf die natürlichen oder unbeabsichtigten Konsequenzen der menschlichen Natur, denen man sich widersetzen und die man abschaffen kann. Sobald die wahren Interessen sichtbar gemacht werden können, können die in diesen Interessen enthaltenen Ansprüche durch gesellschaftliche Einrichtungen erfüllt werden, die sich den technischen Fortschritt zunutze machen oder ihn umgekehrt ablehnen, um in die idyllische Einfachheit der frühen Tage der Menschheit zurückzukehren, in ein Paradies, das die Menschen verlassen haben, oder in ein bevorstehendes Goldenes Zeitalter. Von Bacon bis heute haben sich Denker immer wieder von der Gewißheit anregen lassen, daß es eine vollständige Lösung geben müsse: daß am Ende aller Tage durch göttlichen Ratschluß oder menschliches Bemühen die Herrschaft von Irrationalität, Ungerechtigkeit und Elend enden wird; daß der Mensch befreit werden und nicht länger Spielball von Kräften sein wird, die sich seiner Kontrolle entziehen – nicht länger Opfer der ungezähmten Natur oder der Auswirkungen seiner Unwissenheit, seiner Torheit oder Verworfenheit; daß dieser Frühling anbrechen wird, sobald die Hindernisse in der Natur und im Menschen überwunden sind, und daß die Menschen dann endlich aufhören werden, gegeneinander zu kämpfen, daß sie ihr Kräfte zusammentun und zusammenarbeiten, um die Natur ihren Bedürfnissen anzupassen (wie es die großen Materialisten von Epikur bis Marx propagieren) oder um ihre Bedürfnisse der Natur anzupassen (wie es die Stoiker und die modernen Ökologen befürworten). Diese Grundlage ist den vielen Spielarten des revolutionären und reformerischen Optimismus gemeinsam, von Bacon bis Condorcet, vom *Kommunistischen Manifest* bis zu den modernen Technokraten, den Kommunisten, Anarchisten und denen, die nach alternativen Gesellschaften suchen.

Dieser große Mythos im Sinne Sorels wurde gegen Ende des 18. Jahrhunderts von einer Bewegung angegriffen, die zuerst in Deutschland unter dem Namen »Sturm und Drang« in Erscheinung trat und später vielerlei Formen annahm: Romantik, Nationalismus, Expressionismus, Emotivismus, Voluntarismus sowie die zahlreichen zeitgenössischen Spielformen des Irrationalismus von links und rechts, die heute jeder kennt. Die Propheten des 19. Jahrhunderts haben vieles vorausgesagt – die Herrschaft internationaler Kartelle, die Herrschaft kollektivistischer Regime sowohl sozialistischer wie auch kapitalistischer Prägung, die Herrschaft des militärisch-industriellen Komplexes, die Herrschaft wissenschaftlicher Eliten, dies alles nach einer Zeit der Krisen, Kriege und Katastrophen –, aber keiner von ihnen hat, soviel ich weiß, vorausgesagt, daß das letzte Drittel des 20. Jahrhunderts im Zeichen eines weltweit wachsenden Nationalismus stehen würde, im Zeichen der Inthronisation des Willens von Individuen oder Klassen, der Ablehnung von Vernunft und Ordnung als einem Gefängnis des Geistes. Wie kam es dazu?

III.

Es wird oft behauptet, im 18. Jahrhundert sei das rationale Denken und die Achtung vor kohärenten intellektuellen Systemen durch Empfindsamkeit, Innerlichkeitskult und die Verherrlichung des Gefühls abgelöst worden, wie sie im bürgerlichen Roman Englands und in der *comédie larmoyante* zum

Ausdruck kommen, in der Sucht nach Selbstenthüllung und Selbstmitleid bei Rousseau, in seinen Angriffen auf die klugen, aber moralisch verderbten Intellektuellen von Paris, die in ihrem Atheismus und ihrem berechnenden Utilitarismus keinen Sinn für das Bedürfnis des Herzens nach Liebe und freiem Selbstausdruck hatten. Und für gewöhnlich nimmt man auch an, hierdurch sei der hohle Pseudoklassizismus der Zeit in Mißkredit gebracht und einem ungezügelten Emotionalismus Tür und Tor geöffnet worden. Es steckt eine gewisse Wahrheit in dieser Ansicht, aber zum einen setzt Rousseau genau wie diejenigen, denen seine Verachtung galt, Natur mit Vernunft gleich und verurteilt die bloß irrationale »Leidenschaft«; zum anderen hat die Emotion in den Beziehungen der Menschen und in der Kunst niemals gefehlt. Die Bibel, Homer, die griechischen Tragödiendichter, Catull, Vergil, Dante, die klassische französische Tragödie sind voll tiefer Emotion. Das menschliche Herz oder die menschliche Natur wurden in der zentralen Tradition der europäischen Kunst durchaus nicht ignoriert oder unterdrückt, aber dies tat dem beharrlichen Interesse an Form und Struktur, der Betonung von Regeln, für die nach rationalen Rechtfertigungen gesucht wurde, keinen Abbruch. In der Kunst berief man sich genau wie in der Philosophie und in der Politik jahrhundertelang auf objektive Maßstäbe, die in ihrer extremsten Version als zeitlose Modelle, als unwandelbare platonische oder christliche Muster gedacht wurden, nach denen das Leben und das Denken, die Theorie und die Praxis beurteilt wurden. Die ästhetische Lehre der Mimesis, die die Welten der Antike, des Mittelalters und der Renaissance mit dem Großen Stil des 18. Jahrhunderts verbindet, setzt voraus, daß es universale Prinzipien und zeitlose Muster gibt, die verkörpert oder »nachgeahmt« werden sollen. Die Revolte, die diese Lehre (zumindest zeitweise) außer Kraft setzte, richtete sich nicht bloß gegen den heruntergekommenen Formalismus und die Pedanterie des kalten Neoklassizismus – sie ging viel weiter, denn sie leugnete, daß es jene universalen Wahrheiten und zeitlosen Formen gab, die Erkenntnis und schöpferisches Tun, Gelehrsamkeit, Kunst und Leben zu verkörpern lernen mußten, wenn sie ihrem Anspruch gerecht werden wollten, daß in ihnen Vernunft und Phantasie zu ihrer erhabensten Höhe gelangten. Der Aufstieg der Naturwissenschaften und der empirischen Methoden – das, was Whitehead einmal den »Aufstand der Materie« genannt hat – ersetzte nur einen Komplex von Formen durch einen anderen; er erschütterte das Vertrauen in die *a priori* gültigen Axiome und Gesetze der Theologie und der aristotelischen Metaphysik und tauschte sie gegen Gesetze und Regeln ein, deren Gültigkeit aufgrund empirischer Erfahrung bestätigt war, insbesondere dank einer spektakulären Erweiterung der Möglichkeiten, das Programm Bacons zu erfüllen – also Voraussagen über die Natur und die Menschen als Naturwesen zu treffen und sie zugleich zu beherrschen.

Der »Aufstand der Materie« war kein Aufstand gegen Gesetze und Regeln als solche und auch nicht gegen alte Idealvorstellungen – etwa gegen die Verbindlichkeit von Werten wie Vernunft, Glück, Erkenntnis; im Gegenteil, die Herrschaft der Mathematik, die Mathematisierung anderer Bereiche menschlichen Denkens und der Glaube an die Erlösung durch Wissen und Erkenntnis waren niemals so stark wie während der Aufklärung. Aber gegen Ende des 18. und zu Beginn des 19. Jahrhunderts stoßen wir auf eine geringschätzige Haltung gegenüber Regeln und Formen – auf leidenschaftliche Plädoyers für den freien Selbstausdruck von Gruppen, Bewegungen und Individuen, gleichgültig, wohin dies führt. Unter dem Einfluß der romantischen Strömungen ihrer Zeit hielten idealistisch gesinnte Studenten an deutschen Universitäten nicht viel von Glück, Sicherheit, wissenschaftlicher Erkenntnis, politischer und wirtschaftlicher Stabilität und sozialem Frieden, ja, verspotteten sie sogar. Den Schülern der neuen Philosophie erschien das Leiden edler als das Vergnügen, und sie zogen das Scheitern dem Erfolg in der Welt vor, der etwas Schmutziges, Opportunistisches an sich hatte und gewiß nur durch Verrat an der eigenen Integrität und Unabhängigkeit sowie an der eigenen inneren Vision erkauft werden konnte. Sie waren überzeugt, daß die Minderheiten und vor allem jene, die für ihre Anschauungen Leiden erduldeten, im Besitz der Wahrheit seien, nicht hingegen die geistlosen Mehrheiten; sie waren überzeugt, daß Märtyrertum, gleichgültig, wofür, geheiligt sei; daß Aufrichtigkeit, Authentizität, inniges, intensives Gefühl und vor allem Widerspenstigkeit – unablässiger Kampf gegen die Konvention, gegen die Unterdrückung durch Kirche, Staat und Spießbürgergesellschaft, gegen Zynismus, Krämergeist und Gleichgültigkeit – geheiligte Werte seien, auch wenn sie in einer erniedrigten Welt von Herren und Sklaven scheitern mußten und vielleicht gerade deshalb; hierfür zu kämpfen und notfalls zu sterben war tapfer, richtig und ehrenhaft; Kompromisse zu schließen und am Leben zu bleiben hingegen war Feigheit und Verrat. Diese Leute waren nicht Vorkämpfer des Gefühls gegen die Vernunft, sie waren die Verfechter einer anderen Kraft des menschlichen Geistes, aus der alles Leben und Handeln, Heldentum und Opferbereitschaft, Edelmut und Idealismus sowohl im individuellen wie im kollektiven Dasein entspringt – sie waren Protagonisten des stolzen, unbezwinglichen, ungebundenen menschlichen Willens. Wenn dieser Wille Leiden verursachte, Konflikte hervorrief, wenn er sich als unvereinbar erwies mit einem ungestörten, harmonischen Leben, mit der Erringung heiterer, vom Staub und Lärm des Kampfes um ein erfülltes Leben ungestörter künstlerischer Vollkommenheit; wenn der Aufstand des Prometheus gegen die olympischen Götter ihn zu ewigen Qualen verurteilte, dann sprach das gegen den Olymp, dann nieder mit der Vollkommenheit, die nur zu erlangen war, indem man den freien, unabhängigen Willen, die ungezügelte Phantasie, den Sturmwind der Eingebung, der weht, wo er will, in Ketten legte. Selbständigkeit, Trotz von Individuen, Gruppen und Nationen, Streben nach Zielen nicht deshalb, weil sie universal sind, sondern weil sie mir gehören oder meinem Volk oder meiner Kultur – so sahen die Anschauungen einer Minderheit deutscher Romantiker aus, die bei einer noch geringeren Zahl von Menschen im übrigen Europa Anklang fanden, und dennoch prägten sie ihrer und unserer Zeit ihren Stempel auf. Kein bedeutender Künstler, kein politischer Führer des 19. Jahrhunderts war ganz frei von ihrem Einfluß. Ich möchte noch einmal auf ihre Wurzeln in den Jahren vor der Französischen Revolution zurückkommen.

IV.

Kein Denker lehnte den undisziplinierten Enthusiasmus, den emotionalen Überschwang, die »Schwärmerei«, das vage, ziellose Drängen und Sehnen heftiger ab als Immanuel Kant. Er war selbst ein Pionier der Wissenschaft und hatte sich vorgenommen, eine rationale Erklärung und Rechtfertigung für die Methoden der Naturwissenschaften zu entwickeln, in denen er mit Recht die bedeutendste Errungenschaft der Zeit erblickte. Gleichwohl öffnete er innerhalb seiner Moralphilosophie den Deckel einer Pandora-Büchse und setzte Tendenzen frei, die er als erster durchaus aufrichtig und konsequent ablehnte und verurteilte. Er behauptete, was jeder deutsche Schuljunge damals wußte, daß der moralische Wert einer Handlung auf der Entscheidungsfreiheit des Handelnden beruht; wenn ein Mensch unter dem Einfluß von Ursachen handelt, die sich seiner Macht entziehen, seien sie äußerer Art, wie körperlicher Zwang, oder innerer Art, wie Triebe, Verlangen oder Leidenschaften, dann kommt dieser Handlung, gleichgültig, welches ihre Folgen sind, ob sie gut oder schlecht, nützlich oder schädlich für die Menschen ist, kein moralischer Wert zu, denn sie gründet nicht in einer freien Entscheidung, sondern ist bloß die Wirkung mechanischer Ursachen, ein Naturvorgang, der einer ethischen Beurteilung genausowenig zugänglich ist wie das Verhalten eines Tieres oder einer Pflanze. Wenn der Determinismus, der in der Natur herrscht – und auf den sich die gesamte Naturwissenschaft gründet –, die Handlungen eines Handelnden determiniert, dann ist er kein wirklicher Handelnder, denn Handeln bedeutet, zwischen mehreren Möglichkeiten frei wählen zu können, während der freie Wille in einem solchen Fall Illusion bleiben muß. Kant ist überzeugt, daß die Willensfreiheit keine Illusion, sondern real ist. Daher die ungeheure Bedeutung, die er der menschlichen Autonomie beimißt – der Fähigkeit, sich frei für rational gewählte Ziele zu engagieren. Das Ich, so sagt uns Kant, muß sich über die Naturnotwendigkeit erheben, denn wenn die Menschen von denselben Gesetzen regiert werden, die auch die materielle Welt regieren, dann kann es keine Freiheit geben, und ohne Freiheit gibt es keine Moralität.

Kant erklärt immer wieder, was den Menschen auszeichne, sei moralische Selbstbestimmung oder Autonomie, im Unterschied zu seiner physischen Fremdbestimmung oder Heteronomie – denn sein Körper wird von Naturgesetzen bestimmt, die nicht aus seinem Inneren hervorgehen. Diese Lehre verdankt Rousseau zweifellos sehr viel, für den alle Würde und aller Stolz aus der Selbständigkeit erwächst. Gelenkt oder manipuliert werden heißt versklavt sein. Eine Welt, in der ein Mensch von der Gunst eines anderen abhängt, ist eine Welt von Herren und Sklaven, in der Einschüchterung, Herablassung und gönnerhaftes Gebaren auf der einen Seite, Unterwürfigkeit, Kriecherei, Doppelzüngigkeit und Groll auf der anderen herrschen. Aber während Rousseau annahm, nur die Abhängigkeit von anderen Menschen sei entwürdigend, da man Groll nicht gegen die Naturgesetze, sondern nur gegen den bösen Willen empfinden könne, gingen die Deutschen noch weiter. Für Kant war die völlige Abhängigkeit von nichtmenschlicher Natur – die Heteronomie – unvereinbar mit freier Wahl, Freiheit, Moralität. Hier zeigt sich eine neue Haltung gegenüber der Natur oder die Wiederbelebung der alten christlichen Naturfeindschaft. Die Denker der Aufklärung und ihre Vorläufer in der Renaissance (von einigen vereinzelten widersprechenden Mystikern abgesehen) betrachteten die Natur als göttliche Harmonie, als große organische oder künstlerische Einheit, als einen kostbaren Mechanismus, geschaffen vom göttlichen Uhrmacher, oder auch als ungeschaffen und ewig, aber stets sahen sie in ihr ein Modell, das die Menschen nur zu ihrem Schaden mißachten konnten. Vor allem anderen tut es dem Menschen not, die äußere Welt, sich selbst und den Platz, den er im Plan der Dinge einnimmt, zu verstehen –

wenn er dies begreift, wird er nicht nach Zielen streben, die mit den Notwendigkeiten seiner Natur kollidieren, nach Zielen, die er nur verfolgen kann, wenn er eine irrige Auffassung davon hegt, was er selbst ist und wie seine Beziehungen zu anderen Menschen und zur äußeren Welt beschaffen sind. Diese Einstellung teilten Rationalisten und Empiristen, christliche Naturkundige, Heiden und Atheisten in der Renaissance und später – Pico della Mirandola und Marsilio Ficino, Locke und Spinoza, Leibniz und Gassendi; für sie ist Gott der Gott der Natur, die Natur steht nicht, wie für Augustinus oder Calvin, als eine Quelle der Versuchung und Erniedrigung in einem Konflikt mit dem Geist. Diese Anschauungen finden ihren klarsten Ausdruck in den Schriften der französischen Philosophen des 18. Jahrhunderts, bei Helvétius und Holbach, bei d'Alembert und Condorcet, den Freunden der Natur und der Wissenschaften, in deren Augen der Mensch Kausalgesetzen von der gleichen Art unterworfen ist wie die Tiere, die Pflanzen und die unbelebte Welt – physikalischen und biologischen, im Falle des Menschen außerdem auch psychologischen und ökonomischen Gesetzen, die sich durch Beobachtung und Experiment, durch Messung und Verifikation ermitteln lassen. Die Idee einer unsterblichen Seele oder eines persönlichen Gottes oder die Idee der Willensfreiheit sind für sie metaphysische Fiktionen und Illusionen. Nicht so für Kant.

Die deutsche Revolte gegen Frankreich und den französischen Materialismus hatte sowohl gesellschaftliche wie auch intellektuelle Wurzeln. In der ersten Hälfte des 18. Jahrhunderts und schon im Jahrhundert davor und selbst vor den Verwüstungen, die der Dreißigjährige Krieg anrichtete, hatte Deutschland nur geringen Anteil an der großen Renaissance des Westens. Die kulturellen Leistungen Deutschlands nach der Reformation sind nicht vergleichbar mit denen der Italiener im 15. und 16. Jahrhundert, mit denen Spaniens und Englands im Zeitalter Shakespeares und Cervantes', mit denen der Niederlande im 17. Jahrhundert und am allerwenigsten mit denen Frankreichs, mit denen der französischen Dichter, Strategen, Staatsmänner und Denker, die Europa im 17. Jahrhundert kulturell und politisch dominierten, wobei nur England und Holland als Rivalen in Betracht kamen. Was hatten die provinziellen Fürstenhöfe und die Städte Deutschlands oder der kaiserliche Hof in Wien dem entgegenzusetzen?

Das Bewußtsein einer gewissen Rückständigkeit, der Eindruck, von den Franzosen mit ihrer nationalen und kulturellen Überheblichkeit von oben herab betrachtet, ja, verachtet zu werden, erzeugte ein Gefühl von kollektiver Demütigung und verletztem Stolz, das sich später in Empörung und Feindschaft verwandelte. Zuerst werden die französischen Vorbilder nachgeahmt, und dann wendet man sich gegen sie. Sollen doch die eitlen, gottlosen Franzosen ihre kurzlebige Welt kultivieren, sollen sie doch nach materiellem Gewinn, nach Ruhm, Luxus, Protzerei streben und das belanglose Geplauder in den Salons von Paris und am unterwürfigen Hof von Versailles pflegen. Worin liegt der Wert einer Philosophie von Atheisten oder glatten, weltläufigen Abbés, die nicht das geringste von der wahren Natur, den wirklichen Zielen der Menschen verstanden haben, von ihrem Innenleben, von den tiefsten Besorgnissen des Menschen – seiner Beziehung zu der Seele, zu seinen Brüdern und vor allem zu Gott –, von den tiefen, quälenden Fragen nach dem Wesen und der Berufung des Menschen? Die deutschen Pietisten, den Blick nach innen gerichtet, wandten sich von der französischen und lateinischen Sprache ab und ihrer eigenen zu, sprachen mit Verachtung und Abscheu von den glitzernden Gemeinplätzen der französischen Zivilisation, von den gotteslästerlichen Epigrammen Voltaires und seiner Nachfolger. Noch verächtlicher waren allerdings die schwächlichen Nachahmer der französischen Kultur, die Karikaturen auf französische Sitte und französischen Geschmack an den kleinen deutschen Fürstenhöfen. Deutsche Literaten rebellierten heftig gegen den Druck und die erstickende Enge der deutschen Gesellschaft, gegen den Despotismus der oft dummen und grausamen deutschen »Duodezfürsten« und ihrer Beamten in den damals bestehenden dreihundert Fürstentümern und Regierungen, die die einfachen Leute erniedrigten, vor allem die aufrichtigen und begabten unter ihnen.

Diese Woge der Empörung bestimmt den Habitus jener Bewegung, die nach dem Titel eines Theaterstücks eines ihrer Mitglieder als »Sturm und Drang« bezeichnet wurde. Die Theaterstücke des »Sturm und Drang« hallen wider von Verzweiflungs- und wilden Empörungsschreien, von titanischen Explosionen der Wut und des Hasses, sie handeln von zerstörerischen Leidenschaften und unvorstellbaren Verbrechen, vor denen selbst die Gewaltszenen in den elisabethanischen Dramen harmlos erscheinen; sie feiern die Leidenschaft, die Individualität, die Stärke, das Genie, den Selbstausdruck um jeden Preis und in jeder noch so ausweglosen Lage, und sie enden für gewöhnlich in Blut und Brutalität, der einzigen Form von Protest gegen eine groteske, verhaßte Gesellschaftsordnung, die ihnen zugänglich ist. Daher all die gewalttätigen Helden – die »Kraftmenschen«, »Kraftschreiber«, »Kraftkerls«, »Kraftknaben« –, die in heller Aufregung durch die Werke von Klinger, Schubart, Leisewitz, Lenz und selbst die des sanften Karl Philipp Moritz stampfen, bis schließlich das Leben begann, die Kunst zu imitieren, und der Schweizer Abenteurer Christoph Kaufmann, ein selbsternannter Nachfolger von Christus und Rousseau, der Herder, Goethe, Hamann, Wieland und Lavater stark beeindruckte, mit einer Bande wilder Anhänger durch die deutschen Lande zog und in mystischem Überschwang des Fleisches und des Geistes die gesittete Kultur attackierte und eine anarchische Freiheit verherrlichte.

Kant verabscheute eine derart wirre Phantasie und mehr noch den emotionalen Exhibitionismus und das barbarische Betragen. Obwohl auch er die mechanistische Psychologie der französischen Enzyklopädisten kritisierte, weil sie die Moralität zerstöre, verband er mit der Idee des Willens die Vorstellung von tätiger Vernunft. Er bewahrt sich vor dem Subjektivismus und dem Irrationalismus, indem er darauf besteht, daß der Wille wahrhaft frei nur insofern ist, als er das will, was die Vernunft gebietet, die allgemeine, für alle vernünftigen Menschen verbindliche Regeln hervorbringt. Erst wenn sich der Begriff der Vernunft verdunkelt (aber Kant ist es nie gelungen, überzeugend zu formulieren, was dies in der Praxis bedeutet) und der unabhängige Wille allein übrigbleibt, als der einzige Besitz, durch den sich der Mensch von der Natur unterscheidet, wird die neue Lehre von der Stimmung der »Stürmer und Dränger« angesteckt. Bei Schiller, der ein Kant-Schüler war, beginnt die Idee der Freiheit die Grenzen der Vernunft zu überschreiten. Freiheit ist der zentrale Begriff von Schillers frühen Werken. Schiller bezeichnet sie als den »Gesetzgeber selbst«, den »Gott in uns«, er spricht von der »hohen dämonischen Freiheit«, dem »reinen Dämon« im Menschen. Der Mensch ist am erhabensten, wenn er sich dem Druck der Natur widersetzt, wenn er »moralische Independenz von Naturgesetzen im Zustand des Affekts« an den Tag legt. Der Wille, nicht die Vernunft – und schon gar nicht das Gefühl, das er mit den Tieren gemein hat – erhebt den Menschen über die Natur, und die Disharmonie, die sich zwischen der Natur und dem tragischen Helden auftun mag, ist nicht ganz und gar beklagenswert, weckt sie doch im Menschen das Bewußtsein seiner Selbständigkeit. Hier zeigt sich ein deutlicher Bruch mit Rousseaus Beschwörung der Natur und der ewigen Werte und auch mit den so unterschiedlichen Auffassungen von Burke, Helvétius oder Hume. In Schillers frühen Dramen wird der Widerstand des Individuums gegen eine äußere gesellschaftliche oder natürliche Macht gefeiert. Besonders aufschlußreich ist in diesem Zusammenhang der Gegensatz zwischen den Wertvorstellungen, die Lessing, der führende Repräsentant der deutschen Aufklärung, um 1760 vertritt, und denen von Schiller in der Zeit nach 1780. In seinem 1768 entstandenen Stück *Minna von Barnhelm* schildert Lessing einen preußischen Offizier, dem ein Verbrechen zur Last gelegt wird, das er nicht begangen hat, der es aber verschmäht, sich zu verteidigen, und lieber Armut und Ungnade auf sich nimmt, als für sein Recht zu kämpfen; er ist von edler Gesinnung, aber eigensinnig; sein Stolz macht es ihm unmöglich, sich auf Streitereien mit seinen Anklägern einzulassen, und erst seiner Geliebten Minna gelingt es mit viel Geschick, Takt und Verstand, ihn aus seiner Lage zu befreien und seine Rehabilitierung zu bewerkstelligen. Wegen seines absurden Ehrgefühls erscheint Major Tellheim als eine zwar heroische, aber zugleich ein wenig lächerliche Gestalt; Minnas Klugheit rettet ihn und macht aus dem Stück, das auch tragisch hätte enden können, ein freundliches Lustspiel. Karl Moor in Schillers Drama *Die Räuber* hingegen ist ein Tellheim, der in tragische Höhe gehoben ist: sein unwürdiger Bruder hat ihn verraten, sein Vater hat ihn enterbt, und er hat beschlossen, für sich selbst und für andere Opfer der Ungerechtigkeit Rache an der verhaßten, scheinheiligen Gesellschaft zu üben. Er gründet eine Räuberbande, er plündert und mordet, er tötet die Liebe, die er für seine Geliebte empfindet – er muß frei sein, um seinen Haß ausstreuen zu können, um die verhaßte Welt, die ihn zum Verbrecher gemacht hat, mit Zerstörung zu überziehen. Zuletzt stellt er sich der Justiz, aber er ist ein edler Verbrecher, der über der verkommenen Welt steht, die seine Persönlichkeit mißachtete, und Schiller schreibt ein bewegendes Epitaph auf seinen Grabstein.

Der zeitliche Abstand zwischen Karl Moor und Lessings Tellheim beträgt achtzehn Jahre: in dieser Zeit gelangte die Revolte des »Sturm und Drang« auf ihren Höhepunkt. In seinen späteren Werken fand sich Schiller, wie Coleridge, Wordsworth und Goethe, mit der Welt ab und predigte Selbstbescheidung statt Revolte. Aber auch in späterer Zeit findet sich bei ihm noch die Vorstellung, daß der Wille der pure Trotz wider Natur und Konvention sei. In einer Betrachtung über Corneilles *Médée* erklärt er: Medea, die sich an Jason, der sie verlassen hat, rächt, indem sie die Kinder tötet, die sie von ihm empfangen hat, sei eine wahrhaft tragische Heldin. Mit übermenschlicher Willensstärke trotze sie der Macht der Umstände und der Natur, unterdrücke alle natürlichen Empfindungen, weigere sich, zum Tier zu werden, das sich von seinen Leidenschaften hierhin und dorthin treiben läßt, und veranschauliche gerade durch ihr Verbrechen die Freiheit einer selbstbestimmten, über die Natur triumphierenden Person, obwohl sich diese Freiheit auf einen verwerflichen Zweck richtet. Vor allem kommt es darauf an, daß man selbst handelt und nicht das passive Objekt der Handlungen anderer ist; Phaeton, so sagt Schiller, trieb die Rosse Apollos mit Kraft und in seinen Untergang, aber er trieb und wurde nicht getrieben. Wer seine Freiheit aufgibt, der gibt sich selbst auf und verliert seine Humanität.

Rousseau sagt dies ebenfalls, aber er ist doch der Aufklärung so weit verpflichtet, daß er annimmt, den Herzen seien ewige Wahrheiten eingeschrieben, und nur die verderbte Zivilisation habe den Menschen die Fähigkeit geraubt, sie zu lesen. Auch Schiller nimmt an, daß es einst eine Einheit von Denken, Wollen und Fühlen gegeben habe, daß der Mensch früher ungebrochen und eins mit sich war, ehe Besitz, Kultur, Luxus ihm die tödliche Wunde zufügten. Wir stoßen hier erneut auf den Mythos von einem Paradies, aus dem die Menschen infolge eines katastrophalen Bruchs mit der Natur vertrieben wurden und dem die Griechen noch näher gestanden haben sollen als wir. Auch Schiller bemüht sich, den Willen, die angeborene Freiheit, die Berufung des Menschen, sein eigener Herr zu sein, mit den Gesetzen von Natur und Geschichte zu versöhnen; zuletzt neigte er zu der Überzeugung, daß die einzige Erlösung des Menschen in der Kunst liege, daß er sich nur hier aus der Tretmühle der Kausalität lösen könne, in der er, wie es Kant formulierte, nur ein »Bratenwender« sei, auf den äußere Kräfte einwirken. Die Ausbeutung ist böse, weil sie die Menschen als Mittel zu Zwecken benutzt, die nicht ihre eigenen, sondern die des Ausbeuters sind, weil sie freie Wesen wie Dinge, wie Werkzeuge behandelt, weil sie vorsätzlich deren Menschlichkeit leugnet. Schiller schwankt zwischen Hymnen auf die Natur, die in der griechischen Frühzeit mit dem Menschen eins gewesen sei, und einer Vorstellung, die in der Natur eine bedrohliche, zerstörerische Kraft erblickt: »die das Wichtige wie das Geringe, das Edle wie das Gemeine in *einem* Untergang mit sich fortreißt . . ., [die] hier eine Ameisenwelt erhält, dort ihr herrlichstes Geschöpf, den Menschen, in ihre Riesenarme faßt und zerschmettert . . . oft in einer leichtsinnigen Stunde«.

Nirgendwo war die deutsche *amour propre* tiefer getroffen als in dem noch halbfeudalen, traditionalistischen Ostpreußen; nirgendwo herrschte eine tiefere Abneigung gegen die Modernisierungsbestrebungen Friedrichs des Großen, der französische Beamte ins Land holte, die seine einfachen, rückständigen Untertanen mit Ungeduld und Verachtung betrachteten. Es ist deshalb nicht überraschend, daß sich die begabtesten und sensibelsten Söhne dieser Provinz, Hamann, Herder und Kant, mit besonderer Vehemenz gegen die alle Unterschiede nivellierenden Bemühungen dieser moralisch verblendeten Leute wendeten, die einer frommen, nach innen gekehrten Kultur fremde Methoden aufnötigen wollten. Kant und Herder empfanden immerhin Bewunderung für die naturwissenschaftlichen Errungenschaften des Westens; Hamann hingegen lehnte auch diese ab. Wir haben es hier mit dem gleichen Geist zu tun, in dem hundert Jahre später Dostojewski und Tolstoi über den Westen schrieben, mit einer Haltung, die oft genug einer Trotzreaktion entspringt: gedemütigte Menschen tun so, als sei das, was sie nicht erreichen können, gar nicht erstrebenswert. Dies ist die bittere Atmosphäre, in der Herder schreibt: »Bin nicht zu denken hier! [sondern] zu sein! zu fühlen! zu leben! mich zu freun!« Für die klugen Leute von Paris bestehen Erkenntnis und Leben aus nichts anderem als ausgeklügelten Regelsystemen, aus dem Streben nach weltlichen Gütern, für die sich die Menschen prostituieren, für die sie ihre innere Freiheit und ihre Glaubwürdigkeit verkaufen; die Menschen, die Deutschen, sollten hingegen danach streben, sie selbst zu sein, statt Fremde nachzuahmen – nachzuäffen –, die zu ihrem wirklichen Wesen, zu ihren Erinnerungen und Lebensformen keinerlei Beziehung haben. Seine schöpferischen Kräfte kann der Mensch nur auf heimischem Boden zur Entfaltung bringen, unter Menschen, die ihm körperlich und geistig verwandt sind, die seine Sprache sprechen, bei denen er sich heimisch, denen er sich zugehörig fühlt. Nur so können wahre Kulturen entstehen, jede einzigartig, jede auf ihre Weise nach ihren eigenen Werten strebend, so daß sie nicht in einem allumfassenden kosmopolitischen Ozean untergehen können, der allen bodenständigen Kulturen ihre Besonderheit und ihre Färbung raubt, ihren Nationalgeist, ihren Genius, der nur auf dem eigenen Boden gedeihen, aus den eigenen, weit in eine gemeinsame Vergangenheit zurückreichenden Wurzeln leben kann.

Die Zivilisation ist ein Garten, der reich und schön wird durch die Vielfalt seiner Blumen, zarter Pflanzen, die von großen Erobererreichen – Rom, Wien, London – niedergetreten und vernichtet werden.

Hier liegen die Anfänge des Nationalismus, mehr noch: des Populismus. Herder pocht auf den Wert der Vielfalt und der Spontaneität, darauf, daß die Völker unterschiedliche Wege einschlagen, jedes in seinem eigenen Stil, in seiner eigenen Empfindungs- und Ausdrucksweise, und er wendet sich dagegen, alles an den gleichen, zeitlosen Maßstäben zu messen – in Wirklichkeit an denen der vorherrschenden französischen Kultur, die so tut, als seien ihre Werte universal und unwandelbar. Eine Kultur ist nicht bloß Humus einer anderen. Griechenland ist nicht das Vorzimmer Roms. Shakespeares Stücke sind keine Vorstufe zu den Tragödien von Racine und Voltaire. Dieser Gedanke hat umwälzende Konsequenzen. Wenn jede Kultur ihre eigene Vision zum Ausdruck bringt und dazu auch das Recht hat und wenn die Ziele und Werte unterschiedlicher Gesellschaften und Lebensweisen nicht kommensurabel sind, dann folgt daraus, daß es nicht einen Komplex von Grundsätzen, nicht eine universale Wahrheit gibt, die für alle Menschen jederzeit und überall gültig ist. Die Werte der einen Zivilisation unterscheiden sich von denen der anderen und sind mit diesen möglicherweise nicht in Übereinstimmung. Wenn der schöpferischen Freiheit, der spontanen, nicht durch die dogmatischen Verlautbarungen einer Elite selbsternannter Richter ohne Geschichtsbewußtsein gemaßregelten Entwicklung, der Entwicklung entsprechend den eigenen Vorstellungen oberster Wert zukommen soll; wenn Glaubwürdigkeit und Vielfalt nicht Autorität, Organisation, Zentralisation geopfert werden sollen, die unerbittlich die Uniformierung und Zerstörung all dessen betreiben, was den Menschen am wichtigsten ist – ihre Sprache, ihre Institutionen, ihre Gewohnheiten, ihre Lebensform –, dann ist die Errichtung einer einheitlichen, nach allgemein gutgeheißenen, rationalen Grundsätzen organisierten Welt – der idealen Gesellschaft – nicht akzeptabel. Kants Verteidigung der moralischen Freiheit und Herders Plädoyer für die Einzigartigkeit erschütterten – manche würden sagen: untergruben – das, was ich die drei Pfeiler der geistigen Tradition des Abendlandes genannt habe (obwohl der eine so sehr auf die Rationalität pochte und der andere überzeugt war, daß Unterschiede zwischen den Nationen nicht unbedingt zu Zusammenstößen führen müssen).

Sie erschütterten diese Tradition zugunsten von was? Nicht, um dem Gefühl, sondern um dem Willen Geltung zu verschaffen – bei Kant dem Willen, das universell Richtige zu tun, und bei Herder dem Willen, das eigene regionale, lokale Leben zu leben, die »eigentümlichen« Werte zu entfalten, die eigenen Lieder zu singen, in der Heimat von den eigenen Gesetzen regiert und nicht irgendeiner Lebensform assimiliert zu werden, die allen gehört und also niemandem. Freiheit, so hat Hegel einmal formuliert, heißt »bei sich selbst sein«, unbehelligt von dem, was nicht das Eigene ist, von fremden Hindernissen, die sich der Selbstverwirklichung der Einzelnen oder ganzer Zivilisationen in den Weg stellen. Die Idee des irdischen Paradieses, eines Goldenen Zeitalters für die ganze Menschheit, eines einheitlichen Lebens, das alle Menschen in Frieden und Brüderlichkeit führen, die Utopien der Denker von Platon bis zu H. G. Wells – all das ist hiermit nicht vereinbar. Die Ablehnung des Monismus sollte schon bald einerseits zum Konservativismus eines Burke und eines Möser führen, andererseits zu romantischer Selbstbehauptung, Nationalismus, Helden- und Führerverehrung und schließlich zum Faschismus, zu brutalem Irrationalismus und zur Unterdrückung von Minderheiten. Aber das alles lag noch in der Zukunft: im 18. Jahrhundert haben die Verteidigung der Vielfalt und der Widerstand gegen den Universalimsus noch eine kultivierte, literarische, idealistische und humane Gestalt.

V.

Fichte treibt all dies noch weiter. Von Kant und weniger offenkundig auch von Herder angeregt, voller Bewunderung für die Französische Revolution, aber desillusioniert durch die Schreckensherrschaft, gedemütigt durch die unglückliche Lage Deutschlands, Vernunft und Harmonie befürwortend – Wörter, deren Bedeutung um diese Zeit immer mehr abgeschwächt, immer flüchtiger wird –, ist Fichte der eigentliche Vater der Romantik, vor allem insofern, als er den Willen über das gelassene, diskursive Denken stellt. Der Mensch gewinnt Bewußtsein von dem, was er ist – wodurch er sich von anderen und von der äußeren Welt unterscheidet – nicht durch Denken oder Kontemplation, denn je reiner das Denken ist, desto intensiver richtet es sich auf sein Objekt, desto weniger bewußt ist es sich seiner selbst als Subjekt; Selbstbewußtsein erwächst aus dem Zusammenstoß mit einem Widerstand. Die Wirkung dessen, was mir äußerlich ist, auf mich und die Anstrengung, ihm zu widerstehen, lassen mich erkennen, was ich bin, machen mir meine Natur, mein Wesen im Gegensatz zu dem, was nicht das Meinige ist, bewußt; da ich nicht allein auf der Welt bin, sondern, wie es Burke gelehrt hat, durch zehntausend Stränge mit anderen verbunden, läßt mich diese Wirkung verstehen, was meine Kultur, meine Nation, meine Sprache, meine geschichtliche Tradition, mein wahres Zuhause war und ist. Ich forme mir aus der äußeren Natur, was ich benötige, ich sehe sie unter dem Aspekt meiner Bedürfnisse, meines Temperaments, meiner Fragen, meiner Strebungen: Das, was die Natur bietet, so erklärt Fichte, nehme ich nicht an, »weil ich muß, sondern ich glaube es, weil ich will«. Descartes und Lokke irren sich offenbar – der Geist ist keine Wachstafel, auf die die Natur schreibt, was ihr einfällt; er ist nicht Gegenstand, sondern fortwährende Aktivität, die die Welt so formt, daß sie ihren sittlichen Anforderungen entspricht. Das Bedürfnis zu handeln bringt das Bewußtsein von der tatsächlichen Welt hervor: »Wir handeln nicht, weil wir erkennen, sondern wir erkennen, weil wir zu handeln bestimmt sind.« Eine Veränderung in meiner Idee von dem, was sein soll, verändert meine Welt. Die Welt des Dichters (hier spricht nicht Fichte selbst) unterscheidet sich von der Welt des Bankiers; die Welt des Reichen ist nicht die Welt des Armen; die Welt des Faschisten ist nicht die Welt des Liberalen; die Welt derer, die deutsch denken und sprechen, ist nicht die Welt der Franzosen. Fichte geht noch weiter: Werte, Prinzipien, moralische und politische Ziele sind nicht objektiv gegeben, werden dem Handelnden nicht von der Natur oder einem transzendenten Gott auferlegt; ich werde nicht durch meinen Zweck bestimmt: der Zweck wird von mir bestimmt. Nicht die Speise erzeugt den Hunger, sondern mein Hunger schafft die Speise. Dieser Gedanke ist neu und revolutionär.

Fichtes Ich-Begriff ist nicht ganz klar: er kann das empirische Ich nicht meinen, das den kausalen Notwendigkeiten der materiellen Welt ausgesetzt ist, sondern denkt offenbar an einen ewigen, göttlichen Geist außerhalb von Zeit und Raum, von dem das empirische Ich nur eine vergängliche Emanation ist; an anderen Stellen scheint Fichte diesen Geist als ein überindividuelles Ich aufzufassen, von dem das individuelle Ich nur ein Element ist – als Gruppe, Kultur, Nation, Kirche. Hier liegen die Anfänge des politischen Anthropomorphismus, der Verwandlung des Staates, der Nation, des Fortschritts, der Geschichte in handelnde Mächte, die mit einer höheren Vernunft ausgestattet sind, mit deren unbeschränktem Willen ich meine eigenen endlichen Wünsche identifizieren muß, wenn ich mich selbst und meine Bedeutung verstehen will und das sein will, was ich allenfalls sein kann und sein soll. Verstehen kann ich dies nur, indem ich handle: Der Mensch soll für und durch sich selbst etwas sein und werden. Der Mensch soll schöpferisch, »das Neue hervorbringend«, leben, nicht als ein »Anhang zum Leben«, als ein »vom Felsen zurücktönender Nachhall«. Das Wesen des Menschen ist die Freiheit, und obwohl in diesem Zusammenhang von Vernunft, von Harmonie, von Versöhnung der unterschiedlichen Ziele unterschiedlicher Menschen in einer rational gestalteten Gesellschaft die Rede ist, ist diese Freiheit ein zwar erhabenes, aber gefährliches Geschenk: »Aber es ist nicht die Natur, es ist die Freiheit selbst, die die meisten und die fürchterlichsten Unordnungen unter unserem Geschlechte verursacht; des Menschen grausamster Feind ist der Mensch.« Die Freiheit ist eine zweischneidige Waffe; weil die Wilden frei sind, fressen sie einander auf. Die zivilisierten Nationen sind frei – frei, in Frieden miteinander zu leben, aber auch frei, einander zu bekämpfen und zu bekriegen; die Kultur ist kein Mittel, das von der Gewalt abschreckt, sondern gerade ihr Werkzeug. Fichte befürwortet den Frieden, aber wenn es zu wählen gilt zwischen der Freiheit, die die Möglichkeit von Gewalt in sich birgt, und einem Frieden, der aus der Unterwerfung unter die Kräfte der Natur erwächst, zieht er die Freiheit unmißverständlich vor und glaubt, seinem Wesen gemäß könne der Mensch gar nicht anders, als sich so zu entscheiden. Schöpferisches Handeln macht das Wesen des Menschen aus; daher die Lehre von der Würde der Arbeit, als deren eigentlicher Urheber Fichte wohl bezeichnet werden kann – in der Arbeit präge ich meine schöpferische Persönlichkeit dem Material auf, das durch eben dieses Bedürfnis ins Dasein gerufen worden ist, Arbeit ist ein Mittel zum Ausdruck meines Ichs – die Eroberung der Natur und die Erlangung der Freiheit für Nationen und Kulturen ist die Selbstverwirklichung des Willens: »Erhabener, lebendiger Wille, den kein Name nennt und kein Begriff umfaßt.«

Fichtes Wille ist dynamische Vernunft, handelnde Vernunft. Aber nicht die Vernunft scheint sich seinen Zuhörern in den Vorlesungssälen von Jena und Berlin besonders mitgeteilt zu haben, sondern die Dynamik, die Selbstbehauptung; es ist die oberste Berufung des Menschen, sich selbst und seine Welt nach seinem unbeugsamen Willen zu formen. Das ist neu und kühn: Ziele sind nicht, wie man mehr als zwei Jahrtausende lang annahm, objektive Werte, die sich mit Hilfe einer besonderen Fähigkeit oder in einer transzendenten Sphäre ausfindig machen lassen. Ziele werden überhaupt nicht entdeckt, sondern hergestellt. Ein russischer Schriftsteller fragte im späteren 19. Jahrhundert: Wo ist der Tanz, bevor ich ihn getanzt habe? Wo ist das Bild, bevor ich es gemalt habe? Joshua Reynolds glaubte, es schwebe in einem übersinnlichen Feuerhimmel zeitloser platonischer Formen, die der inspirierte Künstler erkennen und so gut er kann in dem Medium, mit dem er arbeitet – Leinwand, Marmor, Bronze – verkörpern müsse. Aber die Antwort, die der Russe uns nahelegt, besagt, daß das Kunstwerk, bevor es geschaffen ist, nirgendwo ist: Schöpfung ist Schöpfung aus dem Nichts, eine Ästhetik der reinen Schöpfung, die Fichte auf die Ethik und alles Handeln überträgt. Der Mensch fügt nicht bloß vorhandene Elemente zusammen; Phantasie oder Vorstellungskraft ist nicht Erinnerung; sie erschafft im wahren Sinne des Wortes, so wie Gott die Welt erschaffen hat. Es gibt keine objektiven Regeln, es gibt nur das, was wir erzeugen.

Die Kunst ist kein Spiegel, den man der Natur vorhält, nicht die Hervorbringung eines Gegenstandes gemäß den Regeln von Harmonie oder Perspektive, der Vergnügen bereiten soll. Kunst, so lehrt Herder, ist Mitteilung, Selbstausdruck des individuellen Geistes. Wichtig ist die Beschaffenheit dieses Aktes, seine Authentizität. Da ich, der Schöpfer, nicht kontrollieren kann, welche Konsequenzen das, was ich tue, in der empirischen Welt haben wird, sind diese Konsequenzen nicht Teil von mir und gehören nicht zu meiner wirklichen Welt. Ich bin nur Herr über meine eigenen Motive, meine Ziele, meine Haltung zu Menschen und Dingen. Wenn ein anderer mir Schaden zufügt, leide ich vielleicht körperlichen Schmerz, aber ich empfinde keinen Kummer, sofern ich ihm keine Achtung entgegenbringe, und ob ich dies tue oder nicht, liegt in meiner Macht. Der Mensch ist Bewohner zweier Welten, einer physischen, die ich ignorieren kann, und einer geistigen, die meiner Macht untersteht. Deshalb ist Scheitern in der Welt unwichtig, deshalb sind irdische Güter – Reichtum, Sicherheit, Erfolg, Ruhm – belanglos im Vergleich zu dem, was wirklich zählt, der Achtung, die ich mir als einem freien Wesen selbst entgegenbringe, meinen moralischen Prinzipien, meinen künstlerischen oder menschlichen Zielen; diese letzteren zugunsten der ersteren aufzugeben hieße, meine Ehre und meine Selbständigkeit, mein wirkliches Leben für etwas Äußerliches zu kompromittieren, das der Sphäre der empirischen Kausalität angehört; ich würde das, was ich als Wahrheit erkannt habe, fälschen, würde mich prostituieren, verkaufen – für Fichte und seine Anhänger die schlimmste aller Sünden.

Von hier ist es nicht weit zu den düsteren Helden Byrons –

den satanischen, stolzen, unbezwinglichen, finsteren Außenseitern, zu Manfred, Beppo, Conrad, Lara, Kain –, die der Gesellschaft trotzen, die leiden und zerstören. Nach den Maßstäben der Welt könnte man sie Verbrecher, Feinde der Menschheit, verdammte Seelen nennen; aber sie sind frei; sie haben nicht gegen ihre Überzeugung gehandelt; sie haben ihre Integrität bewahrt und dafür Qualen und Haß auf sich genommen. Der Byronismus, der Europa nun überflutete wie ein halbes Jahrhundert zuvor der Werther-Kult, war eine Form des Protests gegen die wirkliche oder imaginäre Enge einer niederträchtigen, käuflichen, scheinheiligen Umgebung, die von Habgier, Verderbtheit und Dummheit geprägt war. Glaubwürdigkeit ist alles: »Das große Ziel des Lebens ist Empfindung [*sensation*]«, sagte Byron einmal, ». . . zu spüren, daß wir existieren – und sei es in Schmerzen.« Seine Helden sind das, wozu sich auch Fichte stilisierte: einsame Denker. »In ihm war entschiedene Verachtung für alles. Er stand als Fremdling in dieser atmenden Welt.« Der Angriff auf alles, was hemmt und beengt, auf alles, was uns einredet, wir seien nur Teil einer großen Maschine, aus der wir uns nicht lösen können, da es eine bloße Illusion ist, zu glauben, wir könnten das Gefängnis verlassen – darin besteht die Gemeinsamkeit der romantischen Revolte. Wenn Blake sagt: »*A Robin Red breast in a Cage / Puts all Heaven in a Rage*«, dann ist der Käfig, in dem das Rotkehlchen gefangen sitzt, das Newtonsche System. Locke und Newton sind Teufel; »Räsonieren« ist »heimlicher Mord«; »die Kunst ist der Baum des Lebens . . . die Wissenschaft ist der Baum des Todes«. – »Durch den Baum der Erkenntnis werden wir der Frucht des Lebens beraubt«, sagte Hamann eine Generation früher, und bei Byron klingt dies ganz ähnlich. Freiheit bedeutet Regeln brechen, vielleicht sogar Verbrechen begehen. Solche Töne klingen schon bei Diderot an (vielleicht sogar in Miltons Auffassung des Satans und in Shakespeares *Troilus*); Diderot begriff den Menschen als Schauplatz eines unablässigen Bürgerkriegs zwischen einem inneren Wesen, dem natürlichen Menschen, der darum kämpft, den äußeren Menschen, das Produkt von Zivilisation und Konvention, abzustreifen. Diderot verglich den Verbrecher mit dem Genie: beide sind einsam und wild, sie brechen Regeln, trotzen Konventionen, nehmen furchtbare Gefahren auf sich, ganz anders als die *hommes d'esprit*, die ihren Geist mit umgänglicher Eleganz versprühen, zahm und ohne inneres Feuer. »Handeln, Handeln [ist] die Seele der Welt, nicht Genießen«, und ohne Handeln sind »all unser Genuß, all unsere Empfindungen, all unser Wissen doch nur ein Leiden, doch nur ein aufgeschobener Tod.«

So spricht Lenz, die authentischste Stimme des »Sturm und Drang«, ein halbes Jahrhundert vor Byron: es kommt auf die Intensität des schöpferischen Antriebs an, auf die Tiefe der Natur, aus der er hervorbricht, auf die Aufrichtigkeit, mit der man von etwas überzeugt ist, auf die Bereitschaft, für ein Prinzip zu leben und zu sterben – all das zählt mehr als die Gültigkeit der Überzeugung oder des Prinzips selbst.

Sowohl Voltaire wie auch Carlyle haben über Mohammed geschrieben. Voltaires Stück ist ein Angriff auf Obskurantismus, Intoleranz und religiösen Fanatismus; wenn er Mohammed als einen blinden, zerstörungswütigen Barbaren darstellt, dann meint er, wie man weiß, die katholische Kirche, in der er das größte Hindernis auf dem Weg zu Gerechtigkeit, Glück, Freiheit und Vernunft, zu universellen Zielen sah, in denen sich zu allen Zeiten die tiefsten Wünsche der Menschen verkörpert haben. Als sich Carlyle ein Jahrhundert später mit dem gleichen Thema beschäftigt, interessieren ihn nur der Charakter Mohammeds und der Stoff, aus dem er besteht, nicht jedoch seine Lehren oder deren Konsequenzen: er nennt ihn »eine feurige Masse Leben, hervorgeschleudert aus dem großen Schoß der Natur selbst«, der von »tiefer, großer, echter Aufrichtigkeit« gewesen sei.

»Herz! Wärme! Blut! Menschheit! Leben!« Das sind Herders Worte. Die Attacke gegen Voltaire und das seichte Geplauder in Frankreich führten die Deutschen im letzten Drittel des 18. Jahrhunderts. Ein halbes Jahrhundert später wird das Ziel eines rationalen Glücks, vor allem in der Ausprägung, die ihm Bentham gab, von der neuen Romantikergeneration im kontinentalen Europa verächtlich zurückgewiesen, für die das Glücklichsein nichts weiter ist als »Brei und laues Wasser auf der Zunge«; so formuliert es Hölderlin, aber Musset oder Lermontow hätten dies genauso sagen können. Goethe, Wordsworth, Coleridge und auch Schiller schlossen ihren Frieden mit der etablierten Ordnung, ebenso im Laufe der Zeit Schelling und Tieck, Friedrich Schlegel, Arnim und viele andere Radikale. Doch in jungen Jahren feierten diese Männer die Macht des Willens zur Freiheit, den schöpferischen Selbstausdruck – mit verhängnisvollen Folgen für die Geschichte und die Anschauungen der folgenden Jahre. Diese Ideen schlugen sich auch in einem neuen Bild des Künstlers nieder, der sich nicht nur durch sein Genie vor anderen Menschen auszeichnet, sondern ebenso durch die heroische Bereitschaft, für die geheiligte Vision in seinem Inneren zu leben und zu sterben. Das gleiche Ideal belebte und verwandelte auch die Vorstellung von der Nation, der Klasse, der Minderheit, die um jeden Preis für ihre Freiheit kämpft. Eine bedrohlichere Version nahm es in der Verehrung des politischen Führers an, der eine neue Gesellschaftsordnung schafft, so wie ein Künstler ein Werk schafft; der mit Menschen umgeht wie der Komponist mit Tönen und der Maler mit Farben – mit Menschen, die zu schwach sind, um sich aus eigener Willenskraft zu erheben. Ein Ausnahmewesen, der Held, das Genie, dem Carlyle und Fichte huldigten, kann und darf andere in eine Höhe heben, die sie aus eigener Kraft nicht erklimmen könnten, selbst wenn dafür unzählige Menschen mit Qualen und Tod bezahlen müssen.

Mehr als zwei Jahrtausende lang herrschte in Europa die Auffassung vor, die Wirklichkeit besitze eine unveränderliche Struktur, und groß seien jene Menschen, die diese Struktur entweder in ihren Theorien oder in ihrer Praxis verstanden – die Weisen, die die Wahrheit erkannten, und die Männer der Tat, die Herrscher und Eroberer, die wußten, wie sie ihre Ziele erreichen konnten. Maßstab der Größe war in einem gewissen Sinne der Erfolg beim Auffinden der richtigen Antwort. Aber in der Zeit, von der ich hier spreche, ist der Held nicht mehr der Entdecker oder der Gewinner in einem Wettrennen, sondern der Schöpfer, auch dann oder vielleicht gerade dann, wenn er durch die Flamme in seinem Innern verzehrt wird – er ist das säkularisierte Abbild des Heiligen und Märtyrers, des leibhaftigen Opfers. Denn im Leben des Geistes gibt es keine objektiven Prinzipien oder Werte – sie wurden dazu durch den Entschluß jenes Willens, der die Welt eines Einzelnen oder eines Volkes und deren Normen formt; das Handeln bestimmt das Denken, nicht umgekehrt. Erkennen, so erklärt Fichte, heißt ein System setzen, nicht passiv aufnehmen; und Gesetze werden nicht aus den Tatsachen, sondern aus unserem Ich abgeleitet. Man teilt die Wirklichkeit so in Kategorien ein, wie es der Wille befiehlt. Wenn die empirischen Fakten sich dagegen sträuben, muß man ihnen ihren Platz in der mechanischen Tretmühle der Ursachen und Wirkungen anweisen, die für das Leben des Geistes, für Moral, Religion, Kunst, Philosophie, für das Reich der Zwecke, im Gegensatz zu dem der Mittel, irrelevant sind.

Diese Denker betrachten das gewöhnliche Leben, die gewöhnliche Wirklichkeitsauffassung und vor allem die künstlichen Konstruktionen der Naturwissenschaften und der praktischen – ökonomischen, politischen, soziologischen – Techniken ebenso wie den *common sense* als ein grundloses, von Nützlichkeitserwägungen bestimmtes Gebilde, als das, was Georges Sorel später *»la petite science«* genannt hat, etwas, das Technologen und gewöhnliche Leute zu ihrer eigenen Bequemlichkeit ersonnen haben, nicht als die Wirklichkeit selbst. Für Friedrich Schlegel und Novalis, für Wackenroder und Tieck und Chamisso und für E.T.A. Hoffmann sind die geordneten Regelmäßigkeiten des täglichen Lebens nur ein Vorhang, der das erschreckende Schauspiel der wahren Realität verdeckt, einer Realität, die keine Struktur aufweist, die ein Strudel, ein unablässiger *tourbillon* des schöpferischen Geistes ist, den kein System zu erfassen vermag: Leben und Bewegung können nicht durch reglose, leblose Begriffe, das Grenzenlose und Unbeschränkte kann nicht durch das Begrenzte und Feststehende dargestellt werden. Ein in sich geschlossenes Kunstwerk, eine systematische Abhandlung sind Versuche, den Strom des Lebens erstarren zu lassen; nur Fragmente, Andeutungen, flüchtige Blicke können einen Eindruck von der immerwährenden Bewegung der Realität vermitteln. Hamann, der Prophet des »Sturm und Drang«, hatte gesagt, der praktische Mensch sei ein Schlafwandler, er bewege sich sicher und erfolgreich, weil er blind sei; könnte er sehen, so würde er verrückt werden, denn die Natur sei »ein wilder Tanz«, und die Außenseiter des Lebens – die Verfemten, die Bettler, die Vagabunden, die Visionäre, die Kranken, die Abnormen – stünden ihm näher als französische Philosophen, Beamte, Wissenschaftler, verständige Leute, Stützpfeiler der aufgeklärten Bürokratie: »Durch den Baum der Erkenntnis werden wir der Frucht des Lebens beraubt.« Die Theaterstücke und Romane der deutschen Frühromantik sind von dem Bestreben erfüllt, die Vorstellung von einer stabilen, intelligiblen Realitätsstruktur, die von gelassenen Beobachtern beschrieben, klassifiziert, zerlegt und vorausgesagt werden kann, als Trugbild und Täuschung zu entlarven, als einen Vorhang äußerer Erscheinungen, der jene schützen soll, die nicht empfänglich oder nicht mutig genug sind, sich der Wahrheit des erschreckenden Chaos hinter der falschen Ordnung des bürgerlichen Daseins zu stellen. Die Ironie des Kosmos, so erklärte Tieck, spiele mit uns allen; das Sichtbare umgebe uns wie Teppiche mit schimmernden Farben und Mustern, aber jenseits der Teppiche liegen von Träumen und Wahn erfüllte Bezirke, denen sich niemand zu nähern wage.

Tieck ist der Urheber des Absurden Romans und des Absurden Theaters. In *William Lovell* verwandelt sich alles in sein Gegenteil: das Persönliche erweist sich als unpersönlich, das Lebendige erweist sich als tot, das Organische als das Mechanische, das Wirkliche als das Künstliche; Menschen streben nach Freiheit und stürzen in finsterste Sklaverei. In seinen Stücken versucht Tieck ganz bewußt, zwischen dem Imaginären und dem Wirklichen Verwirrung zu stiften: Figuren im Theaterstück (oder in einem Stück innerhalb des Stücks) kritisieren das Stück, beklagen sich über die Handlung und die Ausstattung des Theaters; Leute aus dem Publikum weisen sie zurecht und verlangen, daß die Illusion, auf der alle Dramatik beruht, gewahrt bleibe, worauf ihnen zur Verwirrung des Publikums die Figuren auf der Bühne wiederum in scharfem Ton antworten; zuweilen führen auch musikalische Tonarten und Tempi Dialoge miteinander. Als in *Prinz Zerbino* der Prinz die Hoffnung aufgibt, das Ziel seiner Reise zu erreichen, befielt er, das Stück umzudrehen, alle Vorkommnisse in umgekehrter Reihenfolge noch einmal zu spielen, um sie ungeschehen zu machen – der Wille kann nach Belieben schalten und walten. In einem Stück von Achim von Arnim klagt ein alter Edelmann darüber, daß seine Beine länger und länger werden: dies ist das Ergebnis der Langeweile; das innere Befinden des alten Mannes wird nach außen gekehrt, mehr noch, seine Langeweile ist ein Symbol für das Ringen des alten Deutschland mit dem Tod. Ein aufmerksamer russischer Kritiker hat dazu gesagt, dies sei reiner Expressionismus im Zeitalter der Weimarer Klassik, hundert Jahre vor dem eigentlichen Triumph des Expressionismus.

Der Angriff auf die Welt des äußeren Scheins nimmt zuweilen surrealistische Formen an: in einem von Arnims Romanen stellt der Held fest, daß er in die Träume einer schönen Dame geraten ist, er wird eingeladen, in einem ihrer Sessel Platz zu nehmen, will aus dem Traum, der nicht sein eigener ist, entfliehen, sieht, daß der Sessel leer bleibt, und ist darüber sehr erleichtert. Hoffmann trieb den Krieg gegen die objektive Welt, gegen die Idee der Objektivität schlechthin, bis an die äußersten Grenzen: alte Frauen verwandeln sich in Türklopfer aus Messing, Staatsräte, die in Branntweingläser geraten, lösen sich in alkoholische Dünste auf, wehen über die Erde, um sich am Ende wieder zu verfestigen und in ihre Lehnsessel und ihre Morgenröcke zurückzukehren – das sind nicht harmlose Phantastereien; sie entspringen vielmehr einer irritierten Vorstellungskraft, in der der Wille außer Kontrolle geraten ist und die wirkliche Welt sich als Phantasmagorie darstellt. Hier zeichnet sich der Weg zu der von einem blinden, ziellosen kosmischen Willen hin- und hergeworfenen Welt Schopenhauers ab, der Weg zu Dostojewskis Untergrundkämpfer, zu Kafkas hellsichtigen Alpträumen, zu Nietzsches Beschwörung der Kraftmenschen, wie sie Platon in den Gestalten von Thrasymachus oder Kallikles verurteilte, die keinen Grund sahen, Gesetze und Konventionen nicht wie Spinnweben beiseite zu wischen, wenn sie ihrem Willen zur Macht im Wege waren, und zu Baudelaires *»Enivrez-vous sans cesse!«* – »Soll sich der Wille berauschen, ganz gleich woran, an Drogen oder Schmerz, an Träumen oder Kummer« – aber seine Ketten soll er zerbrechen.

Weder Hoffmann noch Tieck, ebensowenig wie Pascal, Kierkegaard oder Nerval, machen sich anheischig, die Wahrheiten der Wissenschaften oder gar des *common sense* auf deren eigenem Terrain zu leugnen, das heißt, den Wert ihrer Kategorien für bestimmte eingegrenzte medizinische, technische oder kommerzielle Zwecke zu bestreiten. Darauf kam es nicht an; für Hoffmann, Tieck und alle anderen lag die wahre Wirklichkeit jenseits der irrelevanten Oberfläche der Dinge – eine Welt ohne Grenzen oder Barrieren, weder nach innen noch nach außen, eine Welt, die geformt und zum Ausdruck gebracht wird durch Kunst, Religion, metaphysische Einsicht, durch alles, was zu persönlichen Beziehungen gehört; dies war die Welt, in der der Wille an oberster Stelle stand, in der absolute Werte unversöhnlich aufeinanderprallten, die »Nachtwelt« der Seele, die Quelle aller imaginären Erfahrung, allen Verstehens, all dessen, was das Dasein der Menschen wirklich prägte. Erst wenn wissenschaftlich ambitionierte Rationalisten behaupteten, sie könnten mit ihren Begriffen und Kategorien auch diese Erfahrung erklären und unter Kontrolle bringen, wenn sie verkündeten, Konflikte und Tragik erwüchsen nur aus der Unkenntis der Tatsachen, aus der Mangelhaftigkeit der Methoden, aus der Unfähigkeit oder der Böswilligkeit der Herrscher und der Unbedarftheit ihrer Untertanen, so daß sich dies alles zumindest im Prinzip richtigstellen ließe, so daß eine harmonische, rational organisierte Gesellschaft errichtet und die dunklen Seiten des Lebens wie ein alter, gegenstandsloser, kaum erinnerter Alptraum zurückgedrängt werden könnten – erst dann begannen die Dichter und Mystiker und alle, die einen Sinn für die individuellen, nicht organisierbaren, unübersetzbaren Aspekte der Erfahrung besaßen, zu rebellieren.

Dann wandten sie sich gegen das, was ihnen als der aufreizende Dogmatismus und der glatte *bon sens* der aufgeklärten Räsoneure und ihrer modernen Nachfolger erschien. Trotz der brillanten, heroischen Bemühungen von Hegel und Marx, die Spannungen, Paradoxa und Konflikte des Lebens und Denkens in neue Synthesen, in Abfolgen von Krisen und Lösungen zu integrieren – wobei die Dialektik der Geschichte oder die List der Vernunft (oder des Produktionsprozesses) zum definitiven Sieg der Vernunft und zur Verwirklichung aller menschlichen Vermögen führen sollte –, sind die furchtbaren Zweifel, die jene empörten Kritiker zur Sprache brachten, nie beschwichtigt worden.

Ich will damit nicht sagen, daß diese Zweifel die Oberhand behalten hätten, zumindest nicht im Bereich der Ideologie. Auch wenn der Glaube an die glückliche Unschuld unserer allerersten Vorfahren – an die *Saturnia regna* – weitgehend geschwunden ist, hat sich die Hoffnung auf ein noch bevorstehendes Goldenes Zeitalter doch gehalten und sogar weit über die westliche Welt hinaus ausgebreitet. Liberale und Sozialisten und viele, die auf rationale und wissenschaftliche Methoden bauten, mit deren Hilfe sie gewaltsam oder schrittweise eine grundlegende Umwandlung der Gesellschaft zu bewerkstelligen hofften, haben während der letzten hundert Jahre diese optimistische Anschauung mit zunehmender Intensität vertreten. Die Überzeugung, daß, wenn die letzten Hindernisse – Unwissenheit und Irrationalität, Entfremdung und Ausbeutung und ihre individuellen und gesellschaftlichen Wurzeln – beiseite geräumt seien, die wahre menschliche Geschichte, nämlich die allgemeine einträchtige Kooperation, beginnen werde, ist die säkulare Ausformung einer, wie es scheint, dauerhaften Sehnsucht. Aber wenn es zutrifft, daß nicht alle letzten menschlichen Werte notwendigerweise miteinander vereinbar sind, dann kommt man nicht umhin, Entscheidungen zu treffen, die sich nicht auf ein übergreifendes Prinzip stützen können und zuweilen sowohl für den, der sie trifft, wie auch für andere schmerzhaft sind. Daraus folgt, daß eine gesellschaftliche Struktur, die zumindest moralisch unerträgliche

Entscheidungen unnötig macht und womöglich gar eine aktive Solidarität beim Streben nach gemeinsamen Zielen fördert, das Beste ist, was Menschen zu erreichen hoffen dürfen, wenn nicht allzu viele Spielarten möglichen Handelns unterdrückt und nicht allzu viele gültige Zielvorstellungen enttäuscht werden sollen.

Aber die Forderung nach soviel Geschick und soviel praktischem Verstand – die Hoffnung auf eine nurmehr *bessere* Welt, die auf der Erhaltung eines instabilen, stete Aufmerksamkeit und Korrektur erfordernden Gleichgewichts beruht – ist offensichtlich für die meisten Menschen nicht inspirierend genug, die sich wohl nach einem allgemeinen Heilmittel sehnen. Es kann sein, daß die Menschen zuviel Realität nicht zu verkraften vermögen – eine offene Zukunft ohne die Garantie eines glücklichen Ausgangs, ohne Vorsehung, ohne einen sich selbst verwirklichenden Geist, ohne die unsichtbare Hand, ohne die List der Vernunft, der Geschichte oder einer produktiven oder kreativen Gesellschaftsklasse. Dies scheinen die gesellschaftlichen und politischen Doktrinen zu bestätigen, die sich in der jüngeren Vergangenheit als besonders einflußreich erwiesen haben. Aber der romantische Angriff auf die Systembauer, auf die Verfasser der großen historischen Libretti, ist nicht ganz wirkungslos geblieben. Was immer die politischen Theoretiker gelehrt haben – die schöne Literatur des 19. und des 20. Jahrhunderts, die die bewußten und unbewußten moralischen Anschauungen ihrer Zeit zum Ausdruck bringt, ist (trotz einiger apokalyptischer Anklänge bei Dostojeswki und Walt Whitman) eigenartig unberührt von utopischen Träumen geblieben. Eine Vision von einer endgültig besten Welt sucht man bei Tolstoi oder Turgenjew, bei Balzac oder Flaubert, bei Baudelaire oder Carducci vergebens. Manzoni ist vielleicht der letzte bedeutende Schriftsteller, der im Nachglanz einer optimistischen, christlich-liberalen Eschatologie schrieb. Die deutsche Romantik und diejenigen, die direkt oder indirekt von ihr beeinflußt wurden, Schopenhauer, Nietzsche, Wagner, Ibsen, Joyce, Kafka, Beckett, die Existentialisten, gleichgültig, welche Phantasien sie selbst hervorgebracht haben, klammern sich jedenfalls nicht an den Mythos einer idealen Welt. Auch Freud, von seiner ganz anderen Warte aus, tut dies nicht. Kein Wunder, daß sie alle von marxistischen Kritikern als dekadente Reaktionäre angeklagt worden sind. Einige unter ihnen – und es sind nicht die Unbegabtesten und Kurzsichtigsten – wurden mit Recht so bezeichnet. Aber andere verkörperten und verkörpern das genaue Gegenteil: human, großzügig, in einer das Leben befördernden Weise haben sie neue Türen geöffnet.

Man braucht den Ausschweifungen des romantischen Irrationalismus keinen Beifall zu zollen, man braucht sie erst recht nicht zu entschuldigen und kann gleichwohl einräumen, daß die Romantiker, indem sie zeigten, daß die Ziele der Menschen vielfältig und oft nicht voraussagbar, zuweilen auch ganz und gar inkommensurabel sind, der Behauptung einen tödlichen Schlag versetzten, daß allem gegenteiligen Anschein zum Trotz eine endgültige Lösung zumindest im Prinzip möglich sei, daß die Macht im Dienste der Vernunft sie herbeiführen könne, daß rationale Organisation die vollkommene Verknüpfung von Werten und Gegenwerten zuwege bringen könne – individuelle Freiheit und soziale Gleichheit, spontaner Selbstausdruck und organisierte, gesellschaftlich gelenkte Effizienz, vollkommene Erkenntnis und vollkommenes Glück, die Ansprüche des privaten Lebens und die Ansprüche von Parteien, Klassen, Nationen und der öffentlichen Wohlfahrt. Wenn bestimmte als ganz und gar human anerkannte Ziele zugleich definitiven Charakter haben und sich dennoch gegenseitig ausschließen, dann zeigt dies, daß die Idee eines Goldenen Zeitalters, einer vollkommenen Gesellschaft, die auf einer Synthese aller korrekten Lösungen aller zentralen Probleme des menschlichen Lebens beruht, aus prinzipiellen Gründen nicht schlüssig ist. Darin besteht das Verdienst der Romantik und vor allem ihrer zentralen Lehre, daß die Moralität vom Willen geformt wird und daß Ziele geschaffen, nicht ausfindig gemacht werden. Wenn man dieser Bewegung zu Recht den monströsen Irrglauben zur Last legt, das Leben sei ein Kunstwerk oder könne dazu gemacht werden, das Modell der Ästhetik lasse sich auf die Politik anwenden, der politische Führer in seiner höchsten Gestalt sei ein erhabener Künstler, der die Menschen nach seinem schöpferischen Entwurf formt, und wenn man erklärt, dies alles führe in der Theorie zu gefährlichem Unsinn und in der Praxis zu grausamer Brutalität, so kann man doch zumindest dies zugunsten der Romantik sagen: sie hat für immer den Glauben an die universale, objektive Wahrheit in Angelegenheiten des Handelns und Verhaltens erschüttert, den Glauben an die Möglichkeit einer vollkommenen, einer harmonischen, von Konflikten, Ungerechtigkeit und Unterdrükkung freien Gesellschaft – ein Ziel, für das kein Opfer zu groß wäre, wenn die Menschen denn jemals Condorcets Reich der Wahrheit, des Glücks und der Tugend, von »einer unauflöslichen Kette zusammengehalten«, hervorbringen könnten – ein Ideal, für das in unserer Zeit so viele Menschen sich selbst und andere geopfert haben, wie es im Laufe der Geschichte vielleicht für kein anderes Ziel jemals geschehen ist.

DER GEKRÜMMTE ZWEIG

Über den Aufstieg des Nationalismus[1]

I.

Der Reichtum an historischen Studien im 19. Jahrhundert hat die Anschauungen der Menschen hinsichtlich ihrer Ursprünge und der Bedeutung von Wachstum, Entwicklung und Zeit verändert. Für die Herausbildung des neuen historischen Bewußtseins gab es zahlreiche und sehr unterschiedliche Ursachen. Am häufigsten nennt man den raschen, tiefgreifenden Wandel der Lebens- und Gedankenwelt im Westen infolge des unvergleichlichen Fortschritts der Naturwissenschaften seit der Renaissance und infolge der gesellschaftlichen Veränderungen, die die neue Technik und vor allem das Wachstum der Großindustrie mit sich brachten; sodann den Zerfall der Einheit des Christentums, den Aufstieg neuer Staaten, neuer Klassen, neuer gesellschaftlicher und politischer Formationen; schließlich die Suche nach Ursprüngen, nach Herkunftslinien, nach Verbindungen zu einer wirklichen oder imaginären Vergangenheit oder den Wunsch nach einer Rückkehr in diese Vergangenheit. Das alles gipfelte in dem Ereignis, das die einschneidendste Veränderung überhaupt bewirkte – in der Französischen Revolution, die einige der besonders tief wurzelnden

[1] Eine etwas andere Behandlung des Themas dieses Aufsatzes findet man in »Der Nationalismus. Seine frühere Vernachlässigung und gegenwärtige Macht«, erneut abgedruckt in: *Wider das Geläufige*. Siehe oben S. 9, Anm. 1).

Voraussetzungen und Vorstellungen, an denen sich die Menschen orientiert hatten, sprengte oder zumindest tiefgreifend veränderte.

All das sind Selbstverständlichkeiten, die hier nicht aufs neue dargelegt werden müssen; das gleiche gilt für den ebenso bekannten Seitenaspekt, daß sich die Theorien, die den Anspruch erhoben, den gesellschaftlichen Wandel in der Vergangenheit zu erklären, nicht auf diese beschränken ließen: wenn sie überhaupt gültig waren, dann mußten sie gleichermaßen für die Zukunft gelten. Die Prophetie, die bisher ein Gebiet der Religion, der Mystiker oder der Astrologen gewesen war, wandte sich von der Beschäftigung mit den apokalyptischen Büchern der Bibel – mit den vier Großen Tieren im Buch Daniel oder mit der Offenbarung des Johannes – und anderen okkulten Religionen ab und wurde zu einem Gebiet der Geschichtsphilosophen und der Väter der Soziologie. Die Annahme schien vernünftig, daß sich auch das Feld des historischen Wandels mit den machtvollen neuen Instrumenten erkunden ließ, die die Geheimnisse der äußeren Welt auf eine so eindrucksvolle Weise gelüftet hatten.

Diese Hoffnung erwies sich auch keineswegs als unbegründet. Einige der historischen Propheten des späten 18. und des 19. Jahrhunderts und selbst die Visionäre unter ihnen besaßen, wie sich zeigte, eine festere Beziehung zur Realität als ihre theologischen Vorläufer. Einige Denker der Aufklärung waren optimistisch, andere waren wenig hoffnungsfroh. Voltaire und Rousseau sahen klar die sehr unterschiedlichen Welten vor sich, die sie sich wünschten, aber sie fragten sich auch bekümmert, ob die Torheit und Verderbtheit der Menschen die Verwirklichung dieser Visionen je zulassen werde. Melchior Grimm war der Ansicht, es werde Jahrhunderte in Anspruch nehmen, die menschliche Natur zu verbessern. Turgot und Condorcet hegten die größte Zuversicht: Condorcet war überzeugt, mit der Anwendung mathematischer Methoden – vor allem der Gesellschaftsstatistik – auf die Sozialpolitik werde, von »einer unauflöslichen Kette zusammengehalten«, das Reich der Wahrheit, des Glücks und der Tugend anbrechen und die Herrschaft von Grausamkeit, Elend und Unterdrückung für immer beendet, durch die Könige, Priester und ihre niederträchtigen Handlanger die Menschheit für lange Zeit unterjocht hatten.

Die Anschauungen dieser Männer waren nicht absurd. Die neuen wissenschaftlichen Methoden verliehen denen, die sich darauf verstanden, eine neue Gesellschaft zu organisieren und zu rationalisieren, eine gewaltige, neue Macht. Die lichterfüllte neue Welt, die Condorcet in der Dunkelheit seiner Gefängniszelle entwarf, entsprach ziemlich genau jener Welt der »Sophisten [d. h. Condorcets rationaler Menschen], Ökonomisten und Kalkulatoren«, über die Burke, der ihren Aufstieg nicht weniger klar erkannte, nur drei Jahre zuvor geklagt hatte. Es kam tatsächlich schon bald zu dieser großen Verwandlung, wenngleich sie ganz andere Folgen zeitigte, als Condorcet sich erträumt hatte. Auch Condorcets Schüler Saint-Simon sagte zu Beginn des Jahrhunderts richtig voraus, daß die Allianz von angewandter Wissenschaft, Finanzwelt und Industrieorganisation eine revolutionäre Rolle spielen werde, und noch genauer traf seine Prognose zu, daß die religiöse Propaganda durch eine säkulare ersetzt werden würde, die Künstler und Dichter ganz ähnlich in ihre Dienste spannen werde, wie sie früher zum höheren Ruhm der Kirche gearbeitet hatten. Und er schrieb lyrische, aber präzis prophetische Kapitel über die bevorstehende gewaltige Zunahme der Macht von Menschen und Gesellschaften, vor allem über die Natur. Sein Sekretär und Mitarbeiter Auguste Comte erkannte, daß, um dies zu erreichen, eine Art von säkularer Religion benötigt werde, organisiert von einer autoritären Kirche, die rationalen, nicht jedoch liberalen oder demokratischen Idealen verpflichtet sein müsse.

Der Gang der Ereignisse bestätigte ihn. In unserem Jahrhundert ist es tatsächlich zu der Umwandlung politischer und gesellschaftlicher Bewegungen in monolithische Blöcke gekommen, die ihren Anhängern totale Disziplin abnötigen, ausgeübt von einer säkularen Priesterschaft, die im Namen einzigartiger wissenschaftlicher Erkenntnisse über die Natur des Menschen und die Natur der Dinge eine absolute geistliche und weltliche Autorität beansprucht – und dieser Wandel hat Ausmaße angenommen, von denen sich selbst die fanatischsten Systematiker nichts träumen ließen. Auch bei den Vätern der *Science fiction*, bei Jules Verne und H. G. Wells, begegnet man den Auswirkungen dieser Entwicklung. Jules Verne beschränkte sich auf brillante Voraussagen technischer Entdekkungen und Erfindungen. Wells ist der letzte Prediger der Moral der Aufklärung und hegte die Hoffnung, Vorurteil, Unwissen, Aberglaube und die unsinnigen, repressiven Gebote auf ökonomischem, politischem, sexuellem Gebiet, in denen sie sich niederschlugen, würden von einer neuen Elite wissenschaftlicher Planer zerstört werden. Den viktorianischen Romantikern wiederum, Carlyle, Disraeli oder Ruskin, erschien dieser Ansatz vulgär und menschenfeindlich. Er beunruhigte selbst einen so rationalen Denker wie John Stuart Mill, der zwar auf die wissenschaftliche Methode bauen wollte, der aber andererseits in Comtes autoritären Entwürfen eine Bedrohung sowohl für die Freiheit des Einzelnen wie auch für ein demokratisches Regierungssystem erblickte und sich auf diese Weise in Wertkonflikte verstrickte, die er niemals zu lösen vermochte.

»Auf die Herrschaft über Menschen folgt die Verwaltung von Dingen« – diese saint-simonistische Formel war Comte und Marx gemeinsam. Marx gelangte zu der Überzeugung, dieser Zustand werde durch den eigentlichen Motor aller gesellschaftlichen Veränderung hervorgebracht, durch die Produktivkräfte der Gesellschaft, deren Beziehungen die äußeren Formen – »den Überbau« – der gesellschaftlichen Verhältnisse im wesentlichen determinierten und zugleich in aller Regel von diesen verschleiert wurden. Zum Überbau gehörten die rechtlichen und gesellschaftlichen Einrichtungen ebenso wie die Ideen in den Köpfen der Menschen, die Ideologien, die, bewußt oder unbewußt, die Aufgabe erfüllten, den Status quo, also die Macht der herrschenden Klasse gegen die historischen Kräfte zu verteidigen, die von den Opfern des herrschenden Systems verkörpert wurden und letztlich siegreich bleiben würden. Auch wenn er sich in vieler Hinsicht irrte, läßt sich heute nicht bestreiten, daß Marx über einzigartige prognostische Fähigkeiten verfügte, hat er doch die zentrale Tendenz der gesellschaftlichen Entwicklung erkannt – die Konzentration und Zentralisation des kapitalistischen Unternehmens, den damals noch in den Anfängen steckenden, unerbittlichen Trend zu immer größeren Unternehmen und die damit verbundene Verschärfung sozialer und politischer Konflikte. Er ging auch daran, die konservativen oder liberalen, patriotischen oder humanitären, religiösen oder ethischen Verschleierungen zu lüften, mit denen einige der unmenschlichsten Manifestationen dieser Konflikte und ihre gesellschaftlichen und intellektuellen Folgen verdeckt wurden.

Sie alle waren wahrhaft prophetische Denker. Und es gab noch andere. Der unsystematische, eigensinnige Bakunin sagte genauer als sein großer Rivale Marx voraus, unter welchen Umständen sich die Revolutionen der Besitzlosen ereignen würden. Er erkannte, daß sie wahrscheinlich nicht in den besonders stark industrialisierten, im ökonomischen Aufschwung begriffenen Gesellschaften ausbrechen würden, sondern im Gegenteil dort, wo die Mehrheit der Bevölkerung in der Nähe des Existenzminimums lebte und durch eine Erhebung kaum etwas zu verlieren hatte, also in den rückständigsten Gebieten der Welt, die von einfachen, in tiefer Armut lebenden Bauern besiedelt waren und wo der Kapitalismus besonders schwach entwickelt war – in Spanien etwa oder in Rußland. Diese Lehre wurde später von Marxisten wie Parvus (Helphand) und Trotzki aufgegriffen, ohne daß sie deren anarchistische Herkunft eingestanden.

Dies waren die Optimisten. Aber schon nach 1830 traten die ersten Pessimisten auf. Heinrich Heine warnte die Franzosen im Jahre 1832, eines schönen Tages würden ihre deutschen Nachbarn, angestachelt von einer gefährlichen Mischung aus absolutistischer Metaphysik, historischer Erinnerung und Groll, aus Fanatismus, wilder Kraft und Wut über sie herfallen und die großen Denkmäler der abendländischen Zivilisation zerstören: »Es werden Kantianer ... erbarmungslos, mit Schwert und Beil, den Boden unseres europäischen Lebens durchwühlen, um auch die letzten Wurzeln der Vergangenheit auszurotten. Es werden bewaffnete Fichteaner auf den Schauplatz treten, die ... weder durch Furcht noch durch Eigennutz zu bändigen sind ... gleich den ersten Christen, die man ebenfalls weder durch leibliche Qualen noch durch leibliche Genüsse bezwingen konnte.« Die Schlimmsten unter ihnen würden die Schüler Schellings sein, die Naturphilosophen, die sich, fest verschanzt hinter ihren Zwangsvorstellungen, mit den elementaren Kräften identifizieren, mit den »dämonischen Kräften des altgermanischen Pantheismus«. Sobald sich diese methaphysisch berauschten Barbaren in Bewegung setzten, müßten die Franzosen sich in acht nehmen – die Französische Revolution werde sich dagegen wie ein Idyll ausnehmen.

Wer wollte behaupten, daß sich nicht auch dies bewahrheitet hätte, in einer weitaus grauenhafteren Weise, als selbst Wagner in seinen düstersten Augenblicken es sich ausgemalt hat? Einige Jahrzehnte später sagte Jakob Burckhardt voraus, es werde unvermeidlich ein militärisch-industrieller Komplex entstehen, der die dekadenten Länder des Abendlandes mit einiger Wahrscheinlichkeit dominieren werde. Es folgten die besorgten Überlegungen von Max Weber, die finsteren Utopien von Samjatin, Aldous Huxley und Orwell und die lange Reihe der halb satirischen, halb prophetischen Kassandra-Rufe in unserer Zeit. Einige dieser Weissagungen waren reine Prognosen; andere, etwa die der Marxisten oder der franzosenfeindlichen Neu-Heiden, die Heine so erschreckten, kann man in einem gewissen Grade wohl als sich selbst erfüllende Prophezeiungen ansehen.

Es sind dies Beispiele für wirklich erfolgreiche Diagnosen und Prognosen hinsichtlich der Frage, welche Richtung die westliche Gesellschaft einschlagen werde. Daneben gibt es auch die vielen zu Recht vergessenen Utopien – angefangen bei Platon bis hin zu Fourier oder Cabet, Bellamy und Hertzka –, die zwischen den Seiten der umfangreicheren Geschichten der sozialistischen Theorien begraben liegen. Andererseits gab es liberale und technokratische oder an das Mittelalter anknüpfende Phantasien, die entweder von der Rückkehr zu einer vorkapitalistischen und vorindustriellen »Gemeinschaft« schwärmten oder aber von der Errichtung einer einheitlichen, technokratisch organisierten, von Managern gelenkten saint-simonistischen Welt. Aber inmitten dieses gewaltigen Aufgebots an ausgefeilter, statistisch untermauerter, ernsthafter und zuweilen mit freien Phantasien vermischter Futurologie gab es eine Bewegung, die weite Felder des 19. Jahrhunderts beherrschte, der aber keine große Zukunft vorausgesagt wurde, eine Bewegung, die uns heute so vertraut erscheint, die innerhalb der verschiedenen Nationen und in den Beziehungen zwischen ihnen so große Bedeutung erlangt hat, daß wir uns eine Welt, in der sie keine Rolle spielen würde, nur mit Mühe vorstellen können. Ihre Kraft (vor allem außerhalb der englischsprachigen Welt) scheint uns heute so selbstverständlich, daß es sehr sonderbar wirkt, wenn man darauf aufmerksam machen muß, daß die Propheten früherer Tage und auch die heutigen ihr so gut wie keine Beachtung geschenkt haben; im Falle der letzteren hatte dies zuweilen verhängnisvolle Folgen, sowohl für sie selbst wie für diejenigen, die ihnen Glauben schenkten. Ich spreche vom Nationalismus.

II.

Niemandem, der sich während des 19. Jahrhunderts Gedanken über Gesellschaft und Politik machte, ist verborgen blieben, daß der Nationalismus eine dominierende Bewegung der Zeit war. Dennoch nahm man in der zweiten Hälfte des 19. Jahrhunderts und sogar bis zum Ersten Weltkrieg an, er sei im Abflauen begriffen. Das Bewußtsein nationaler Identität ist vielleicht so alt wie das gesellschaftliche Bewußtsein selbst. Aber anders als Gefühle der Stammeszugehörigkeit oder der Fremdenfeindlichkeit, die mit dem Nationalismus verwandt, jedoch nicht identisch sind, scheint es Nationalismus in älterer Zeit oder in der Antike nicht gegeben zu haben. Es gab andere Bezugspunkte kollektiver Loyalität. Der Nationalismus scheint in Europa gegen Ende des Mittelalters, vor allem in

Frankreich entstanden zu sein, als eine Form der Verteidigung der Gebräuche und Privilegien von Ortschaften, Regionen, Körperschaften, natürlich auch von Staaten und schließlich der Nation selbst gegen Eingriffe einer äußeren Macht – des römischen Rechts oder der päpstlichen Autorität – oder gegen verwandte Formen von Universalismus – das Naturrecht oder andere übernationale Autoritätsansprüche. Als kohärente Doktrin ist er vielleicht zuerst in Deutschland während des letzten Drittels des 18. Jahrhunderts in Erscheinung getreten, insbesondere in der Vorstellung von einem »Volksgeist« oder »Nationalgeist«, die der außerordentlich einflußreiche Johann Gottfried Herder in seinen Schriften entfaltet hat.

Die Wurzeln dieser Entwicklung reichen bis in die Anfänge des 18. Jahrhunderts und sogar noch weiter zurück, zumindest in Ostpreußen, wo sie entstand und von wo sie sich ausbreitete. Herders Denken ist von der Überzeugung beherrscht, zu den Grundbedürfnissen des Menschen gehöre auch das nach Zugehörigkeit zu einer Gruppe, und es sei ebenso elementar wie das Bedürfnis, sich zu ernähren, sich zu vermehren oder sich mitzuteilen. Leidenschaftlicher und phantasievoller als Burke und mit einer Fülle historischer und psychologischer Beispiele vertrat er die Auffassung, jede menschliche Gemeinschaft besitze eine eigentümliche Gestalt und Struktur. Ihre Angehörigen werden in eine fortlaufende Tradition hineingeboren, die ihre emotionale und körperliche Entwicklung ebenso formt wie ihre Ideen. Zwischen Vernunft, Phantasie, Emotion und Empfindung unterscheiden zu wollen, erschien Herder künstlich. Es gab eine zentrale historisch sich entwickelnde Struktur, die das Leben und die Aktivitäten jeder identifizierbaren Gemeinschaft kennzeichneten und vor allem jene Einheit, die man zu seiner Zeit als Nation zu deuten begann. Die Art und Weise, wie ein Deutscher sein häusliches Leben führte, wie er sich in der öffentlichen Sphäre verhielt, die deutschen Lieder, das deutsche Recht – der Kollektivgeist, den man nicht einem einzelnen Urheber zuschreiben konnte, der die Sagen und Legenden, die Balladen und die historischen Chroniken schuf –, das alles war von der gleichen Kraft durchdrungen, die auch den Stil von Luthers Bibel oder die Künste und Handwerke, die Vorstellungen und Denkkategorien der Deutschen in Herders eigener Zeit prägte. Die Art und Weise, wie Deutsche sprachen, wie sie sich kleideten, wie sie sich bewegten, hatte mehr mit der Art und Weise, wie sie ihre Dome bauten oder wie sie ihr bürgerliches Leben organisierten, gemeinsam – war Ausfluß eines deutschen Wesens, einer identifizierbaren Struktur oder Eigenart – als mit den entsprechenden Betätigungen der Einwohner Chinas oder Perus.

Sitten, Gebräuche, Lebensformen, Künste, Ideen waren für die Menschen nicht als zeitlose Maßstäbe wertvoll, die jenseits von Zeit und Raum auf alle Gesellschaften anwendbar waren, wie es die französischen *lumières* gelehrt hatten, sondern weil sie ihnen eigentümlich waren, Ausdruck ihres lokalen, regionalen, nationalen Daseins, und weil sie für sie eine Bedeutung besaßen, die sie für keine andere Gruppe haben konnten. Hiernach sehnte sich das Heimweh (»der edelste aller Schmerzen«) – und deshalb verwelkten die Menschen im Exil. Um die Bibel zu verstehen, mußte man sich in das Leben der judäischen Schafhirten der Urzeit versetzen, um die Edden zu verstehen, in den wilden Kampf einer barbarischen nordischen Rasse mit den Elementen. Alles Wertvolle war einzigartig.

Indem der Universalismus alles auf den kleinsten gemeinsamen, für alle zu allen Zeiten gültigen Nenner brachte, entzog er dem Leben und den Idealen jenen Gehalt, der gerade ihre Kraft und ihre Besonderheit ausmachte. Daher Herders unerbittlicher Kreuzzug gegen den französischen Universalismus, daher sein Begriff und seine Verherrlichung individueller Kulturen – der indischen, der chinesischen, der nordischen, der hebräischen – und sein Haß auf die großen Gleichmacher, auf Caesar und Karl den Großen, die Römer, die christlichen Ritter, die Architekten des Britischen Weltreichs und die Missionare, die die Eingeborenenkulturen zerstörten und durch ihre eigene Kultur ersetzten, eine Kultur, die für die Opfer dieser Operation historisch und deshalb auch geistig fremd und eine Form von Unterdrückung war. Herder und seine Schüler glaubten an das friedliche Mit- und Nebeneinander einer Vielzahl und Vielfalt nationaler Lebensstile, je vielgestaltiger, desto besser. Unter dem Eindruck der Einfälle der französischen Revolutionstruppen und später der napoleonischen Heere verwandelte sich Herders anfängliches Plädoyer für kulturelle oder geistige Autonomie in erbitterte, aggressive nationalistische Selbstbehauptung.

Die Ursprünge des Kulturwandels und der Entstehung nationaler Einstellungen lassen sich schwer aufdecken. Der Nationalismus ist ein enthusiasmiertes Nationalbewußtsein, das durchaus tolerant und friedlich sein kann und gelegentlich auch so in Erscheinung getreten ist. Meist scheint der Nationalismus durch Wunden oder Kränkungen verursacht, durch irgendeine kollektive Demütigung. Möglicherweise widerfuhr den deutschen Ländern eine solche Kränkung, weil sie während der großen Renaissance in Westeuropa abseits gestanden hatten. Das späte 16. Jahrhundert, ein großes schöpferisches Zeitalter, das selbst in Italien noch keineswegs entkräftet war, wo sich die Kultur schon hundert Jahre vorher zu unvergleichlicher Höhe erhoben hatte, war durch einen ungeheuren Aufschwung der schöpferischen Tätigkeit in Frankeich, in England, in Spanien, in den Niederlanden gekennzeichnet. Die deutschen Städte und Fürstentümer, sowohl innerhalb als auch außerhalb des Herrschaftsbereichs der kaiserlichen Macht von Wien, waren dagegen provinziell geblieben. Glanzvolle Leistungen brachten sie nur auf den Gebieten der Architektur und vielleicht der protestantischen Theologie zustande. Die furchtbaren Verwüstungen des Dreißigjährigen Krieges hatten diese kulturelle Kluft zweifellos noch vertieft. Von den stolzen Nachbarn mit Verachtung oder duldsamer Herablassung angesehen zu werden, ist eine der traumatischsten Erfahrungen, die Individuen und ganzen Gesellschaften widerfahren kann. Die Reaktion besteht oft genug in einer pathologischen Übertreibung der eigenen wirklichen oder imaginären Vorzüge und in Groll und Haß gegen die Stolzen, die Glücklichen, die Erfolgreichen. Tatsächlich waren die Gefühle der Deutschen gegenüber dem Westen Europas und speziell gegenüber Frankreich im 18. Jahrhundert stark von solchen Regungen bestimmt.

Die Franzosen dominierten den Westen politisch, kulturell und militärisch. Die gedemütigten, besiegten Deutschen, vor allem die traditionalistischen, religiösen, ökonomisch rückständigen Ostpreußen, von französischen Beamten drangsaliert, die Friedrich der Große ins Land geholt hatte, reagierten, wie der gekrümmte Zweig in Schillers Theorie, mit einer heftigen Rückschlagbewegung, indem sie sich weigerten, ihre angebliche Unterlegenheit anzuerkennen. Sie entdeckten in sich Qualitäten, die denen ihrer Peiniger überlegen waren. Sie stellten ihre Innerlichkeit, ihr inneres geistiges Leben, ihre tiefe Demut, ihr selbstloses Streben nach wahren Werten – nach dem Einfachen, Edlen, Erhabenen – dem reichen, weltläufigen, erfolgreichen, oberflächlichen, glatten, herzlosen, moralisch ausgehöhlten Franzosen gegenüber. Diese Stimmung erreichte einen fiebrigen Höhepunkt während der Zeit des Widerstandes gegen Napoleon und wurde exemplarisch für die Reaktion so mancher rückständigen, ausgebeuteten oder gedemütigten Gesellschaft, die sich aus Groll über ihre scheinbar unterlegene Position auf wirkliche oder imaginäre Triumphe und Ruhmestaten der Vergangenheit oder auf beneidenswerte Merkmale ihres nationalen oder kulturellen Charakters besann. Diejenigen, die sich großer politischer, militärischer oder ökonomischer Leistungen oder einer glanzvollen künstlerischen oder intellektuellen Tradition nicht rühmen können, suchen Trost und Kraft bei dem Gedanken an ein freies, schöpferisches, von den Lastern der Macht und der Verfeinerung nicht berührtes Leben des Geistes und der Innerlichkeit.

Viele dieser Eigentümlichkeiten begegnen einem in den Schriften der deutschen Romantiker, später auch in denen der russischen Slawophilen und bei manchem nationalen Erwekker in Mitteleuropa, in Polen, auf dem Balkan, in Asien und Afrika. Daher der Wert, den der Reichtum einer wirklichen oder imaginären Vergangenheit für solche unter ihrer Unterlegenheit leidenden Völker besitzt, denn diese Vergangenheit verspricht eine vielleicht noch glorreichere Zukunft. Wo eine solche Vergangenheit nicht beschworen werden kann, bildet gerade ihr Fehlen einen Grund zum Optimismus. Heute mögen wir primitiv, arm, sogar barbarisch sein, aber gerade unsere Rückständigkeit ist ein Anzeichen unserer Jugend, unserer unverbrauchten Vitalität; wir sind die Erben der Zukunft, auf die die alten, erschöpften, korrupten, im Abstieg begriffenen Nationen trotz der Überheblichkeit, die sie heute noch an den Tag legen, nicht mehr hoffen dürfen. Dieses messianische Motiv klingt bei den Deutschen an, später ebenso bei den Polen und Russen und noch später, heutzutage, bei vielen Staaten und Nationen, die das Gefühl haben, sie hätten ihre Rolle im großen Drama der Geschichte *noch* nicht gespielt.

III.

Diese Haltung, der man bei fast allen sich entwickelnden Nationen begegnet, ist heute auch für das ungeschulte Auge deutlich erkennbar. Aber in der großen Zeit der politischen Prophetien, im 19. Jahrhundert, als die Zukunft mit Hilfe zahlreicher historischer, soziologischer und philosophischer Fernrohre in Augenschein genommen wurde, war sie offenbar keineswegs deutlich erkennbar. Die großen Meister haben das gewaltige Anwachsen des Nationalstolzes nicht vorausgesagt, sie haben überhaupt nichts Derartiges vorausgesagt. Wenn Hegel den »geschichtslosen« die »geschichtlichen« Nationen als die Träger des vorwärtsdrängenden Weltgeistes entgegenstellt, hat er vielleicht dem Selbstwertgefühl West- und Nordeuropas geschmeichelt und die Ambitionen derer geschürt, die nach deutscher oder nordischer Einheit und Macht strebten. Aber dem wilden, gewalttätigen, emotionsgeladenen Nationalismus der franzosenfeindlichen und antisemitischen Studenten mit ihrem Chauvinismus und ihren Bücherverbrennungen stand er genauso ablehnend gegenüber wie Metternich; er sah darin barbarische Exzesse, wie Goethe, der es seinem Sohn untersagte, gegen die Franzosen zu kämpfen. Es wäre gewiß ungerecht, den glühenden Nationalismus deutscher Schriftsteller, die sich später auf Hegel beriefen, dessen Schriften anzukreiden. Selbst die frühen fanatischen Chauvinisten –

Jahn, Arndt, Görres und auch Fichte, der mit seinen Lobgesängen auf die unverbildete deutsche Sprache als Vehikel der deutschen Mission, die Welt zu befreien, zum Teil verantwortlich für diese Stimmung ist – haben den Nationalismus nicht als eine dominierende Kraft für die Zukunft Europas, geschweige denn für die Zukunft der Menschheit wahrgenommen. Sie kämpften nur darum, ihre Nationen von hemmenden dynastischen, ausländischen oder skeptischen Einflüssen zu befreien. Jahn, Arndt und Körner sind deutsche Chauvinisten, aber sie sind keine Theoretiker des eigentlichen Nationalismus, geschweige denn Propheten seines universalen Einflusses; »minderwertige« Nationen hatten ihrer Ansicht nach kein Anrecht auf ihn.

Die Rationalisten und Liberalen und natürlich auch die Frühsozialisten schenkten dem Nationalismus kaum Beachtung. In ihren Augen ist er ein Symptom der Unreife, das irrationale Überbleibsel einer barbarischen Vergangenheit oder ein fortschrittsfeindlicher Rückgriff auf sie: Fanatiker wie de Maistre (der trotz seiner ultramontanen Überzeugungen ein früher Anhänger des natürlichen »Integralismus« war), wie Fries, Gobineau, Houston Stewart Chamberlain und Wagner oder später Maurras, Barrès und Drumont werden bis zu den Affären um Boulanger und Dreyfus nicht ernstgenommen; diese Affären ihrerseits wurden als zeitweilige Verirrungen aufgefaßt, die aus der aufgeheizten Stimmung nach einer Niederlage im Krieg resultierten und an deren Stelle schon bald wieder Besonnenheit, Vernunft und Fortschritt treten würden. Diese Denker, die aus der Vergangenheit Kraft zu gewinnen versuchen, spielen nicht die Rolle gesellschaftlicher Seher: mit einem unterschiedlichen Maß an Pessimismus versuchen sie, einen nationalen Geist wiederzubeleben, den der Feind – die Liberalen, die Freimaurer, die Naturwissenschaftler, die Atheisten, die Skeptiker, die Juden – vielleicht für immer erstickt hat. Mit großer Anstrengung war vielleicht noch etwas zu retten. Aber sie waren überzeugt, daß die anderen, die »zersetzenden«, gegen den Nationalgeist gerichteten Tendenzen diejenigen seien, die eine bedrohliche Kraft entfalteten, das

Feld beherrschten und bekämpft werden mußten, und sei es nur, um wenigstens eine Insel der Reinheit, des »integralen« Lebens zu bewahren. Gobineau ist der pessimistischste von ihnen, aber er beschäftigt sich auch vor allem mit der Rasse und nicht so sehr mit der Nation, Treitschke ist der hoffnungsvollste – worin sich ohne Zweifel die unterschiedlichen Stimmungen ihrer jeweiligen Nationen spiegeln.

Was Marx und Engels betrifft, so brauche ich kaum zu wiederholen, daß für sie der gesellschaftliche Wandel in der Geschichte von dem ökonomisch durch die Arbeitsteilung und die Akkumulation des Kapitals bedingten Auftreten von Klassen und vom Kampf zwischen diesen Klassen vorangetrieben wird. Wie die Religion ist auch der Nationalismus ein flüchtiges Phänomen. Hervorgegangen aus dem Aufstieg des Bürgertums, ist er eine der geistigen Waffen gegen das Proletariat. Wenn er, wie es häufig geschieht, die Massen ergreift, dann in der Form eines »falschen Bewußtseins«, das ihre wahre Lage verschleiert und Illusionen gebiert, die ihnen in ihrer rückständigen Lage täuschenden Trost gewähren. Wenn seine Entstehungsbedingungen – der Klassenkampf – verschwunden sind, wird auch der Nationalismus wie die Religion und andere politisch machtvolle, historisch bedingte Illusionen verfliegen. Er kann vielleicht einen gewissen eigenständigen Einfluß gewinnen, wie dies bei vielen Nebenprodukten der Entwicklung der Produktivkräfte der Fall ist, aber er kann die Zerstörung seiner eigentlichen Quelle, des kapitalistischen Systems, nicht überdauern.

Diese These wurde zu einem Dogma aller Versionen des Marxismus. Wie groß die Meinungsverschiedenheiten in anderen Fragen auch sein mochten – hierin waren sich alle einig, friedliche Reformisten wie Eduard Bernstein und die Vertreter des linken Flügels der Bolschewistischen Partei. Die Ansicht, daß der Nationalismus eine reaktionäre bürgerliche Ideologie sei, war gleichbedeutend mit der Überzeugung, daß er zum Untergang verurteilt sei. Nationale Erhebungen von Kolonialvölkern gegen ihre imperialistischen Herren wurden als historisch determiniert angesehen, als taktischer Schritt auf dem Weg zur wahren sozialistischen Revolution, die nicht mehr lange auf sich warten lassen würde. Aber auch aus diesem Blickwinkel war eine nationale Erhebung etwas ganz anderes als der Nationalismus. Vor dem Hintergrund dieser Überzeugung wird die Enttäuschung und Empörung begreiflich, die die von Lenin, Karl Liebknecht und ihren Freunden angeführte internationalistische Linke erfaßte, als die sozialistischen Parteien der kriegführenden Länder, statt einen Generalstreik zu proklamieren, der dem Krieg von 1914 ein Ende gemacht hätte, zu den Fahnen ihrer Länder eilten und gegeneinander ins Feld zogen. Dies war der Anlaß dafür, daß Rosa Luxemburg gegen Ende des Krieges gegen die Gründung eines polnischen Nationalstaates protestierte. Die Oktoberrevolution, so darf man wohl sagen, war ihrem Charakter nach antinationalistisch.

Zuweilen hat man von einem Gegensatz zwischen Lenin als der wahren Stimme des russischen Empfindens und den »wurzellosen« Kosmopoliten vom Schlage Trotzkis, Sinowjews und Radeks gesprochen, aber hierfür gibt es keine Grundlage. Für Lenin zerbrach mit der Russischen Revolution das schwächste Glied der kapitalistischen Kette, und ihr Wert bestand darin, daß sie die Weltrevolution vorantrieb, denn in einem einzigen Land, davon waren schon Marx und Engels überzeugt gewesen, konnte der Kommunismus nicht überleben. Die Ereignisse sprachen eine andere Sprache, doch die Lehre selbst wurde erst unter Stalin abgeändert. Die anfängliche Haltung der frühen Bolschewiken war ganz und gar antinationalistisch, so sehr, daß bolschewistische Kritiker in Rußland miteinander wetteiferten, die Verdienste ihrer eigenen Nationalliteratur – die von Puschkin zum Beispiel – zu schmälern, um auf diese Weise ihre Verachtung gegenüber der nationalen Tradition als einem zentralen bürgerlichen Wert zum Ausdruck zu bringen.

Eine ähnliche Stimmung herrschte unter den Führern der scheiternden kommunistischen Revolutionen in Ungarn und in München. »Nationalchauvinismus« und »Sozialchauvinismus« wurden Schimpfworte, Schlachtrufe, die Autonomiebestrebungen in den nichtrussischen Provinzen des alten russischen Reiches ersticken sollten. Danach war die eigentliche internationalistische Phase vorüber. Seither enthielt jede Revolution und jeder Aufstand eine nationalistische Komponente. Der Aufstieg des Faschismus und des Nationalsozialismus wurde von den marxistischen Theoretikern als letzte, extreme, freilich aussichtslose Form des Widerstandes des Kapitalismus gegen den unvermeidlichen Sieg des internationalen Sozialismus gedeutet. Die systematische Unterschätzung der Energie totalitärer oder autoritärer nationalistischer Bewegungen und ihrer triumphalen Erfolge in Mittel- und Nordosteuropa, auf der Iberischen Halbinsel und anderswo geht zurück auf eine ideologisch bedingte Fehlkalkulation.

Die Politik der ökonomischen Autarkie in der Sowjetunion im Anschluß an die Weltwirtschaftskrise von 1931, die durchaus einleuchtend als Höhepunkt der inneren Widersprüche des kapitalistischen Systems gedeutet wurde, war unter anderem auch eine Form von ökonomischem Nationalismus, der seine angeblichen ökonomischen Ursachen überlebte und den Fortschritt der liberalen oder auch sozialistischen Aufklärung stark hemmte. Was dann in den neuerdings befreiten Territorien Asiens und Afrikas folgte, scheint die Ansicht zu bestätigen, daß seit den zwanziger Jahren weder der Sozialismus noch eine andere politische Bewegung der Nachkriegsära erfolgreich sein konnte, sofern sie sich über den Anti-Imperialismus hinaus nicht auch ein ausdrücklich nationalistisches Gepräge gab.

IV.

Der Aufstieg des Nationalismus ist heute ein weltweites Phänomen, wahrscheinlich der stärkste politische Faktor in den neu entstandenen Staaten und in einigen Fällen auch bei ethnischen Minoritäten in den älteren Nationen. Wer hätte im 19. Jahrhundert ein heftiges Anschwellen des Nationalismus in Kanada vorausgesagt, in Pakistan (schon die Vorstellung, daß es Pakistan überhaupt geben könne, hätten nationalistische Führer in Indien vor hundert Jahren äußerst skeptisch beurteilt), in Wales, in der Bretagne, in Schottland oder im Baskenland? Man könnte sagen, es handele sich hierbei um einen psychologischen Reflex, einen Mechanismus, der die Befreiung von Fremdherrschaft begleitet – um eine natürliche Reaktion, entsprechend der Theorie Schillers vom »gekrümmten Zweig«, auf die Unterdrückung und Demütigung einer Gesellschaft, die nationale Eigentümlichkeiten besitzt. In den meisten dieser Fälle ist der Wunsch nach nationaler Unabhängigkeit eng mit dem gesellschaftlichen Widerstand gegen Ausbeutung verbunden. Diese Art von Nationalismus ist vielleicht ebensosehr eine Form von gesellschaftlichem Widerstand oder Klassenkonflikt wie von rein nationaler Selbstbehauptung und erzeugt eine Stimmung, in der sich die Menschen lieber von Angehörigen ihres eigenen Glaubens, ihrer eigenen Nation oder Klasse kommandieren lassen, auch wenn dies mit Mißhandlungen verbunden ist, als sich der Bevormundung, und sei sie noch so wohlwollend, durch gönnerhaft auftretende Überlegene aus einem anderen Land, aus einer fremden Klasse oder einer fremden Umgebung zu beugen.

Vielleicht verhält es sich auch so, daß keine Minorität, die sich ihre kulturelle Tradition, ihre religiösen oder rassischen Eigenschaften bewahrt hat, für unbegrenzte Zeit die Aussicht zu ertragen vermag, daß sie für immer eine Minderheit bleiben könnte, die von einer Mehrheit mit anderen Anschauungen und anderen Lebensgewohnheiten beherrscht wird. Und dies erklärt vielleicht auch das Gefühl von verletztem Stolz oder das Gefühl, als Kollektiv ungerecht behandelt zu werden, das zum Beispiel den Zionismus ebenso wie sein Spiegelbild, die Bewegung der palästinensischen Araber, bewegt, jedoch auch »ethnische« Minderheiten wie die Schwarzen in den Vereinigten Staaten, die irischen Katholiken in Nordirland oder die Nagas in Indien. Sicherlich tritt der zeitgenössische Nationalismus selten in reiner, romantischer Gestalt auf, wie während des frühen 19. Jahrhunderts in Italien, Polen oder Ungarn, er ist heute statt dessen sehr viel eher mit gesellschaftlicher, religiöser oder ökonomischer Unzufriedenheit verbunden. Aber es scheint unbestreitbar, daß das zugrundeliegende Gefühl tief nationalistisch ist. Noch bedrohlicher (und im vorigen Jahrhundert noch seltener, wenn überhaupt jemals, vorhergesehen) ist, daß in den meisten Fällen Rassenhaß den Kern der häßlichsten dieser gewalttätigen kollektiven Gefühlsäußerungen bildet: Völkermord und Verfolgung ethnischer Gruppen in Indien, im Sudan, in Nigeria und in Burundi deuten darauf hin, daß solche explosiven Situationen, gleichgültig, welche anderen Faktoren in ihnen wirksam werden, stets einen nationalistischen oder rassistischen Gehalt haben, der durch andere Faktoren verschärft werden kann, der von ihnen aber nicht hervorgebracht wird und ohne den sich in diesen Situationen keine sozial und politisch »kritische Masse« bilden würde. Leidenschaftlicher Nationalismus scheint die *conditio sine qua non* der Revolutionen von heute zu sein.

Wie immer man dieses Phänomen erklären mag, das auf seine Weise genauso bedrohlich ist wie die anderen Gefahren, denen die Menschheit gegenübersteht – Umweltverschmutzung, Übervölkerung, nuklearer Holocaust –, seine Bedeutungszunahme paßt nicht zu der im 19. Jahrhundert geläufigen Vorstellung, daß Fragen der Rassenzugehörigkeit, der Nationalität oder auch der Kultur vergleichsweise unwichtig seien gegenüber den Fragen der Klasse und der ökonomischen Konkurrenz, daß psychologischen und anthropologischen Faktoren weit weniger Gewicht zukomme als soziologischen oder ökonomischen. Aber auf diesen Annahmen beruhten die Voraussagen, die die Entstehung einer rationalen Gesellschaft auf der Grundlage der Prinzipien des liberalen Individualismus oder einer technokratischen Zivilisation prophezeiten. Unerwartete Ausbrüche so verschiedenartiger und doch gleichermaßen nationalistischer Bewegungen in den kommunistischen Gesellschaften von heute – die ungarische Widerstandsbewegung von 1956, der Antisemitismus und Nationalismus in Polen und in der Sowjetunion selbst – scheinen die orthodoxe marxistische These, vorsichtig formuliert, immerhin zu schwächen.[2]

[2] Über die Haltung der Begründer des Marxismus zum National- oder Lokalpatriotismus, zu Autonomiebestrebungen, Selbstbestimmung von

Jedenfalls kann man diese Ausbrüche nicht, wie es einige zuweilen tun, denen sie Verlegenheiten bereiten, als bloße Relikte oder Überbleibsel einer älteren Ideologie abtun. Weder Nagy in Ungarn noch Moczar, der in Polen ganz andere Ziele verfolgte, kann man in irgendeinem Sinne als bürgerliche Nationalisten bezeichnen.

Kleinstaaten und dergleichen besteht kein Zweifel. Abgesehen von dem, was sich aus ihrer Theorie der gesellschaftlichen Entwicklung direkt ableiten läßt, ist ihre Haltung zum dänischen Widerstand gegen Preußen in Schleswig-Holstein, zum Kampf der Italiener um Einheit und Unabhängigkeit (hier setzte sich Marx in seinen Berichten für die *New York Times* sehr scharf von dem pro-italienischen Lassalle ab), zu den Bemühungen der Tschechen, ihre Kultur gegen die deutsche Hegemonie zu bewahren, und selbst zum Ausgang des deutsch-französischen Krieges sehr klar. Der Vorwurf des Schweizer Anarchisten James Guillaume, Marx habe den Pan-Germanismus unterstützt, war nur ein Stück absurder Propaganda während des Ersten Weltkriegs. Wie andere Historisten, die davon überzeugt sind, daß sich die Zivilisation auf einer einzigen universellen Fortschrittslinie bewegt, sah auch Marx in nationalen oder regionalen Loyalitäten nur einen irrationalen Widerstand untergeordneter Entwicklungsformen, die durch die Geschichte obsolet gemacht werden würden. In diesem Sinne repräsentierte die deutsche Zivilisation (und die hochentwickelten deutschen Arbeiterorganisationen) ein weiter fortgeschrittenes Stadium der (zugegebenermaßen kapitalistischen) Entwicklung als etwa die dänische, die böhmische oder irgendeine andere »Kleinstaaterei«. Aus dem Blickwinkel der Internationalen Arbeiterbewegung war auch ein Sieg der Deutschen – mit ihren überlegenen Arbeiterorganisationen – über die vom Proudhonismus und vom Bakuninismus verwirrten Franzosen wünschenswert; es gibt keine Spur von Nationalismus in Marx' Auffassung von den Stufen des welthistorischen Fortschritts zum Kommunismus und darüber hinaus. Um so interessanter ist es, daß dort, wo Staaten auf der Grundlage der marxistischen Lehren errichtet wurden, gleichwohl ausgeprägte nationale Gefühle wirksam werden. Ein besonders beredtes Zeugnis hierfür liefert der Bericht, der der Nationalen Konferenz der Rumänischen Kommunistischen Partei von ihrem Führer Nicolae Ceauşescu am 19. Juli 1972 vorgelegt wurde: »Einige glauben, die Nation sei ein historisch obsoleter Begriff, und die Politik der nationalen Einheit und der Entwicklung der Nation sei, insbesondere unter den Bedingungen des sozialistischen Aufbaus, eine falsche Politik, sie sei Ausdruck eines engstirnigen Nationalismus. Manchmal wird sogar behauptet,

Angesichts dieser Situation wirkt das Vertrauen in gegenläufige Kräfte – etwa in multinationale Unternehmen, die unabhängig davon, in welcher Beziehung sie zum Klassenkampf oder zu sozialen Konflikten stehen, jedenfalls nationale Grenzen überwinden, oder in die Vereinten Nationen als Barriere gegen einen ungezügelten Chauvinisimus – ungefähr so realistisch (jedenfalls was die Länder außerhalb des westeuropäischen Raumes betrifft) wie Cobdens zuversichtliche Annahme, die Entwicklung des Freihandels in der ganzen Welt werde aus sich den Frieden und die freundliche Zusammenarbeit zwischen den Nationen sichern. Man könnte sich auch an die kurz vor 1914 von Norman Angell aufgestellte These erinnert fühlen, die ökonomischen Interessen moderner kapitalistischer Staaten machten aus sich heraus große Kriege unmöglich.

V.

Heute erleben wir, wie mir scheint, eine weltweite Reaktion gegen die zentralen Lehren des liberalen Rationalismus des 19. Jahrhunderts, ein konfuses Bemühen, auf eine ältere Moralität zurückzugreifen. Im 18. und im 19. Jahrhundert zeichnete sich der Frontverlauf einigermaßen klar ab. Auf der einen Seite standen die Verfechter der Tradition, die Stützen der politischen und gesellschaftlichen Hierarchien, gleichgültig, ob man

diese Politik laufe dem sozialistischen Internationalismus zuwider . . . Im Hinblick auf das nationale Problem unter sozialistischen Bedingungen müssen wir sagen, daß der Sieg der neuen Ordnung den Weg geebnet hat, um wahre nationale Einheit zu erlangen, um die Nation auf einer neuen Grundlage zu stärken und zu entwickeln . . . Der dialektische Prozeß des Zusammenführens von [unterschiedlichen] Nationen setzt eine starke Bekräftigung [ihrer nationalen Eigenheit] voraus . . . Zwischen nationalen und internationalen Interessen gibt es nicht nur keinen Widerspruch, sondern es besteht im Gegenteil eine vollständige dialektische Einheit.« (*Scînteia* [Organ des Zentralkomitees der Rumänischen Kommunistischen Partei], 20. Juli 1972, S. 8).

diese als »natürlich« oder durch die Geschichte geheiligt ansah, ob sie durch den Glauben und durch den Gehorsam gegenüber einer göttlichen oder zumindest transzendenten Autorität gefestigt schienen. Hier standen jene, die der Ansicht waren, die Vernunft müsse gezügelt und jedenfalls daran gehindert werden, die Gültigkeit von Gesetzen, Sitten und alten Lebensformen in Frage zu stellen – die schwer greifbaren, nicht zu analysierenden Bindungen, die eine Gesellschaft zusammenhalten und allein die moralische Integrität von Staaten und Individuen zu gewährleisten vermögen. Dies ist der Glaube an die »integrale« Gemeinschaft, die durch die kritische Betrachtung skeptischer, mit rationalistischen Methoden operierender Intellektueller theoretisch nur in Mißkredit gebracht und praktisch untergraben und schließlich zerstört werden kann. Auf der anderen Seite standen die unerschütterlichen Vorkämpfer der Vernunft, die den Glauben an die Tradition, an die Intuition und die transzendenten Quellen von Autorität ablehnten und in diesen Ideen nichts anderes als Rauchschleier wahrnahmen, die in der Theorie nur Irrationalität, Unwissenheit, Voreingenommenheit und Angst vor der Wahrheit, in der Praxis aber Torheit, Ungerechtigkeit, Unterdrückung und die korrupte Macht der finsteren Interessen im Sinne Benthams rechtfertigen sollten.

Die Partei des Fortschritts, ob liberal oder sozialistisch gefärbt, berief sich auf die Methoden der Vernunft, vor allem auf die Methoden der Naturwissenschaften, mit denen jedes rationale Wesen die Wahrheit eines Prinzips, die Wirksamkeit einer Strategie oder die Verläßlichkeit der Zeugnisse, auf denen solche Schlußfolgerungen beruhten, selbst verfizieren konnte. Jeder konnte solche Ansprüche mit Hilfe von Verfahren selber überprüfen, die jedem zu jeder Zeit und überall zur Verfügung standen, ohne daß sich irgend jemand auf besondere Fähigkeiten, auf eine mystische, nur wenigen Auserwählten verliehene Gabe zu berufen brauchte – auf magische Erkenntnisformen, die oft auch noch Unfehlbarkeit für sich in Anspruch nahmen. Jede Seite kannte ihre Feinde: auf der rechten standen Monarchisten und Konservative, Kirchenleute und Autoritäre, Nationalisten und Imperialisten, Männer, die von ihren Gegnern Reaktionäre und Obskurantisten gescholten wurden; auf der anderen Seite standen Rationalisten, wissenschaftliche Materialisten, skeptische Intellektuelle, Egalitaristen und Positivisten vieler Schattierungen. Auch wenn im Hinblick auf die Ziele und Mittel innerhalb jeder Gruppe viele Meinungsunterschiede bestanden, waren die eigentlichen Trennungslinien zwischen ihnen doch klar erkennbar, und obwohl es auch einige vermittelnde Positionen zwischen den Fronten gab, wußte doch jede Seite genau, wohin sie gehörte, wo ihre natürlichen Verbündeten und wo ihre Gegner standen.

In einem gewissen Sinne haben in unserer Zeit Burkes »Sophisten, Ökonomisten und Kalkulatoren«, die Rationalisten, die viktorianischen Progressiven, gewonnen. Condorcet hat einmal bemerkt, über alle wirklichen Belange der Zukunft könnte auf der Grundlage einer rationalen Berechnung ihrer utilitären Konsequenzen entschieden werden. *Calculemus* sollte die Parole lauten, der Schlüssel zur Lösung der gesellschaftlichen und der individuellen Probleme. Diese Methode, die sich auf Systemanalyse, Kosteneffizienz, Statistik und Quantifizierung, auf die Autorität und Macht von Organisationen und Experten stützt, haben sich heute beide Seiten zu eigen gemacht. Die Anwendung technischer Verfahren zur Organisierung des Lebens und der Produktionsaktivitäten wird heute in den kapitalistischen ebenso wie in den kommunistischen Staaten von Regierungen, Industrieunternehmen und überhaupt allen großen ökonomischen (und kulturellen) Apparaten praktiziert. Wissenschaftliche Erkenntnisse und wissenschaftliche Organisationsformen, denen es gelungen ist, die Geheimnisse der belebten und der unbelebten Natur zu lüften, können auch dazu verwendet werden, das gesellschaftliche Leben zu rationalisieren und die größmögliche Befriedigung erkennbarer menschlicher Bedürfnisse herbeizuführen, sofern das System von neutralen Fachleuten organisiert wird.

Physiker und Biologen, Geographen, Stadtplaner und Landwirtschaftsplaner, Psychologen und Anthropologen, Mathematiker und Ingenieure (auch Stalins »Ingenieure der menschlichen Seele«), Fachleute aller Art können in den Dienst derer gestellt werden, die zuweilen mit lauteren Motiven und einer fanatischen Hingabe an das, was sie für die Sache der Vernunft und des Glücks halten, fest entschlossen sind, aus den verfügbaren natürlichen und künstlichen, menschlichen und nicht-menschlichen Ressourcen den größtmöglichen Nutzen zu ziehen. Die Marxisten oder die Bewohner unterentwickelter Länder mögen dagegen protestieren, wenn der äußere oder innere Klassenfeind – die Kapitalisten, »Neokolonialisten« oder Imperialisten – solche Methoden in seinem eigenen Interesse einsetzt. Aber sie protestieren nicht gegen die technologische Vorgehensweise als solche, im Gegenteil, sie wollen sie übernehmen und verbessern, um ihre eigenen Interessen damit zu fördern. Hiergegen zeichnet sich seit einiger Zeit ein weltweiter Protest ab.

Über die Wirksamkeit dieser Revolte (denn um eine solche scheint es sich zu handeln) lassen sich kaum Voraussagen machen, da sie noch in den Anfängen steckt. Sie erwächst aus dem Gefühl, daß die Rechte der Menschen, die in ihrer spezifischen Menschlichkeit wurzeln, darin, daß sie Individuen sind, über einen eigenen Willen, eigene Gefühle, Überzeugungen, Ideale, Lebensgewohnheiten verfügen, bei den »globalen« Kalkulationen und Extrapolationen aus dem Blick geraten sind, von denen sich die Pläne der Planer und Manager bei den gigantischen Vorhaben leiten lassen, auf die sich Regierungen, Unternehmen und die verschiedenen mit ihnen in Verbindung stehenden Eliten eingelassen haben. Quantifizierung und Kalkül können gar nicht anders, als die spezifischen Wünsche, Hoffnungen, Ängste und Ziele der Einzelnen zu ignorieren. Das muß wohl so sein, wo Politik für eine große Zahl von Menschen gemacht wird, aber heute ist diese Entwicklung tatsächlich sehr weit fortgeschritten.

Junge Menschen in wachsender Zahl sehen heute die eigene Zukunft als einen Prozeß, in dessen Verlauf sie in ein wissenschaftlich vorgefertigtes und gesteuertes Programm eingepaßt werden, nachdem die Daten über ihre Lebenserwartung, ihre Fähigkeiten und ihre Verwendbarkeit kategorisiert, computerisiert und im Hinblick darauf analysiert worden sind, wie dienlich sie dem Zweck sein können, das größtmögliche Glück der größtmöglichen Zahl zu erzeugen. Hieraus ergibt sich die Organisation des Lebens im nationalen, im regionalen oder auch im globalen Maßstab, und zwar ohne daß ihrem individuellen Charakter, ihren Lebensformen, ihren Wünschen, ihren Eigentümlichkeiten, ihren Idealen Aufmerksamkeit oder Interesse entgegengebracht würde (denn auf diese Aspekte kommt es für die Erfüllung der Aufgabe nicht an). Dies stürzt die jungen Leute in Trübsinn, Wut und Verzweiflung. Sie wollen etwas sein und etwas tun, wollen nicht bloß Objekte sein, für die etwas getan wird. Sie fordern die Anerkennung ihrer Würde. Sie wollen sich nicht zu »Menschenmaterial« machen lassen, zu Figuren in einem Spiel, das von anderen gespielt wird, auch wenn es, zum Teil jedenfalls, zum Wohl der Figuren selbst gespielt wird. Auf allen Ebenen kommt es zu einer Revolte.

Die jungen Dissidenten verweigern sich den Universitäten, den intellektuellen Aktivitäten, der organisierten Bildung oder greifen sie sogar an, weil sie sie mit dem großen, menschenfeindlichen Apparat identifizieren. Ob sie es wissen oder nicht – sie berufen sich auf eine Art Naturrecht, auf einen kantischen Imperativ, der es verbietet, Menschen als Mittel für Zwecke zu betrachten, gleichgültig, wie wohlmeinend die dahinter stehende Absicht ist. Ihr Protest nimmt manchmal rationale, zuweilen aber auch höchst irrationale Formen an, meist sind es exhibitionistische und oft hysterische Versuche, den herrschenden Mächten zu trotzen, ihnen durch Beleidigung und Beschimpfung die beabsichtigte oder unbeabsichtigte totalitäre Wirkung ihrer Politik deutlich zu machen (eine eigentlich marxistische Komponente, die Verurteilung von Ausbeutung und Klassenherrschaft, ist in der Regel kein hervorstechendes Merkmal dieser Proteste). Sie protestieren gegen die destruktive Wirkung, die das globale Planen für die Individuen hat; sie protestieren dagegen, daß Zahlen und Kurven den direkten Umgang mit den wirklichen Menschen ersetzen sollen, zu deren Nutzen all dies angeblich geschieht und deren Leben die

Planer mit zuweilen äußerst gewalttätigen Mitteln festzulegen versuchen, während ihnen dieses Leben hinter dem undurchsichtigen Medium ihrer anonymen Statistiken faktisch verborgen bleibt.

In den industriellen und nach-industriellen Gesellschaften geht der Protest von Individuen und Gruppen aus, deren Angehörige sich nicht vor den Karren des wissenschaftlichen Fortschritts spannen lassen wollen, in dem sie nichts anderes erblicken als eine Anhäufung von materiellen Gütern, Dienstleistungen und utilitären Vorkehrungen, durch die sie selbst überflüssig gemacht werden sollen. In armen Gebieten oder ehemaligen Kolonien tritt das Verlangen der Mehrheit der Bewohner, daß man sie als ganze Menschen, als ihren früheren Herren ebenbürtig wahrnehme, oft als nationalistische Selbstbehauptung in Erscheinung. Der Ruf nach individueller und nationaler Selbständigkeit – die Forderung, von anderen nicht behelligt, nicht herumkommandiert und organisiert zu werden – erwächst aus dem gleichen Bewußtsein verletzter Würde. Manchmal führt die auf nationale Unabhängigkeit drängende Bewegung zur Entstehung größerer Gebilde, zur Zentralisation und zur Herausbildung einer neuen Elite, die nun ihrerseits die Mitbürger unterdrückt, oder zur Unterdrükkung anderer ethnischer, politischer oder religiöser Minderheiten. Manchmal läßt sie sich auch von dem entgegengesetzten Ideal leiten – Flucht vor der geballten, anonymen Autorität, die ethnische, regionale und religiöse Unterschiede ignoriert, Sehnsucht nach »natürlichen« Lebenseinheiten von »menschlichen« Ausmaßen.

Aber der ursprüngliche Impuls, der Wunsch des *fare da se*, der Wunsch, selbstverantwortlich zu handeln, scheint in beiden Fällen der gleiche zu sein; das *se* allerdings variiert. Das Ich, das nach Handlungsfreiheit, Entscheidungsfreiheit für sich selbst sucht, kann groß oder klein, regional oder sprachlich bestimmt sein; heutzutage handelt es sich eher um ein kollektives und nationales oder ethnisch-religiöses als um ein individuelles Ich; immer widersetzt es sich der Auflösung, der Assimilation, dem Verlust seiner »Persönlichkeit«. Gerade der allgemeine Triumph des wissenschaftlichen Rationalismus des 18. Jahrhunderts, der großen Befreiung der Menschen von Aberglauben und Unwissenheit, von dem Eigennutz und der Habgier der Könige, der Priester, der Oligarchien, vor allem von den Launen der Naturgewalten hat aufgrund einer merkwürdigen Paradoxie eine neue Herrschaft begründet, gegen die sich nun ihrerseits ein allzu menschlicher Ruf nach Unabhängigkeit erhebt. Es ist der Ruf nach einem Raum, in dem die Menschen ihr Wesen mit all seinen Eigentümlichkeiten verwirklichen können, in dem sie ein Leben führen können, das frei ist von den Geboten und Zwängen, die von Lehrern und Herren, von Aufpassern, Verführern und Anführern aller Art ausgehen. Gewiß, indem man ganz und gar das tut, was einem gefällt, kann man nicht nur die eigenen Nachbarn zugrunde richten, sondern auch sich selbst. Freiheit ist nur ein Wert unter anderen und läßt sich nicht ohne Regeln und Grenzen praktizieren. Aber in der Stunde der Revolte wird dies unweigerlich vergessen.

VI.

Antinomismus ist nichts Neues. Meutereien gegen das Kasernendasein, gegen die erstickende Enge »geschlossener« Gesellschaften, gegen Gesetze und Institutionen, die als ungerecht, repressiv, korrupt oder gleichgültig gegen einige der tiefsten Sehnsüchte der Menschen empfunden waren, kommen in der Geschichte jedes länger existierenden Staates, jeder Kirche und jeder Gesellschaftsordnung vor. Manchmal entsteht der Eindruck, diese Institutionen würden, ungeachtet ihrer Verlautbarungen oder ihrer Ideologie, eine bestimmte Klasse oder Gruppe auf Kosten anderer Klassen oder Gruppen begünstigen, während sie diese anderen Klassen oder Gruppen bewußt oder unbewußt, durch Täuschung oder Zwang zur Konformität nötigen. In anderen Fällen entsteht der Eindruck, das System perpetuiere sich nur noch mechanisch und die Begründungen für seine Existenz, auch wenn sie einmal gültig waren, seien inzwischen obsolet geworden. Die Anhänger dieses Systems täuschen die Menschen (und sich selbst), indem sie behaupten, Abmachungen, die irgendwann vielleicht einmal wirklichen Bedürfnissen entsprachen, seien objektive Notwendigkeiten, Gesetze der Natur (zumindest der menschlichen Natur), und sie verändern zu wollen sei ebensowohl vergeblich wie auch unvernünftig. Diderot sprach von dem Krieg, der sich in jedem Einzelnen abspielt und bei dem sich der natürliche Mensch aus dem künstlichen Menschen zu befreien sucht, der aus sozialen Konventionen, irrationalen Zwängen und den »interessierten Irrtümern« der herrschenden Klasse zusammengesetzt ist, aus Irrtümern, die von der rationalen Kritik in die Luft gesprengt werden können, die aber gleichwohl das Fundament der zeitgenössischen Gesellschaft bilden.

Der Protest hiergegen nimmt zuweilen die Form einer nostalgischen Sehnsucht nach einer Vergangenheit an, in der die Menschen tugendhaft oder glücklich oder frei gewesen sind, oder er träumt von einem Goldenen Zeitalter in der Zukunft oder der Wiederherstellung von Einfachheit, Spontaneität, natürlicher Humanität oder einer Selbstversorgungswirtschaft, in der man nicht mehr von den Launen anderer abhängig ist und seine moralische (und körperliche) Integrität zurückgewinnen kann. Auf diese Weise sollen jene ewigen Werte die Oberhand gewinnen, die alle Menschen, wenn sie nicht hoffnungslos verderbt sind, leicht entdecken können, indem sie in sich hineinsehen; so haben es Rousseau und Tolstoi und viele friedliche Anarchisten gelehrt, und daran glauben ihre modernen Nachfolger heute noch. Populistische Bewegungen des 19. Jahrhunderts, die die Bauern, die Armen oder die »wahre« Nation idealisierten, weil sie so ganz anders seien als ihre selbsternannten bürokratischen Herrscher, waren Bestrebungen in diese Richtung – Rückkehr »zum Volk«, um einer Welt der falschen Werte, des »unwahrhaftigen« Lebens, der Organisatoren zu entkommen, wie es Ibsens oder Tschechows gedrückte, erniedrigte Geschöpfe versuchen, einer Welt, in der die Fähigkeit der Menschen, Liebe und Freundschaft zu geben, Gerechtigkeit zu üben und schöpferisch zu arbeiten, Freude und Neugier zu empfinden und nach Wahrheit zu streben, verkümmert und verkommen ist. Einige wollen die Gesellschaft ihrer Zeit durch Reformen verbessern. Andere sind wie die Wiedertäufer des 16. Jahrhunderts der Meinung, der Verfall sei bereits so weit fortgeschritten, daß das Böse mit der Wurzel ausgerissen werden müsse, in der Hoffnung, es werde sich aus den Trümmern auf wunderbare Weise eine neue, reine Gesellschaft erheben.

Dies sind extreme Beispiele, ausgewählt, um die Notlage möglichst prägnant zu veranschaulichen. Aus einer solchen Stimmung und einer solchen Situation schließt man sich dem Nationalismus an. Auch er ist eine pathologische Form von Widerstand zum eigenen Schutz. Rousseau, die faszinierendste Stimme in dieser allgemeinen Revolte, riet den Polen, sich gegen die Übergriffe der Russen zu wehren, indem sie hartnäckig an ihren nationalen Institutionen, ihrer Kleidung, ihren Gewohnheiten, ihren Lebensweisen festhielten – indem sie sich nicht anpaßten, nicht assimilierten; ihr Widerstand verkörperte für die damalige Zeit die Forderung nach universeller Humanität. Die russischen Populisten des letzten Jahrhunderts nahmen eine ähnliche Haltung ein. Man begegnet ihr bei jenen bisher unterdrückten Völkern und Minderheiten, bei jenen ethnischen Gruppen, die sich gedemütigt und gepeinigt fühlen und für die der Nationalismus wie ein Sich-Aufrichten aus einer gebückten Haltung, wie das Strecken des Rückens ist, die Wiedererlangung einer Freiheit, die sie vielleicht noch nie besessen haben (denn das alles ist eine Sache der Ideen in den Köpfen von Menschen), Rache für ihre beleidigte Humanität.

Weniger deutlich wird dies in Gesellschaften empfunden, die über längere Zeitspannen politische Unabhängigkeit genossen haben. Der Westen hat im großen und ganzen diesen Hunger nach »Anerkennung«, den Hegel so eindringlich analysiert hat, befriedigt; ein Fehlen dieser Art von Anerkennung scheint mehr als alles andere die Ursache nationalistischer Exzesse zu sein. Für viele Liberale und Sozialisten im Westen ist der Nationalismus nichts anderes als Chauvinismus und Imperialismus, ein fester Bestandteil der Ideologie jener etablierten Ordnung, die ihren Opfern deren angestammte Rechte entzogen hat. Was könnte widersinniger und mitleiderregender sein, als daß diese Opfer nun danach streben, die Werte eben jenes monströsen Systems zu verwirklichen, das ihnen Armut und Erniedrigung gebracht hat? Ist dies nicht ein besonders anschauliches Beispiel für die marxistische These, daß eines der schlimmsten Übel, die die herrschende Klasse den Unterdrückten zufügt, darin besteht, daß sie sie blind macht für ihre eigenen Interessen, sie mit ihrer eigenen, von den eigenen Interessen diktierten Ideologie infiziert, so als wären diese Interessen identisch mit denen der Unterdrückten.

Aber der Nationalismus kämpft nicht unbedingt und nicht ausschließlich zugunsten der herrschenden Klasse. Er inspiriert auch Revolten gegen sie, denn er gibt dem leidenschaftlichen Wunsch derer, die nicht genügend Anerkennung fanden, Ausdruck, unter den Kulturen der Welt etwas zu gelten. Die gewalttätige, zerstörerische Kraft des modernen Nationalismus braucht in einer Welt, die von seinen Auswüchsen zerrissen wird, nicht besonders hervorgehoben zu werden. Aber man muß auch erkennen, was der Nationalismus wirklich ist – eine weltweite Reaktion, die aus einem tiefen, natürlichen Bedürfnis neuerdings befreiter Sklaven – der »Entkolonisierten« – erwächst, ein Phänomen, das in der eurozentrischen Gesellschaft des 19. Jahrhunderts niemand vorausgesagt hat. Wie konnte es geschehen, daß man die Möglichkeit dieser Entwicklung nicht wahrnahm? Diese Frage wüßte ich nicht zu beantworten.

REGISTER